中国特色社会主义法治理论与实践系列研究生教材 | 11

法律硕士专业学位研究生案例研究指导丛书

知识产权法学案例研究指导

主编　来小鹏

副主编　刘佳欣　刘自钦　裴轶

撰稿人（以撰写章节先后为序）

郝明英　来小鹏　刘佳欣

李亚林　刘自钦　裴轶

吕冰心　张楠

中国政法大学出版社

2019·北京

作者简介

来小鹏 法学博士，中国政法大学民商经济法学院教授，知识产权法学专业、网络法学专业博士生导师，中国政法大学知识产权法重点学科学术带头人，中国政法大学知识产权维权援助研究与服务中心主任，中国政法大学全国专利保护重点联系基地负责人，中国政法大学网络法学研究院学术委员会委员。兼任中国法学会会员、国家知识产权战略专家成员、中国科技法研究会常务理事、中国版权保护协会理事、国家知识产权局资产评估促进工程特邀专家、中国知识产权研究会理事、中国作协著作权纠纷调解委员会委员，以及北京仲裁委员会、西安仲裁委员会仲裁员等。长期从事民法学、知识产权法学以及网络法学教学与实践工作。独著、主编、参编著作、教材三十余部，发表学术论文八十余篇，主持承担国家自然基金、省部级以上研究课题四十余项。先后获校、省、部级科研成果奖十余项，并被国家科技部和司法部授予"全国知识产权工作先进个人"称号。

刘佳欣 法学博士研究生，北京市海淀区人民法院法官，主要从事知识产权相关案件审判工作。参编《著作权纠纷诉讼指引与实务解答》，发表论文《网络游戏改编权的行使与侵权判定》《不正当竞争纠纷中知名商品特有包装装潢的判断》等。2017年《知名商品特有包装装潢的判定》获最高人民法院优秀案例三等奖。

李亚林 法学博士研究生，国家知识产权局专利局干部，主要从事专利复审和无效宣告请求的审查工作，参与多项专利审查标准的研究和拟定工作，参与并负责多项省部级课题的研究工作。发表论文《"可固化的有机聚硅氧烷组合物和半导体器件"无效案评析》《专利优先权核实中相同主题的判断标准研究》《专利创造性评判中最接近现有技术的确定》等。

刘自钦 法学博士、博士后，北京工业大学讲师，主要从事知识产权法教学研究工作，参与多项省部级知识产权课题研究工作。发表论文《著作权惩罚性赔偿制度在中国大陆的具体运用：从美国经验和中国实际出发》《网络环境中专利转化方式的革新及法制完善》《论我国商标注册诚信原则运用机制的改进》《商标权注册取得领域的客观诚信和恶信》等。

郝明英 法学博士研究生，国家工业信息安全发展研究中心知识产权所法律政策研究室主任，主要从事知识产权咨询与研究工作。发表论文《网络中知识产权运营相关问题研究》《福克斯电视台诉帝国发行公司案》《浅析互联网电视硬件生产商的版权责任》《假冒他人署名作品中的署名权问题研究综述》《简述网络服务提供者侵权责任认定》《浅析故官博物院名称权保护现状及策略》等。

裴　轶 法学博士，现工作于中国政法大学博士后流动站，从事知识产权法方向的博士后研究工作。发表论文《反垄断法的私人救济制度分析》《反垄断法对于供给侧结构性改革政策的促进与推动》《近期行政垄断案例的实证考察及反垄断法分析》等。

吕冰心 法学博士研究生，五矿发展股份有限公司法律部规则监管总监。参编《"找法"与"造法"：法官适用法律的方法》，发表论文《论电视节目模式的著作权法保护》等。2005年获得中国政法大学一等奖学金。

张　楠 法学博士研究生，最高人民法院知识产权法庭法官助理，主要从事民商事法律研究。参与编写《最高人民法院关于合同法司法解释（二）理解与适用》《最高人民法院关于中华人民共和国民法总则条文理解与适用》《最高人民法院医疗损害责任司法解释理解与适用》等著作。

序 言

法学学科是实践性很强的学科。2017年5月3日，习近平总书记考察中国政法大学时对法学教育和法治人才培养提出了明确要求。他指出："法学教育要处理好法学知识教学和实践教学的关系。学生要养成良好的法学素养，首先要打牢法学基础知识，同时要强化法学实践教学。"如何使学生学习法治理论的同时，能够深入了解中国法治实践，拥有解决实际问题的知识和能力，是法学教育必须解决的首要问题。

法律硕士专业学位研究生教育最注重实践教学，日益成为法学教育的主要形式。近十几年来，法律硕士专业学位研究生教育快速发展，无论是举办高校数量还是招生规模都一路高企，呈现出一派繁荣景象。随着应用型硕士与学术型硕士的分野，二者之间在培养模式、培养标准、教学方式、教材体系等方面有何区别等问题亟待研究。可以说，法律硕士与法学硕士最大的区别在于人才培养目标不同，法律硕士培养应当服务、服从于法治实践，为实务部门培养具有法律专业素养和职业精神的优秀人才。有鉴于此，构建有别于学术型硕士的培养模式、制定统一的培养标准、改革教育教学方法、编写高质量教材，成为法律硕士专业学位研究生教育的当务之急。

法律硕士培养规律和实践表明，案例教学是强化实践教学的重要方式，也是增强学生问题意识，提高解决问题能力的有效途径。案例教学不仅能够使学生深入了解法治工作实际，提高他们正确适用法律的能力，而且可以促进理论和实践的有机结合，提升他们的理论素养。

中国政法大学作为全国第一批法律硕士专业学位研究生培养单位和第一所设立法律硕士学院的高校，在法律硕士专业学位研究生培养方面积累了一定经验。为进一步推动法律硕士专业学位研究生教学改革，深化培养模式改革，打通知识教学与实践教学之间的壁垒，强化实践教学和案例教学，学校组织有较高理论素养和实践能力的教师编写了《中国特色社会主义法治理论与实践系列研究生教材之法律硕士专业学位研究生案例研究指导丛书》（以下简称"案例研究指导丛书"），帮助学生从案例研究入手，更好地学习法学知识，掌握专业技巧，提高实践能力，以适应日益增长的社会需求。

案例研究指导丛书坚持以中国特色社会主义法治理论为指导，坚持从中国国情和实际出发，融通世界先进经验与中国智慧，结合中国法治实践，在夯实学生法学专业基础的同时，注重培养学生的理想信念、家国情怀、人文精神和责任担当，提高学生发现问题、分析问题、解决问题的能力，形成运用法律思维和法治方法分析解决问题的自觉意识。

衷心希望这套教材能够在法律硕士专业学位研究生培养中发挥积极作用，成为广大法律硕士专业学位研究生的案头必读书。

是为序！

中国政法大学　马怀德
2019 年 4 月 12 日

前　言

对专业学位研究生来说，分析、研究、总结具体案件判决形成过程比分析、研究、总结案件判决结果往往更为重要。

知识产权案件具有类型多样，技术性、专业性强，涉猎领域广泛，审判过程复杂等特点。对知识产权案件审判过程的研究，有助于提高知识产权专业学位研究生课程教学的实效性，并能够强化知识产权专业学位研究生发现问题、分析问题和解决问题的实践应用能力培养。

本书收入的案例以近年来发生的真实案件为基础，在具体案例的选取上主要考虑了案例的综合性、典型性、客观性、创新性以及知识产权专业学位研究生的可研讨性。同时讨论的内容兼顾了知识产权领域相关重点问题、热点问题和实践中的代表性问题。

本书根据知识产权法学学科自身主要内容和特点设置了知识产权法总论、著作权法、专利法、商标法、反不正当竞争法与反垄断法、网络知识产权和知识产权国际保护七章共计二十四个专题，每个专题包含知识概要、经典案例、拓展案例和拓展资料等。

本书各部分撰写分工为（以撰写章节先后为序）：

郝明英：第一章专题一、二；

来小鹏：第一章专题三、第三章专题五；

刘佳欣：第二章；

李亚林：第三章专题一～四；

刘自钦：第四章；

裴　轶：第五章；

吕冰心：第六章；

张　楠：第七章。

作为这本书的撰稿人和主编,感谢中国政法大学研究生院领导的信任与支持;感谢知产宝有限责任公司对案例相关数据的提供与协助;感谢中国政法大学出版社领导和艾文婷责编的关心与帮助;感谢博士生马鑫,硕士生陶洪飞、高磊、鲁晨清、梁晟、阮琪琪、王少晗对书稿文字进行了校对;感谢所有为完成这本书作出贡献的人。

由于编者水平有限,不足之处在所难免,敬请读者批评指正。

编 者
2019 年 4 月 10 日

图书总码

目 录

第一章 知识产权法总论专题 ... 1
- 专题一 知识产权客体 ... 1
- 专题二 知识产权法原则 ... 18
- 专题三 知识产权法律保护 ... 40

第二章 著作权法专题 ... 61
- 专题一 著作权的客体——作品 ... 61
- 专题二 著作权的内容——权利 ... 80
- 专题三 著作权主体和归属 ... 99
- 专题四 著作权的限制 ... 110
- 专题五 著作权侵权 ... 123

第三章 专利法专题 ... 136
- 专题一 新颖性的判定 ... 136
- 专题二 创造性的判定 ... 155
- 专题三 充分公开的判定 ... 170
- 专题四 专利权侵权判断 ... 187
- 专题五 外观设计专利的侵权判定 ... 205

第四章 商标法专题 ... 226
- 专题一 商标专用权的注册取得 ... 226
- 专题二 注册商标专用权的保护 ... 253

专题三　未注册商标和驰名商标的保护 …………………………… 280

第五章　反不正当竞争法与反垄断法专题 …………………………… 305
　专题一　反不正当竞争法 …………………………………………… 305
　专题二　反垄断法 …………………………………………………… 330

第六章　网络知识产权专题 …………………………………………… 369
　专题一　网络知识产权新型问题研究 ……………………………… 369
　专题二　网络知识产权延伸问题研究 ……………………………… 384
　专题三　网络服务提供者法律责任判定 …………………………… 398

第七章　知识产权国际保护专题 ……………………………………… 413
　专题一　著作权国际保护 …………………………………………… 413
　专题二　商标权国际保护 …………………………………………… 420
　专题三　专利权国际保护 …………………………………………… 429

第一章

知识产权法总论专题

专题一 知识产权客体

知识概要

知识产权客体，一直是学术界存有争议的问题，主要在于客体和对象之争。有学者认为，知识产权对象与客体不是同一概念，知识产权的对象就是知识本身，而知识产权的客体指基于对知识产权的对象的控制、利用和支配行为而产生的利益关系或社会关系。[1]也有学者认为，知识产权客体与知识产权对象可替代使用，对智力成果等内容采用"知识产权客体"予以指代，[2]这一观点在我国知识产权学术界占主导地位。我们认同知识产权客体与知识产权对象意义相同，都是指代智慧成果、商业标识等，我国《民法总则》亦采用此观点。

目前国际公约多以列举方式说明知识产权的客体，如《建立世界知识产权组织公约》[3]与《TRIPS协议》[4]。我国关于知识产权客体的总体规定体

---

[1] 刘春田主编：《知识产权法》，高等教育出版社2000年版，第4页。

[2] 郑成思：《知识产权论》，法律出版社2003年版，第184页；吴汉东：《知识产权总论》，中国人民大学出版社2013年版，第43页。

[3] 《建立世界知识产权组织公约》第2条第8款规定，知识产权包括：关于文学、艺术和科学作品的权利；关于表演艺术家的演出、录音和广播的权利；关于人们在一切活动领域的发明的权利；关于科学发现的权利；关于工业品外观设计的权利；关于商标、服务商标、厂商名称和标记的权利；关于制止不正当竞争的权利；以及在工业、科学、文学或艺术领域里一切其他来自知识活动的权利。

[4] 《TRIPS协议》第二部分规定知识产权客体范围包括：版权及相关权的客体，如计算机程序、数据库、表演者的表演、录音制品、广播电视节目等；商标；地理标志；工业品外观设计；专利；集成电路布图设计；未公开信息等。

现在《民法总则》第 123 条，即民事主体依法享有知识产权，知识产权是权利人依法就下列客体享有的专有权利：作品；发明、实用新型、外观设计；商标；地理标志；商业秘密；集成电路布图设计；植物新品种；法律规定的其他客体。

具体而言，著作权客体包括：文字作品；口述作品；音乐、戏剧、曲艺、舞蹈、杂技艺术作品；美术、建筑作品；摄影作品；视听作品；工程设计图、产品设计图、地图、示意图等图形作品和模型作品；计算机程序；民间文学艺术作品；表演；录音制品；录像制品；广播、电视节目；法律、行政法规规定的其他作品。[1] 商标权客体包括：商品商标、服务商标和集体商标、证明商标。[2] 专利权客体包括：发明、实用新型与外观设计。[3] 随着科技的发展与进步，专利权客体也在不断调整，2014 年国家知识产权局修改《专利审查指南》，增加"包括图形用户界面的产品外观设计"，实现对图形用户界面的保护，扩充了专利权客体范围。

根据我国法律规定，其他知识产权客体可包括：集成电路布图设计、植物新品种、地理标志、商业秘密等。关于《反不正当竞争法》中救济对象与规制的行为是否可作为知识产权客体还需进一步讨论，[4] 此外有关域名、数据、虚拟财产等是否可作为知识产权客体亦有待进一步讨论。

除列举知识产权客体之外，有学者参考物权客体的界定方式，试图抽象出知识产权客体的界定范围：知识产权客体须为无体物；能为人力所控制，即相关客体已为人所认识、掌握和利用，并能从中得到精神或经济上的满足；能够确定，即具有确定性，可以通过其载体予以表现。[5] 上述界定方式可方便理解知识产权客体范围，但满足上述条件的知识产品若要成为知识产权客体，还需满足法律规定，部分符合上述条件的知识产品因不符合政治、经济、文化与社会因素的考虑，或为了行政管理、公共利益的需要，排除在知识产

---

〔1〕 参见：《著作权法》第 3 条、第 6 条及第四章。

〔2〕 参见：《商标法》第 3 条。

〔3〕 参见：《专利法》第 2 条。

〔4〕 虽然国际公约中规定知识产权包括关于制止不正当竞争的权利，但我国有关知识产权法与反不正当竞争法的关系一直存在争论，且反不正当竞争法对相关权益的保护是救济性保护，用以制止不正当竞争，维护市场经营秩序，并非赋权，因此相关权益只可以当作广义的知识产权。

〔5〕 陶鑫良、袁真富：《知识产权法总论》，知识产权出版社 2005 年版，第 104 页。

权客体范围之外。[1]

经典案例

案例一：A公司等诉C公司侵害外观设计专利权纠纷案[2]

一、基本案情

本案原告为A公司和B公司，被告为C公司，涉案外观设计专利的专利号为ZL201430329167.3，名称为"带图形用户界面的电脑"，申请日为2014年9月5日，授权公告日为2014年11月5日，专利权人为本案原告A公司和B公司，该专利至今有效。本专利的授权公告文本中包括六面视图以及变化状态图。

原告诉称：C公司提供给用户下载的"江民优化专家"软件，属于"包括图形用户界面的产品"，其界面图像与原告外观设计相同，两者构成了相似的外观设计。C公司在互联网上提供被控侵权软件的行为，即使是免费发布，也是出于生产经营目的，属于以生产经营为目的制造、许诺销售、销售被诉侵权软件的行为，违反了《专利法》第11条的规定，构成了对原告专利权的直接侵犯；即便涉案专利的保护范围需要考虑电脑这一产品，被告的行为也构成帮助侵权行为，依据《最高人民法院关于审理侵犯专利权纠纷案件应用法律若干问题的解释（二）》第21条第1款的规定，被告出于生产经营目的将被诉侵权软件在互联网上发布，其用意明显是提供给他人下载并实施侵权行为，该软件下载后任何人一经安装并运行，即完成了制造被诉侵权软件的图形用户界面的行为，在此基础上，还有可能销售或者许诺销售安装了被诉侵权软件的电脑，上述侵权行为均是在被告的教唆、帮助下完成的，被告开发的被诉侵权软件不具有侵权之外的其他用途，其一旦安装必然侵犯原告涉案专利的专利权，故被告行为构成帮助侵权行为。

被告辩称：①涉案专利名称为"带图形用户界面的电脑"，被告只是开发

---

[1] 著作权、商标权、专利权排斥对象参见《著作权法》第4条、第5条，《商标法》第10条、第11条、第12条，《专利法》第25条。
[2] 参见：北京知识产权法院（2016）京73民初276号民事判决书。

并免费发布了具有"图形用户界面"的"江民优化专家"软件（即被诉侵权软件），并未制造或者销售电脑，故被告并未实施原告所主张的制造、许诺销售及销售侵犯涉案专利权产品的行为。②被诉侵权设计与涉案专利的外观整体视觉效果差异明显，故该软件与涉案专利中的图形用户界面既不相同亦不近似。③被诉侵权设计参考了现有设计的内容，与现有设计几乎完全相同，其属于对现有设计的使用，因此并未构成对涉案专利权的侵犯。④被诉侵权软件为免费发布，发布时间很短、用户量较低，被告从中并无任何直接获利。且被诉侵权软件的界面中明显标注了被告的名称，普通消费者不会对同类软件的来源产生误认和混淆。软件的开发成本主要包括软件功能的设计、程序的编写、软件测试、用户界面的设计等，其中图形用户界面的设计在参考了现有设计的情况下，所占据的成本比例很小。原告要求被告赔偿损失的请求于法无据。

法院经审理认为：外观设计专利权保护范围的确定需要同时考虑产品及设计两要素，无论是其中的产品要素还是设计要素均以图片或照片中所显示内容为依据。本案中，涉案专利视图中所显示的产品为电脑，其名称亦为"带图形用户界面的电脑"，可见，涉案专利为用于电脑产品上的外观设计；"电脑"这一产品对于涉案专利的权利保护范围具有限定作用。被诉侵权行为是被告向用户提供被诉侵权软件的行为，因被诉侵权软件并不属于外观设计产品的范畴，相应地，其与涉案专利的电脑产品不可能构成相同或相近种类的产品，据此，即便被诉侵权软件的用户界面与涉案专利的用户界面相同或近似，被诉侵权软件亦未落入涉案专利的保护范围，原告认为被诉侵权行为侵犯其专利权的主张不能成立。

此外，帮助侵权行为的前提之一是用户具有直接实施涉案专利的行为。本案中，用户实施的行为仅为下载被诉侵权软件至电脑，并不存在制造、许诺销售、销售电脑的行为。在本案并不存在直接实施涉案专利行为的情况下，即便确如原告所述，被诉侵权软件属于侵权产品的中间物，被告提供被诉侵权软件的行为亦不构成帮助侵权的行为。

二、法律问题

1. 被诉侵权行为是否构成对涉案专利权的直接侵犯？

2. 被诉侵权行为是否构成帮助侵权行为?

三、法理分析

(一) 被诉侵权行为是否构成对涉案专利权的直接侵犯

目前,我国《专利审查指南》中将外观设计的载体分为"立体产品""平面产品""包括图形用户界面的产品",涉案专利为"带图形用户界面的电脑",属于国家知识产权局2014年颁布的第68号令中所规定的"包括图形用户界面的产品外观设计"。[1] 针对该新类型外观设计并无专门侵权认定规则,只能适用现有的外观设计侵权规则。

我国《专利法》第59条第2款规定,外观设计专利权的保护范围以表示在图片或者照片中的该产品的外观设计为准,简要说明可以用于解释图片或者照片中所表示的该产品的外观设计。《最高人民法院关于审理侵犯专利权纠纷案件应用法律若干问题的解释》第8条规定,在与外观设计专利产品相同或者相近种类产品上,采用与授权外观设计相同或者近似的外观设计的,人民法院应当认定被诉侵权设计落入《专利法》第59条第2款规定的外观设计专利权的保护范围。由上述规定可知,外观设计专利权保护范围的确定需要同时考虑产品及设计两要素,无论是其中的产品要素还是设计要素,均以图片或照片中所显示内容为依据。

本案中,涉案专利视图中所显示的产品为电脑,其名称亦为"带图形用户界面的电脑",可见,涉案专利为用于电脑产品上的外观设计。"电脑"这一产品对于涉案专利的权利保护范围具有限定作用。原告主张电脑仅是"图形用户界面"的附着物,与保护范围无关;法院认为在对"包括图形用户界面的产品"尚不存在独立于现有外观设计法律规则之外的特殊规则时,适用于该类产品的规则与适用于其他产品的规则不应有所不同。国家知识产权局虽在第68号令中引入"包括图形用户界面的产品外观设计",但该规定中的具体内容均是在现有外观设计专利制度框架下做的适应性调整,而非针对此类外观设计设立的独立于现有制度的一整套规则。

---

[1] 参见:2014年3月12日,国家知识产权局第68号令《国家知识产权局关于修改〈专利审查指南〉的决定》。

被诉侵权行为是被告向用户提供被诉侵权软件的行为，因被诉侵权软件并不属于外观设计产品的范畴；相应地，其与涉案专利的电脑产品不可能构成相同或相近种类的产品。据此，即便被诉侵权软件的用户界面与涉案专利的用户界面相同或相近似，被诉侵权软件亦未落入涉案专利的保护范围，原告认为被诉侵权行为侵犯其专利权的主张不能成立。

（二）被诉侵权行为是否构成帮助侵权行为

《最高人民法院关于审理侵犯专利权纠纷案件应用法律若干问题的解释（二）》第21条第1款规定，明知有关产品系专门用于实施专利的材料、设备、零部件、中间物等，未经专利权人许可，为生产经营目的将该产品提供给他人实施了侵犯专利权的行为，权利人主张该提供者的行为属于《侵权责任法》第9条规定的帮助他人实施侵权行为的，人民法院应予支持。

原告主张，即便被诉侵权行为未构成对涉案专利权的直接侵犯，但被诉侵权软件属于上述"零部件"或"中间物"，在被告存在教唆故意的情况下，其在网上向用户提供被诉侵权软件的行为属于帮助侵权行为。

对此，法院认为，被诉侵权行为构成帮助侵权行为的前提之一，是用户具有直接实施涉案专利的行为。本案中，用户实施的行为仅为下载被诉侵权软件至其电脑的行为，并不存在制造、许诺销售、销售电脑等行为。原告虽主张用户存在销售或许诺销售预装有被诉侵权软件的电脑的可能性，但原告并未提交证据证明存在这一事实。基于此，在本案中并不存在直接实施侵犯涉案专利权行为的情况下，即便确如原告所述，被诉侵权软件属于侵权产品的中间物，被告提供被诉侵权软件的行为亦不可能构成帮助侵权行为。

四、参考意见

（一）包括图形用户界面的产品外观设计专利与有形产品的关系

2014年3月，国家知识产权局发布新修改的《专利审查指南》，增加了"包括图形用户界面的产品外观设计专利"（以下简称"GUI外观设计专利"）的申请要求与审查标准。此项内容的修改顺应了产业发展需求和创新主体的呼吁，但相关法律制度还需进一步完善。正如法院判决中指出的，对"包括图形用户界面的产品"尚不存在独立于现有外观设计法律规则之外的特殊规则时，适用于该类产品的规则与适用于其他产品的规则不应有所不同。[1]因此，应适用我国现有的外观设计专利制度，《专利法》第 2 条第 4 款规定，外观设计是指对产品的形状、图案或者其结合以及色彩与形状、图案的结合所作出的富有美感并适于工业应用的新设计。《专利法》第 59 条第 2 款规定，外观设计专利权的保护范围以表示在图片或者照片中的该产品的外观设计为准，简要说明可以用于解释图片或者照片所表示的该产品的外观设计。《最高人民法院关于审理侵犯专利权纠纷案件应用法律若干问题的解释》第 8 条规定，在与外观设计专利产品相同或者相近种类产品上，采用与授权外观设计相同或者近似的外观设计的，人民法院应当认定被诉侵权设计落入《专利法》第 59 条第 2 款规定的外观设计专利权的保护范围。由此可见，我国外观设计专利权保护范围的确定需要同时考虑产品及设计两要素，无论是其中的产品要素还是设计要素均以图片或照片中所显示内容为依据。

根据生成软件的不同，GUI 可以分为系统软件生成的 GUI 和应用软件生成的 GUI。[2]对 GUI 外观设计专利的保护，若要求与产品相结合，容易导致应用软件生成的 GUI 外观设计专利保护困境，因其不涉及硬件产品的制造销售。正如 C 公司辩称，其只开发并发布了软件产品，并未制造或销售电脑，因此不存在制造销售涉案外观设计专利产品的侵权行为。要求 GUI 外观设计专利与有形产品相结合，容易导致专利权人的权益难以得到保护。之所以出现上述问题，是将"产品"与"载体"混同的结果，外观设计与载体是表达与承载的关系，物质载体在外观设计制度中没有制度规范意义；外观设计对于产品是经济价值依附，产品对外观设计具有限制权利范围、辅助计算侵权赔偿数额、便于分类管理和检索等制度功能。[3]随着外观设计专利新型客体和纠纷出现，应适时调整外观设计法律规则，以适应新的发展形势与需求。

（二）GUI 的保护路径

知识产权的客体是动态发展的，与技术发展密切相关。随着新技术不断

---

〔1〕 参见：北京知识产权法院（2016）京 73 民初 276 号民事判决书。

〔2〕 李安："试析软件产品作为外观设计专利产品的适格性——兼评国内 GUI 外观设计专利侵权第一案"，载《中国发明与专利》2017 年第 8 期。

〔3〕 李安："试析软件产品作为外观设计专利产品的适格性——兼评国内 GUI 外观设计专利侵权第一案"，载《中国发明与专利》2017 年第 8 期。

出现，为回应产业发展与技术需求，知识产权客体也会相应调整，相关法律制度也需不断完善。GUI 外观设计专利作为知识产权的新客体，应考虑如何实现对其的保护。根据国际商会关于 GUI 外观设计保护的报告，由于 GUI 外观设计及其基础技术发展时间短，根据现行法律对其予以保护并不容易；许多为 GUI 外观设计提供保护的国家和地区，如果实体产品不是以图形表示或仅以虚线显示，则 GUI 外观设计独立于其所依附的实体产品被保护；但是在某些地区，即使应用了 GUI 实体产品以虚线显示，GUI 表示的实物产品类型也会影响保护范围。[1]在 GUI 外观设计专利保护中，美国走在前列，其通过司法判决[2]确定了部分外观设计专利制度，并通过《专利审查指南》修改明确外观设计的客体是基于工业产品（或其部分）的设计，而非工业产品本身。[3]在我国《专利法》第 4 次修改中，探索确立"局部外观设计制度"，可有效保护 GUI 外观设计在内的局部设计。

案例二：A 公司诉 B 公司等不正当竞争纠纷案[4]

一、基本案情

本案原告为 A 公司，被告为 B 公司与 C 公司。A 公司经营大众点评网，为网络用户提供商户信息、消费评价、优惠信息、团购等服务。商户信息通常包括联系电话、地址、图片等信息，注册用户可以对商户进行评论。B 公司是百度地图和百度知道的经营者，百度地图除了提供定位、地址查询、路线规划、导航等常用地图服务外，还为网络用户提供商户信息查询、团购等服务。百度地图中的商户包括餐饮、酒店、景点、超市等类别，商户页面有商户地址、电话、用户点评等信息；百度地图也有点评功能。百度知道提供搜索功能，网络用户可以搜索已经发布的问题及答案；网络用户在百度知道

---

[1] New ICC Report, "Design Protection for Graphical User Interfaces", https://iccwbo.org/publication/design-protection-graphical-user-interfaces-guis/.

[2] In Re Zahn, 617F. 2d 261.

[3] 詹靖康："奇虎诉江民侵害外观设计专利权纠纷案评析——兼论国家知识产权局第六十八号令"，载《电子知识产权》2018 年第 1 期。

[4] 参见：上海市浦东新区人民法院（2015）浦民三（知）初字第 528 号民事判决书，上海知识产权法院（2016）沪 73 民终 242 号民事裁定书。

搜索餐饮商户名称时，B公司会直接向网络用户提供来自大众点评网的点评信息。C公司运营的城市吧街景地图向网络用户提供实景地图，该地图未向用户提供来自大众点评网的信息，但该网站通过API（应用程序编程接口）调用了百度地图或腾讯地图，涉案信息存在于百度地图中。

A公司诉称：①A公司对于大众点评网的点评信息享有合法权益，依法受我国法律的保护。B公司未经许可，在百度地图、百度知道中复制大众点评网的点评信息，直接替代大众点评网向用户提供内容，攫取A公司的市场份额，构成不正当竞争。②"大众点评"等标识属于知名服务特有名称，B公司的网站使用了上述标识，使得相关公众对服务的来源产生误认，属于擅自使用知名服务特有名称的不正当竞争行为。③百度地图官方微博回应用户称"B公司与大众点评是合作关系"，但由于双方并不存在合作关系，B公司该回复构成虚假宣传。C公司与B公司有深度合作关系，其将含有侵权内容的百度地图内嵌于自己的网站中，扩大了B公司的侵权范围，与B公司构成共同侵权。

B公司辩称：①B公司与A公司不是同业竞争关系。大众点评网为用户提供以餐饮为主的消费点评、消费优惠等业务，同时提供餐厅预定、外卖等服务；而B公司提供的是搜索服务，两者没有直接竞争关系。②A公司对于大众点评网中存在的用户点评不享有任何权利。用户点评绝大部分不属于受著作权法保护的作品，即使用户点评属于作品，其著作权人也非A公司，而是网络用户；即便A公司确实为收集点评信息付出了大量的劳动和成本，A公司关于其对点评信息享有某种权利或权益的主张也无法律依据。③B公司使用大众点评网的信息并不构成不正当竞争。首先，百度地图通过蜘蛛机器人访问各个网站，至于特定内容可否抓取，搜索引擎将根据网站Robots协议的内容进行判断，B公司的抓取行为完全符合大众点评网的Robots协议。其次，B公司仅有限地展现来自大众点评网的用户点评，且设置了指向大众点评网的链接，不仅不会给A公司造成损失，还会为A公司带来流量。最后，若A公司认为B公司构成侵权，其完全可以通过修改大众点评网的Robots协议，禁止B公司的搜索引擎访问其网站的点评信息，但A公司始终未这样做。④B公司使用"大众点评"等标识，是为了标注信息的来源，不构成不正当竞争。⑤B公司微博回复的行为不是宣传行为，是针对特定个人的被动回答。

且B公司并未虚构事实，大众点评网可以使用百度账户登录，即双方账户是打通的，故双方网站当然存在合作关系，B公司并未进行虚假宣传。

C公司辩称：①其与A公司之间不存在竞争关系。A公司的竞争优势在于商户的分类导航、排序比较；C公司的竞争优势在于街景地图是3D街道实景地图。②两被告使用信息的方式合理。A公司根本无意禁止搜索引擎抓取其网站的点评信息。百度地图仅少量展示大众点评网的点评信息，在大众点评网海量的点评信息中占比很小。③两被告的行为不会给A公司造成损害。百度地图展示少量点评信息，且都设置了指向大众点评网的链接，可以为大众点评网导流。④C公司的街景地图没有使用大众点评网的信息。涉嫌侵权的信息在百度地图上，C公司的网站通过API调用百度地图，C公司与B公司不存在共同故意或过失。无论B公司是否构成不正当竞争，C公司均不构成不正当竞争。

法院经审理认为，根据原、被告双方的诉辩意见，本案各方的主要争议体现在以下方面：①B公司使用大众点评网点评信息是否构成不正当竞争；②B公司对案外人微博的回复行为是否构成虚假宣传；③B公司使用"大众点评"等标识是否构成擅自使用知名服务特有名称；④C公司是否与B公司构成共同侵权。

针对上述争议焦点，法院判定：①B公司使用大众点评网点评信息具有不当性，给A公司造成损害，构成不正当竞争。②B公司微博回复可能会使阅读该微博的用户产生误解，但并非所有可能导致误解的言行均构成虚假宣传。虚假宣传是针对公众的误导行为，行为方式是广告或其他方式；行为所针对的对象为公众，内容须可为相当数量的公众所知悉；行为后果不仅可能误导公众，而且会给当事人造成损害。基于上述三点分析，B公司的该行为不构成虚假宣传。③百度地图对于来自大众点评网的信息，使用"大众点评"等标识，该行为系为了指示信息的来源，属于对他人标识的合理使用。④百度地图中对相关点评信息的使用虽然构成不正当竞争，但提供点评信息仅是其众多服务中的一部分。C公司通过API调用百度地图，并非单纯指向百度地图中的点评信息，其主观上没有与B公司共同实施侵权行为的故意，不构成共同侵权。

二、法律问题

B 公司使用大众点评网点评信息是否构成不正当竞争？

三、法理分析

（一）B 公司和 A 公司是否存在竞争关系

法院认为，在现代市场经营模式尤其是互联网经济蓬勃发展的背景下，对于竞争关系的判定，不应局限于相同行业、相同领域或相同业态模式等固化的要素范围，而应从经营主体具体实施的经营行为出发加以考量。反不正当竞争法所调整的竞争关系不限于同业者之间的竞争关系，还包括为自己或者他人争取交易机会所产生的竞争关系以及因破坏他人竞争优势所产生的竞争关系。在互联网行业，将网络用户吸引到自己的网站是经营者开展经营活动的基础，即使双方的经营模式存在不同，只要双方在争夺相同的网络用户群体，即可认定为存在竞争关系。

本案中，B 公司除了提供网络搜索服务，亦为网络用户提供商户信息及点评信息，并提供部分商户的团购等服务。大众点评网和百度地图在为用户提供商户信息和点评信息的服务模式上近乎一致，存在直接的竞争关系。此外，B 公司还通过百度知道向用户提供来自大众点评网的点评信息。B 公司通过搜索技术从大众点评网等网站获取信息，并将搜索引擎抓取的信息直接提供给网络用户，其和大众点评网一样都向网络用户提供商户信息和点评信息；B 公司不仅是搜索服务提供商，还是内容提供商。B 公司通过百度地图和百度知道与大众点评网争夺网络用户，可以认定 B 公司与 A 公司存在竞争关系。

（二）A 公司是否因 B 公司的竞争行为而受到损害

法院经审理认为，B 公司使用了部分大众点评网的点评信息，替代大众点评网向网络用户提供信息，会导致大众点评网的流量减少。虽然百度地图中设置了指向大众点评网的链接，但由于百度地图中的每一条点评信息都是完整的，用户并不需要再去大众点评网查看该信息。百度地图在大量使用大众点评网点评信息的同时，又推介自己的团购等业务，攫取了大众点评网的部分交易机会。B 公司大量使用大众点评网点评信息的行为，会给 A 公司造成损害。

此外，当网络用户使用百度搜索商户名称时，B 公司通过百度知道直接向用户提供来自大众点评网的点评信息，将一些想获取点评信息的网络用户导流到百度知道，即B公司通过百度知道代替大众点评网向公众提供信息。百度知道的上述使用方式，也会截取大众点评网的流量，给A公司造成损害。

（三）B公司的行为是否具有不正当性

法院审理后认为，市场经济鼓励市场主体在信息的生产、搜集和使用等方面进行各种形式的自由竞争，但是这种竞争应当充分尊重竞争对手在信息的生产、搜集和使用过程中的辛勤付出。对涉及信息使用的市场竞争行为是否具有不正当性的判断，应当综合考虑以下因素：涉案信息是否具有商业价值，能否给经营者带来竞争优势；信息获取的难易程度和成本付出；对信息的获取及利用是否违法、违背商业道德或损害社会公众利益；竞争对手使用信息的方式和范围。

首先，大众点评网的点评信息是A公司的核心竞争资源之一，能给A公司带来竞争优势，具有商业价值。大众点评网真正的优势在于提供消费者真实的消费体验报告即用户点评：潜在的消费者可以通过点评获取有关商户服务、价格、环境等方面的真实信息，帮助其在同类商家中作出选择；同时，对于商家而言，也能通过用户点评更准确地了解消费者需求，据此改善服务质量，采取更精准的营销措施。其次，A公司为运营大众点评网付出了巨额成本，网站上的点评信息是其长期经营的成果。再次，大众点评网的点评信息由网络用户发布，网络用户自愿在大众点评网发布点评信息，A公司获取、持有、使用上述信息未违反法律禁止性规定，也不违背公认的商业道德。最后，在靠自身用户无法获取足够点评信息的情况下，B公司通过技术手段，从大众点评网等网站获取点评信息，用于充实自己的百度地图和百度知道。B公司的此种使用方式，实质替代大众点评网向用户提供信息，对A公司造成了损害。因此，B公司大量、全文使用涉案点评信息的行为违反了公认的商业道德和诚实信用原则，具有不正当性。

B公司上述行为给A公司造成了实质损害，具有不正当性，构成不正当竞争。

四、参考意见

（一）数据信息与知识产权客体

《民法总则》制定过程中，一次审议稿曾将"数据信息"纳入知识产权客体范围，虽然之后审议稿及发布施行的《民法总则》均在知识产权客体中取消"数据信息"而作专条规定，但有关数据信息的知识产权保护问题值得探讨，也进一步说明知识产权客体随着技术发展不断变化，需以动态发展的眼光看待知识产权客体范围。

数据信息不适宜纳入知识产权客体范围，我们认为有如下理由：①数据信息概念不确定；②部分数据信息可获得相应知识产权保护，如符合独创性要求的数据库可获得著作权保护、未公开数据信息可作为商业秘密获得保护；③部分数据信息与个人隐私、个人信息相关，并非是知识产权问题；④基于利益平衡原则，将其纳入知识产权客体范围会对我国公民和单位对于数据信息的合法需求乃至我国大数据产业发展带来不利的影响。[1]虽然数据信息不宜纳入知识产权客体范围，但对数据信息的知识产权保护与其他法律保护值得深入研究，以期形成有利于数据信息保护与产业发展的法律制度。

(二) 数据信息的著作权保护

著作权保护客体为具有独创性的作品，数据信息要获得著作权保护则须为具有独创性的作品。我国《著作权法》第14条规定，汇编若干作品、作品的片段或者不构成作品的数据或者其他材料，对其内容的选择或者编排体现独创性的作品，为汇编作品，其著作权由汇编人享有，但行使著作权时，不得侵犯原作品的著作权。可见，具有独创性的数据汇编，即数据库，可获得著作权保护。

以著作权保护数据信息具有一定局限性：首先，数据信息汇编较难满足独创性要求。从内容上看，著作权法保护的可能性与数据信息的广泛性成反比，即数据信息搜集越是全面，在内容的选择上就越缺乏独创性，而数据信息内容的全面性正是其商业价值之所在；从编排角度看，数据的编排和检索方式是有限的，考虑到用户的使用习惯，信息制作者往往会选择大家普遍采用的编排方式，这些数据信息在检索手段和编排方式上亦不具有独创性。[2]其次，著作权法对数据信息所保护的是其独创性的选择或编排的表达，而不是所选择或编排的内容，对于竞争者而言，很容易通过改变数据信息的编排

---

[1] 冯晓青："《民法总则》'知识产权条款'的评析与展望"，载《法学评论》2017年第4期。
[2] 芮文彪、李国泉、杨馥宇："数据信息的知识产权保护模式探析"，载《电子知识产权》2015年第4期。

结构来规避著作权的保护，这就会使对数据信息的保护失去意义。[1]

（三）数据信息的商业秘密保护

2019年4月23日经修改后的《反不正当竞争法》第9条第3款规定，商业秘密，是指不为公众所知悉、具有商业价值并经权利人采取相应保密措施的技术信息、经营信息等商业信息。数据信息若要成为商业秘密保护对象，需不为其所属领域的相关人员普遍知悉和容易获得，具有商业价值，并采取了相应的保密措施。

就大多数数据信息而言，其采集多来自公共领域，较难满足"不为公众所知悉"要件；就保密措施而言，数据信息若要发挥商业价值则需要信息使用，一般情况下，商业价值发挥越大，则信息使用群体越庞大，这就给商业秘密的保密性增加难度。因此，数据信息的商业秘密保护也存在一定局限性。

（四）数据信息的反不正当竞争一般条款保护

《反不正当竞争法》第2条为一般条款，规定经营者在生产经营活动中，应当遵循自愿、平等、公平、诚信的原则，遵守法律和商业道德；不正当竞争行为，是指经营者在生产经营活动中，违反本法规定，扰乱市场竞争秩序，损害其他经营者或者消费者的合法权益的行为。一般而言，凡属于《反不正当竞争法》特别规定已作明文禁止的，只能依照特别规定规制同类不正当竞争行为，原则上不再适用原则规定扩张适用范围；《反不正当竞争法》未作特别规定予以禁止的行为，只有在给其他经营者的合法权益造成损害、确属违反诚实信用原则和公认的商业道德而具有不正当性、不制止不足以维护公平竞争秩序的情况下，才可以适用原则规定予以禁止。[2]

由于一般条款会增加法律适用的不确定性，因此应严格适用条件。根据法律规定，反不正当竞争一般条款的适用条件为：经营者之间有竞争关系，存在合法权益，行为具有不正当性，不正当竞争行为造成损害。本案判决即

---

[1] 芮文彪、李国泉、杨馥宇："数据信息的知识产权保护模式探析"，载《电子知识产权》2015年第4期。

[2] 孔祥俊：《知识产权法律适用的基本问题——司法哲学、司法政策与裁判方法》，中国法制出版社2013年版，第116页，转引自芮文彪、李国泉、杨馥宇："数据信息的知识产权保护模式探析"，载《电子知识产权》2015年第4期。

采用反不正当竞争一般条款对数据信息予以保护。

拓展案例

A 公司与中华人民共和国国家知识产权局专利局原专利复审委员会外观设计专利申请驳回复审行政纠纷上诉案[1]

一、基本案情

2010 年 7 月 26 日，A 公司向国家知识产权局提出名称为"便携式显示设备（带图形用户界面）"的外观设计专利申请，申请号为 201030255255.5，优先权日为 2010 年 1 月 27 日。申请简要说明载明："产品名称为便携式显示设备（带图形用户界面），其可用于显示信息（例如书本），也可用作媒体装置或通信工具等，分类号为 14-01、14-02、14-03；设计要点在于产品的形状和图案。"

2011 年 6 月 16 日，国家知识产权局原审查部门驳回了申请，理由是：申请视图表达的内容包含产品通电后显示的图案，属于不授予外观设计专利权的情形，不符合 2008 年修正的《专利法》第 2 条第 4 款的规定。

2011 年 8 月 31 日，A 公司对上述驳回决定不服，向原专利复审委员会提出复审请求。2012 年 11 月 19 日，原专利复审委员会对本案进行了口头审理。在口头审理中，A 公司认为：①本申请是平板电脑开机、待机状态下的图标布局设计，没有填上具体图标的图案；②通电状态是电子产品的使用状态，使用状态对于产品具有价值，通电状态显示的设计属于可以被授权的客体；③本申请的显示设备是固定的、确定的，其显示图案也是确定的，应当属于《专利法》保护的客体，而没有提交的状态并不申请给予外观设计专利保护。

2013 年 5 月 2 日，原专利复审委员会作出第 49596 号复审请求审查决定认为：《专利审查指南》第一部分第三章第 7.4 小节中规定，"产品通电后显示的图案，例如电子表表盘显示的图案，手机显示屏上显示的图案、软件界面等"属于不授予外观设计专利权的情形。本申请涉及一种带有图形用户界面的便携式显示设备，根据本申请的外观设计图片可知，其主视图包含有图

---

[1] 参见：北京市第一中级人民法院 (2013) 一中知行初字第 3760 号行政判决书，北京市高级人民法院 (2014) 高行（知）终字第 2815 号行政判决书。

形用户界面的若干图标设计，上述图标在通电后才能显示，这样的申请属于我国《专利审查指南》规定的不授予外观设计专利权的情形，因此本申请不符合《专利法》第2条第4款的规定。

后A公司不服，向北京市第一中级人民法院提起诉讼。

北京市第一中级人民法院认为：《专利审查指南》第一部分第三章第7.4节的规定是对《专利法》第2条第4款规定的具体化，故在适用《专利审查指南》上述规定判断外观设计申请是否属于我国外观设计专利权的客体时，仍应以《专利法》第2条第4款的规定为基础予以考虑。根据《专利法》第2条第4款的规定，只有满足以下四个法律要件的设计，才能成为我国外观设计专利权的保护客体：①以工业产品为载体；②是对产品形状、图案或者其结合以及色彩与形状、图案结合所作出的新的设计；③适于批量化生产的工业应用；④富有美感。

本案中，本申请为便携式显示设备（带图形用户界面），是对便携式显示设备产品在整体形状和图案上所作出的外观设计。虽然本申请还包括了在产品通电状态下才能显示的图形用户界面，但并不能以此否定本申请在实质上仍是对便携式显示设备在产品整体外观方面所进行的设计。同时，本申请亦能满足外观设计专利在工业应用和美感方面的要求，故可以成为我国外观设计专利权的保护客体。

产品使用时所具有的状态也是相关外观设计专利权纠纷中应当予以考察的重要方面。如果只保护电子产品在非通电状态下的整体外观设计，而不保护其中所包含的在通电状态下才显示的图形用户界面，并不足以对设计者在此过程中所付出的创造性劳动给予充分保护，没有充分考虑此类电子产品相较于其他产品的特殊性，也无法对相关设计产业形成有效的激励和促进，故法院对产品通电后才能显示的图形用户界面予以考虑。

A公司有关本申请符合《专利法》第2条第4款规定的诉讼主张具有事实和法律依据，应当予以支持。但是，由于本案只涉及包括图形用户界面的产品外观设计是否能够成为我国外观设计专利权客体的问题，故在将本申请纳入外观设计专利权保护范围之后，对于其是否能被授予外观设计专利权，还应结合相关授权要件作进一步的审查。

北京市高级人民法院认为：涉案专利可以成为外观设计专利权的授权客体，

但为了准确确定外观设计的内容，专利申请人应当在图片、照片或者简要说明中，通过恰当的方式指明图片或照片中的哪些部分属于通电后才能显示的图案。

《专利审查指南》仅是部门行政规章而非法律或行政法规，人民法院在判断本申请中的外观设计是否属于我国外观设计专利权的客体时，仍应以《专利法》第 2 条第 4 款的规定为基础予以考虑。且尽管《专利审查指南》规定"产品通电后显示的图案"属于不授予外观设计专利权的情形，但该规定不应被扩大解释为只要是包含了产品通电后所显示图案的外观设计申请，均应被排除在授予外观设计专利权的范围之外。

对于变化状态产品，应当以其使用状态所示的外观设计作为与对比设计进行比较的对象，其判断结论取决于对产品各种使用状态的外观设计的综合考虑。《最高人民法院关于审理侵犯专利权纠纷案件应用法律若干问题的解释》第 11 条第 2 款规定，产品正常使用时容易被直接观察到的部位相对于其他部位，通常对外观设计的整体视觉效果更具有影响。因此，产品使用时所具有的状态也是相关外观设计专利权纠纷中应当予以考察的重要方面。

二、法律问题

图形用户界面能否成为我国外观设计专利权的客体？

三、重点提示

1. 图形用户界面可以成为我国外观设计专利权的客体。上述案例通过司法判决明确了图形用户界面可以成为我国外观设计专利权的客体，同时 2014 年修改的《专利审查指南》中亦明确规定了有关图形用户界面外观设计专利审查的相关内容。由此可见，知识产权的客体范围随着技术的发展而不断调整与变化。

2. 有关图形用户界面外观设计专利的审查与保护是研究重点。目前图形用户界面可成为外观设计专利客体，但其审查标准及保护范围是理论界与实务界的研究重点。2018 年 4 月 26 日，国家知识产权局发布"2017 专利复审无效十大案件"，其中之一为"带图形用户界面的手机"外观设计专利权无效宣告请求案，[1]该案是国家知识产权局原专利复审委员会针对涉及图形用户界面（GUI）

---

〔1〕 参见：国家知识产权局第 31958 号无效宣告审查决定。

的外观设计专利作出的首例无效宣告审查决定。厘清 GUI 动态界面的保护范围等基本概念,对明确有关 GUI 保护的具体审查标准有重要的借鉴意义。[1]后该案当事人不服上述无效宣告审查决定,向北京知识产权法院提起诉讼,目前该案在审理中,相关进展值得进一步关注。

拓展资料

1-1【拓展阅读案例】　　1-2【拓展阅读资料】

专题二　知识产权法原则

知识概要

　　法律原则是法律的基础性真理、原理,为其他法律要素提供基础或本源的综合性原理或出发点。[2]法律原则由于其内容的根本性、效力的贯彻始终性,而具有重要的功能和价值。[3]知识产权法原则,与民法基本原则类似,是知识产权法精神与价值的体现,贯穿于知识产权法之中。由于知识产权法目前并没有"总则",知识产权法基本原则不能像民法基本原则一样明确规定于《民法总则》中;但作为民法体系的一部分,可以从《民法总则》《著作权法》《商标法》《专利法》等法律规范中,总结与抽象出知识产权法原则。关于知识产权法

---

[1] 郭静娴:"如何确定 GUI 专利的权利要求保护范围?",载《中国知识产权报》2018 年 6 月 27 日。

[2] 张文显主编:《法理学》,高等教育出版社 2007 年版,第 121 页。

[3] 其功能主要表现在三个方面:①行为指导功能,如《民法总则》第 7 条规定诚实信用原则,是民事主体从事民事活动的行为准则;②法律解释作用,法律原则是法律规则的基础,在具体规则出现歧义或漏洞时,具有解释、补充作用;③作为审判依据,法律原则作为法的渊源,在没有具体法律规则时,可作为裁判依据。

原则，学者意见并不一致。[1]我们认为，其可由两部分组成，一是作为民法体系的一部分，应适用民法基本原则；二是在总结知识产权法各单行法的基础上，抽象出知识产权法原则。具体包括民事主体地位平等、契约自由、公平、诚实信用、公序良俗等民法基本原则[2]及利益平衡原则。与知识产权法相结合，我们将主要介绍诚实信用原则与利益平衡原则。

诚实信用原则是我国民法的基本原则，在《民法总则》中已经确认。对诚实信用可以从如下几个方面来理解其含义：①诚实信用原则要求民事主体言而有信，遵守已经达成的协议，保护对方的合理期待；②善意并尽合理的告知与披露义务，任何一方不得以不合理方式导致另一方的不利益；③诚实信用可以以公平合理的方式调整当事人之间的不合理与不公平的权利义务，是社会公平正义观念与具体民法规范之间的连接纽带。[3]诚实信用原则也是知识产权法的基本原则。如《商标法》第32条[4]即是诚实信用原则在商标法中的应用。

利益平衡原则是知识产权法的重要内容。知识产权法的目标分为保护创造者的直接目标与社会公共利益目标，而平衡精神则是知识产权法律价值二元取向的内在要求。所谓利益平衡，是指通过法律的权威来协调各方面的冲突因素，使相关各方的利益在共存和共容的基础上达到合理的优化状态。[5]知识产权本身是由法律授予的垄断权利，其与知识进步、科学文化发展与社会利益关系密切，权利人不合理地利用其垄断权利，有可能损害社会公共利益，因此需要利益平衡原则予以协调。利益平衡原则主要体现在公共利益与个人利益的平衡，创作者、传播者与使用者之间利益的平衡。就权利人与社会公众间的利益平衡，可通过权利限制实现，如知识产权合理使用、法定许可制度等。此外，公有领

---

[1] 有学者认为，知识产权法的基本原则为鼓励和保护智力创造活动的原则，促进智力成果推广应用的原则，遵守国家法律和社会公德的原则，本国法与参加的国际条约相一致的原则。参见刘春茂：《知识产权原理》，知识产权出版社2002年版，第24~29页。也有学者认为，知识产权法基本原则为诚实信用原则、公序良俗原则、利益平衡原则、合理保护原则。参见陶鑫良、袁真富：《知识产权法总论》，知识产权出版社2005年版，第14~20页。

[2] 从法律规定看民法基本原则，参见《民法总则》第4~10条，明确规定民事主体从事民事活动应遵循的基本原则。

[3] 李永军：《民法总论》，法律出版社2009年版，第81页。陶鑫良、袁真富：《知识产权法总论》，知识产权出版社2005年版，第16页。

[4] 《商标法》第32条规定，申请商标注册不得损害他人现有的在先权利，也不得以不正当手段抢先注册他人已经使用并有一定影响的商标。

[5] 陶鑫良、袁真富：《知识产权法总论》，知识产权出版社2005年版，第17页。

域保留也是知识产权利益平衡原则的具体体现，以此协调权利人与社会公众的利益平衡。

经典案例

案例一：张某某诉雷某某、赵某、A 公司著作权侵权纠纷案[1]

一、基本案情

张某某于 2010 年起诉称：其于 1999 年 12 月开始改编创作《高原骑兵连》剧本，2000 年 8 月根据该剧本筹拍 20 集电视连续剧《高原骑兵连》（以下将该剧本及其电视剧简称"张剧"），2000 年 12 月该剧摄制完成。其为编剧、制片人，对"张剧"享有完整的著作权。雷某某作为《高原骑兵连》的名誉制片人参与了该剧的摄制。后雷某某作为第一编剧和制片人、赵某作为第二编剧拍摄了电视剧《最后的骑兵》（该电视剧及其剧本简称"雷剧"）。2009 年 7 月 1 日，张某某从 A 公司购得《最后的骑兵》DVD 光盘，经过与"张剧"电视剧及其剧本进行比照，发现"雷剧"与"张剧"有很多雷同之处，主要人物关系、故事情节及其他方面相同或近似，"雷剧"对"张剧"剧本及电视剧构成侵权。故请求法院判令：三被告停止侵权，停止发行、播放"雷剧"并销毁库存侵权产品及其剧本；雷某某在《齐鲁晚报》上公开发表致歉声明；三被告赔偿张某某剧本稿酬损失、剧本出版发行及改编费损失共计 80 万元。二审中，张某某放弃对 A 公司的赔偿损失请求。

雷某某答辩称：其不存在侵害张某某著作权的行为。"张剧"剧本是根据张冠林的长篇小说《雪域河源》改编而成，"雷剧"最初由雷某某根据师永刚的长篇小说《天苍茫》改编，后赵某参照其 1996 年发表的小说《骑马挎枪走天涯》对剧本进行重写并定稿。2000 年上半年，张某某找到雷某某，提出合拍反映骑兵生活的电视剧。雷某某向张某某介绍了改编《天苍茫》的情况，建议合拍，张某某未同意。2000 年 8 月，雷某某与张某某签订了合作协议，约定拍摄制作由张某某负责；雷某某负责军事保障，不参与艺术创作，雷某

---

[1] 参见：山东省济南市中级人民法院 (2010) 济民三初字第 84 号民事判决书，山东省高级人民法院 (2011) 鲁民三终字第 194 号民事判决书，最高人民法院 (2013) 民申字第 1049 号民事裁定书。

某没有看到张某某的剧本。"雷剧"和"张剧"创作播出的时间不同,"雷剧"不可能影响"张剧"的发行播出。且两部作品不同,雷某某没有侵害张某某著作权。

法院经审理查明:"张剧""雷剧",《骑马挎枪走天涯》《天苍茫》,均系以20世纪80年代中期精简整编中骑兵部队撤(缩)编为主线展开的军旅、历史题材作品。短篇小说《骑马挎枪走天涯》发表于《解放军文艺》1996年第12期,总第512期;长篇小说《天苍茫》于2001年4月由解放军文艺出版社出版发行;"张剧"于2004年5月17日~5月21日由中央电视台第八套节目在上午时段以每天4集的速度播出;"雷剧"于2004年5月19日~29日由中央电视台第一套节目在晚上黄金时段以每天2集的速度播出。

《骑马挎枪走天涯》通过对骑兵连被撤销前后连长、指导员和一匹神骏的战马的描写,叙述了骑兵在历史上的辉煌、骑兵连被撤销、骑兵连官兵尤其是骑兵连长对骑兵及战马的痴迷。《骑马挎枪走天涯》描述了神马的神秘、连长与军马的水乳交融、指导员孔越华的人物形象、连长作诗、父亲当过骑兵团长、骑兵在未来战争中发挥的重要作用、连长为保留骑兵连所做的努力、骑兵连最后被撤销、结尾处连长与神马的悲壮。"雷剧"中天马的来历也透着神秘,除了连长常问天的父亲曾为骑兵师长外,上述情节内容与《骑马挎枪走天涯》基本相似。《天苍茫》讲述了中国军队最后一支骑兵连充满传奇与神秘的历史,"雷剧"中有关指导员孔越华与连长常问天之间关系的描述与《天苍茫》中指导员王青衣与连长成天之间关系的情节内容有相似之处。

法院依法委托中国版权保护中心版权鉴定委员会对"张剧"与"雷剧"进行对比鉴定,2011年3月9日得出结论如下:①主要人物设置及关系部分相似;②主要线索脉络即骑兵部队缩编(撤销)存在相似之处;③存在部分相同或者近似的情节,但除一处语言表达基本相同之外,这些情节的具体表达基本不同。语言表达基本相同的情节是指双方作品中男主人公表达"愿做牧马人"的话语的情节。"张剧"电视剧第4集秦冬季说:"草原为家,以马为伴,做个牧马人";"雷剧"第18集常问天说:"以草原为家,以马为伴,你看过电影《牧马人》吗?做个自由的牧马人"。

本案一审、二审及再审法院最终判决均认为"雷剧"并未侵犯张某某著作权,原因在于"雷剧"与"张剧"并未构成实质性相似。

一审法院经审理认为：张某某对"张剧"享有著作权，但根据鉴定意见，"张剧"与"雷剧"除一处语言表达基本相同之外，其他情节的具体表达基本不同。针对两剧语言表达基本相同的一处，法院认为"张剧"中"愿做牧马人"的话语的情节不具备独创性，"雷剧"与其基本相同，不构成侵权。"雷剧"与"张剧"在题材线索、人物设置及关系、故事情节部分的相似，不影响二者成为各自独立的作品。法院驳回张某某诉讼请求。

二审法院认为：案件争议焦点为"雷剧"与"张剧"是否构成实质性相似；雷某某是否接触过"张剧"。就第一个问题，从故事情节、人物设置与人物关系、故事情节及相关语言表达等方面论述，法院认为相对于整部作品而言，"雷剧"与"张剧"相同相似情节内容有6处，占很小部分，二者不构成实质性相似；就第二个问题，由于雷某某并未提交其他相反证据，法院认定其接触过"张剧"剧本。

再审法院认为：案件核心问题是两部作品是否构成实质性相似。通过分析两部作品题材、人物设置与人物关系、语言表达与故事情节等内容，法院认为"张剧"与"雷剧"属于不同作者就同一题材创作的作品，两剧都具有独创性，各自享有独立著作权，驳回张某某再审申请。

二、法律问题

"雷剧"与"张剧"是否构成实质性相似？

三、法理分析

本案的争议焦点是"雷剧"的剧本及电视剧是否侵害"张剧"的剧本及电视剧的著作权。判断作品是否构成侵权，应当从被诉侵权作品的作者是否"接触"过要求保护的权利人的作品、被诉侵权作品与权利人的作品之间是否构成"实质性相似"两个方面进行判断。根据一审、二审判决书及再审裁定书可知，本案各方当事人对雷某某接触"张剧"剧本及电视剧并无争议，核心问题在于两部作品是否构成实质性相似。

我国著作权法所保护的是作品中作者具有独创性的表达，即思想或情感的表现形式，不包括作品中所反映的思想或情感本身。这里指的思想，包括对物质存在、客观事实、人类情感、思维方法的认识，是被描述、被表现的对象，属于主观范畴。思想者借助物质媒介，将构思诉诸形式表现出来，将意象转化为形象、将抽象转化为具体、将主观转化为客观、将无形转化为有形，为他人感知的过程即为创作；创作形成的有独创性的表达属于受著作权法保护的作品。著作权法保护的表达不仅指文字、色彩、线条等符号的最终形式，当作品的内容被用于体现作者的思想、情感时，内容也属于受著作权法保护的表达，但创意、素材或公有领域的信息、创作形式、必要场景、表达唯一或有限则被排除在著作权法的保护范围之外。必要场景，指选择某一类主题进行创作时，不可避免而必须采取某些事件、角色、布局、场景，这种表现特定主题不可或缺的表达方式不受著作权法保护；表达唯一或有限，指一种思想只有唯一或有限的表达形式，这些表达视为思想，也不给予著作权保护。在判断"雷剧"与"张剧"是否构成实质相似时，应比较两部作品中对于思想和情感的表达，及两部作品表达中作者的取舍、选择、安排、设计是否相同或相似，而不是离开表达看思想、情感、创意、对象等其他方面。本案法院在判决中主要结合张某某的主张，从以下几个方面进行分析判断：

关于张某某提出"雷剧"与"张剧"题材主线相同的主张。因"雷剧"与《骑马挎枪走天涯》都通过紧扣"英雄末路、骑兵绝唱"这一主题和情境描述了"最后的骑兵"在撤编前后发生的故事，可以认定"雷剧"题材主线及整体线索脉络来自《骑马挎枪走天涯》。"张剧""雷剧"以及《骑马挎枪走天涯》《天苍茫》四部作品均系以20世纪80年代中期精简整编中骑兵部队撤（缩）编为主线展开的军旅历史题材作品，是社会的共同财富，不能为个别人所垄断，故四部作品的作者都有权以自己的方式对此类题材加以利用并创作作品。因此，即便"雷剧"与"张剧"题材主线存在一定的相似性，因题材主线不受著作权法保护，且"雷剧"的题材主线系来自最早发表的《骑马挎枪走天涯》，故不能认定"雷剧"抄袭自"张剧"。

关于张某某提出"雷剧"与"张剧"人物设置与人物关系相同、相似的主张。鉴于前述四部作品均系以特定历史时期骑兵部队撤（缩）编为主线展开的军旅题材作品，除了《骑马挎枪走天涯》受短篇小说篇幅的限制，没有三角恋爱关系或军民关系外，其他三部作品中都包含三角恋爱关系、官兵上下关系、军民关系等人物设置和人物关系，这样的表现方式属于军旅题材作品不可避免地采取的必要场景，因表达方式有限，不受著作权法保护。

关于张某某提出"雷剧"与"张剧"语言表达及故事情节相同、相似的主张。从语言表达看,如"雷剧"中"做个自由的'牧马人'"与"张剧"中"做个牧马人"语言表达基本相同,但该语言表达属于特定语境下的惯常用语,非独创性表达。从故事情节看,用于体现作者的思想与情感的故事情节属于表达的范畴,具有独创性的故事情节应受著作权法保护;但是,故事情节中仅部分元素相同、相似并不能当然得出故事情节相同、相似的结论。前述四部作品相同、相似的部分多属于公有领域素材或缺乏独创性的素材,有的仅为故事情节中的部分元素相同,但情节所展开的具体内容和表达的意义并不相同。二审法院认定"雷剧"与"张剧"存在6处相同、相似的故事情节,其中老部下关系、临时指定马匹等在《天苍茫》中也有相似的情节内容,其他部分虽在情节设计方面存在相同、相似之处,但有的仅为情节表达中部分元素的相同、相似,情节内容相同、相似的部分少且微不足道。

整体而言,"雷剧"与"张剧"具体情节展开不同、描写的侧重点不同、主人公性格不同、结尾不同,二者相同、相似的故事情节在"雷剧"中所占比例极低,且在整个故事情节中处于次要位置,不构成"雷剧"中的主要部分,不会导致读者和观众对两部作品产生相同、相似的欣赏体验,不能得出两部作品实质相似的结论。根据《最高人民法院关于审理著作权民事纠纷案件适用法律若干问题的解释》第15条"由不同作者就同一题材创作的作品,作品的表达系独立完成并且有创作性的,应当认定作者各自享有独立著作权"的规定,"雷剧"与"张剧"属于由不同作者就同一题材创作的作品,两剧都有独创性,各自享有独立著作权。

四、参考意见

(一)思想与表达二分

按照著作权法保护作品的规定,法律保护的是具有独创性的表达。思想与表达二分是著作权法基础理论之一,著作权法保护表达、不保护思想,是利益平衡原则在著作权法领域的体现。著作权法的目的在于保护权利人利益与社会公益,实现二元价值目标。为平衡权利人与社会公共利益之间的关系,需要确定著作权保护范围,正如判决中所言,"对创意、素材、公有领域信息、创作形式、必要场景,以及具有唯一性或有限性的表达形式,不予保护"。在司法实践中判定思想与表达的分界线时,须明确题材、主题、事实、素材与符号、结构之间的关系,前者多属于思想范畴,后者多指表达形式,并结合具体故事情节、人物关系、语言表达来进行分析与判断。

(二) 公有领域保留

知识产权中存在公有领域与专有领域之分,公有领域保留意味着权利保护被限制在一定的时间和范围内;著作权中的公有领域保留,是为了促进学习的目的,也是为社会公众留下接触知识和信息的必要手段。[1]《最高人民法院关于审理著作权民事纠纷案件适用法律若干问题的司法解释》第15条规定,"由不同作者就同一题材创作的作品,作品的表达系独立完成并且有创作性的,应当认定作者各自享有独立著作权"。本案判决中也提到,"根据同一历史题材创作的作品中的题材主线、整体线索脉络,是社会共同财富,属于思想范畴,不能为个别人垄断,任何人都有权对此类题材加以利用并创作作品"。此"同一题材"就属于公有领域范畴,为保护公有领域不受著作权行使的侵害,任何人都可以依据此题材进行创作,不能为个人所垄断。

(三) 著作权侵权判定准则

"接触+实质性相似"是著作权侵权判定的规则,在本案判决中也有明确描述。但民法中侵权判定通常通过"三要件"或"四要件"进行,《著作权法》中对侵权的表述为"未经著作权人许可,复制、发行、表演、放映、广播、汇编、通过信息网络向公众传播其作品的……",我国法律中并未对"接触+实质性相似"予以明确说明。"接触+实质性相似"是美国司法裁判的做法,有学者认为如果完全从我国本土法律体系出发,我国侵权责任法的判定要件完全覆盖了"接触+实质性相似"要件。[2]也有学者认为适用"接触+实质性相似"并不违背我国法律的规定,是符合著作权侵权判断

---

[1] 冯晓青:"著作权法目的与利益平衡论",载《科技与法律》2004年第2期。
[2] 所谓"接触",是为考察行为人是否存在主观过错的一种方法;所谓"实质性相似",是指侵权作品复制或部分复制了原作品的独创性部分,乃是认定"侵害民事权益"这一侵权责任成立要件的前提。参见熊琦:"'接触+实质性相似'是版权侵权认定的'神器'吗?",载《中国知识产权报》2017年7月14日,第10版。

法律要求的。[1]我们同意后者观点,"接触+实质性相似"规则综合了著作权侵权判定特点,同时也符合我国《著作权法》《侵权责任法》相关规定。但在规则具体适用过程中,"接触+实质性相似"不足以认定作品构成侵权,还需要判断是否存在"排除合理解释"、是否"未经著作权人许可"、是否属于"权利的限制或例外",最后才能判定是否构成侵权。[2]

案例二:A 公司与国家知识产权局商标局(原国家工商行政管理总局商标评审委员会)、张某某异议复审行政纠纷案[3]

一、基本案情

2010 年 11 月 12 日,A 公司向国家知识产权局商标局(原国家工商行政管理总局商标局,以下简称"商标局")提出第 8840949 号"微信"商标(以下简称"被异议商标")的注册申请,指定使用在第 38 类"信息传送、电话业务、电话通信、移动电话通信"等服务上。2011 年 8 月 27 日,被异议商标经商标局初步审定公告。在法定异议期内,自然人张某某以"微信"商标对社会公共利益和公共秩序产生负面影响为由提起异议。2013 年 3 月 19 日,商标局作出(2013)商标异字第 7726 号《"微信"商标异议裁定书》,裁定被异议商标不予核准注册。

A 公司不服该裁定,向原商标评审委员会(以下简称"原商评委")提出复审申请。2014 年 10 月 22 日,原商评委作出商评字〔2014〕第 67139 号《关于第 8840949 号"微信"商标异议复审裁定书》,裁定被异议商标不予核准注册。A 公司不服,向北京知识产权法院提起行政诉讼。

北京知识产权法院一审判决维持原商评委裁定后,A 公司向北京市高级

---

〔1〕 在具体的操作中,可运用这个规则确认被告是否接触过原告的作品、被诉侵权作品与原告作品是否实质性相似,在此基础上指出:被告未经原告许可,以复制、改编、表演或展览的方式使用了原告的作品,侵害了原告对其作品享有的复制权、改编权、表演权或展览权,依法应承担停止侵害、消除影响、赔礼道歉、赔偿损失的民事责任。参见陈锦川:"小议'接触加实质性相似'规则",载《中国版权》2018 年第 1 期。

〔2〕 陈锦川:"小议'接触加实质性相似'规则",载《中国版权》2018 年第 1 期。

〔3〕 参见:北京知识产权法院(2014)京知行初字第 67 号行政判决书,北京市高级人民法院(2015)高行(知)终字第 1538 号行政判决书,最高人民法院(2016)最高法行申 3313 号行政裁定书。

人民法院提起上诉。2016年4月20日上午，北京市高级人民法院对此案作出终审判决，认定A公司申请注册的"微信"商标在指定使用服务上缺乏显著特征，终审判决驳回了该公司的上诉。后A公司向最高人民法院提出再审申请，最高人民法院于2016年12月27日驳回A公司的再审申请。

腾讯公司在2011年1月21日推出微信软件服务，晚于微信商标申请日，但早于微信商标的初审公告日。本案证据显示，截至被异议商标初审公告之日，腾讯公司微信软件用户数量已达5000万，截至案件一审时，用户数量已超8亿，且多地政府机关、法院、学校、银行等相继推出微信公共服务。

A公司于2011年2月23日完成微信软件系统，当来电时，该产品向被叫用户提供显示主叫号码及其归属城市的信息与资讯的服务。另外，一审判决书认可的其他证据表明，2011年4月和6月，A公司虽就该软件产品签订了2份业务合作合同，但其中2011年4月的合同缺乏实际履行的相关证据，2011年6月的合同虽然有合作单位的书面证言作为实际履行的证据，但该书面证言中明确表示相关软件产品被命名为"沃名片"。因此，在案证据无法证明被异议商标已实际投入商业使用，并被消费者所认知；也就是说，A公司没有通过实际使用使其描述服务功能以及实现该功能的标记"微信"获得显著性。

本案中，原商评委裁定、一审判决、二审判决、再审裁定结论都是对被异议商标不予以核准注册，但不予核准注册理由有所不同。原商评委裁定、一审判决适用《商标法》第10条第1款第8项，认为"微信"注册属于具有"其他不良影响的标志"，因此不予以注册。二审判决、再审裁定适用《商标法》第11条第1款和第2款规定，认为"微信"不具有显著特征，亦未通过使用获得可识别性，因此不予以核准注册。

原商评委裁定：虽然A公司申请被异议商标时，腾讯公司的"微信"软件尚未正式对外推出。但有证据表明，腾讯公司在被异议商标初步审定公告前已正式推出了"微信"软件，且用户量持续迅猛增长，相关公众已经将"微信"与腾讯公司紧密地联系起来。考虑本案的事实，如核准被异议商标注册，将会对多达4亿的微信注册用户以及广大公共服务微信的用户带来极大不便乃至损失，同时也可能使他们对A公司提供的"微信"服务的性质和内容产生误认，从而可能对社会公共利益和公共秩序产生消极、负面的影响。因此被异议商标已经构成《商标法》第10条第1款第8项所禁止的情形。综上，原商评委裁定被异议商标不予核准注册。

一审法院认为：本案的争议焦点在于被异议商标申请注册是否违反《商标法》第10条第1款第8项的规定。根据《商标法》第10条第1款第8项的规定，有害于社会主义道德风尚或者有其他不良影响的标志不得作为商标使用。如果该标志作为特定主体在特定商品或服务上的商标注册和使用，可能会误导广大消费者，从而对公共利益产生消极影响，即应属于该条款所规范的情形。本案中腾讯公司推出的"微信"在信息传送等服务市场上已经具有很高的知名度和影响力，广大消费者对"微信"所指代的信息传送等服务的性质、内容和来源已经形成明确的认知。如果核准被异议商标注册，不仅会使广大消费者对"微信"所指代的信息传送等服务的性质、内容和来源产生错误认知，也会对已经形成的稳定的市场秩序造成消极影响。本案中，一方面是商标申请人基于申请行为产生的对特定符号的先占利益和未来对特定符号的使用可能产生的期待利益，另一方面是庞大的微信用户已经形成的稳定认知和改变这种稳定认知可能产生的较大社会成本，鉴于此，选择保护不特定多数公众的现实利益具有更大的合理性。因此维持原商评委的裁定。

二审法院认为：①被异议商标由中文"微信"二字构成，现有证据不足以证明该商标标志或者其构成要素有可能会对我国政治、经济、文化、宗教、民族等社会公共利益和公共秩序产生消极、负面影响。因此，就标志本身或者其构成要素而言，不能认定被异议商标具有"其他不良影响"。商标注册申请行为不是《商标法》第10条第1款第8项的调整对象，不属于"其他不良影响"的考虑因素，且被异议商标的注册申请行为并不涉及社会公共利益和公共秩序。法院认为一审判决及原商评委裁定认定错误。②"微信"二字构成被异议商标，属于《商标法》第11条第1款第2项所指情形，即"仅直接表示商品的质量、主要原料、功能、用途、重量、数量及其他特点的"。且A公司提交的证据不足以证明被异议商标经过使用，与其建立稳定的关联关系。因此，被异议商标不应予以核准注册。

再审法院认为：①被异议商标缺乏显著特征。②二审判决适用《商标法》第11条第1款和第2款规定认定被异议商标不应予以核准注册并无不当。

二、法律问题

1. 被异议商标是否具有不良影响？

2. 被异议商标是否缺乏显著特征？

3. 本案如何适用商标在先申请原则？

三、法理分析

(一) 被异议商标是否具有不良影响

《商标法》第 10 条第 1 款规定："下列标志不得作为商标使用：……⑧有害于社会主义道德风尚或者有其他不良影响的。"《最高人民法院关于审理商标授权确权行政案件若干问题的意见》第 3 条规定："人民法院在审查判断有关标志是否构成具有其他不良影响的情形时，应当考虑该标志或者其构成要素是否可能对我国政治、经济、文化、宗教、民族等社会公共利益和公共秩序产生消极、负面影响。如果有关标志的注册仅损害特定民事权益，由于《商标法》已经另行规定了救济方式和相应程序，不宜认定其属于具有其他不良影响的情形。"

A 公司申请复审的主要理由为：①本案情形并不属于《商标审查与审理标准》所称的容易误导公众，因而具有不良影响的情形，申请人申请注册被异议商标事实上也不会产生误认；并且即使消费者产生误认，也只是损害了腾讯公司的特定民事权益，不构成《商标法》第 10 条第 1 款第 8 项所指的不良影响。②被异议商标是否能导致消费者误认应以申请时的情形来判断，本案中，申请人使用和申请注册被异议商标的时间早于腾讯公司推出"微信"手机聊天软件的时间，当时"微信"尚未被广大社会公众熟知，因此不存在误导广大公众、独占公共资源带来的各种权益等情形，不会导致消费者误认进而产生社会不良影响。

关于被异议商标是否具有不良影响，原商评委认为：A 公司申请注册被异议商标是否损害腾讯公司的特定民事权益不属于《商标法》第 10 条第 1 款第 8 项所调整的内容，也不是本案审理的焦点。在社会公众对"微信"的认知、社会客观环境和公众利益内容发生变化的情况下，原商评委应对被异议商标的注册是否会对变化了的社会公共利益和公共秩序造成不良影响作出判断。考虑本案的事实，如核准被异议商标注册，将会对多达 4 亿的微信注册用户以及广大公共服务微信的用户带来极大不便乃至损失，同时也可能使他们对 A 公司提供的"微信"服务的性质和内容产生误认，从而可能对社会公共利益和公共秩序产生消极、负面的影响。被异议商标已经构成《商标法》第 10 条第 1 款第 8 项所禁止的情形，故裁定被异议商标不予核准注册。

后 A 公司向北京知识产权法院起诉，北京知识产权法院一审判决维持原商评委的裁定。判决认为：先申请原则是我国商标注册制度的一般原则，但在尊重在先申请这个事实状态的同时，商标注册核准与否还应当考虑公共利益和已经形成的稳定的市场秩序。当商标申请人的利益与公共利益发生冲突时，应当结合具体情况进行合理的利益平衡。虽然 A 公司申请注册"微信"商标在先，但腾讯公司在被异议商标初步审定公告前，已正式推出了"微信"软件。此后，腾讯"微信"注册用户急速攀升。在这种情况下，如核准"微信"商标注册，不仅会使广大消费者对"微信"所指代的信息传送等服务的性质、内容和来源产生错误认知，也会对已经形成的稳定的市场秩序造成消极影响，故本案应属《商标法》第 10 条第 1 款第 8 项规范的情形。判断商标是否具有其他不良影响，考察的是该商标本身和使用可能产生的客观社会效果。同时，对尚处于注册审查程序中的被异议商标来说，判断其是否具有其他不良影响，还应当考察行政裁决或判决作出之时的事实状态，以尊重新的已经形成的公共利益和公共秩序。

关于此问题，北京市高级人民法院在二审判决中指出原商评委裁定及一审判决认定错误。由于具有"其他不良影响"属于商标注册的绝对禁止事项，一旦认定某一标志具有"其他不良影响"，即意味着不仅该标志在所有的商品和服务类别上都不得作为商标使用，更不得作为商标注册。而且在《商标法》第 10 条第 1 款第 8 项未作例外规定的情况下，任何主体均不得将具有"其他不良影响"的标志作为商标使用和注册。因此，对于某一标志是否具有"其他不良影响"，在认定时必须持相当慎重的态度。被异议商标由中文"微信"二字构成，现有证据不足以证明该商标标志或者其构成要素有可能会对我国政治、经济、文化、宗教、民族等社会公共利益和公共秩序产生消极、负面影响。就标志本身或者其构成要素而言，不能认定被异议商标具有"其他不良影响"。

此外，考虑 A 公司申请注册被异议商标这一行为，也难以认定"其他不良影响"的存在。一方面，即使腾讯公司的"微信"即时通信应用程序被包括政府机关在内的社会公众大量使用，"微信"由腾讯公司以外的其他主体作为商标加以申请注册，涉及的也仅仅是该应用程序的名称或者商标标志如何确定的问题，并不影响该应用程序自身的正常使用。另一方面，基于互联网环境下计算机应用程序能够及时在线更新的特点，即使该计算机应用程序的名称或者商标标志发生变化，也能够十分迅捷便利地通知到相关用户，不会造成相关公众对相关应用程序及其来源的混淆误认，不会损害包括政府机关在内的腾讯公司"微信"即时通信应用程序用户的利益，当然更不会损害广大社会公众的利益和公共秩序。因此，被异议商标的注册申请行为并不涉及社会公共利益和公共秩序。根据二审期间A公司提交的证据，"微信"商标已在其他多个商品或服务类别上由包括腾讯公司在内的多个主体加以申请并获准注册，这一事实也进一步印证了"微信"作为商标使用不具有"其他不良影响"。

最高人民法院的再审裁定书认可二审法院的判决。

（二）被异议商标是否缺乏显著特征

本案一审中并未涉及被异议商标是否具有显著特征这一问题，二审法院依据全面审查原则，对原商评委裁定书中提及被异议商标申请注册是否违反《商标法》第11条第1款规定进行审查。《商标法》第11条第1款规定："下列标志不得作为商标注册：①仅有本商品的通用名称、图形、型号的；②仅直接表示商品的质量、主要原料、功能、用途、重量、数量及其他特点的；③其他缺乏显著特征的。"同时，该条第2款规定："前款所列标志经过使用取得显著特征，并便于识别的，可以作为商标注册。"显著特征的判断，应当根据申请注册的商标指定使用商品的相关公众的通常认识，从整体上加以认定。

北京高院在二审判决中认为，被异议商标由中文"微信"二字构成，指定使用在"信息传送、电话业务、电话通信、移动电话通信、电子邮件、传真发送、电信信息、提供全球计算机网络用户接入服务（服务商）、为电话购物提供电信渠道、语音邮件服务"上。"微"具有"小""少"等含义，与"信"字组合使用在上述服务项目上，易使相关公众将其理解为比电子邮件、手机短信等常见通信方式更为短小、便捷的信息沟通方式，是对上述服务功能、用途或其他特点的直接描述，而不易被相关公众作为区分服务来源的商标加以识别和对待。我国《商标法》第11条第1款第2项规定"仅直接表示商品的质量、主要原料、功能、用途、重量、数量及其他特点的"标志不得作为商标注册。因此，被异议商标在上述服务项目上缺乏显著特征，不应予以核准注册。

最高院在再审裁定中进一步确认二审法院判决，认为被异议商标在第38类服务项目上缺乏显著特征。同时，A公司提交的证据不足以证明被异议商标经过使用，已经与A公司建立起稳定的对应关系，从而使被异议商标起到区分服务来源的识别作用，构成《商标法》第11条第2款规定的可以作为商标注册的情形。因此，被异议商标不应予以核准注册。

（三）本案如何适用商标在先申请原则

在先申请原则是商标申请注册过程中应当遵循的一项重要原则。根据该原则，两个或者两个以上的申请人，在同一种或者类似商品上，以相同或者近似的商标申请注册的，除《商标法》第13条、第31条、第32条等法律另有规定者外，一般应当初步审定并公告申请在先的商标，并对在后的商标注册申请予以驳回。

本案中，A公司诉称：我国商标注册体系采用的是在先申请原则，应当核准申请在先的被异议商标的注册。其早在2010年11月12日就向商标局提出了注册申请，在此之前，在相同或者类似服务上，没有在先申请或注册的相同或近似商标，且原告早已将"微信"商标用于相关服务。原商评委认为，在先申请原则涉及的是商标可注册性的在先性问题，商标能否核准注册还需要考虑其他因素。

一审法院认为，在先申请原则是我国商标注册制度的一般原则，但在尊重在先申请这个事实状态的同时，商标注册核准与否还应当考虑公共利益和已经形成的稳定的市场秩序。当商标申请人的利益与公共利益发生冲突时，应当结合具体情况进行合理的利益平衡。

二审法院认为，在先申请原则有其适用范围，它解决的主要是两个以上的商标注册申请之间的优先性问题。在先申请原则的适用必须与商标法的其他规定相协调，对不具有显著特征、不得作为商标使用和注册的标志，无论其注册申请时间早晚，均不涉及在先申请原则的适用。本案中，虽然A公司依法提出了被异议商标的注册申请，但在被异议商标指定使用于"信息传送、电话业务、电话通信、移动电话通信"等服务上缺乏显著特征的前提下，已无必要对被异议商标的注册申请不予核准是否违反在先申请原则作出评述。

由此可见，在先申请原则解决的是商标注册申请间优先性问题，其需要与商标法其他规定进行协调与平衡。

四、参考意见

（一）在先申请与在后善意使用的利益平衡

商标法的在先申请原则指的是"两个或者两个以上的商标注册申请人，在同一种商品或者类似商品上，以相同或者近似的商标申请注册的，初步审定并公告申请在先的商标；同一天申请的，初步审定并公告使用在先的商标，驳回其他人的申请，不予公告"。[1]此原则主要解决商标申请注册过程中的优先性问题。本案中，A公司的诉讼理由主要是依据此原则，其提出商标申请在前，因此应予以注册。但本案涉及的利益平衡并非两个或两个以上的商标注册申请，单纯依据在先申请原则并不能解决问题。本案涉及三方的利益，一方是A公司依照法律在先申请的权利，另一方是腾讯公司在后善意使用形成的商业价值，以及公众对"微信"与腾讯公司之间形成的唯一稳定联系的既成认知。

针对上述利益冲突，由于初审公告前信息查询存在"盲区"，腾讯公司在后使用"微信"属于善意，且形成了巨大的商业价值，此时若简单依照在先申请原则准予A公司注册"微信"商标，必然产生较多的问题与矛盾；但若不准予注册，则需要法律上的依据。本案一审适用《商标法》第10条第1款第8项的"不良影响"，二审和再审选择《商标法》第11条的"显著性"条款，同时也有学者建议适用《商标法》第8条，[2]这些条款适用的合理性将在下文一一讨论。

（二）"不良影响"条款的适用

《商标法》第10条第1款规定："下列标志不得作为商标使用：……⑧有害于社会主义道德风尚或者有其他不良影响的。"《商标法》第10条第1款

---

[1] 参见：《商标法》第31条。
[2] 孔祥俊："论商标法的体系性适用——在《商标法》第8条基础上的展开"，载《知识产权》2015年第6期。

第8项的立法目的在于维护社会生活中的伦理道德，属于商标禁用的绝对条款。[1]本案中，原商评委的裁定、一审判决书认为A公司"微信"不能核准注册，主要原因在于"微信"已与腾讯公司产生紧密联系，对其核准注册会影响公共利益，产生不良影响，因此不予注册。一审判决后，因学术界广泛争论，学者对于本案能否适用"不良影响"条款表达了不同意见。有学者认为应将第8项拆分为两项进行理解，一项是"有害于社会主义道德风尚的"，另一项是作为整个第1款（第1~7项＋"有害于社会主义道德风尚的"）兜底条款的"其他不良影响"，因此本案可适用"不良影响"条款。[2]也有学者认为，按照体系解释方法，"其他不良影响"的规定为第8项而非第1款的兜底性规定，故其应仅包括与"道德风尚"相似的不良影响。[3]关于"不良影响"条款的具体适用，《最高人民法院关于审理商标授权确权行政案件若干问题的规定》（法释〔2017〕2号）给出了解释："商标标志或者其构成要素可能对我国社会公共利益和公共秩序产生消极、负面影响的，人民法院可以认定其属于《商标法》第10条第1款第8项规定的'其他不良影响'。"由此可见，"不良影响"条款的适用仅限于分析"商标标志或者其构成要素"是否存在负面影响，而不包括商标的使用行为是否会对公共利益和公共秩序产生不良影响。[4]

（三）"显著性"条款的适用

《商标法》第11条规定了注册商标应具有显著性，"下列标志不得作为商标注册：①仅有本商品的通用名称、图形、型号的；②仅直接表示商品的质量、主要原料、功能、用途、重量、数量及其他特点的；③其他缺乏显著特征的。前款所列标志经过使用取得显著特征，并便于识别的，可以作为商标注册"。根据显著性产生方式的不同，可分为固有显著性和获得显著性。获得显著性主要指那些因为它只是描述、装饰商品或服务而不具有

---

[1] 参见：北京知识产权法院（2016）京73行初6871号行政判决书。

[2] 李杨："'公共利益'是否真的下出了'荒谬的蛋'？——评微信商标案一审判决"，载《知识产权》2015年第4期。

[3] 孔祥俊："论商标法的体系性适用——在《商标法》第8条基础上的展开"，载《知识产权》2015年第6期。

[4] 关于《商标法》第10条第1款第8项在司法实践中的应用，可查看"MLGB"商标无效案。参见北京知识产权法院（2016）京73行初6871号行政判决书。

固有的显著性，但是通过使用具备了识别商品和服务功能的商标，美国法律将"使用获得显著性"称为"第二含义"。同时，根据商标显著性强弱，从高到低分别是臆造标志、任意性标志、暗示性标志、描述性标志和通用标志，前三种通常认为具有固有显著性。描述性标志是"直接和马上传递产品和服务特点的知识的标志"，如描述商品的目的、功能和用途、商品的尺寸、商品或服务的供应者、商品或服务的令人喜爱的特点、商品或服务的性质以及对使用者的最终效果等。[1]描述性标志通过使用获得显著性时可申请注册为商标。本案二审判决、再审裁定即适用上述条款，认为A公司"微信"商标为描述性商标，不具有显著特征，亦未通过使用获得可识别性，因此不予核准注册。与此同时，腾讯公司通过使用"微信"商标获得了显著性，于2016年1月4日在第38类上提出"微信"商标申请，并于2017年10月14日注册公告。

（四）《商标法》第8条的适用

关于本案的分析讨论，除适用"不良影响"条款与"显著性"条款外，有学者建议适用《商标法》第8条与第30条。[2]我国《商标法》第8条规定："任何能够将自然人、法人或者其他组织的商品与他人的商品区别开的标志，包括文字、图形、字母、数字、三维标志、颜色组合和声音等，以及上述要素的组合，均可以作为商标申请注册。"此条款主要强调商标申请注册，应具备"区别"能力。要成为注册商标，就应当具备识别商品或者服务来源的能力，这是商标的本质特征，也是建立商标制度的根本意义所在。[3]本案中，由于腾讯公司在"微信"服务上获得的巨大商业成功，商标审查核准之时，该标志已与腾讯公司建立了牢不可破的联系，由此该标志事实上已不可能再与A公司的相同或者类似服务形成商标关系，即不可能再用以识别A公司的商品来源，因而对于原告的商品而言已构成相对的无区别能力。既然该案A公司申请注册的"微信"商标不符合《商标法》第8条的规定，当然可

---

〔1〕 王太平：《商标法：原理与案例》，北京大学出版社2015年版，第65~71页。

〔2〕 孔祥俊："论商标法的体系性适用——在《商标法》第8条基础上的展开"，载《知识产权》2015年第6期。

〔3〕 全国人大常委会法制工作委员会编：《中华人民共和国商标法释义》，法律出版社2013年版，第21页。

以依据该法第 30 条[1]规定予以驳回。[2]

拓展案例

A 公司与 B 公司著作权侵权纠纷案[3]

一、基本案情

1994 年，动画片《大头儿子和小头爸爸》（1995 年版，以下简称"95 版动画片"）导演崔某、制片汤某、C 制片厂副厂长席某某等人委托刘某某为即将拍摄的 95 版动画片创作人物形象。刘某某当场用铅笔勾画了"大头儿子""小头爸爸""围裙妈妈"三个人物形象正面图，当时双方并未就该作品的著作权归属签署任何书面协议。95 版动画片美术创作团在刘某某创作的人物概念设计图基础上，进行了进一步的设计和再创作，最终制作成了符合动画片标准造型的三个主要人物形象即"大头儿子""小头爸爸""围裙妈妈"的标准设计图以及之后的转面图、比例图等。95 版动画片由中央电视台（以下简称"央视"）和东方电视台联合摄制，于 1995 年播出，在其片尾播放的演职人员列表中载明"人物设计：刘某某"。

2012 年，刘某某经崔某介绍认识了洪某，得知洪某将"大头儿子""小头爸爸""围裙妈妈"三个人物形象注册了商标并想利用这三个人物形象拍摄动画片。2012 年 12 月 14 日，刘某某与洪某签订了《著作权（角色商品化权）转让合同》，约定刘某某将自己创作的"大头儿子""小头爸爸""围裙妈妈"三件作品的所有著作权权利转让给洪某，转让金额人民币 3 万元，刘某某则应提供作品的原型图，崔某作为见证人在合同上签字。合同签订后，刘某某收取了 3 万元转让费，并将崔某提供的标准设计图交付给洪某。同时洪某与刘某某又签订了一份内容相同的合同，洪某将落款日期写成 2005 年 8

---

[1] 我国《商标法》第 30 条规定，申请注册的商标，凡不符合本法有关规定或者同他人在同一种商品或者类似商品上已经注册的或者初步审定的商标相同或者近似的，由商标局驳回申请，不予公告。

[2] 孔祥俊："论商标法的体系性适用——在《商标法》第 8 条基础上的展开"，载《知识产权》2015 年第 6 期。

[3] 参见：浙江省杭州市滨江区人民法院（2014）杭滨知初字第 634 号民事判决书，浙江省杭州市中级人民法院（2015）浙杭知终字第 356 号民事判决书。

月1日。

2013年1月23日，洪某向浙江省版权局申请作品登记，取得11-2013-F-1732号作品登记证书。庭审中，经刘某某、崔某、周某确认，洪某登记的作品并非刘某某原始创作的人物概念图，而是95版动画片美术创作团队创作的标准设计图。2014年3月10日，洪某与A公司签订《著作权转让合同》，将"大头儿子""小头爸爸""围裙妈妈"三幅美术作品的著作权全部转让给A公司。

2013年1月4日，刘某某（乙方）与B公司（甲方）签订《大头儿子和小头爸爸》美术造型委托制作协议；该协议约定乙方为甲方制作的动画片《大头儿子和小头爸爸》创作"大头儿子""小头爸爸""围裙妈妈"三个人物造型，委托费用为10 000元，作品交付时间为2013年2月28日；协议同时约定，该三幅美术作品为委托作品，甲方独家拥有除署名权以外的全部知识产权。协议签订后，刘某某并没有向B公司交付作品。至2013年7月30日，刘某某两次退回B公司支付的10 000元委托费用，并向B公司发出终止合同通知函。B公司则三次退回10 000元委托费用，并函复要求刘某某继续履行《大头儿子和小头爸爸》美术造型委托制作协议。2013年8月8日，刘某某与B公司签订补充协议，协议载明，甲方以委托创作的方式有偿取得了"大头儿子""小头爸爸""围裙妈妈"三个人物造型除署名权以外的全部著作权，并据此制作了156集的95版动画片；乙方收取了相关的委托创作费用，除享有"大头儿子""小头爸爸""围裙妈妈"三个人物造型的署名权以外，不再享有《大头儿子和小头爸爸》动画片中相关造型的其他任何权利。2013年8月29日，刘某某在杨某某事先打印好的一份《说明》上签字，该《说明》载明：95版动画片中的"大头儿子""小头爸爸""围裙妈妈"三个人物造型是刘某某接受央视的委托而创作，根据当时约定，刘某某只享有三个人物形象的署名权，作品的著作权及其他知识产权均归央视所有。

A公司于2014年9月5日诉至浙江省杭州市滨江区人民法院，请求判令：B公司立即停止侵权，包括停止《新大头儿子和小头爸爸》动画片的复制、销售、出租、播放、网络传输等行为，不再进行展览、宣传、贩卖、许可根据"围裙妈妈"美术作品改编后的形象及其衍生的周边产品；B公司赔偿A

公司经济损失人民币 50 万元；B 公司在央视网（www.cctv.com）和《中国电视报》上连续 15 天刊登致歉声明，以向 A 公司赔礼道歉、消除影响等。

一审法院经审理认为：①关于刘某某创作的作品性质及其权利归属。根据相关证据以及证人的当庭证言和对质，可以认定，1994 年刘某某是受崔某的委托，独立创作了"大头儿子""小头爸爸""围裙妈妈"三幅美术作品，因双方之间没有签订委托创作合同约定著作权归属，故刘某某作为受托人对其所创作的三幅美术作品享有完整的著作权。②关于 A 公司受让的著作权权利归属及其保护范围。根据刘某某创作作品的内容，以及其与洪某签订的转让合同，可以认定 A 公司通过受让取得并在本案中主张著作权保护的作品应是刘某某 1994 年创作的"围裙妈妈"美术作品，而非洪某于 2013 年 1 月 23 日通过作品登记取得的 11－2013－F－1732 号作品登记证书中所记载的作品。③关于 B 公司被控侵权作品的性质及其权利归属。虽然 A 公司依据其与洪某的转让合同取得了涉案作品的著作权，但该作品仅限于刘某某 1994 年创作的"大头儿子""小头爸爸""围裙妈妈"三个人物形象正面图。95 版动画片中三个主要人物形象为演绎作品，根据央视的授权，B 公司有权在 2013 版动画片中使用 95 版动画片中的人物形象。④B 公司侵犯了 A 公司的著作权，应承担相应的侵权责任。但基于利益平衡原则，法院认为宜以提高赔偿额的方式作为 B 公司停止侵权行为的责任替代方式。

二审法院认为：一审法院在综合考虑当时的创作背景、本案实际情况，平衡原作者、后续作品及社会公众的利益以及公平原则的基础上，判令 B 公司不停止侵权，但以提高赔偿额的方式作为责任替代方式并无不妥，既符合本案客观实际，也在其合理的裁量范围之内。

二、法律问题

1. 刘某某创作的人物概念设计图能否作为独立作品进行保护，其与 95 版动画片及 2013 版动画片中人物形象的关系，及各自的权利归属如何？

2. B 公司是否构成侵权？

3. 若侵权成立，B 公司应承担的民事责任，一审判决以提高赔偿额的方式作为 B 公司停止侵权行为的责任替代方式是否合理？

三、重点提示

1. 涉案作品的权利归属。本案涉及作品包括刘某某创作的人物概念设计图、95版动画片及2013版动画片中的人物形象。动画片的人物造型本身属于美术作品，其作者有权对自己创作的部分单独行使著作权。本案中，根据各方提供的证据及证人证言，刘某某受崔某委托后，独立创作完成了"大头儿子""小头爸爸""围裙妈妈"三幅美术作品，通过绘画以线条、造型的方式勾勒了具有个性化特征的人物形象，体现了刘某某自身对人物画面设计的选择和判断，属于其独立完成的智力创造成果。95版动画片及2013版动画片中人物形象包含了刘某某原作品的独创性表达元素，同时央视创作团队在原作品基础上进行了艺术加工，构成了对原作品的演绎作品。根据《著作权法》第12条规定，演绎作品的著作权由演绎者享有，对演绎作品的利用，应当经过原作品权利人和演绎作品权利人的双重许可。因此对动画片中人物形象进行使用需得到原作品及演绎作品权利人的双重许可。

2. 利益平衡原则的运用。利益平衡原则主要体现在公共利益与个人利益的平衡，创作者、传播者与使用者之间利益的平衡。著作权法的立法宗旨在于鼓励作品的创作和传播，使作品能够尽可能地被公之于众和利用。本案中，法院判决以提高赔偿额的方式作为B公司停止侵权行为的责任替代方式正是该原则的具体运用，不停止上述作品的传播，符合著作权法的立法宗旨和公共利益的原则。正如二审法院判决中论述，在综合考虑当时的创作背景、本案实际情况，平衡原作者、后续作品及社会公众的利益以及公平原则的基础上，判令B公司不停止侵权，但以提高赔偿额的方式作为责任替代方式既符合本案客观实际，也在法院合理的裁量范围之内。

拓展资料

1-3【拓展阅读案例】

1-4【拓展阅读资料】

专题三　知识产权法律保护

知识概要

关于知识产权保护，有第一次保护和第二次保护之说：第一次保护指依法确认或授予知识产权，严格地说，这应当是对作品、发明、商标等的保护，而非对知识产权的保护；第二次保护指当依法取得的知识产权受侵犯后，法律对权利人所提供的救济。[1]救济性保护又可以分为私力救济与公力救济，知识产权法学研究的主要是公力救济。国家公权力对知识产权所提供的保护包括民事保护、行政保护和刑事保护，民事保护是最主要、最基本的保护方法，本书主要研究民事保护内容。

保护知识产权，首先要明确各类权利的效力范围，这是确认侵权行为的法律责任和国家机关采取保护措施的依据。[2]从知识产权保护的类型来看，最重要的是对著作权、商标权、专利权的保护，同时基于知识产权与反不正当竞争法的关系，作为对知识产权法律制度的补充，亦将反不正当竞争法对知识产权的救济纳入分析范围之内。

由于知识产权客体具有无形性的特点，其保护范围由法律规定。著作权保护客体为作品，其保护范围与创作者思想的表达相关，权利内容包括作品的人身权、财产权及传播者的权利。著作权保护主要针对侵害著作权的行为，指未经著作权人许可，无法律上依据，擅自行使受著作权人专有权控制的行为。[3]侵害著作权，只要客观上具有侵害著作权的事实，则构成侵权。商标权保护范围与核准注册的商标和核定使用的商品有关，商标最重要的作用在于识别商品来源，商标权内容主要包括使用权与禁止权。商标权保护主要针对商标侵权行为，判断商标侵权行为是否成立，关键在于判断商标的使用是否会造成混淆，即消费者对商品或服务来源是否会产生错误认识。专利权保

---

[1] 张玉敏、张今、张平：《知识产权法》，中国人民大学出版社2009年版，第31页。
[2] 吴汉东：《知识产权总论》，中国人民大学出版社2013年版，第86页。
[3] 张今：《知识产权法》，中国人民大学出版社2011年版，第96页。

护范围指专利权效力所及的发明创造成果的技术范围,即某一专利所包含的技术特征的总和。[1]专利权保护针对专利侵权行为,即未经专利权人许可,实施其专利。[2]

反不正当竞争法的目的在于规制经营者在生产经营活动中,违反法律规定、扰乱市场竞争秩序、损害其他经营者或者消费者的合法权益的行为。[3]反不正当竞争法与知识产权法关系密切,二者在功能目标、保护对象等方面具有相关性。关于二者关系,学界有独立说、包含说、补充说等观点。[4]我们赞同补充说,知识产权法是赋权,给予权利人对智力成果的专有权,而反不正当竞争法是在经营者遭受利益损害时给予法律救济。基于知识产权的权利内容及保护范围,反不正当竞争法可以对相应权利受损害时给予救济,其对知识产权的保护具有重要的补充作用。根据我国《反不正当竞争法》[5],与知识产权相关的不正当竞争行为主要有商业标记混淆行为、虚假宣传行为、侵犯商业秘密行为、商业诋毁行为等,这些都在反不正当竞争法的规制范围之内。

---

[1] 张今:《知识产权法》,中国人民大学出版社2011年版,第157页。

[2] 参见:《专利法》第60条,具体实施专利行为参见《专利法》第11条。

[3] 《反不正当竞争法》第2条。

[4] 一是独立说,认为知识产权法与反不正当竞争法虽然有紧密联系,但彼此独立,知识产权法不能涵盖反不正当竞争法的内容,反不正当竞争法也不可能囊括知识产权法的所有内容。参见马文耀主编:《知识产权法评述和展望》,专利文献出版社1997年版,第156页。转引自吴汉东:《知识产权总论》,中国人民大学出版社2013年版,第251页。二是包含说,认为反不正当竞争法属于知识产权法,是知识产权法律体系的一个组成部分,主要是从国际公约及相关国家立法角度分析。参见李明德:"关于《反不正当竞争法》修订的几个问题",载《知识产权》2017年第6期。三是补充说,认为反不正当竞争法为知识产权提供兜底保护。参见韦之:"论不正当竞争法与知识产权法的关系",载《北京大学学报(哲学社会科学版)》1999年第6期;杨明:"试论反不正当竞争法对知识产权的兜底保护",载《法商研究》2003年第3期。

[5] 由于2017年《反不正当竞争法》进行修订,本书中提到《反不正当竞争法》均为2017年修订版本。由于下述案例适用法律为1993年版《反不正当竞争法》,因此案情介绍与分析过程中所用法律均标注为《反不正当竞争法》(1993年)。

经典案例

加多宝（中国）饮料有限公司等与广州医药集团有限公司等侵害商标权、擅自使用知名商品特有名称、包装、装潢[1]，虚假宣传[2]纠纷案

一、基本案情

本案当事人为加多宝（中国）饮料有限公司（以下简称"加多宝公司"）与广州医药集团有限公司（以下简称"广药集团"）。涉案商品王老吉凉茶，始创于公元1828年（清道光八年），创始人是王泽邦。1949年新中国成立后，王老吉一分为二，广州王老吉经过社会主义改造归入国有企业，隶属广药集团；香港王老吉则由王老吉创始人王泽邦的后人发展，拥有香港和海外商标注册权。广药集团成立于1996年8月7日，王老吉商标等无形资产划归广药集团持有，2012年2月28日广药集团成立全资子公司大健康公司。

鸿道集团于1998年9月17日投资成立了东莞加多宝食品饮料有限公司（以下简称"东莞加多宝公司"），2000年5月21日，东莞加多宝公司企业名称变更为广东加多宝饮料食品有限公司。加多宝集团在国内设有加多宝（中国）饮料有限公司、浙江加多宝饮料有限公司、福建加多宝饮料有限公司、杭州加多宝饮料有限公司、武汉加多宝饮料有限公司。

"王老吉"注册商标核定使用的商品类别为37、32类，商标权人均为广药集团。1997年，广药集团与加多宝母公司香港鸿道集团签订商标许可使用合同，合同约定，香港鸿道集团取得独家使用"王老吉"商标生产销售红色纸包装及红色铁罐装凉茶饮料的使用权，租赁期限至2010年5月。后香港鸿道成立加多宝公司负责王老吉在内地的生产和经营。双方于2002年11月及2003年6月签署两份补充协议，约定将王老吉商标租期延长至2020年。

---

[1] 参见：广东省高级人民法院（2013）粤高法民三初字第1号民事判决书，（2013）粤高法民三初字第2号民事判决书；最高人民法院（2015）民三终字第2号民事判决书，（2015）民三终字第3号民事判决书。

[2] 参见：北京市第三中级人民法院（2014）三中民初字第8077号民事判决书，北京市高级人民法院（2015）高民（知）终字第879号民事判决书，最高人民法院（2015）民申字第2802号民事裁定书。

2010年合同到期后,双方就"王老吉"商标的使用产生纠纷。根据当时双方在签订合同时所约定的解决纠纷方式,2011年4月提请中国国际经济贸易仲裁委员会仲裁,仲裁裁决广药集团与鸿道集团签订的两份补充协议无效,鸿道集团停止使用"王老吉"商标。后鸿道集团不服裁决,向北京市第一中级人民法院提起了撤销该裁决的申请。

2011年12月,加多宝公司开始生产、销售一面标注"王老吉"、一面标注"加多宝"的红罐包装装潢的凉茶产品。2012年5月,加多宝公司生产、销售两面均标注有"加多宝"红罐包装装潢的凉茶产品。2012年5月,广药集团与大健康公司签订《商标许可合同》,约定广药集团将"王老吉"商标许可给大健康公司使用。2012年6月,广药集团授权大健康公司开始生产、销售红色易拉罐装王老吉凉茶。大健康公司和加多宝公司引发对于红色罐装包装装潢归属之争。2012年7月,加多宝公司和广药集团互诉对方侵犯其知名商品特有包装装潢。广东省高院合并审理了此案,2013年作出判决,判决加多宝公司停止侵权行为,赔偿经济损失1.5亿元,加多宝公司遂向最高人民法院提起上诉。

此外,2014年6月,广药集团、王老吉大健康公司共同起诉加多宝(中国)公司、广东加多宝公司,认为加多宝公司通过店堂告示、电视媒体、互联网及产品包装等各类途径,发布、传播"加多宝凉茶连续7年荣获'中国饮料第一罐'""加多宝凉茶荣获中国罐装饮料市场'七连冠'",以及近似的广告内容,构成虚假宣传,请求法院判令加多宝公司赔偿2000万元损失及合理维权费用100万元。被告加多宝方面辩称,涉案广告并未给二原告造成直接损害,加多宝连续多年使用王氏后人授权的凉茶秘方和生产红色罐体凉茶产品,享有合法权利。

法院判决简介:

1. 关于侵害商标权案。中国国际经济贸易仲裁委员会裁决鸿道集团停止使用"王老吉"商标,2012年5月,北京市第一中级人民法院作出裁定,驳回鸿道集团提出的撤销中国贸仲京裁字第0240号仲裁裁决的申请。

2. 关于擅自使用知名商品特有名称、包装、装潢案。本案一审、二审判决不同,一审判决认为加多宝公司使用红罐包装装潢构成侵权,应立即停止使用并销毁相关产品;二审判决认为涉案知名商品特有包装装潢权益由广药集团与加多宝公司共同享有，加多宝公司不构成侵权。

一审法院经审理认为：本案的争议焦点是涉案知名商品及其特有包装装潢的内容是什么；涉案知名商品特有包装装潢的归属应如何认定；加多宝公司与大健康公司生产"王老吉"红罐凉茶使用的包装装潢是否构成不正当竞争。针对上述争议焦点，法院认为"王老吉凉茶"为知名商品，其特有包装装潢是文字、色彩、图案及其排列组合；"王老吉凉茶"知名商品特有包装装潢归广药集团享有；加多宝公司使用红罐凉茶包装装潢构成不正当竞争，大健康公司行为不构成侵权。

二审法院认为：红罐包装装潢符合"特有包装装潢"保护要件，但"王老吉凉茶"指向不明确，将其认定为"知名商品"缺乏事实与法律依据，本案中知名商品为加多宝公司生产经营的红罐王老吉凉茶；综合考虑"王老吉"品牌、加多宝公司的经营行为在涉案包装装潢权益形成过程中的作用，基于消费者认知与公平原则的衡量，相关权益由广药集团与加多宝公司共同享有；加多宝公司与大健康公司均不构成侵权。

3. 关于虚假宣传案。本案一审、二审、再审判决均认为涉案广告语的使用会使相关公众产生误解，加多宝公司的广告宣传行为构成虚假宣传。同时再审法院特别指出，双方应本着诚信经营的理念，遵守商业道德，尽量厘清各自产品的市场界限，充分发挥市场机制的作用，开展正常的市场竞争；而不应以各种不正当竞争手段和方式，获取不当利益，更不宜将诉讼作为市场竞争的一种手段，滥用和浪费司法资源。

二、法律问题

1. 涉案知名商品及其特有包装装潢的内容是什么？
2. 涉案知名商品特有包装装潢权益归属应如何认定？
3. 加多宝公司与大健康公司生产"王老吉"红罐凉茶使用的包装装潢是否构成不正当竞争？
4. 加多宝公司广告宣传行为是否构成虚假宣传？

三、法理分析

（一）涉案知名商品及其特有包装装潢的内容

《反不正当竞争法》（1993年）第5条第2款规定，擅自使用知名商品特有的名称、包装、装潢，或者使用与知名商品近似的名称、包装、装潢，造成和他人的知名商品相混淆，使购买者误认为是该知名商品的，构成不正当竞争。2017年修订的《反不正当竞争法》第6条第1款规定，经营者实施混淆行为，擅自使用与他人有一定影响的商品名称、包装、装潢等相同或者近似的标识，引人误认为是他人商品或者与他人存在特定联系的，构成不正当竞争。确定本案中是否存在与包装装潢有关的、应受法律保护的合法权益，需首先进行分析：

1. 涉案包装装潢的内容及其特有性。《最高人民法院关于审理不正当竞争民事案件应用法律若干问题的解释》第2条规定，具有区别商品来源的显著特征的商品的名称、包装、装潢，应当认定为《反不正当竞争法》第5条第2项规定的"特有的名称、包装、装潢"。判断涉案包装装潢权益是否受反不正当竞争法保护，需明确涉案包装装潢的内容及其是否具有区别商品来源的显著特征，即特有性。

关于涉案包装装潢的内容，本案一审、二审认定特有包装装潢是指标明在王老吉红罐凉茶产品的罐体上，包括黄色字体"王老吉"等文字、红色底色等色彩、图案及其排列组合等组成部分在内的整体内容。加多宝公司认为本案特有包装装潢不包括"王老吉"这一文字，因商标权与知名商品包装装潢权是由不同法律予以保护的两种平等、独立的权利，二者之间不存在从属或包含关系。对此，法院认为商品的包装装潢通常是由文字、图案、色彩等多种构成要素组合而成的整体形象，文字部分一般指向的是使用该包装装潢的商品名称或商标。在对包装装潢进行实际使用的过程中，既可以将商标作为包装装潢的组成要素之一，亦可将其明确排除在外，这完全取决于包装装潢设计或使用者自身的意愿。本案中，加多宝公司多次使用"红罐王老吉"指称本案其请求保护的知名商品，商品的包装装潢亦将以黄色字体书写的"王老吉"三字放置在包装装潢中的显著位置，因此，加多宝公司既有在实际使用过程中将"王老吉"文字作为包装装潢组成部分的主观意愿，亦通过长期、稳定的使用行为和使用方式，使"王老吉"文字在事实上也成了涉案包装装潢的组成部分，并与包装装潢中的其他内容紧密地结合在了一起。涉案商品的包装装潢应包括"王老吉"这一文字。

关于涉案商品包装装潢的特有性。判断涉案包装装潢是否具有特有性，一是判断包装装潢本身的新颖性与独创性,二是判断其是否具备区别商品来源的作用;重点在于判断其是否具备识别商品来源的作用。本案中,一审、二审法院认为,涉案包装装潢通过对色彩、文字、图案等设计要素的选择和组合,呈现出了具有一定独特性并与商品的功能效果无关的视觉效果与显著特征,并通过经营者长时间及较大范围的宣传和实际使用行为,使涉案包装装潢所发挥的商品来源的指示作用得以不断加强。

2. 涉案包装装潢依附的商品及其知名度。包装装潢相关的商业标识性权益要获得反不正当竞争法的保护,需包装装潢具有显著识别特征,并使用于具有一定知名度的商品之上。《最高人民法院关于审理不正当竞争民事案件应用法律若干问题的解释》第1条规定,"知名商品"为在中国境内具有一定的市场知名度,为相关公众所知悉的商品。人民法院认定知名商品,应当考虑该商品的销售时间、销售区域、销售额和销售对象,进行宣传的持续时间、程度和地域范围,作为知名商品受保护的情况等因素,进行综合判断。

本案中,加多宝公司起诉称,本案知名商品是指由加多宝公司生产的、"使用王泽邦后人的正宗独家配方"的红色罐装凉茶,而广药集团则称本案知名商品为"王老吉凉茶"。一审法院认为,本案知名商品指的是"王老吉"凉茶,"凉茶"属于此类商品的通用名称,"王老吉"属于特有名称,加多宝公司的主张与消费者的辨识习惯、称呼习惯、记忆习惯不相符,不能成立。

二审法院认为,界定"知名商品"的目的,是判断附着于其上的、特定的包装装潢形式,是否符合反不正当竞争法对商业标识性权益提供保护的条件。基于特有包装装潢与知名商品之间所应具有的指向和依附关系,涉案包装装潢形式使用于加多宝公司生产经营的红罐王老吉凉茶商品之上,故加多宝公司生产经营的红罐王老吉凉茶应为本案特有包装装潢所依附的商品。判断加多宝公司生产经营的红罐王老吉凉茶是否具有知名度,根据《最高人民法院关于审理不正当竞争民事案件应用法律若干问题的解释》第1条进行综合判断,考虑"王老吉"品牌的历史渊源,加多宝公司生产经营的红罐王老吉凉茶商品的销售、宣传、受到保护的记录,以及相关公众在此基础上对商品形成的知晓程度,应当认定其为本案中的知名商品。

(二)涉案知名商品特有包装装潢权益的归属

对涉案包装装潢权益归属的判定,是确定加多宝公司及大健康公司生产红罐凉茶是否构成不正当竞争的前提。

一审法院经审理认为，本案所涉知名商品特有包装装潢权应由广药集团享有。首先，虽然加多宝公司及其关联公司确实对王老吉红罐凉茶知名度的提升作出了贡献，但是由此产生的商誉仍然附属于知名商品王老吉凉茶，应由该知名商品的合法经营者广药集团享有，这也是鸿道集团在签订商标许可使用合同时就应该预见到的。至于加多宝公司及其各关联公司对王老吉红罐凉茶在商标许可使用合同期限内所投入的资金、广告宣传费用等，也已经在商标使用许可期限内获得了巨额的经济回报。即使未能收回其全部投资，也是其在签订合同时所能预计到的，由此所造成的后果亦应由其自行承担。其次，广药集团对知名商品及其特有包装装潢的知名度作出了巨大贡献，涉案红罐王老吉凉茶的商誉和价值与涉案商标使用许可协议签订前的王老吉品牌的商誉和价值一脉相承。再次，涉案包装装潢包含"王老吉"这一文字，若将商标标识作为包装装潢的一个组成部分，即商标与包装装潢已经融为一体，此时不应将商标与包装装潢的其他组成部分割裂开来，应将包括商标标识在内的包装装潢作为一个整体而受到法律保护。因此广药集团的"王老吉"商标和该装潢中的其他构成要素一并构成本案包装装潢，该包装装潢已经不能脱离王老吉商标而单独存在。对于相关公众而言，他们也是将本案所涉包装装潢的各种构成要素作为一个整体进行观察，从而对商品来源予以识别。

二审法院认为，涉案知名商品特有包装装潢权益，在遵循诚实信用原则和尊重消费者认知且不损害他人合法权益的前提下，可由广药集团与加多宝公司共同享有。双方签订商标许可使用合同时未对涉案包装装潢权益的归属作出约定，通常情况下，在商标许可使用关系终止后，被许可人应停止使用行为；被许可使用商标之上所积累的商誉，应同时归还于许可人。但本案纠纷发生的特殊之处在于，许可使用期间形成的特有包装装潢，既与被许可商标的使用存在密切联系，又因其具备反不正当竞争法下独立权益的属性，而产生了外溢于商标权之外的商誉特征。

具体而言，第一，"王老吉"品牌在涉案包装装潢权益形成过程中发挥了重要作用。作为"王老吉"商标权利人的广药集团，对于品牌知名度和美誉度的维护，是红罐王老吉凉茶的知名度得以产生、延续和发展的重要基础。涉案包装装潢使用过程中一直包含"王老吉"三个大字，这种使用方式除使消费者不断强化"王老吉"文字已经与包装装潢融为一体的认知之外，还在事实上发挥了向消费者昭示商品来源的作用，即相关公众在购买红罐王老吉凉茶时，既会联想到作为实际经营者的加多宝公司，也会联想到"王老吉"商标的权利人广药集团。

第二，根据《反不正当竞争法》（1993年）第5条第2项，包装装潢具有识别商品来源的显著特征，及该包装装潢依附于具有一定知名度的商品之上，是涉案包装装潢获得反不正当竞争法保护的法定要件。特有包装装潢权益的产生，与相关市场经营主体的实际使用行为具有密不可分的关系。加多宝公司对红罐王老吉凉茶的经营行为在涉案包装装潢权益形成过程中发挥重要作用。涉案包装装潢由鸿道集团委托他人设计完成，并申请外观设计专利，加多宝公司亦不断扩大生产经营规模，加强红罐王老吉凉茶的宣传推广力度，对涉案包装装潢权益的形成作出了重要贡献。

第三，注册商标制度与知名商品特有包装装潢权益保护制度均属于对商业标识性权益提供保护的法律制度，二者权利来源和保护条件有所不同。经过加多宝公司及其关联企业有效的营销活动，红罐王老吉凉茶使用的包装装潢因其知名度和独特性，已经形成了独立的商业标识性权益。但本案的特殊之处在于，作为涉案包装装潢实际经营者的加多宝公司，在设计、使用及宣传推广的过程中，始终将作为广药集团注册商标的"王老吉"文字在包装装潢中进行了突出使用，且从未着意阻断和清晰区分包装装潢与其中包含的注册商标之间的关系，客观上使包装装潢同时指向了加多宝公司与广药集团。消费者亦不会刻意区分法律意义上的商标权与知名商品特有包装装潢权益，而会自然地将红罐王老吉凉茶与广药集团、加多宝公司同时建立联系。在确定特有包装装潢权益归属时，既要在遵循诚实信用原则的前提下鼓励诚实劳动，也应当尊重消费者基于包装装潢本身具有的显著特征，而客观形成的对商品来源指向关系的认知。综合考量红罐王老吉凉茶的历史发展过程、双方的合作背景、消费者的认知及公平原则，涉案知名商品特有包装装潢应由广药集团与加多宝公司共同享有。

（三）加多宝公司与大健康公司生产"王老吉"红罐凉茶使用的包装装潢是否构成不正当竞争

《反不正当竞争法》（1993年）第5条第2项规定，擅自使用知名商品特有的名称、包装、装潢,或者使用与知名商品近似的名称、包装、装潢,造成和他人的知名商品相混淆,使购买者误认为是该知名商品的,构成不正当竞争。认定加多宝公司与大健康公司生产"王老吉"红罐凉茶使用的包装装潢是否构成不正当竞争的前提,是判断涉案知名商品特有包装装潢权益的归属。

一审法院认定,涉案包装装潢权益归属于广药集团,根据《最高人民法院关于审理不正当竞争民事案件应用法律若干问题的解释》第4条规定,足以使相关公众对商品的来源产生误认,包括误认为与知名商品的经营者具有许可使用、关联企业关系等特定联系的,应当认定为《反不正当竞争法》(1993年)第5条第2项规定的"造成和他人的知名商品相混淆,使购买者误认为是该知名商品"。在相同商品上使用相同或者视觉上基本无差别的商品名称、包装、装潢,应当视为足以造成和他人知名商品相混淆。认定与知名商品特有名称、包装、装潢相同或者近似,可以参照商标相同或者近似的判断原则和方法。本案中,加多宝公司生产一边标注"王老吉"、一边标注"加多宝"的红罐凉茶,从整体上看,其产品与王老吉红罐凉茶包装装潢的各种构成要素,包括文字、色彩、图案及其排列组合,在整体视觉效果上无实质性差异,足以使相关公众对商品的来源产生误认,包括误认为加多宝公司与广药集团之间具有许可使用、关联企业关系等特定联系,故应认定两者属于相近似的包装装潢。加多宝公司未经广药集团许可,在同类商品上擅自使用与广药集团涉案知名商品特有包装装潢相近似的包装装潢,不正当地挤占了广药集团的市场份额,侵害了广药集团的合法权利,损害了消费者的利益,构成不正当竞争。

二审法院认定,涉案知名商品特有包装装潢应由广药集团与加多宝公司共同享有。加多宝公司在商标许可使用合同效力尚未确定之前,短暂生产、销售一边"王老吉"、一边"加多宝"字样包装装潢形式的红罐凉茶,具有特定的历史原因,亦缺乏证据证明其存在攀附他人商誉的主观恶意。广药集团收回"王老吉"商标许可使用权后,加多宝公司即对其凉茶商品的包装装潢进行了修改,将包装装潢变更为使用"加多宝"文字及注册商标。通过上述使用方式,并结合双方在终止合作关系后,各自于其凉茶商品上分别突出使用"加多宝"和"王老吉"注册商标及文字,并辅之以大规模宣传推广的形式，加多宝公司的凉茶商品与广药集团的凉茶商品已经实现了客观上的市场区分，各自独立发挥了指示商品来源的作用，不会导致不正当地挤占对方的市场份额。据此，广药集团所称加多宝公司侵害其知名商品特有包装装潢权益的主张不能成立。

（四）加多宝公司广告宣传行为是否构成虚假宣传

1993年《反不正当竞争法》第9条第1款规定，经营者不得利用广告或者其他方法，对商品的质量、制作成分、性能、用途、生产者、有效期限、产地等作引人误解的虚假宣传。《最高人民法院关于审理不正当竞争民事案件应用法律若干问题的解释》第8条规定，对商品作片面的宣传或者对比的、以歧义性语言或者其他引人误解的方式进行商品宣传的行为，足以造成相关公众误解的，可以认定为《反不正当竞争法》（1993年）第9条第1款规定的引人误解的虚假宣传行为。人民法院应当根据日常生活经验、相关公众一般注意力、发生误解的事实和被宣传对象的实际情况等因素，对引人误解的虚假宣传行为进行认定。2017年修订的《反不正当竞争法》第8条第1款则明确规定，经营者不得对其商品的性能、功能、质量、销售状况、用户评价、曾获荣誉等作虚假或者引人误解的商业宣传，欺骗、误导消费者。第20条第2款规定，经营者违反本法第8条规定，属于发布虚假广告的，依照《中华人民共和国广告法》的规定处罚。

通常认为，虚假宣传是指以捏造、虚构、歪曲事实或者其他误导性方式，对商品质量等做出的与实际情况不符的宣传。在市场经济条件下，侵权人为了获得竞争优势或者其他有利条件，采用虚假宣传的手段和方式多样，但引人误解的虚假宣传的本质是引人误解，只要宣传行为足以产生引人误解的效果，就构成了《反不正当竞争法》（1993年）第9条规定的引人误解的虚假宣传行为。本案中，判断加多宝中国公司和广东加多宝公司使用涉案广告语的行为是否构成虚假宣传，需要结合具体案情，审查涉案广告语是否真实、是否片面有歧义，是否易使相关公众产生误解等。

1. 涉案广告语是否真实。首先，根据《广告法》（1994年）第10条［修订后《广告法》（2018年）第11条］的规定，广告使用数据、统计资料、调查结果、文摘、引用语，应当真实、准确，并表明出处。根据原审查明的事实，加多宝中国公司和广东加多宝公司使用涉案广告语时，只是表明来源为国家权威机构,而未表明实际来源为中国行业企业信息发布中心,而中国行业企业信息发布中心系中国信息报社所属经济实体。因此,涉案广告语并未按照《广告法》的规定如实表明出处,涉案广告语易使相关公众误认为其数据来源于国家权威机构并具有权威性。

其次,根据查明的事实,加多宝(中国)公司和广东加多宝公司在生产、销售的凉茶上停止使用"王老吉"商标后,自2012年5月开始在其生产、销售的凉茶上使用"加多宝"商标。涉案广告语可以理解为,加多宝品牌凉茶自2007年至2013年连续7年在销售数量或者销售金额方面在中国市场排名第一,或者加多宝公司生产的凉茶自2007年至2013年连续7年在销售数量或者销售金额方面在中国市场排名第一。就第一种含义而言,与加多宝品牌凉茶生产、销售3年的事实不符,涉案广告语对加多宝品牌凉茶的宣传是不真实和虚假的;就第二种含义而言,涉案广告语除未正确表明出处外,其他内容并不存在虚假和不真实的情形。

2. 涉案广告语是否易使相关公众产生误解。综合涉案广告语的两种含义,会使相关公众同时产生加多宝公司生产的凉茶和加多宝品牌凉茶已在中国市场连续7年销售数量或者销售金额排名第一的认识,相关公众基于其通常认识而可能对上述广告语产生的两种不同理解,并结合加多宝品牌凉茶实际生产和销售时间的事实,涉案广告语对加多宝凉茶的宣传即便不是虚假和不真实的,也是片面和有歧义的,而这种片面和有歧义的宣传,会使加多宝中国公司和广东加多宝公司在凉茶市场中获得不正当竞争优势,扰乱正常的市场竞争秩序,损害其他同行业经营者的合法权益,也损害了广药集团和大健康公司的合法权益,构成虚假宣传行为。

四、参考意见

(一) 商标与商誉的关系

商誉是企业经营者经过长期经营和管理而获得的、公众对之有较高评价的,并且能够给企业带来巨大的潜在经济优势的一种美好声誉。[1] 商誉与商标关系密切,商标的核心是商誉,"商标本身并不重要,它不过是更重要的东

---

[1] 程晶:"以'王老吉'商标案为视角谈商誉",载《中华商标》2014年第7期。

西即商誉的有形载体，商誉是实体，商标不过是其影子，只有商誉才是需要法律保护以防止他人侵占的财产"。[1]商标是商誉的载体，但并非是唯一载体，还有商号、包装装潢等其他载体。广药集团与加多宝公司关于王老吉商标权、红罐包装装潢权益的纠纷，归根结底在于争夺"王老吉"商标背后巨大的经济利益，即商誉。

  既然商标与商誉关系密切，商誉是否可以脱离商标而单独存在？有学者认为商标与商誉二者既非不可分离，也不存在从属关系，二者是彼此相互独立的竞争性资源。[2]结合本案分析商标许可过程中产生商誉的归属问题。根据商誉获得与商标许可时间先后关系，可分为"先发商誉"与"后发商誉"。所谓"后发商誉"，是指在许可他人使用该注册商标或者他人擅自使用该注册商标的时间节点之前，该注册商标还没有较高的知名度或美誉度，即还没有显著商誉。[3]通常情况下，商标许可过程中被许可商标积累的商誉，在商标许可期满后应归属于许可人。本案中，商标许可协议终止后，相关商誉的归属学界有不同看法。有学者认为，许可终止后，被许可人依照合同将该商誉完整地交还给商标权人，这当然意味着在许可终止后，被许可人不能再变相地将商誉重新"偷"回来。[4]也有学者认为加多宝方积极将"王老吉"品牌上的部分"后发商誉"移植到其自己的"加多宝"品牌上的行为，并不侵害注册商标权，也不构成不正当竞争，既正当，也合法。[5]我们认为，商标与商誉并非不可分离，判断商标许可过程中产生商誉的归属，一方面需考虑商标许可制度与商标归属的内在逻辑，即尊重消费者的认知、避免引发混淆；另一方面也需考虑利益平衡原则，即被许可方对商标许可过程中商誉积累所发挥的作用。本案中，加多宝公司在商标许可协议终止后，停止使用"王老

---

  [1] Edward S. Rogers, "Comments on the Modern Law of Unfair Trade", 3 *ILL. L. R.*, 1909. 转引自徐聪颖："商标与商誉关系的再思考——由'王老吉'商标的法律纷争说起"，载《知识产权》2012年第9期。

  [2] 徐聪颖："商标与商誉关系的再思考——由'王老吉'商标的法律纷争说起"，载《知识产权》2012年第9期。

  [3] 陶鑫良、张冬梅："被许可使用'后发商誉'及其移植的知识产权探析"，载《知识产权》2012年第12期。

  [4] 崔国斌："商标许可终止后的商誉分配"，载《知识产权》2012年第12期。

  [5] 陶鑫良、张冬梅："被许可使用'后发商誉'及其移植的知识产权探析"，载《知识产权》2012年第12期。

吉"商标,并积极将商誉移植至"加多宝"品牌之上的行为,并未对消费者认知造成混淆,不构成不正当竞争。

(二) 商品名称包装装潢的属性与归属

2017年修订的《反不正当竞争法》第6条第1款规定,经营者不得实施下列混淆行为,引人误认为是他人商品或者与他人存在特定联系:擅自使用与他人有一定影响的商品名称、包装、装潢等相同或者近似的标识。2017年修订的法律将原法律"知名商品特有的名称、包装、装潢"修改为"有一定影响的商品名称、包装装潢";删除了"特有"这一限定词。结合《反不正当竞争法》的修订与"红罐凉茶"特有包装装潢案,分析商品名称包装装潢的属性与归属:

1. 判断包装装潢是否受反不正当竞争法保护,应判断承载该包装装潢的商品是否有一定影响,即该包装装潢是否具有特有性。2017年修订的法律将"知名商品"修改为"有一定影响的商品"。"有一定影响"表达的是对商业标识的知名度要求,在解释上,与"知名商品"的认定标准没有实质性区别。[1]实际上判断承载包装装潢的商品是否具有一定影响,关键不在于商品是否知名,而在于商业标识是否知名,是否可以起到来源指示的作用。包装装潢的保护与知名商品的认定并没有关系。[2]本案中,商标、特有商品名称和特有包装装潢都是商业标志,都可用以识别红罐凉茶,凉茶才是被识别的客体即商品。[3]因此,本案重点应在于分析涉案包装装潢是否知名,有关知名商品的认定作用在于明确涉案包装装潢的载体。

特有性要求的目的在于判断商品名称、包装装潢是否具有显著性,能否起到商品来源指示作用。2017年修订的法律删除了"特有"要求,原因可能是人为混淆要件包含了"特有"的含义,但"特有"具有一定独立意义,司

---

[1] 孔祥俊:"论商品名称包装装潢法益的属性与归属——兼评'红罐凉茶'特有包装装潢案",载《知识产权》2017年第12期。

[2] 姚洪军:"论包装装潢权保护对象的界定方式——兼评'红罐'案两审判决",载《知识产权》2017年第10期。

[3] 孔祥俊:"论商品名称包装装潢法益的属性与归属——兼评'红罐凉茶'特有包装装潢案",载《知识产权》2017年第12期。

法实践中仍可以考量"特有"要求。[1]

2. 包装装潢的构成。反不正当竞争保护的商品包装装潢是指能够区别商品来源的盛装或者保护商品的容器等包装,以及在商品或者其包装上附加的文字、图案、色彩及其排列组合所构成的装潢。[2]本案中,包装装潢构成的判断难点在于"王老吉"这一文字是否属于包装装潢的构成部分。法院认为,文字部分一般指向的是使用该包装装潢的商品名称或商标,在对包装装潢进行实际使用的过程中,既可以将商标作为包装装潢的组成要素之一,亦可将其明确排除在外,这完全取决于包装装潢设计或使用者自身的意愿;涉案包装装潢一直将"王老吉"商标用于显著位置,作为包装装潢的组成要素。对此问题,有学者认为,商业标志应与实物载体相区分,法律意义上的特有包装装潢与实物上的特有包装装潢不尽一致,后者等于或者大于前者;注册商标受商标法保护,与商品名称、包装装潢是相互独立的,不能混为一谈。[3]我们赞同后者观点,法律制度设计注册商标、商品名称、包装装潢等不同权利与法益,各商业标志之间存在独立性;若将二者混同,在判断包装装潢归属时容易产生权益冲突。

3. 包装装潢的归属。特有名称包装装潢是因事实行为而产生的法益,即因事实上作为商业标志使用,并具有一定的知名度,能够实际发挥商品来源的识别作用,而可以成为受保护的民事利益;其权益的归属也取决于使用事实,大体上奉行"谁先使用,归于谁"的逻辑,在先使用的事实行为对确定归属具有决定意义。[4]本案中,一审法院认为"知名商品特有装潢"附属于注册商标,注册商标归还广药集团后,涉案包装装潢亦应归还。二审法院在利益平衡原则指导下,作出包装装潢法益由广药集团与加多宝公司共享的判决。我们认为,法院之所以作出上述判决,根源在于未对注册商标及商品包

---

[1] 孔祥俊:"论商品名称包装装潢法益的属性与归属——兼评'红罐凉茶'特有包装装潢案",载《知识产权》2017年第12期。

[2] 参见:最高人民法院指导性案例第47号,最高人民法院(2006)民三提字第3号民事判决书。

[3] 孔祥俊:"论商品名称包装装潢法益的属性与归属——兼评'红罐凉茶'特有包装装潢案",载《知识产权》2017年第12期。

[4] 孔祥俊:"论商品名称包装装潢法益的属性与归属——兼评'红罐凉茶'特有包装装潢案",载《知识产权》2017年第12期。

装装潢进行区分；涉案包装装潢由加多宝公司设计并推广使用，并实现商品来源的识别作用，相关权益应归属加多宝公司。

（三）虚假宣传不正当竞争行为的判断标准

2017年修改后的《反不正当竞争法》第8条规定，经营者不得对其商品的性能、功能、质量、销售状况、用户评价、曾获荣誉等作虚假或者引人误解的商业宣传，欺骗、误导消费者。经营者不得通过组织虚假交易等方式，帮助其他经营者进行虚假或者引人误解的商业宣传。

可见，2017年《反不正当竞争法》对于虚假宣传的限定内容进行修改，将"引人误解的虚假宣传"修改为"虚假或者引人误解的虚假宣传"，将"虚假"和"引人误解"并列，明确此类行为既包括虚假宣传，也包括造成相关公众误解的宣传，与《广告法》第28条规定保持一致。[1] 同时明确了虚假宣传的后果要件，即"欺骗、误导消费者"，由此可见，若要构成虚假宣传，除内容虚假或引人误解外，还需产生欺骗、误导消费者的后果。同时《反不正当竞争法》第8条第2款增加了虚假宣传的帮助行为。由此可见，虚假宣传行为可以分为欺骗型虚假宣传、误导型虚假宣传和帮助他人进行虚假宣传。[2]

本案主要涉及误导型虚假宣传，即引人误解的商业宣传，指对商品或服务的情况进行使购买者容易产生错误理解的宣传，诱使购买者对商品或服务产生不切实际的错误理解，从而影响消费者选择的行为。具体在《最高人民法院关于审理不正当竞争民事案件应用法律若干问题的解释》第8条中列举了三种情形：对商品作片面的宣传或者对比的；将科学上未定论的观点、现象等当作定论的事实用于商品宣传的；以歧义性语言或者其他引人误解的方式进行商品宣传的。对于第三种情形，广告等商品宣传的含义含混不清，产生两种以上的歧义时，只要其中之一足以引人误解，即可受法律之规范。[3] 在具体判定中，应根据日常生活经验、相关公众一般注意力、发生误解的事

---

[1] 何茂斌："新《反不正当竞争法》虚假宣传条款的理解与适用（上）"，载《中国工商报》2017年12月5日，第7版。

[2] 欺骗型虚假宣传，即虚假的商业宣传，是指在商业宣传中无中生有、虚构根本不存在的事实或观点欺骗消费者，具体类型参见《广告法》第28条。

[3] 孔祥俊："引人误解的虚假表示研究——兼论《反不正当竞争法》有关规定的完善"，载《中国法学》1998年第3期。

实和被宣传对象的实际情况等因素,对引人误解的虚假宣传行为进行认定。

拓展案例

A 公司与 B 公司等不正当竞争纠纷[1]、滥用市场支配地位纠纷案[2]

一、基本案情

B 公司成立于 2000 年 2 月 24 日,经营范围为:计算机软硬件的技术开发、销售自行开发的软件、计算机技术服务及信息服务。C 公司成立于 1998 年 11 月 11 日,经营范围为:计算机软硬件的设计、技术开发、销售;数据库及计算机网络服务;国内商业、物资供销业;第二类增值电信业务中的信息服务业务;信息服务业务;广告业务;网络游戏出版运行;货物及技术进出口。

A 公司成立于 2007 年 8 月 13 日,经营范围为:因特网信息服务业务;技术开发、技术咨询、技术推广、网络技术服务;计算机系统服务;设计、制作、发布广告;销售通信设备、电子产品、计算机、软件及辅助设备。D 公司成立于 2005 年 12 月 28 日,经营范围为:基础软件服务、应用软件服务;网络技术服务;计算机系统服务;计算机、软件及辅助设备、电子产品、通信产品的批发。

B 公司是"腾讯 QQ2010 正式版 SP2.2 软件"的著作权人,C 公司是 QQ 即时通信系统及与之相关的 QQ 软件增值业务的运营人。2010 年 11 月 3 日,B 公司发布《致广大 QQ 用户的一封信》,明示禁止其用户使用 A 公司的 360 软件,否则停止 QQ 软件服务;拒绝向安装有 360 软件的用户提供相关的软件服务。

"360 扣扣保镖"(以下简称"扣扣保镖")数字签名证书载明的软件发行商为"QizhiSoftware(beijing)Co. Ltd"。www.360.cn 网站的工信部备案信息记载,A 公司是该网站的开办人和实际运营人。扣扣保镖具有如下功能:能

---

[1] 参见:广东省高级人民法院(2011)粤高法民三初字第 1 号民事判决书,最高人民法院(2013)民三终字第 5 号民事判决书。

[2] 参见:广东省高级人民法院(2011)粤高法民三初字第 2 号民事判决书,最高人民法院(2013)民三终字第 4 号民事判决书。

够调用360安全卫士软件查杀盗号木马;能够屏蔽C公司开发的腾讯QQ软件使用的插件;能够清理QQ产生的临时文件、缓存文件及其他相关文件;能够过滤QQ软件迷你首页、QQ公告等信息窗口。

北京市朝阳区人民法院(2010)朝民初字第37626号民事判决书、北京市第二中级人民法院(2011)二中民终字第12237号民事判决书认定,原、被告之间"在网络服务范围、用户市场、广告市场等网络整体服务市场中具有竞争利益,二者具有竞争关系"。

2011年6月10日,B公司、C公司诉称:其发现A公司通过其运营的www.360.cn网站向用户提供扣扣保镖软件下载,并通过各种途径进行推广宣传。该软件直接针对腾讯QQ软件,自称具有"给QQ体检""帮QQ加速"等功能模块,实质上是打着保护用户利益的旗号,篡改腾讯QQ软件的功能;同时通过虚假宣传,鼓励和诱导用户删除腾讯QQ软件中的增值业务插件、屏蔽原告的客户广告,并将其产品和服务嵌入原告的QQ软件界面,借机宣传和推广自己的产品。被告的上述行为不仅破坏了原告合法的经营模式,导致原告产品和服务的完整性和安全性遭到严重破坏,商业信誉和商品声誉亦遭到严重损害;违反了公认的商业道德,构成不正当竞争。

2011年11月15日,A公司向广东省高级人民法院提起诉讼称:B公司和C公司在即时通信软件及服务相关市场具有市场支配地位,二者滥用市场支配地位,排除、妨碍竞争,违反了反垄断法的规定,应承担相应法律责任。

本案原被告为B公司和A公司,涉及反不正当竞争与反垄断两个案由。就反不正当竞争一案,一审、二审法院经审理认为:A公司针对B公司QQ软件专门开发的扣扣保镖,破坏了合法运行的QQ软件及其服务的安全性、完整性,使B公司丧失合法增值业务的交易机会及广告、游戏等收入,偏离了安全软件的技术目的和经营目的,主观上具有恶意,构成不正当竞争;A公司对于B公司的经营,故意捏造、散布虚伪事实,损害B公司的商业信誉和商品声誉,构成商业诋毁;A公司在给B公司造成了严重经济损失的同时推销自己的产品,增加自己的交易机会,违反了诚实信用和公平竞争原则,构成不正当竞争。

就滥用市场支配地位一案,一审法院经审理认为:综合性的即时通信产品及服务构成一个独立的相关商品市场的主张不能成立,本案相关地域市场应为全球市场。市场份额不是认定是否具有市场支配地位的唯一依据，同时，B公司和C公司不具有控制商品价格、数量或其他交易条件的能力，不具备阻碍、影响其他经营者进入相关市场的能力，相关市场竞争充分，因此在该市场不具有支配地位。B公司和C公司实施的"产品不兼容"行为（用户"二选一"）的实质仍然属于限制交易的行为，不属于滥用市场支配地位，但其强迫用户"二选一"的行为超出了必要的限度。二审法院认为：本案相关市场应界定为中国大陆地区即时通信服务市场，既包括个人电脑端即时通信服务，又包括移动端即时通信服务；既包括综合性即时通信服务，又包括文字、音频以及视频等非综合性即时通信服务。本案现有证据并不足以支持B公司具有市场支配地位的结论。虽然B公司实施的"产品不兼容"行为对用户造成了不便，但是并未导致排除或者限制竞争的明显效果，这一方面说明B公司实施的"产品不兼容"行为不构成反垄断法所禁止的滥用市场支配地位行为，也从另一方面佐证了B公司不具有市场支配地位的结论。B公司的行为不构成反垄断法所禁止的滥用市场支配地位行为。

二、法律问题

1. A公司专门针对QQ软件开发、经营的扣扣保镖是否破坏了QQ软件及其服务的安全性、完整性，该行为是否符合互联网行业商业惯例，是否违背了诚实信用原则和公认的商业道德而构成不正当竞争？

2. A公司在经营扣扣保镖软件及其服务时，是否存在贬损QQ软件及其服务的行为，从而构成商业诋毁？

3. A公司是否在经营扣扣保镖时将其产品和服务嵌入QQ软件界面，是否取代了B公司QQ软件的部分功能以推广自己的产品，从而构成不正当竞争？

4. 如何界定相关市场？如何判定是否具有市场支配地位？

5. B公司是否构成反垄断法所禁止的滥用市场支配地位行为？

三、重点提示

1. 反不正当竞争行为的认定。《反不正当竞争法》（1993年）第2条规定，经营者在市场交易中，应当遵循自愿、平等、公平、诚实信用的原则，遵守公认的商业道德。违反本法规定，损害其他经营者的合法权益，扰乱社会经济秩序的行为属于不正当竞争。法院认为，认定涉案行为是否构成不正当竞争，关键在于该行为是否违反了诚实信用原则和互联网行业公认的商业道德，并损害了他人的合法权益。2017年修订的《反不正当竞争法》明确规定"经营者在生产经营活动中，应当遵循自愿、平等、公平、诚信的原则，遵守法律和商业道德。本法所称的不正当竞争行为，是指经营者在生产经营活动中，违反本法规定，扰乱市场竞争秩序，损害其他经营者或者消费者的合法权益的行为"。

2. 商业诋毁行为的认定。《反不正当竞争法》（1993年）第14条规定，经营者不得捏造、散布虚伪事实，损害竞争对手的商业信誉、商品声誉。2017年修订后的《反不正当竞争法》第11条规定，经营者不得编造、传播虚假信息或者误导性信息，损害竞争对手的商业信誉、商品声誉。判定某一行为是否构成商业诋毁的标准为是否实施编造、传播虚假信息或者误导性信息的行为，对竞争对手的商业信誉或者商品声誉造成了损害。

3. 关于技术创新、自由竞争和不正当竞争的界限。本案中，法院特别强调技术创新、自由竞争和不正当竞争的界限。互联网的发展有赖于自由竞争和科技创新，互联网行业鼓励自由竞争和创新，但这并不等于互联网领域是一个可以为所欲为的法外空间。竞争自由和创新自由必须以不侵犯他人合法权益为边界，互联网的健康发展需要有序的市场环境和明确的市场竞争规则作为保障。

4. 关于相关市场的界定。在滥用市场支配地位的案件中，合理地界定相关市场，对于正确认定经营者的市场地位、分析经营者的行为对市场竞争的影响、判断经营者行为是否违法以及在违法情况下需承担的法律责任等关键问题，具有重要意义。2009年国务院反垄断委员会发布《关于相关市场界定的指南》，提出界定相关市场的基本依据为替代性分析、需求替代、供给替代；界定相关商品市场考虑的主要因素有需求者因商品价格或其他竞争因素变化，转向或考虑转向购买其他商品的证据，商品的外形、特性、质量和技术特点等总体特征和用途，商品之间的价格差异，商品的销售渠道及其他重要因素等；界定相关地域市场考虑的主要因素有需求者因商品价格或其他竞争因素变化，转向或考虑转向其他地域购买商品的证据，商品的运输成本和运输特征，多数需求者选择商品的实际区域和主要经营者商品的销售分布，地域间的贸易壁垒及其他重要因素。同时在相关市场界定中有"假定垄断者测试"方法。本案中，法院认为，虽然界定相关市场具有重要作用，但其本身并非目的。即使不明确界定相关市场，也可以通过排除或者妨碍竞争的直接证据对被诉经营者的市场地位及被诉垄断行为可能的市场影响进行评估。因此，并非在每一个滥用市场支配地位的案件中均必须明确而清楚地界定相关市场。

5. 关于市场支配地位的认定。《反垄断法》第 18 条规定，认定经营者具有市场支配地位，应当依据下列因素：①该经营者在相关市场的市场份额，以及相关市场的竞争状况；②该经营者控制销售市场或者原材料采购市场的能力；③该经营者的财力和技术条件；④其他经营者对该经营者在交易上的依赖程度；⑤其他经营者进入相关市场的难易程度；⑥与认定该经营者市场支配地位有关的其他因素。同时第 19 条强调，一个经营者在相关市场的市场份额达到 1/2 的，可以推定经营者具有市场支配地位，但有证据证明不具有市场支配地位的，不应当认定其具有市场支配地位。因此，有关市场支配地位的认定是多种因素综合考量的结果。

拓展资料

1-5【拓展阅读资料】

第二章

著作权法专题

专题一 著作权的客体——作品

知识概要

作品是作者通过自己的智力活动所创造的有关文学、艺术和科学领域内具有独创性并能以某种形式固定的智力表达。[1]我国《著作权法实施条例》中规定,作品是指能以某种有形形式复制的智力成果。著作权法律关系的客体是作品,在判断能否适用著作权法对某种客体进行保护时,首先要判断的是该客体是否为作品,判断方法是"思想—表达"二分法,即著作权法仅保护借用一定方式对思想进行的表达,而非思想本身。同时,作品还应当满足"独创性"的要求。我国《著作权法》中还对作品类型进行了规定,不同类别作品的著作权人享有的权利有所不同。并非任何智力创造成果都能受到著作权法的保护,不受著作权法保护的客体主要有:思想、操作方法、技术方案和实用功能、事实和对事实无独创性的汇编、官方文件等。判断某一客体能否成为作品以及属于哪种类型的作品,是司法实践中的难点问题。

---

[1] 来小鹏:《知识产权法学》,中国政法大学出版社2015年版,第60页。

经典案例

案例一：陈某（笔名琼某）诉余某（笔名于某）、湖南 A 文化传播有限公司、东阳 B 影视文化有限公司、C 传媒有限公司、东阳 D 文化传媒有限公司侵害著作权案[1]

一、基本案情

原告陈某（笔名琼某）于 1992~1993 年间创作完成了电视剧本及同名小说《梅花烙》，并自始完整、独立地享有原告作品著作权（包括但不限于改编权、摄制权等）。原告作品在中国大陆地区多次出版发行，拥有广泛的读者群与社会认知度、影响力。

剧本《梅花烙》于 1992 年 10 月创作完成，共计 21 集，未以纸质方式公开发表。依据该剧本拍摄的电视剧《梅花烙》内容与该剧本高度一致，由 E 传播有限公司拍摄完成，共计 21 集，于 1993 年 10 月 13 日起在台湾地区首次电视播出，并于 1994 年 4 月 13 日起在中国大陆地区（湖南电视一台）首次电视播出。小说《梅花烙》系根据剧本《梅花烙》改编而来，于 1993 年 6 月 30 日创作完成，1993 年 9 月 15 日起在台湾地区公开发行，同年起在中国大陆地区公开发表，主要情节与剧本《梅花烙》基本一致。小说《梅花烙》作者是本案原告。

被告余某（笔名于某）系剧本《宫锁连城》的作者，系电视剧《宫锁连城》的署名编剧，剧本共计 20 集。《作品登记证书》载明的剧本创作完成时间为 2012 年 7 月 17 日，首次发表时间为 2014 年 4 月 8 日。电视剧《宫锁连城》根据剧本《宫锁连城》拍摄，电视剧《宫锁连城》片尾出品依次署名为：湖南 A 公司、东阳 B 公司、C 公司、东阳 D 公司。电视剧《宫锁连城》完成片共分为两个版本，网络播出的未删减版本共计 44 集，电视播映版本共计 63 集，电视播映版本于 2014 年 4 月 8 日起，在湖南卫视首播。

原告认为其作品全部核心人物关系与故事情节几乎被完整套用于《宫锁

---

[1] 参见：北京市第三中级人民法院（2014）三中民初字第 07916 号民事判决书，北京市高级人民法院（2015）高民（知）终字第 1039 号民事判决书。

连城》，严重侵害了原告依法享有的著作权。在发现被告侵权之前，原告正在根据其作品《梅花烙》潜心改编新的电视剧本《梅花烙传奇》，被告的侵权行为给原告的剧本创作与后续的电视剧摄制造成了实质性妨碍，并给原告造成了极大的精神伤害；而被告却从其版权侵权行为中获得了巨大收益。

被告余某及被告东阳B公司认为，剧本《梅花烙》从未发表过，被告不存在与该剧本内容发生接触的可能，电视剧《梅花烙》的播出也不构成剧本《梅花烙》的发表。原告主张的作品主题、思想不是著作权法保护的对象。原告主张的人物关系、相关情节、情节整体均不受著作权法保护；剧本及电视剧《宫锁连城》的具体情节表达与剧本及小说《梅花烙》并不相似，情节顺序与原告的诉称也不一致；即便有相似之处，也不属于著作权法保护范畴。

被告湖南A公司认为其并没有参与《宫锁连城》的剧本创作，没有侵害原告起诉的改编权，其作为电视剧《宫锁连城》的联合摄制方，已经尽到了合理注意义务。只有独创性的表达才能得到保护，原告总结的人物关系、桥段等，都属于思想和事实层面，不应受到著作权法的保护。任何人都可以用自己的思想情感创作出自己的作品，任何作者都有权利选择自己感兴趣的主题和题材进行创作。且剧本及电视剧《宫锁连城》在人物关系、情节表达、故事线索等方面均比剧本及小说《梅花烙》更加复杂，对应在原告作品及《宫锁连城》中的具体表达均不相似。

被告C公司认为，C公司仅对电视剧《宫锁连城》进行了投资，不享有该剧的著作权，也没有参加该剧的报批宣传等，主观和客观上都没有侵权故意和事实。剧本及电视剧《宫锁连城》与原告作品存在很多差异，《宫锁连城》明显具有独创性的特点，不构成对原告作品著作权的侵害。相似之处应剔除思想再判断是否为惯常表达，之后再进行比对看是否构成相似，且这种相似影响到权利人的人身权、财产权的时候才涉及侵权。电视剧《宫锁连城》的情节创意来源于公有领域，《梅花烙》的作品只有12万字，电视剧《宫锁连城》中的人物关系属于清宫戏中的惯常使用。

原告委托的专家辅助人就剧本创作问题当庭发表意见，认为剧本的核心创作价值体现于精彩的情节段落设计，而就具体情节基于特定的串联及编排将成为剧本的最终表达。对在先剧本的内容使用，仅通过观看其电视剧的内容即可实现。从人物设置与影视作品情节关联上来看，用于比较的两部作品男女主人公的关系及情节安排如果呈现出一定程度的相似性，则可以作为两部作品相似的判断基础，具体的人物设置、人物关系、具体情节及桥段、由情节串联而成的剧情均可作为剧本的创作表达。而对于相关情节，如用于比较的两部作品在部分细微环节存在差异，则需要考虑发生差异的部分是否仍保持着同样的戏剧功能，如戏剧功能未发生实质变化，则不能简单排除前后作品的相似关系。

二、法律问题

1. 著作权法保护的客体是什么？
2. "思想"与"表达"的界限如何界定？

三、法理分析

（一）著作权法保护的客体

著作权的客体是作品，我国《著作权法实施条例》第2条规定："著作权法所称作品，是指文学、艺术和科学领域内具有独创性并能以某种有形形式复制的智力成果。"从作品的定义来看，作品应当具有独创性，且可以以某种有形形式复制。独创性既应体现出"独"，即独立创作完成；还应当体现出"创"，即具有最低限度的创造性。这里应当注意的是，独创并不一定是首创，但应当是原创，也就是说，某一作品可能与在先作品具有相似性，但是只要作者是独立创作完成，且未接触其他相似作品，那么该作品同样具有独创性。故而著作权法中排除了对特定情境、有限表达以及公知素材的保护。所谓特定情境，是指在文学作品中，根据历史事实、人们的经验或者读者、观众的期待，在表达某一主题的时候，必须对某些场景或使用某些场景的安排和设计进行的特定描述；所谓有限表达，是指当表达特定构想的方法只有一种或极其有限时，表达与构想合并；所谓公知素材，是指已经进入公有领域、不再受著作权法保护的作品、素材或客观事实。但就上述不受著作权法保护的内容进行的创作，使之具有独创性的内容，则仍应当落入著作权法的保护范围内。在著作权权属、侵权案件中，首先应当判定原告主张其享有权属的哪些是作品，哪些不是作品；对于能够受到著作权法保护的客体，再比对其与被控侵权的作品是否构成实质性相似，以判定侵权是否成立。

本案中，争议焦点之一是小说情节、人物关系等具体的作品元素是否具有独创性，能否受到著作权法的保护。法院认为，对于情节能否受到著作权法的保护不应一概而论，情节是文学作品的基础表达，作者对特定情节的独创性表达应当能够使某一足够具体的情节构成作品。例如，原告基于剧本《梅花烙》主张弃女失神、养亲劝慰的情节安排为：皓祯一个月未见吟霜，白胜龄发觉吟霜对皓祯的情愫，劝说吟霜两人身份地位悬殊，吟霜羞涩否认对皓祯的感情。而剧本《宫锁连城》就该部分的情节安排为：恒泰一个月未见连城，宋丽娘发觉连城对恒泰的情愫，安排连城相亲被拒绝后，劝说连城两人身份地位悬殊，连城羞涩否认对恒泰的感情。该部分情节安排不具有显著独创性，因而属于不受著作权法保护的内容。而关于道士做法捉妖的情节，剧本《梅花烙》在该部分的情节安排为：府内传闻吟霜是狐妖转世，兰馨公主听闻后心下焦虑，于是请来法师在庭院做法，指吟霜为妖，并对吟霜大行驱妖之法，百般折磨。该部分的戏剧目的是令吟霜再度遭受兰馨的折磨。起因是兰馨质疑吟霜狐妖转世；采用的折磨手段是通过法师做法，对吟霜进行精神及肉体的攻击。原告就该情节的相关设计足以构成区别于其他作品的独创内容。剧本《宫锁连城》就该部分的情节安排为：府中频现事端，醒黛公主于是陷害连城狐妖附体，从宫内请来萨满法师在庭院做法驱妖，对连城大行驱妖之法，百般折磨。原告主张的情节系原告独创，且被告的情节与原告的情节构成了实质性相似。

　　法院认为，对于文字作品而言，单一情节本身即使不具有足够的独创性，但情节之间的前后衔接、逻辑顺序等却可以将全部情节紧密贯穿为完整的个性化创作表达，并赋予作品整体的独创性。作品情节的选择、结构上的巧妙安排和情节展开的推演设计，反映了作者个性化的判断和取舍，体现出作者的独创性思维成果。基于相同的情节设计，配合不同的故事结构、情节排布、逻辑推演，则可能形成不同的作品。特定的故事结构、情节排布、逻辑推演可以赋予特定作品整体上的独创意义。就文学作品而言，对于一些不是明显相似或者可归于公知领域的情节及素材，如果仅仅就单一情节及素材进行独立比对，很难直接得出准确结论，但将这些情节及素材的创编作整体对比，更有利于发现两部作品在创作结构上的相似性。因此，足够具体的人物设计、情节结构、内在逻辑串联无疑是应受著作权法保护的重要元素。可见，作品的表达元素如果融入了作者的独创性智慧创作，凝结着独创性的表达，则应当受到著作权法保护。

(二)思想与表达及其区分

从我国对作品的定义来看,任何作品都不是思想,而是作者对这些主题、思想、情感及科学原理的表达或表现。《TRIPS协议》第9条第2款也规定"版权保护应延及表达,而不延及思想、工艺、操作方法或数学概念之类"。著作权法保护的是原创性的劳动所形成的表达,而不是保护表达所反映的思想或者事实。"思想—表达"二分法是研究著作权法的理论基础。所谓思想,是指故事、内容、主题等;所谓表达,则是指借用一定的方式,把思想表达出来的结果。[1]这在各国已经形成了基本的共识,例如,美国版权法中规定"在任何情况下,对于作者原创性作品的版权保护,都不延及于思想观念、程序、工艺、系统、操作方法、概念、原则和发现,不论它们在该作品中是以何种形式被描述、解释、说明或体现的"。

实践中,思想与表达通常难以剥离,确定某一表达是不断抽象与过滤的结果。如何对思想和表达进行准确的区分?本案中,法院确立了"抽象概括法"作为思想与表达的分析方法,即将一部文学作品中的内容比作一个金字塔,金字塔的底端是由最为具体的表达构成,而金字塔的顶端是最为概括抽象的思想。当文字作品的权利人起诉他人的文字作品侵害其作品的著作权时,需通过对比的方式予以确认,可参照相似内容在金字塔中的位置来判断相似部分属于表达还是思想:位置越接近顶端,越可归类于思想;位置越接近底端,越可归类于表达。本案中,如果仅仅是"父子关系""兄弟关系""情侣关系"等,无疑处于金字塔的顶端,应属于思想范畴;如果对上述人物关系加以具体化:"父亲是王爷而儿子是贝勒但两人并非真父子""哥哥是偷换来的贝勒而弟弟是侧福晋的儿子""情侣双方是因偷换孩子导致身份颠倒的两个特定人物",则相对于前述人物关系设置而言,这样的具体设计无疑将处于金字塔结构的相对下层;如果再将特定事件安插在存在特定关系的人物之间,则无疑又是对人物设置及人物关系的更为具体化的设计,这样的设计又会处在金字塔更加底层的位置。如果人物身份、人物之间的关系、人物与特定情节的具体对应等设置已经达到足够细致具体的层面,那么人物设置及人物关

---

[1] 来小鹏:《知识产权法学》,中国政法大学出版社2015年版,第60页。

系就将形成具体的表达。[1]

在影视、戏剧作品创作中，特定的成剧功能、成剧目的，是通过创作者个性化的人物关系设置、人物场景安排、矛盾冲突设计来实现和表达的，基本的表达元素就是情节。本案中，就该部分各情节的安排上，剧本及小说《梅花烙》在情节表达上已经实现了独创的艺术加工，具备区别于其他作品相关表达的独创性。剧本《宫锁连城》就各情节的设置，与剧本及小说《梅花烙》的独创安排高度相似，仅在相关细节上与原告作品设计存在差异，而此类差异并不代表差异化元素的戏剧功能发生实质变更，以至于可造成与原告作品的情节设置相似的欣赏体验。在本案中，各被告亦未能充分举证证明剧本及小说《梅花烙》中的上述相关内容缺乏独创性，或剧本《宫锁连城》就相关情节另有其他创作来源等。

四、参考意见

1. 本案中确定的规则是：著作权法保护的表达或表现不仅指文字、图形等最终形式，当作品的内容成为作者表达思想、主题的表现形式时，作品的内容亦受著作权法的保护；当这种表达是公知的，或是唯一的形式时，则不受著作权法的保护。

2. 思想与表达的区分应当找到其临界点。如果仅属于概括的、一般性的叙事模式，尚未具体到一定程度、足以产生感知特定作品来源的特有欣赏体验，则不属于足以到达思想与表达的临界点，不属于表达。

案例二：北京 A 互联信息服务有限公司诉北京 B 网络技术有限公司、第三人 C 信息技术（北京）股份有限公司侵犯著作权及不正当竞争纠纷案[2]

一、基本案情

2006 年，D 公司经中国足球协会授权获得了代理开发经营中超联赛的电

---

[1] 参见：北京市第三中级人民法院（2014）三中民初字第 07916 号民事判决书。
[2] 参见：北京市朝阳区人民法院（2014）朝民（知）初字第 40334 号民事判决书，北京知识产权法院（2015）京知民终字第 1818 号民事判决书。

视、广播、互联网及各种多媒体版权等无形资产。D公司可以对上述资源进行全球范围内的市场开发和推广，有权进行接洽、谈判及签署相关协议等，有权经中国足球协会备案后在授权范围内进行转委托，有效期为10年（2006年1月1日~2015年12月31日）。

2012年3月7日，D公司（甲方）与A公司（乙方）签订协议。双方约定，甲方授权乙方在合同期内，享有在门户网站领域独家播放中超联赛视频的权利，包括但不限于比赛直播、录播、点播、延播、合同有效期自2012年3月1日起，至2014年3月1日；且甲方应确保，包括但不限于腾讯网、搜狐、网易、凤凰网、TOM、人民网、新华网等与乙方有竞争关系的门户网站，不得以任何形式，包括但不限于直接盗用电视信号直播或录播中超赛事以及制作点播信号，以跳转链接的方式，公然虚假宣传其拥有或者通过合作获得直播、点播中超赛事的权利。

2013年12月24日，D公司向A公司出具授权书，授权A公司在合同期内，享有在门户网站领域独占转播、传播、播放中超联赛及其所有视频的权利，包括但不限于比赛直播、录播、点播、延播，协议有效期至2014年3月1日，有效期届满后该授权自动终止，作为中国足球协会授权中超联赛所有商务资源的独家代理商和授权公司，D公司特此证明A公司有权采取包括诉讼在内的一切法律手段阻止第三方违法使用上述视频并获得赔偿，授权自2012年3月1日至2014年3月1日。2013年8月1日，鲁能VS富力、申鑫VS舜天进行中超联赛，A公司依上述授权在其运营的www.sina.com（新浪网）享有该涉案两场赛事的门户网站领域独占转播、传播、播放中超联赛及其所有视频的权利。

B公司为凤凰网（www.ifeng.com）的网站所有者，在凤凰网"中超"栏目下，点击"点此进入视频直播间"后，进入"体育视频直播室"，网址为"ifeng.sports.letv.com"，A公司对该直播室有涉案两场比赛（即2013年8月1日中超"山东鲁能VS广东富力""申鑫VS舜天"）的实时直播视频进行了公证，该两场比赛的播放页面网址均为www.ifeng.sports.letv.com，且分别显示有BTV、CCTV5的标识，在该页面上方还显示有两个返回入口，即"凤凰体育""乐视体育"。上述两场比赛，均有回看、特写、场内、场外、全场、局部的画面以及全场解说。

C 公司与 B 公司认可曾因合作关系共建了涉案播放页面域名（www.ifeng.sports.letv.com）。在合作期间，C 公司向该域名下的网页推送视频，但之后双方停止合作。

2013 年 4 月 19 日，C 公司（作为甲方）与 PPLive Corporation Limited（E 公司，作为乙方）、G 信息技术（香港）有限公司（作为丙方）签订 2013～2014 赛季中超联赛内容许可协议书。该协议书约定，乙方享有 2013～2014 赛季中国足协超级联赛之赛事内容在中国大陆境内（不包括港澳台地区）的独家信息网络传播权（可转授权），包括直播、延播、点播及制作集锦在中国范围内的信息网络传播权；甲方仅限于在其运营网站（仅限于域名为 www.letv.com 的网站）上，以个人计算机（包括 PC 网页端及 PC 客户端，不包括手持移动设备、PAD、手机、电视机等）为终端，向公众播放上述赛事节目；未经乙方许可，甲方不得以链接、共建合作平台等方式，与第三方合作或授权第三方使用授权节目。

2012 年 3 月 15 日，D 公司向 F 公司出具授权书，载明：D 公司与 F 公司在中超联赛地方台广播电视转播、非门户网络视频版权、手机应用软件、海外电视转播、海外网络视频开发进行合作，协议有效期至 2014 年 12 月 31 日。同日，F 公司向 E 公司出具授权证明，授权 E 公司 2012～2014 赛季中超联赛所有比赛的独家信息网络传播权及分销权，包括直播、延播、点播及制作集锦。

A 公司诉称，B 公司未经合法授权，在网站上设置中超频道，非法转播中超联赛直播视频，严重侵犯了 A 公司的独占权利，存在故意的主观恶意性。B 公司擅自将电视台正在直播的中超比赛的电视信号通过信息网络同步向公众进行转播的行为，侵犯了 A 公司享有的以类似摄制电影方式创作的涉案体育赛事节目的作品著作权。赛事组织者的赛事转播的授权制度是一种值得法律保护的正当的竞争秩序，B 公司的行为破坏了这种商业模式构成的竞争秩序和其所体现的商业道德，构成了不正当竞争。因此，请求判令 B 公司停止侵权、消除影响并赔偿经济损失 1000 万元。

B 公司辩称，A 公司诉求不明；其起诉于法无据，足球赛事不是著作权法的保护对象，对体育赛事享有权利并不必然对体育赛事节目享有权利；A 公司主体不适格，其未获得作者授权，且其获得的授权有重大瑕疵；A 公司起诉的被告不正确；其主张的赔偿数额缺乏依据。

C 公司述称，C 公司享有涉案赛事的转播权，C 公司虽与 B 公司曾就涉案域名有过合作，但就涉案赛事而言并无合作，没有共同侵权的行为。

二、法律问题

1. 体育赛事、体育赛事节目是否构成著作权法中的作品？
2. 电影和以类似摄制电影的方法制作的作品如何认定？
3. B 公司是否侵犯了 A 公司的著作权？

三、法理分析

（一）体育赛事是否构成著作权法中的作品

目前理论界和实践中对体育赛事和体育赛事直播节目（也有称为体育赛事直播画面）进行了混淆，直接导致了对事物本质理解的偏颇，因此，应当将体育赛事与体育赛事节目作严格的区分。体育赛事是一种竞技活动，是由比赛前的各种安排准备与比赛时赛场上活动相结合的产物，运动员参加体育比赛的目的在于争取比赛的胜利，其通过完成某种动作来达成某种目的，如投篮进球、踢球射门等。体育赛事直播节目是通过摄像机等装备将体育赛事画面进行固定而形成，除了运动员的参与外，还包括图像、文字、配音、剪辑、编辑等一系列后期加工的节目制作行为。

体育赛事不构成著作权法意义上的作品。原因有三：①根据"思想—表达二分法"理论，运动员的动作是竞技，展现的是技术和力量，即使经过一定的选择和编排，该种设计也应属于思想范畴，而非表达；②从客体属性的角度来看，体育赛事不具有独创性或者独创性较低，动作基本都是规范性的，即使在经过一定编排的情况下，依然不能排除他人使用在先设计的合法合理性；③从公共利益的角度考量，体育竞赛的目的是弘扬体育精神，而不是将某一动作、某一种技巧变为某个人的垄断利益。因此，体育赛事不构成著作权法意义上的作品。

（二）中超联赛直播画面的独创性判断

在判定侵权行为是否成立前，首先应当判定诉争的内容是否属于著作权法保护的客体，即是否构成作品。中超联赛直播视频并非著作权法中规定的作品类型之一，著作权法所称的作品，包括：文字作品；口述作品；音乐、戏剧、曲艺、舞蹈、杂技艺术作品；美术、建筑作品；摄影作品；电影作品和以类似摄制电影的方法创作的作品；工程设计图、产品设计图、地图、示意图等图形作品和模型作品；计算机软件；法律、行政法规规定的其他作品。由于著作权的法定属性，任何人不得随意创设著作权客体类型。本案一审判决中，法院认为"赛事录制形成的画面，构成我国著作权法对作品独创性的要求，应当认定为作品"。但对其属于哪一具体作品类型，判决中并未明确。《著作权法》第3条对作品类型进行了列举，虽然该条第9项规定有"其他作品"，但这一规定中的"其他作品"需要符合"法律、行政法规规定"这一前提，且《中华人民共和国著作权法释义》中亦明确指出，"能否作为著作权所称的其他作品，必须由法律、行政法规规定，不能由其他规范性文件规定，以保证法律的统一"[1]。

目前理论界和实践中有两种观点：一种观点认为，体育赛事节目具有独创性，构成著作权法意义上的作品。具体理由是：①体育赛事直播节目在摄制者对于机位的设置、快慢镜头的选择、视频画面切换以及教练和运动员的特写等方面都体现了一定的独创性，系节目制作者的智力创作成果；②《著作权法实施条例》第4条第11项对类电作品的规定为"电影作品和以类似摄制电影的方法创作的作品，是指摄制在一定介质上，由一系列有伴音或者无伴音的画面组成，并且借助适当装置放映或者以其他方式传播的作品"，体育赛事直播节目符合上述法定的构成要件；③关于体育赛事直播节目的独创性，体育赛事直播节目并不等同于一台全景摄像机架设在场地上，机械地去记录赛场上的比赛全过程，而是至少包括如下信息：摄像师和编导人为选择的部分场景；运动员的特写、介绍等；解说员的评论；回放或者精彩集锦；采访画面；广告植入；等等，这些都是现场比赛所不包括的，说明了体育赛事节目具有相当程度的独创性。因此，高水平的体育赛事直播是经过充分的准备和设计之后，为增强节目的可看性而制作的，其中的场景选取、拍摄对象的切入角度、景深、背景等均经过导播和摄像等主创的创造性的编排，不能等同于机械的场景实况直播。在这个过程中，不同的机位设置、画面取舍、编

---

[1] 参见胡康生主编：《中华人民共和国著作权法释义》，法律出版社2002年版，第21页。

排、剪切等，会导致不同的最终画面；或者说不同的赛事编导，会呈现出不同的赛事画面。尽管法律上没有规定独创性的标准，但应当认为对赛事录制镜头的选择、编排，形成可供观赏的新的画面，是一种创作性劳动；赛事录制形成的画面，符合我国著作权法对作品独创性的要求，应当认定为作品。

另一种观点认为，我国著作权法在作品类型中规定了类电作品，而在邻接权体系中规定了录像制品，连续画面或者属于作品，或者属于制品，二者的区分不在于独创性的有无，而在于独创性的高低。体育赛事公用信号所承载的连续画面是否符合类电作品的独创性要求，应当针对个案进行具体判断。

本案中，二审法院持第二种观点，针对现场可能出现的各种事件，直播团队的独创性劳动不在于创作上，而在于对事件的拍摄和选择编排，个性化选择的空间相对有限，不足以看出其独创性高度。关于慢动作、特写镜头等的选择拍摄，是直播团队惯常选择的拍摄手法，不足以体现其独创性高度，对于体育赛事公用信号承载的连续画面，其未体现出著作权法对作品的独创性高度的要求，不属于电影作品。

（三）中超联赛直播画面的"固定"要件的判断

我国《著作权法实施条例》第 4 条第 11 项规定，"电影作品和以类似摄制电影的方法创作的作品，是指摄制在一定介质上，由一系列有伴音或者无伴音的画面组成，并且借助适当装置放映或者以其他方式传播的作品"。电影作品的作者通过对电影中情节或者素材的运用形成了能够表达其思想的表达，即连续画面。电影作品的构成要件中包括固定和独创性两个要件。其中固定要件在《伯尔尼公约》第 2 条中体现为"本联盟成员国的立法可以规定，所有作品或任何特定种类的作品除非以某种物质形式固定下来，否则不受保护"。本案中，现场直播的过程采用的是随摄随播的方式，此时整体比赛画面并未被稳定地固定在有形载体上，此时的直播画面不满足电影作品中的"固定"要件。

四、参考意见

1. 体育赛事直播画面独创性不高，属于著作权法中规定的录像制品，而非类电作品。

2. 电影作品应当符合固定和独创性两个要件，而体育赛事现场直播的画面采用随摄随播的模式，不满足电影作品中的固定要件。

案例三：马某诉A市文化广播影视新闻出版局、唐某某侵害著作权案[1]

一、基本案情

1987~1988年，全国开展第二次文物普查工作，原A市文化局负责组织完成该项工作。当时，唐某某、马某均在A市文化局相关部门工作，唐某某担任A市文物普查的指导工作，马某参与了A市某区的文物调查。根据上级部门的要求，此次文物调查需填制《文物调查表》和《文物分布一览表》，该表格由B省文物普查办公室提供。《文物分布一览表》内容项有"市县名称、编号、名称、位置、时代、文物保护单位级别、说明、备注"。《古墓葬调查表》内容项有"市县、编号、名称、位置、文物保护单位级别、数量及范围、保存现状、周围环境、墓葬形制规格、出土器物、墓碑、评定与建议、备注、照片、调查日期"。《古建筑调查表》内容项有"市县、编号、名称、位置、文物保护单位级别、照片号、绘图号、沿革、保存现状、内容（包括座向、平面布局、建筑材料、建筑形式、测量数据、特定、价值等）、参考文件及题记、周围环境、备注、照片、调查日期"。马某参加了近40个文物点的调查和制表，并将调查表上报给了A市文化局，A市文化局将全市文物调查表等相关资料汇集后上报B省文化厅文物普查办公室。

中国社科院《考古》杂志1988年第11期发表了一篇马某的著作《B省A地区崖穴悬棺葬调查报告》，该作品主文内容有"分布、类型、结语"三大部分，后附有A地区崖穴悬棺分布表及照片，文字描述详尽。

2006年，由A市文化局主编、唐某某编著，出版集团、D书社出版了《A文物揽胜》一书。该书编委会列有30余人。该书附文物图片若干张，以短小文章介绍了A市的古遗址、古墓葬、古建筑、石窟寺和雕刻，以及近、

---

[1] 参见：四川省乐山市中级人民法院（2012）乐民初字第14号民事判决书，四川省高级人民法院（2014）川知终字第31号民事判决书，最高人民法院（2015）民申字第1665号民事裁定书。

现代重要史迹和代表性建筑五大类文物景点。该书系中国 A 文化丛书系列中的一册，全套 10 册，定价 180 元。

2008 年，为了对历次文物调查的成果进行系统整理和科学总结，国家文物局决定编辑出版一套《中国文物地图册》，其出版社为文物出版社，主编为国家文物局。《中国文物地图集·B 分册》共收录介绍文物点 15 000 余个，书中对文物点采取简介方式进行描述。该书在后记中载明：这是一部由 B 省文物考古研究院负责编撰的文物大型工具书。1986～1987 年，B 省参加第二次文物普查人员共计 15 000 人，该书编辑人员对文物地点进行核实，对文物点简介前后数次修改，进行了归纳总结。在参与本书工作及提供资料的其他主要人员名册中，共列出具体名字的全省主要工作人员有 240 余人；根据 A 市文化局提供的名单，A 市各区县共列 22 人，其中 A 市（中区）3 人，马某不在其中。该书分为上、中、下三册，定价 980 元。

马某以其著作权遭受侵害为由诉至法院，请求依法判令被告 A 市新闻出版局、唐某某立即停止侵犯其著作权的行为，在 B 省和国家级文物核心刊物上登载致歉说明，赔礼道歉；判令被告连带赔偿其经济损失和精神损失共计 5 万元。一审法院经审理，驳回原告全部诉讼请求，宣判后原告提起上诉，二审法院维持一审判决。马某后向最高人民法院申请再审，最高人民法院经审理，驳回其再审申请。

二、法律问题

1. 表格是否受著作权法保护？
2. 公用素材是否受著作权法保护？

三、法理分析

（一）表格是否受著作权法保护

我国《著作权法》第 5 条规定，历法、通用数表、通用表格和公式不受保护。可见，通用数表反映的是对科学规律的认识，且可能是思想的唯一表达，不受著作权法的保护。结合本案，应当具体判断马某制作的调查表的样式和内容是否具有独创性。从表格样式上来看，表格分类并未超出一般表格分类的表现形式，与常见的表格分类并无二致，不符合独创性的要求；另外，从内容上看，马某制作的调查表是对文物点的名称、年代、外观及内部构造数据等的客观描述，受上述基本事实信息真实、客观、准确要求的限制，其文字选择有限，表达方式相对固定，亦不具有独创性；从著作权法保护作品的本质来看，著作权法保护的法益是作品传达出来的思想、感情和信息，是对特定表达的保护，而表格很难体现作者的思想或者感情和信息，且表格的制作从要素上来看，具有非常有限的表达特点，因此很难受到著作权法的保护。但是，随着目前表格的设计越来越多样化，一些表格在构成要素和编排上具有较高的独创性，其对要素的拣选和编排体现了作者的智力劳动，相关的编排也并非有限的表达方式，因此可能受到著作权法的保护，构成汇编作品。因此，"表格"能否成为作品，应当在个案中综合案件情况加以认定。

（二）公有素材不受著作权法保护

按照独创性的要求，作品的表达形式应当是作者独立完成且不同于公有领域存在的和他人在先作品的表达形式。任何人的创作都不能脱离公有领域原本已经存在的素材而独立完成，如果这一素材为一人所垄断，则将导致对社会利益的极大不公平，从利益平衡的角度来看，亦不应对公有领域的素材进行的非独创性的创作给予著作权法上的保护。本案中，马某所著《B省A地区崖穴悬棺葬调查报告》是作品，马某对此作品依法享有著作权，但其中对文物点的名称、年代、外观及内部构造数据的描述属于公有素材，任何人都有权予以运用；且任何人在描述文物时，也仅限于从名称、年代、外观、内部结构等几个方面进行描述。马某所得出的结论和观点，是任何人在结合了文物点进行调查以后都可能得出的结论，是一个对客观事物的科学判断，不应为马某所垄断；其使用的公有素材不受著作权法保护。因此，马某在文物普查期间完成的调查表是其智力成果，但不具有作品必须具备的独创性这一特征，不构成作品。

四、参考意见

1. 有限表达不构成作品。
2. 公有素材不受著作权法保护。

拓展案例

案例一：孙某某与马某某侵害著作权纠纷[1]

一、基本案情

孙某某根据客观的价格数据，通过 WPS 制表工具制作完成一幅曲线图，主张该曲线图以及该图表的分析结果都构成作品，其对此享有著作权。原被告双方签订了使用合同，原告将该曲线图提供给被告马某某，被告在 2013 年 7 月 25 日～8 月 25 日期间共投资了 140 箱鸡苗，按当时市场赢利每箱平均 9800 元计算，共赢利 135 万元，按之前双方约定应付 13.5 万元作品使用费。但被告并未支付，原告认为被告侵犯了其著作权而向法院提起诉讼。

孙某某主张涉案图表作品及其分析结果具有独创性。对图表作品的整体排列、横向纵向布局、包含原始厂家的独特价格数据、颜色与线条的搭配，是其独创的构思。因此，该图表作品无论是设计格局、颜色搭配、标识标注以及用途等，都具有明显的独创性。一审、二审法院以其不构成作品为由驳回原告的诉讼请求，原告提起再审申请。最高人民法院认为，鉴于图表所使用的数据客观存在、数量有限，且 WPS 为通用软件，将上述数据录入制表工具所形成的结果，尽管属于孙某某运用智力的结果，符合独立完成的要件，但该结果的表现形式有限；换言之，使用上述数据与工具所产生的结果缺少差异性。这种唯一或有限的表达方式，通常被排除在独创性之外。至于孙某某所主张的线条颜色问题，在线条数量有限的情况下对线条颜色的选择，并不能改变该图表表达有限的现状。据此，一审、二审法院认定孙某某主张的曲线图不构成著作权法意义上的作品，认定事实清楚、适用法律正确。对说明性作品而言，即使在作品本身可以获得著作权法保护的情况下，著作权法通常也仅着重于保护作品的表达方式而非结论本身，垄断结论不符合著作权法的立法本义。本案中，孙某某主张保护的曲线图本身不符合作品的构成要件，加之孙某某主张的所谓分析结果并无明确确定的形式，因而无从保护，驳回其

---

〔1〕 参见：山东省聊城市中级人民法院（2015）聊民三初字第 333 号民事判决书，山东省高级人民法院（2016）鲁民终 339 号民事判决书，最高人民法院（2016）最高法民申 2136 号民事裁定书。

再审申请。

二、法律问题

1. 孙某某所主张的成果是否是著作权法意义上的作品？

2. 如果前述作品主张成立，被告马某某是否实施了侵权行为及应当承担何种侵权责任？

三、重点提示

1. 是否构成作品。如果一个智力成果在表现上是唯一的，那么其表现形式将无法呈现出相应的差异性，在理论上无法产生归结于作者的结果，在现实中也无法与已有的智力劳动成果进行区分，不符合著作权法关于独创性的要求。判断一部作品是否具有独创性，应当从是否独立创作以及在外在表现上是否与公有领域作品存在一定程度的差异方面进行分析判断。

2. 对说明性作品而言，即使在作品本身可以获得著作权法保护的情况下，著作权法通常也仅着重于保护作品的表达方式而非结论本身，垄断结论不符合著作权法的立法本义。本案中，孙某某主张保护的曲线图本身不符合作品的构成要件，加之孙某某主张的所谓分析结果并无明确确定的形式，因而无从保护。

案例二：A 国际有限公司诉 B 婴幼儿食品有限公司、上海 C 家居用品有限公司、上海 D 经贸发展有限公司、浙江 E 机械有限公司侵害著作权纠纷[1]

一、基本案情

原告于 2010 年 2 月指派雇员马某某设计一款名为"小熊游乐行李车"的玩具，到同年 10 月设计基本完成。2011 年 1 月 14 日，该玩具设计定型完成样品制作，并于同年推向市场。因该作品属于职务作品，其著作权由原告享

---

[1] 参见：上海市浦东新区人民法院（2014）浦民三（知）初字第 67 号民事判决书，上海市第一中级人民法院（2015）沪一中民五（知）终字第 30 号民事判决书。

有。2012年,原告在上海的代理商案外人F(上海)贸易有限公司(简称F公司)参加了北京玩具展,"小熊游乐行李车"是参展商品之一。2013年9月10日,原告将"小熊游乐行李车"向国家版权局申请了作品登记。原告发现第一被告为其销售的B奶粉提供一种被称为"儿童助步车"的赠品,该"儿童助步车"的包装显示该赠品由第一被告投入市场,其供应商为第二被告,制造商为第四被告。该"儿童助步车"不论是整体视觉效果,还是每个构件的设计,与原告在先完成并享有著作权的作品"小熊游乐行李车"几乎完全相同,尤其是最显著部分的面板设计,连细节都与原告作品完全相同。原告又发现第二被告网站的信息显示,该"儿童助步车"确为第二被告向第一被告提供,并且第二被告还在其网站上展示该产品的使用方法。另外,第二被告与第三被告为关联公司,第三被告共有两名股东,这两名股东同时也是第二被告的股东。第三被告曾于2012年3月28日让其员工周某某向F公司索取原告的产品介绍及"小熊游乐行李车"样品,并于2012年7月13日取得样品2件。原告认为,其"小熊游乐行李车"是著作权法保护的立体艺术作品,原告对其整体享有著作权。第二被告通过第三被告从原告代理商处获得了样品,随后委托第四被告按该样品进行复制,并提供给第一被告发行。因此,上述四被告未经著作权人许可,复制、发行原告享有著作权的作品,共同侵犯了原告的著作权。

一审法院认为,我国著作权法将实用艺术品作为美术作品保护,但保护的范围仅限于实用艺术品中具有艺术美感、构成美术作品的部分,著作权法不保护实用功能。因此,本案中,涉案产品作为一个实用艺术品,我国著作权法对其保护的范围应是其中熊脸面板即熊脸图案部分,而不是整个"小熊游乐行李车"。经当庭比对,两者几乎完全相同。结合原告在先完成设计、创作涉案产品的事实,可以认定后者是对前者的复制。涉案侵权产品由第四被告生产后销售给第二被告,再由第二被告销售给第一被告,第一被告又通过附赠方式发送到消费者手中。故第四被告未经原告许可复制、发行了原告作品,直接侵害了原告的著作权,应承担停止侵权、赔偿原告经济损失及为制止侵权行为支出的合理费用的民事责任;第二被告对第四被告所销售商品的知识产权状况负有更为谨慎的审查注意义务,故第二被告对其发行行为主观上有过错,应承担停止侵权、赔偿损失和合理费用的民事责任;第三被告虽有获取原告产品的行为,但其让第二被告获知原告产品信息的行为尚不构成著作权侵权;第一被告从第二被告处购买侵权产品用于附赠以推销自己的商品,侵害了原告的发行权,应承担停止侵权的民事责任;第二被告销售给第一被告的涉案产品,有明确具体的生产者,尚难以认定第一被告对其是侵权商品具有明知或应知的主观过错,故第一被告关于其附赠品有合法来源的抗辩成立,可不承担赔偿损失的民事责任。四被告不服一审判决提起上诉,认为著作权法对实用艺术品的保护范围仅限于其中熊脸图案部分,而非整个涉案产品,原判超出原告诉请;原告不享有涉案产品的著作权,第四被告于2009年已设计、生产涉案产品,涉案产品有实用新型和外观设计专利,在专利权未被推翻的情况下,原审认定侵权不合法,且判赔数额过高。二审法院认为熊脸面板与"小熊游乐行李车"的熊脸图案几乎完全相同,侵犯了原告的著作权,故该上诉理由于法无据。"小熊游乐行李车"创作完成时间是2010年9月,其著作权自创作完成之日起产生;而玩具拉杆箱的外观设计专利申请日为2012年8月10日,实用新型专利申请日为2012年10月31日,因第四被告在原审中提供伪证,故不能证明其于2009年已设计、生产涉案产品的主张,原告获得著作权在先。外观设计不能与他人在申请日以前已经取得的合法权利相冲突,实用新型原理也与此相同,故该上诉理由于法无据。判赔数额合理,驳回上诉,维持原判。

二、法律问题

原告主张对涉案产品的著作权保护是否成立?

三、重点提示

原审法院认为,美术作品是我国著作权法保护的对象。本案涉案产品既具有观赏性的动物图案,又有可供骑乘、储物、拖行的实用功能,符合实用艺术品的特征:①涉案产品的实用功能和艺术美感能够相互独立;②能够独立存在的艺术美感部分的设计具有独创性,并且美感达到了一定的艺术高度。我国著作权法将实用艺术品作为美术作品保护,但保护的范围仅限于实用艺术品中具有艺术美感、构成美术作品的部分,著作权法不保护实用功能。因此,本案中,涉案产品作为一个实用艺术品,我国著作权法对其保护的范围应是其中熊脸面板即熊脸图案部分，而不是整个"小熊游乐行李车"。

拓展资料

2-1【拓展阅读案例】　　　2-2【拓展阅读资料】

专题二　著作权的内容——权利

知识概要

著作权的内容即著作权人享有的各项权利，我国《著作权法》中规定，著作权包括人身权和财产权，其中列举了17项权利，具体包括：发表权、署名权、修改权、保护作品完整权、复制权、发行权、出租权、展览权、表演权、放映权、广播权、信息网络传播权、摄制权、改编权、翻译权、汇编权以及兜底条款中的其他权利，其中前4项为著作人身权。司法实践中，某一作品被侵权，可能仅涉及上述权项中的一项，也可能同时涉及多项。

著作人身权是作者人格的体现，表现了作者与作品之间的人格联系，不可转让或者许可使用。发表权是作者享有的决定是否将其作品公之于众的权利，是作者首要的著作权，我国《著作权法》第18条中还专门规定了美术等作品原件所有权的转移，不视为作品著作权的转移，但美术作品原件的展览权由原件所有人享有；署名权，是表明作者身份、在作品上署名的权利，即作者可以自行决定其是否署名，以及署笔名还是署真名等的权利；修改权，是修改或者授权他人修改作品的权利；保护作品完整权，是保护作品不受歪曲、篡改的权利。下面的案例中将主要围绕著作财产权部分展开。值得注意的是，著作权是一束权利，著作权人可以全部或者部分转让或者许可使用其著作财产权的权项。司法实践中的难点之一是判断著作权人就某一作品享有何种著作权，以及侵犯某一权项的具体判断标准。

第二章 著作权法专题

经典案例

案例一：北京A科技有限公司诉北京B网络技术有限公司计算机软件著作权权属侵权案[1]

一、基本案情

原告北京A科技有限公司（简称A公司）是移动终端游戏《我叫MTonline》《我叫MT2》（统称《我叫MT》）的著作权人，前述游戏改编自系列3D动漫《我叫MT》。2014年1月1日，A公司与该动漫的著作权人北京C文化传播有限公司（简称C公司）签订许可协议，约定C公司将对该作品改编成游戏的权利，以及对该作品及其要素独占使用的权利均授予原告。原告主张其游戏中的五个人物形象系对前述动漫中相应五个人物形象的改编，公证保全中下载安装了被诉"超级MT"游戏，在该游戏的APP截图上有游戏人物头像显示，原告主张该人物头像抄袭原告游戏中的形象。

原告A公司诉称：被告北京B网络技术有限公司（简称B公司）、北京D网络科技有限公司（简称D公司）、北京E科技股份有限公司（简称E公司）开发并运营的移动终端游戏《超级MT》侵犯了原告的著作权：①被诉游戏的名称及其中五个人物名称侵犯了原告对文字作品享有的改编权及信息网络传播权。基于C公司的授权，原告对于《我叫MT》动漫名称以及其中"哀木涕、傻馒、劣人、呆贼、神棍德"五个人物名称等享有文字作品的独占被许可使用权；三被告未经原告许可，将其开发和运营的游戏命名为《超级MT》，并将相应人物命名为"小T、小德、小劣、小呆、小馒"，该行为侵犯了原告对上述文字作品的改编权；三被告向网络用户提供被诉游戏客户端下载，亦侵犯了原告对上述文字作品的信息网络传播权。②被诉游戏中五个人物形象及游戏APP头像侵犯了原告美术作品的署名权、复制权及信息网络传播权。原告游戏中的前述五个人物形象系在动漫《我叫MT》中相应人物形象的基础上重新绘制而成，上述游戏人物形象已形成新的改编作品；原告对该五个形象享有美术作品的著作权。三被告未经原告许可，向网络用户提供被

---

[1] 参见：北京知识产权法院（2014）京知民初字第1号民事判决书。

诉游戏客户端下载,在被诉游戏中抄袭原告游戏中前述五个人物形象,且将原告游戏中的"呆贼"形象作为其游戏 APP 头像。三被告的前述行为侵犯了原告对该五个人物形象所享有的署名权、复制权及信息网络传播权。原告请求法院依法判令三被告赔礼道歉、停止侵权并连带赔偿原告经济损失及合理支出。

被告 B、D、E 公司共同辩称:①原告对游戏《我叫 MT》、游戏名称、五个游戏人物名称及形象均不享有著作权。原告对游戏《我叫 MT》不享有著作权:原告虽主张游戏《我叫 MT》系源于 C 公司的动漫《我叫 MT》,属于对该动漫的改编,但因现有证据不足以证明 C 公司为《我叫 MT》动漫的著作权人,因此,C 公司无权授权原告对该动漫进行改编;相应地,原告依据 C 公司与其所签合同,亦无法获得相应著作权。即便 C 公司享有《我叫 MT》动漫的著作权,但该动漫本身亦为改编作品,原告虽获得改编者 C 公司的授权,但其并未获得原权利人的许可,因此该游戏属于侵权游戏,原告对该侵权游戏亦不享有著作权。②《我叫 MT》动漫名称及五个人物名称均不构成文字作品,原告主张其对上述名称享有著作权的主张不能成立。③原告主张其享有著作权的五个人物形象系改编作品,但将上述人物形象与动漫《我叫 MT》中的相应形象对比可以看出,二者并未存在实质性区别,据此,上述人物形象未构成改编作品,原告主张其对上述五个形象享有改编作品著作权的主张亦不能成立。第一、三被告未实施侵犯原告著作权的行为。被告游戏中并无原告所指控的游戏人物名称及形象;即便原告所主张人物名称构成文字作品,人物形象构成改编作品,两被告亦未实施侵犯其著作权的行为。

二、法律问题

1. 改编权是什么?
2. 如何判断侵犯了改编权?

三、法理分析

(一)被诉行为是否构成对原告文字作品改编权的侵犯

著作权侵权判定的前提是有作品存在。具体到本案,如认定侵犯了原告文字作品的改编权,则前提应当是原告的动漫名称、人物名称等文字构成作品。根据《著作权法》的规定，独创性是作品受到著作权法保护的前提，对于名称、标题等词组或短语而言，涉案的这些名称，如"MT""小哀"等，都无法体现作者的取舍、选择、安排或者设计，其本身字数上就有很强的限制，词语本身也是较为普通或者常用的词组或者短语，不具有独创性。另外，这些词组或短语作为人物名称等的表达，很难完整地表达或反映出作者的思想情感、传达一定的信息，不足以体现作者的创作。原告的动漫名称、人物名称等文字不是受著作权法保护的文字作品，因而被诉行为不构成对原告文字作品改编权的侵犯。

（二）被诉行为是否构成对原告改编作品署名权、复制权和信息网络传播权的侵犯

著作权侵权判定的逻辑是：首先判断原告诉争的客体是否为作品，其次判断原告是否对涉诉的作品享有著作权，最后判断被告的行为是否构成侵权，如构成侵权，侵犯的是何种权利。本案中涉及原告主张的改编作品，对应的改编权在《著作权法》上规定为改变作品、创作出具有独创性的新作品的权利，因此改编作品指的是在保留原作品基本表达的情况下进行独创性劳动而形成的新作品。本案中，原告主张涉案游戏中的五个人物形象系在动漫《我叫MT》的相关形象上进行创作而形成的改编作品，因此首先应当判断这些人物形象是否是在原动漫的基础上经过独创性劳动而形成的新作品。法院从人物形象的面部形象、服装及武器三部分，对原告游戏人物形象是否构成改编作品进行了比对分析，并认为五个游戏形象已具有不同于原作的新表达，原告游戏中的上述五个形象已构成改编作品。其次，应当判断原告对于改编作品是否享有著作权。《最高人民法院关于审理著作权民事纠纷案件适用法律若干问题的解释》第7条第1款规定："当事人提供的涉及著作权的底稿、原件、合法出版物、著作权登记证书、认证机构出具的证明、取得权利的合同等，可以作为证据。"据此规定，关于著作权归属，原告只要举出能证明自己是权利人的初步证据就完成了证明责任。本案中，原告提交的著作权许可使用协议等可以作为其权属证明的证据，法院确认原告享有涉案作品的著作权。最后，判断被告的行为是否构成侵权。本案中，法院采用的方法是"接触+实质性相似"法。对于"接触"的判断，一般由法官根据游戏的创作时间、知名度、创作过程等进行综合判断，对知名度高、发布在先的游戏，一般会

作出在后的游戏接触过在先游戏的事实推定；对于"实质性相似"的判断，一般应当满足两个条件：一是在后的游戏保留了在先游戏的基本内容等独创性表达，足以构成实质性相似；二是这些实质性相似在涉案作品中达到一定的比例。本案中，因原告五个游戏人物形象系以原有动漫形象为基础而创作的改编作品，故只有被诉游戏中的人物形象使用了原告游戏中对应人物形象不同于原有动漫形象的独创性表达时，该使用才可能构成对原告改编作品著作权的侵犯。法院经比对，认为被诉游戏中的五个人物形象的武器及服饰与原告游戏中五个对应形象的武器与服饰差异较大，未构成实质性近似。被诉游戏中的人物形象并未使用原告独创性的表达，未支持原告关于被告侵犯了其著作权的主张。我国《著作权法》中规定，署名权是表明作者身份、在作品上署名的权利；复制权，是以印刷、复印、拓印、录音、录像、翻录、翻拍等方式将作品制作一份或者多份的权利；信息网络传播权，是指以有线或者无线方式向公众提供作品，使公众可以在其个人选定的时间和地点获得作品的权利。

四、参考意见

1. 改编必须取得原作品著作权人的授权，且应当基于原作品，对原作品的基本要素进行体现，并结合自己具有独创性的表达形成改编作品。

2. 在确定游戏作品及其元素受到著作权法保护的范围时，应当依据著作权法的规定，以独创性为标准，使用"思想—表达二分法"判断涉诉客体是否为著作权法中保护的作品。

案例二：A 文化传媒有限公司诉武汉市洪山区 B 茶饮店、成都市 C 科技有限公司侵害作品信息网络传播权案[1]

一、基本案情

A 文化传媒有限公司（以下简称 A 公司）经授权，获得《宫锁沉香》在

---

[1] 参见：四川省成都高新技术产业开发区人民法院（2017）川 0191 民初 6108 号民事判决书，四川省成都市中级人民法院（2017）川 01 民终 16929 号民事判决书。

中国大陆地区（除港、澳、台地区）独家信息网络传播权、复制权及其分许可权（包括维权权利），授权使用期限自2014年1月15日至2063年9月30日。

2017年3月11日，A公司对涉案侵权行为进行了证据保全：公证书载明，在"D影咖"中，进入"动物乐园"的观影包房，在银幕主界面点击"D影咖"图标，展示有"排行榜"等影视栏目，在"D影咖"首页面搜索电影《宫锁沉香》，能够正常播放，D影咖的技术支持为成都市C科技有限公司（以下简称C科技公司）。

A公司认为，两被告未经许可，通过其定制的"D影咖"私人影院点播系统提供电影《宫锁沉香》的点播服务。"D影咖"点播平台设置了搜索框排行榜、新片速递、推荐、科幻、连续剧等影视分类栏目，存储有影视作品几千部，且影片剧照和内容图文并茂，方便用户选择性观看。A公司尤其指出，影片的播放画面显示有公映许可证号、片名、出品公司、片尾字幕、知名演员面孔等信息，一眼就能识别出是有版权的大型作品，证明被告系无视版权法规、明知和故意盗版，侵权行为极其恶劣。被告武汉B茶饮店的字号、银幕标识、银幕上的"技术支持"署名均指向被告C科技公司，被告武汉B茶饮店系被告C科技公司的加盟店，两被告具有共同的意思联络，均存在过错，构成共同侵权。

被告C科技公司辩称：①原告方所取证据均在被告武汉B茶饮店，没有直接证据证明原告起诉内容与被告C科技公司有关；②原告持有《宫锁沉香》的信息网络传播权，并无放映权，而点播影院播放电影需要的是放映权，故原告不是版权受损方。被告是基于I投影技术开发的点播软件，不涉及版权，系统中并不提供片源，由加盟商自行联系版权商购买。被告与JTV等有合作，在系统中提供JTV等的链接。加盟商获得片源加入系统后，系统可以自动抓取该片源的相关剧照、文字介绍等资料与该片源匹配。被告不构成侵权。

被告武汉B茶饮店辩称：被告经营场所未提供对公众开放的局域网，不属于作品信息网络传播权侵权保护范围。被告C科技公司提供系统"D影咖"中并不包含影片。

C科技公司于2015年8月14日成立，武汉B茶饮店于2016年4月27日注册登记，系个体工商户。2016年2月24日，C科技公司与武汉B茶饮店负责人邓某签订《D影咖加盟合同》及《D影咖技术授权协议书》，双方约定：C科技公司将技术支持有偿授权与武汉B茶饮店使用，武汉B茶饮店付费后将获得C科技公司自行研发的电影点播及后台管理系统的1年使用权。C科技公司后期提供免费的电影点播及后台管理系统的更新及维护服务，C科技公司所提供的技术支持须与"D影咖"合作商成都市I科技有限公司的播放设备相结合，邓某需购买相应配套设备才能使用。C科技公司点播系统及后台管理系统一年收费7200元。

二、法律问题

1. 放映权是什么？
2. 放映权与信息网络传播权的区别是什么？
3. 私人影吧中播放电影的行为是放映行为还是信息网络传播行为？

三、法理分析

（一）被诉行为是否构成对原告信息网络传播权的侵犯

通过原告的举证，可以确认涉案作品属于以类似摄制电影的方法摄制的作品，其著作权归属于本案原告。我国《著作权法》中的信息网络传播权，是指以有线或者无线的方式向公众提供作品，使公众可以在其个人选定的时间和地点获得作品的权利。信息网络传播行为，既包括作品的上传行为，又包括公众的获得行为，而将作品置于信息网络中，使公众能够获得相关作品，是信息网络传播权控制的行为关键。信息网络传播行为是一种交互式的行为，也是一种点对点的传播行为，其构成条件包括：①通过网络向公众提供作品，该提供行为不以实际获得为条件，只要使公众具备了获得作品的可能性即可；②点对点的交互式传播行为，例如网络广播的行为，虽然也是通过网络进行传播，但是其并不是交互式的，观众或者听众不能自行选择想要收看或者收听的节目，而是按照网络平台预先制定好的节目单获得相关作品，这种情况下，就不是信息网络传播行为。《世界知识产权组织版权条约》（WCT）第8条规定了向公众传播的权利，规定"文学和艺术作品的作者应享有专有权，以授权将其作品以有线或无线方式向公众传播，包括将其作品向公众提供，使公众中的成员在其个人选定的地点和时间可获得这些作品"。本案中，武汉B茶饮店在其经营的店铺中，使用"D影咖"系统通过局域网向不特定公众提供涉案影片的观看服务，其将涉案作品放置在其预先设定好的局域网中，虽然"局域网"仅限进入该网络的人能够获得作品，但是进入该网络的人仍是不特定的第三人，任何公众均可以成为该局域网的消费者，因此"D影咖"可以使消费者能够在选定的时间和地点登录其系统获得作品，构成了对A公司享有的信息网络传播权的侵犯。

（二）"D影咖"中播放涉案作品的行为是放映行为还是信息网络传播行为

我国《著作权法》中规定，放映权是指通过放映机、幻灯机等技术设备公开再现美术、摄影、电影和以类似摄制电影的方法创作的作品等的权利。"D影咖"中播放涉案作品的行为，应当结合其具体的播放方式进行认定。本案中，"D影咖"将涉案作品存储在其电脑中向公众进行提供，即使是局域网，仍然可以在其选定的时间和地点获得涉案作品，此时是信息网络传播权控制的信息网络传播行为，个人选定的时间和地点不应局限于可以随意选择任意时间、任意地点。《最高人民法院关于审理侵害信息网络传播权民事纠纷案件适用法律若干问题的规定》第3条规定："网络用户、网络服务提供者未经许可，通过信息网络提供权利人享有信息网络传播权的作品、表演、录音录像制品，除法律、行政法规另有规定外，人民法院应当认定其构成侵害信息网络传播权行为。通过上传到网络服务器、设置共享文件或者利用文件分享软件等方式，将作品、表演、录音录像制品置于信息网络中，使公众能够在个人选定的时间和地点以下载、浏览或者其他方式获得的，人民法院应当认定其实施了前款规定的提供行为。"域外对控制放映行为的权利进行了不同的规定，如美国将公开放映行为规定为机械表演的一种，在表演权中进行规制，但我国和德国都是作为单独的权利进行规定。放映权和信息网络传播权的区别在于，放映行为依靠的技术设备为放映机、幻灯机等技术设备，而信息网络传播行为是通过有线或者无线的网络向公众提供，使公众获得作品的行为。但无论是放映还是通过信息网络进行传播的行为，都应当得到原权利人的许可并支付报酬。

值得注意的是，目前"私人影吧"的商业模式盛行，其具体的运营模式并不一致，主要包括如下三种类型：①"私人影吧"各个房间中提供一个点播机,类似于 KTV 包厢,各点播机内存储影片,消费者进入包间后可以自行选择要播放的影片进行观赏,在此情况下应当属于放映权的控制范围;②"私人影吧"所有的房间共用一个服务器,影吧建立一个局域网(如本案),消费者可以通过点播的方式观看所需要的影片,在此情况下应当属于信息网络传播权的控制范围;③"私人影吧"各个房间内购买某网络公司机顶盒或者播放软件,此种情况下应当以是否构成间接侵权作为判断标准,即影吧是否明知或者应知其购买的机顶盒、播放软件中存在大量的盗版片源,以此来规制其侵权行为。

(三) 两被告是否构成共同侵权

关于共同侵权,我国《民法通则》第 130 条规定,二人以上共同侵权造成他人损害的,应当承担连带责任。我国《侵权责任法》第 8 条规定,二人以上共同实施侵权行为,造成他人损害的,应当承担连带责任。根据是否具有意思联络,共同侵权在学说上有客观说和主观说两种认识,即共同行为人在主观上是否具有共同侵权的意思联络。司法实践中一般认为,构成共同侵权的前提是共同加害人在主观上要具有共同的意思联络,在信息网络传播权侵权案件中,共同侵权人应当具有共同通过网络提供作品、使公众能够交互式获得作品的意思联络。本案中,关于 C 科技公司是否与武汉 B 茶饮店构成共同侵权,C 科技公司向加盟商提供的"D 影咖"系统中并不自带片源,其仅仅提供了一个硬件"系统",因此,对于涉案作品来说,其没有提供该涉案作品的意思表示。涉案影片是由武汉 B 茶饮店自行下载安装并进行播放的,真正实施信息网络传播行为的是武汉 B 茶饮店。因此,C 科技公司与武汉 B 茶饮店对涉案作品的播放无共同意思联络,C 科技公司提供的系统服务本身未实施共同侵权行为,不符合侵权行为要件,故 C 科技公司与武汉 B 茶饮店不构成共同侵权。

四、参考意见

1. 判断私人影吧是否构成著作权侵权,应当区分影吧不同的经营模式,结合放映权、信息网络传播权的构成要件,综合进行判定。

2. 信息网络传播行为既要通过网络进行传播,又要通过交互的方式进行传播,否则不能判定构成信息网络传播权侵权。

案例三：A公司诉北京B公司侵害著作权及不正当竞争案[1]

一、基本案情

国际奥委会是2012年在伦敦举办的第30届奥林匹克运动会（"伦敦奥运会"）广播权和展览权在全球范围内的独家所有者。2009年3月25日，国际奥委会将伦敦奥运会的独家移动网和互联网的广播权和展览权授予中国中央电视台，包括但不限于网络传播权和互联网互动点播权（"互联网和移动网广播和展览权"）。2009年4月20日，中央电视台出具《授权书》，将中央电视台所有电视频道及其所含之全部电视节目（包括但不限于现在及今后之春节联欢晚会等），通过信息网络（包括但不限于互联网络等新媒体传播平台）向公众传播、广播（包括但不限于实时转播或延时转播）提供之权利，授权A公司在全世界范围内独占行使。A公司作为上述权利的独占被授权许可人，可以以自己的名义对外维权。

2012年7月30日，A公司对涉案侵权行为进行了公证：在页面的浏览器地址栏中输入 www.dianshifen.com，进入的页面载明"电视粉是国内功能最全的社交电视应用，她能帮你快速找到想看的节目……"页面右侧显示"看奥运赢大奖"，页面底端显示该网页版权归B公司所有。点击页面中的"本地下载APK"，页面显示"电视粉—直播奥运，疯抢大奖"，下载安装"电视粉"。打开进入应用程序，显示有"直播大厅""奥运专区"等专题。点击进入直播大厅，显示有CCTV1综合频道和CCTV5体育频道的"2012年伦敦奥……"等，栏目前均有伦敦奥运会会徽，栏目下标明直播的时间段，点击进入CCTV1综合频道，显示正在直播的奥运体操赛事，屏幕右上角有"CCTV1综合"标识。点击"奥运专区"，进入的界面显示"2012年伦敦……""北京祝福你……""吴敏霞何姿夺……"等视频内容，其右侧有相应的评分，并可以对相关内容进行评论。回到首页点击"频道"，左侧为直播电视台的列表，显示有涉案中央电视台CCTV1等16个栏目正在播放的节目信息，中间位置为正

---

[1] 参见：北京市海淀区人民法院（2013）海民初字第21470号民事判决书，北京市第一中级人民法院（2014）一中民终字第3199号民事判决书。

在直播的节目信息,且右侧均有直播按键,点击进入 CCTV1,播放界面显示有奥运会体操赛事,屏幕右上角有"CCTV1 综合"标识,点击进入其他频道,均可观看正在直播的内容,直播界面或标有相应台标,或标有"CNTV"水印标识,在播放过程中全程并无跳转或显示来源网址等现象。经查询,北京 B 公司运营"电视粉"软件。

A 公司认为,B 公司未经许可,擅自通过其提供的名为"电视粉"的安卓系统手机客户端软件和信息网络,向用户实时转播中央电视台的电视频道,并设置了"2012 伦敦奥运专区"专题页面,向用户实时转播中央电视台播出的大量伦敦奥运会比赛的电视节目,并在歌华高清交互数字电视平台投放的开机广告中,对前述未经许可的侵权行为进行了大幅画面持续的推广和宣传,其行为侵犯 A 公司依法享有的广播组织权,并构成违反公平原则和诚实信用原则的不正当竞争行为。B 公司辩称:①本案不属于侵害广播组织权的范畴。A 公司不是广播组织权的主体,广播组织权的主体是广播电台、电视台,故 A 公司不享有广播组织权,广播组织权也不包含通过网络传播的内容。②B 公司的行为不属于转播行为,B 公司只是提供链接,不构成侵权。"电视粉"是一款社交软件,仅向用户提供视频内容的链接服务,播放内容由被链接方提供,其不对视频内容进行下载、存储,无法对内容进行传输、复制、编辑等。用户在观看时,知道该内容来源于互联网,因此,用户观看到的节目播放网站是央视网。

二、法律问题

1. A 公司在网络上直播体育赛事的行为是广播行为还是广播组织行为?
2. 在互联网环境下通过客户端软件转播电视频道节目的行为是否侵害了网络公司的广播权、广播组织权?

三、法理分析

(一)A 公司对涉案电视频道的体育赛事直播节目是否享有广播权

我国《著作权法》规定,广播权是以无线方式公开广播或者传播作品,以有线传播或者转播的方式向公众传播广播的作品,以及通过扩音器或者其他传送符号、声音、图像的类似工具向公众传播广播的作品的权利。也就是说，对作品的广播行为一般有无线广播、有线转播以及公开播放广播的行为。广播行为的初始行为都应当源于"无线广播"的行为，通常是广播电台、电视台将作品转化成电磁波，通过无线信号进行传播的行为；有线转播和公开播放广播的行为都是转播的初始的无线广播的行为，是为了便于扩大作品的接收范围而将无线信号进行二次传播的行为。因此，广播权控制的广播行为针对的是无线广播信号，其权利主体是著作权人，权利的客体是能够受到著作权法保护的作品。本案中，A公司未向法院提交其作为涉案电视频道所播作品著作权人或者利害关系人的证据，且涉案电视频道转播的体育竞赛节目非以展示文学艺术或科学美感为目标，不构成著作权法意义上的作品，因此，涉案客体不是广播权的保护客体。

(二) 网络实时转播行为的定性

网络实时转播行为是否为广播行为的判断，应当结合具体情况综合考虑，如果是通过网络转播的内容初始的传播通过无线信号，即其转播的是电视台、广播电台及卫星广播组织的信号，那么该网络实时转播行为属于广播权的调整范围；如果转播的是其他网站中的内容，那么该网络实时转播行为采用的是有线的方式，不属于广播权的调整范围。如果采用的是有线的方式进行网络实时转播行为，其行为是否应当受到著作权法的调整呢？有人认为这是一种信息网络传播行为，但是，由于信息网络传播行为必须具有交互式的特点，而网络实时转播行为使用户不能在其选定的时间或者地点获得该转播的内容，因此，其不属于信息网络传播权的调整范围。在A公司起诉C公司"春晚"著作权侵权案件[1]中，法院认为，为尽量弥补"广播权"的立法缺陷，对于初始传播采用"有线"方式的网络实时转播行为，应当适用《著作权法》第10条第1款第17项调整，即兜底保护的条款。

(三) B公司在互联网环境下通过其运营的"电视粉"客户端转播CCTV1、CCTV5、CCTV22等电视频道节目的行为是否侵害了A公司的广播组织权

《著作权法》第45条第1款规定："广播电台、电视台有权禁止未经其许可的下列行为：①将其播放的广播、电视转播；②将其播放的广播、电视录

---

[1] 参见：北京市第一中级人民法院（2013）一中民终字第3142号民事判决书。

制在音像载体上以及复制音像载体。"《著作权法》赋予广播电台和电视台对广播和电视节目信号一定的控制权。未经广播组织许可，他人不得转播、录制或复制其广播的节目信号。[1]《TRIPS协议》第14条第3款规定，广播组织应享有权利禁止未经其许可将其广播以无线方式重播，将其广播固定，将已固定的内容复制，以及通过同样方式将其电视广播向公众传播。《罗马公约》中规定，广播组织指通过无线方式传播信号的组织。

《TRIPS协议》对于广播组织权的保护并未扩展至网络环境下，通过网络的方式实时传播电台、电视台的信号是否属于广播组织权的控制范围仍有较大争议。有学者认为，在技术进步导致"三网"或者多网融合的情况下，"网络转播"应该被解释为著作权法意义上的"转播"。[2]但是，根据2001年全国人大法律委员会对修改《著作权法》报告的说明，《著作权法》中广播组织的"转播权"可以控制以有线和无线方式进行的转播，但尚不能控制通过互联网进行的转播。[3]本案二审判决书中也认为，互联网环境下广播组织权的保护问题涉及因素繁杂，影响亦深远广泛。在广播电视组织通过互联网有效提高信息传播速率并明显降低传播成本的信息时代，对于广播组织权保护范围的确定，不仅会直接关系到权利人的经济利益，同时也会对社会公众获取信息或文化知识产生深远的影响；更为重要的是，这种因法律解释而导致的保护范围的调整，势必影响到信息或文化知识的传播效率，而这无疑又对信息时代背景下的互联网行业发展以及文化传播模式的创新产生难以预期的影响。在《著作权法》及我国参加的相关国际条约均未将广播组织权的保护范围扩展至网络环境时，不能仅仅因为新技术的产生或发展给权利人带来新的挑战，就超越立法时的权利边界对我国著作权法体系中的广播组织权作扩大解释。因此，法院认为，广播组织权不能涵盖互联网传播的行为，B公司在互联网环境下通过其运营的"电视粉"客户端转播CCTV1、CCTV5、CCTV22等电视频道节目的行为并未侵害A公司的广播组织权。

从主体上来看，广播组织权的主体为广播组织，即广播电台、电视台，而不包括网播组织，因此，A公司控制的央视网并不是广播组织的合法主体；

---

[1] 崔国斌：《著作权法原理与案例》，北京大学出版社2014年版，第532页。

[2] 崔国斌：《著作权法原理与案例》，北京大学出版社2014年版，第532页。

[3] 王迁：《知识产权法教程》，中国人民大学出版社2011年版，第199页。

从客体上来看，广播组织权的客体是广播组织播放的广播节目信号，而不是广播电视节目。本案中，虽然中央电视台获得了转播伦敦奥运会体育赛事的转播权，其转授权给了 A 公司，但 A 公司也无能力对广播节目信号进行传输，本案诉讼中的客体是体育赛事节目，并非广播组织权的权利客体。

四、参考意见

1. 广播权是著作权的权项之一，广播组织权是邻接权的一种，广播权的客体是广播电视节目等作品，广播组织权的客体是无线信号，广播组织权与广播权不同。

2. 网络实时转播行为应当结合行为的具体表现形式以及行为的初始状态来确定该"转播"是否属于广播行为，网络广播组织目前并不是我国《著作权法》中规定的广播组织权的主体，不受广播组织行为的控制，但应当受到《著作权法》第 10 条第 1 款第 17 项的调整。

案例四：梁某诉 A 芭蕾舞团侵害著作权案[1]

一、基本案情

梁某是《红色娘子军》电影剧本的作者。1961 年，上海 B 电影制片厂根据梁某创作的电影文学剧本，由谢某导演拍摄了电影《红色娘子军》并公映。该电影片头署名编剧为梁某。

1964 年初，当时的北京 C 学校实验芭蕾舞剧团（现为 A 芭蕾舞团）开始在有关部门的组织下，根据梁某编剧的电影文学剧本《红色娘子军》进行芭蕾舞剧《红色娘子军》的改编。

A 芭蕾舞团称该剧改编过程中，在当时的解放军总政治部及中南军区的协调下，曾与梁某取得联系，改编工作得到了梁某的同意，梁某实际参加了改编工作。1964 年 2 月的《〈红色娘子军〉创作情况简报》中称"总政文化部已电告中南军区文化部商调原电影剧本作者郭某某（即梁某）同志参加舞

---

[1] 参见：北京市西城区人民法院（2012）西民初字第 1240 号民事判决书，北京知识产权法院（2015）京知民终字第 1147 号民事判决书。

剧创作"。1964年4月的《〈红色娘子军〉创作小组赴海南岛工作小结》,其中相关内容表述如下:"随即到广州军区联系去海南的工作关系,并请郭某某同志帮助搞剧本。郭某某同志听了我们草拟的剧本提纲,并介绍了创作电影剧本的经过,对我们有不少启发,他还提出了许多宝贵意见,又为我们赶写了一个舞台剧本,从人物发展看有许多优点,但由于对舞剧缺乏了解,有些不易表现……在广州三位编导为了郭某某同志提意见方便草拟了提纲,经过大家讨论补充即成为第一个草稿。根据郭某某、孙某某同志的意见:突出琼花,发挥芭蕾特点,在广州又重新讨论研究,在海口基本上搞出了另一个剧本初稿。"

1964年9月,该剧改编成功并进行了公演。公演的芭蕾舞剧《红色娘子军》与电影《红色娘子军》相比,除情节、人物略有删减外,其时代背景、故事情节、主要人物基本一致。诉讼中,梁某、A芭蕾舞团双方亦均认同芭蕾舞剧《红色娘子军》改编自梁某的电影文学剧本《红色娘子军》。

1964年之后,A芭蕾舞团继续公演该剧,后曾因故停演。20世纪90年代初,该剧重新复排复演。

1993年3月20日,时任A芭蕾舞团团长的李某某致函梁某,依据相关法律规定提出了给付《红色娘子军》一剧创作人员报酬问题。信中在探讨了如何给付及计算方式、付酬标准后,李某某还表示"在10年内一次性付酬也是一个办法,即一次付给您3000元,10年届满再续签合同,另议酬金"。

1993年6月26日,梁某与A芭蕾舞团依据1991年6月实施的《著作权法》订立了一份协议书,协议书中确认了芭蕾舞剧《红色娘子军》系根据梁某的电影文学剧本《红色娘子军》改编而成,并称"在当年改编创作过程中曾得到梁某同志的应允及帮助。按照《中华人民共和国著作权法》(1991年6月施行)第10条、第12条等条款……现补订协议如下:A芭蕾舞团在今后演出芭蕾舞剧《红色娘子军》的节目单、海报等宣传资料中注明'根据梁某同名电影文学剧本改编'字样,以保护原著之署名权。根据我国《著作权法》第10条第5款和国家版权局《关于表演作品付酬标准的规定》中有关条款的规定,A芭蕾舞团一次性付给梁某同志人民币5000元。根据国家版权局《关于表演作品付酬标准的规定》,梁某同志不再授予其他作者或法人以舞剧形式改编原著的权利(其他艺术形式不在其列),以保护A芭蕾舞团演出《红色娘子军》享有专有表演权的权益。"

此外，双方还在此协议上手写增加以下内容：将来如文化部另有规定，A芭蕾舞团与原作者梁某认为需再议，则应修订此《协议书》。该协议签订之后，A芭蕾舞团支付了相应报酬，并继续公演上述剧目。

梁某主张A芭蕾舞团自2003年6月之后仍持续表演芭蕾舞剧《红色娘子军》，该行为侵犯其表演权及改编权。A芭蕾舞团对表演行为予以认可，但主张该表演行为无需经过梁某许可并向其支付报酬。

A芭蕾舞团官方网站页面上在对芭蕾舞剧《红色娘子军》进行相关介绍时，未为梁某署名。

梁某主张，A芭蕾舞团自2003年6月后对《红色娘子军》的演出行为已侵犯其改编权、表演权及署名权，请求法院判令A芭蕾舞团停止侵权、赔礼道歉、赔偿经济损失及合理支出。

A芭蕾舞团辩称，A芭蕾舞团并未侵犯梁某的改编权、表演权和署名权，目前表演的是A芭蕾舞团的改编作品芭蕾舞剧《红色娘子军》，而非梁某的电影文学作品《红色娘子军》，A芭蕾舞团在演出时在自己的节目单和海报上对梁某均有署名。A芭蕾舞团与梁某针对表演改编作品对原作品作者的报酬权问题签订了《协议书》，该协议书是对报酬权的一次性解决，故A芭蕾舞团后续的表演行为不会构成对梁某著作权的侵犯，请求法院依法驳回梁某的全部诉讼请求。

二、法律问题

1. 改编行为是否要取得原著作权人的许可？
2. 具有法律效力的著作权许可使用应采取什么模式？

三、法理分析

（一）2003年6月以后A芭蕾舞团的演出行为是否侵犯了梁某的改编权

本案的特殊之处在于，涉案的行为发生的时间跨度较大，从1964年开始到2003年以后的期间涉及了《著作权法》的两次修订，涉案行为的期间分别处于2001年及2010年《著作权法》施行期间，故被诉演出行为依据其行为发生时间的不同而分别适用当时正在施行的《著作权法》。

改编权对应的是改编行为,是否侵犯了改编权,应当判断他人是否实施了改编行为。就本案而言,A 芭蕾舞团对梁某电影剧本进行改编的时间是 1964 年,首先应当判断该时期的改编是否得到了梁某的许可。表演改编作品,应征得原作品和改编作品著作权人的"双重许可",如果认为梁某仅许可改编而未许可表演是没有意义的,所以,法院的判决认定梁某的许可既包括改编权,也包括表演权。因我国 1964 年并未颁布《著作权法》,亦不存在著作权这一法定权利,故梁某对于《红色娘子军》舞剧的改编及表演的许可行为发生在 1964 年。梁某所主张的侵权行为发生在 2003 年,但是没有提交证据证明 2003 年以后 A 芭蕾舞团对梁某的电影作品实施了新的改编行为,因此,梁某的主张不能成立。芭蕾舞剧《红色娘子军》系在电影剧本《红色娘子军》的基础上改编而得的改编作品,但 2003 年以后 A 芭蕾舞团的行为不构成对梁某的改编权的侵犯。

(二) 2003 年 6 月以后 A 芭蕾舞团的演出行为是否侵犯了梁某的表演权

表演权,即公开表演作品以及用各种手段公开播送作品的表演的权利。表演权控制的表演行为包括两种:一是演员对作品的现场表演,二是机械表演,即将表演录制下来后用机器设备进行公开播送。未经著作权人许可,无论是进行现场表演还是机械表演,都是侵犯著作权人表演权的行为。本案所涉芭蕾舞剧的演出行为是现场表演行为,而该表演行为的客体是芭蕾舞剧《红色娘子军》,《红色娘子军》系在电影剧本《红色娘子军》的基础上改编而得的改编作品;对改编作品的表演,既要得到改编作品著作权人的许可,又要得到原作品著作权人的许可。从法理上来说,改编作品是基于原作品产生的,改编作品中必然涵盖了原作品的内容,如果可以不经过原作品著作权人同意表演改编作品,势必会对原作品的表演构成利益上的损害,因此应当取得双许可。本案中,梁某与 A 芭蕾舞团在 2003 年后未再签订许可合同,梁某 1993 年通过协议书确认的 1964 年的许可行为对于 A 芭蕾舞团 2003 年后的表演行为是否产生效力是本案的焦点问题。

著作权案件中,作品产生的时代背景及其特殊的历史地位应当作为判定事实的重要依据。法院认为,《红色娘子军》作为特殊历史时期的作品,如果仅因梁某并未明确认可其对 A 芭蕾舞团的许可期限而禁止这一经典作品,既不符合梁某一直以来的真实意思表示,亦不利于红色经典作品的传播及弘扬,故认定梁某1964年的许可行为对A芭蕾舞团2003年后的演出行为亦具有法律效力,该期间的演出行为应视为经过梁某许可。

值得注意的是,虽然经过了著作权人的许可,但是著作权法中规定著作权人可以许可他人行使著作财产权,并依照约定或者法律规定获得报酬,也就是说,即使经过了著作权人的许可,但是未给著作权人支付报酬的行为,同样构成侵权行为。本案中,A芭蕾舞团虽然取得了梁某的许可,但自2003年以后,其未向梁某支付报酬,侵犯了梁某的表演权,应当承担相应的侵权责任。

(三)A芭蕾舞团是否侵犯了梁某的署名权

署名权,是表明作者身份、在作品上署名的权利,如果是改编作品,应当说明原作者的身份,如果未为原作品作者署名,则构成对原作品作者署名权的侵犯。本案中,A芭蕾舞团在自己的官方网站中对《红色娘子军》进行了推广和介绍,但是未在官方网站中为梁某署名,侵犯了梁某的署名权。署名权作为人身权的一种,其侵权行为的责任承担方式以赔礼道歉为主,梁某也在本案中要求赔礼道歉。争议较大的是本案判决中的赔礼道歉的具体方式,赔礼道歉主要是为了弥补著作权人的精神利益受损的情况,著作权人在侵权人未为其署名时,公众难以得知原作品的实际作者,割裂了作者与作品之间的联系。但是,赔礼道歉应当在一定的限度之内进行,其具体的方式应当与实际的损失相适应。一般情况下,在没有证据证明精神损失较为严重的情况下,法院根据侵权人的主观恶意、侵权行为的严重程度以及作品的传播范围、权利人的知名度等进行综合判定。本案中,法院认为A芭蕾舞团仅在自己的官网上未为梁某署名,行为持续时间较短,且A芭蕾舞团已及时改正,仅这一次情形并不足以为梁某带来严重后果。在梁某并无证据证明A芭蕾舞团存在其他未为其署名行为的情况下,书面赔礼道歉这一民事责任方式已足以弥补这一损害。

四、参考意见

1. 对改编作品进行表演或者实施其他行为,既要取得原作品著作权人的同意,也要取得改编作品著作权人的同意。

2. 仅获得著作权人的许可,未为著作权人支付报酬的行为构成侵犯著作权的侵权行为。

拓展案例

温某某诉A公司侵害作品改编权及不正当竞争纠纷案[1]

一、基本案情

"四大名捕"系温某某创作的100多部武侠小说的系列名称,包括《四大名捕斗将军》《四大名捕震关东》《四大名捕会京师》等。"四大名捕"也是贯穿上述系列小说的灵魂人物,即朝廷中正义力量"诸葛正我"(又名"诸葛神侯")的各怀绝技的四个徒弟,分别是轻功暗器高手"无情"、内功高手"铁手"、腿功惊人的"追命"和剑法一流的"冷血"。A公司开发的卡牌手机网络游戏《大掌门》于2012年10月上线。2014年8月电影《四大名捕大结局》上映之际,A公司将"无情""铁手""追命""冷血""诸葛正我"人物改编成《大掌门》游戏人物,并在游戏中使用与作品名称"四大名捕"近似的名称"四大神捕",A公司还将"四大名捕"作为噱头广为宣传,吸引玩家。原告温某某认为,A公司未经许可擅自将其文学作品人物改编成游戏人物,侵害了其享有的作品改编权,A公司的行为同时构成擅自使用知名作品特有名称"四大名捕"的不正当竞争行为。被告A公司辩称,原告对于涉案五个人物不享有著作权;原告仅使用了涉案五个人物名称、人物特点,并未展现温某某小说的人物关系、故事情节、场景描写等基本表达,不侵害温某某的作品改编权。

法院审理认为,温某某数十年中创作的"四大名捕"系列小说中,"无情""铁手""追命""冷血""诸葛先生"是贯穿始终的灵魂人物,他们不只是五个人物名称,而是经温某某精心设计安排,有着离奇的身世背景、独特的武功套路、鲜明的性格特点,以及与众不同的外貌形象的五个重要小说人物。这五个人物构成了"四大名捕"系列小说的基石。涉案五个人物为温某某小说中独创性程度较高的组成部分,承载了"温派"武侠思想的重要表达。温某某对其小说所享有的著作权,亦应体现为对其中独创性表达部分所享有的著作权。结合《大掌门》游戏对该人物的身世介绍、性格禀赋、形象特征以及与"四大名捕"其他人物的关系等因素,可以唯一并准确地将该游戏人物指向温某某小说人物。A

---

[1] 参见:北京市海淀区人民法院(2015)海民(知)初字第32202号民事判决书。

公司的行为，属于对温某某作品中独创性人物表达的改编，该行为未经温某某许可且用于游戏商业性运营活动，侵害了温某某对其作品所享有的改编权。

二、法律问题

A公司在其开发经营的《大掌门》游戏中使用"无情""铁手""追命""冷血""诸葛先生"五个人物是否侵犯温某某创作的"四大名捕"系列小说的改编权？

三、重点提示

改编权，即改变作品，创作出具有独创性的新作品的权利。改编权是著作权人一项重要的财产权利，著作权人有权自行改编作品或授权他人改编作品，除法律另有规定外，他人未经著作权人许可改编作品的行为构成侵权。通常而言，理解改编权，需要考虑以下三个方面：①改编权的行使应以原作品为基础。②改编行为是进行独创性修改而创作出新作品的行为。③改编涉及的独创性修改可以是与原表达相同方式的再创作，如将长篇小说改编为短篇小说；也可以是与原表达不同方式的再创作，如将小说改编为美术作品或电影等。

拓展资料

2-3【拓展阅读案例】　　2-4【拓展阅读资料】

专题三　著作权主体和归属

知识概要

著作权主体是著作权人，是对作品享有著作权的自然人、法人或者非法人组织。著作权人与作者是两个不同的概念，著作权人可以是作者，也可以根据作品类型的不同,由非作者成为著作权人。在著作人身权与著作财产权分离的情况下,著作人身权的权利人与著作财产权的权利人也不一定一致。随着著作权的许可使用或者转让,可以使著作权从原始著作权人处过渡到继受著作权人处,但因为人身权不能转让或者许可使用,著作人身权人和继受取得的著作财产权人不一致的情况较为常见。司法实践中,判断著作权的主体至关重要,无论是著作权侵权纠纷还是合同纠纷,主张享有作品著作权的人都有证明自己是著作权人的举证责任。我国《著作权法》第11条规定,著作权属于作者,创作作品的公民是作者,由法人或者其他组织主持,代表法人或者其他组织意志创作,并由法人或者其他组织承担责任的作品,法人或者其他组织视为作者。如无相反证明,在作品上署名的公民、法人或者其他组织为作者。可见,不仅自然人可以是著作权人,法人也可以成为原始著作权人。值得注意的是,无论是自然人还是法人或者其他组织,其享有著作权的基础应当是"创作"行为本身;没有实施创作行为的,不应认为其享有著作权。这是目前较为热门的关于著作权归属的争议中体现出来的问题:一是关于动物能否享有著作权的争论;二是关于人工智能"创作"作品著作权归属的讨论。关于动物的著作权主体资格,美国有一个比较知名的案例:一只猕猴用摄影师的摄像机,自拍了一系列照片,摄影师主张自己拥有这些自拍照的版权。其后,动物组织代表该猕猴在美国法院提起了诉讼,主张摄影师的行为侵犯了该猕猴的版权,美国法院书面裁定,明确动物不具有主张版权的诉讼资格。我们认为,动物的行为不体现人类的创作意识,不具有著作权法意义上的创作行为的性质,因此,动物不应当成为著作权人。关于人工智能"创作"作品的著作权归属问题,有学者认为,模拟和扩展"人类智能"的机器人虽具有相当智性,但不具备人之心性和灵性,与有"人类智慧"的自然人和自然人集合体是不能简单等同的。机器人不是具有生命的自然人,也区别于具有自己独立意志并作为自然人集合体的法人,将其作为拟制之人以享有法律主体资格,在法理上尚有斟榷之处。[1]但也有学者认为,人工智能具有独立自主的行为能力,有资格享有法律权利并承担法律义务,人工

---

〔1〕 吴汉东:"人工智能时代的制度安排与法律规制",载《法律科学(西北政法大学学报)》2017年第5期。

智能应当具有法律人格。但由于人工智能承担行为后果的能力有限,人工智能应适用特殊的法律规范与侵权责任体系安排,其具有的法律人格是有限的法律人格。[1]我们认为,人工智能的创作行为体现的仍然是设置程序的人的意志,其本身在现有的法律体系框架内不具有著作权人的主体资格。

我国《著作权法》中还规定了几类特殊归属的作品类型,包括合作作品、汇编作品、职务作品、委托作品。合作作品,著作权由合作作者共同享有,没有参加创作的人,不能成为合作作者;合作作品可以分割使用的,作者对各自创作的部分可以单独享有著作权,但行使著作权时不得侵犯合作作品整体的著作权。汇编作品体现的是汇编者对所汇编的内容的独特的编排和设计,其著作权由汇编人享有,但行使著作权时不得侵犯原作品的著作权。公民为完成法人或者非法人组织工作任务所创作的作品是职务作品,一般职务作品的著作权由作者享有,但是,法人或者非法人组织有权在其业务范围内优先使用。而特殊职务作品由于主要是利用法人或者非法人组织的物质技术条件创作,并由法人或者非法人组织承担责任,其著作权由法人或者非法人组织享有,法人或者非法人组织可以给予作者奖励。受委托创作的作品,著作权的归属由委托人和受托人通过合同约定,无约定的著作权属于受托人。实践中,职务作品、法人作品、委托作品等较难区分,当事人举证也较为困难。

经典案例

案例一:吕某诉 A 公司侵害著作权案[2]

一、基本案情

长城出版社 2008 年 5 月出版《毛泽东》画册,作者、摄影署名吕某某。中国摄影出版社 2003 年 7 月出版《我镜头中的伟人毛泽东》一书,作者署名吕某某。中共中央党校出版社 1993 年 6 月出版《毛泽东》画册,摄影署名吕某某。

---

[1] 袁曾:"人工智能有限法律人格审视",载《东方法学》2017 年第 5 期。

[2] 参见:北京市西城区人民法院(2015)西民(知)初字第 27220 号民事判决书,北京知识产权法院(2015)京知民终字第 1992 号民事判决书、(2017)京再民 31 号民事判决书。

吕某系吕某某之女。2015年1月28日，吕某某与吕某签署《摄影作品著作权转让协议》，将吕某某包括上述画册在内的全部摄影作品的复制权、发行权等全部财产性权利无偿转让给吕某享有。吕某某于2015年3月9日辞世。

《独领风骚诗人毛泽东》是为纪念毛泽东同志诞辰110周年，由中共中央文献研究室、中共江苏省委、中央电视台联合摄制，A公司出版、B公司发行的20集大型电视文献纪录片。在该剧中使用了32次吕某某拍摄的24幅摄影作品，但未署名。

2003年11月3日，A公司与江苏党史办公室签订转让协议书，江苏党史办公室同意将《独领风骚诗人毛泽东》的音像制品的出版、发行权转让给A公司独家所有。

A公司向法院提交了1956~1978年期间的多份《解放军画报》和《人民画报》等证据，并认为上述作品虽然是吕某某拍摄，但应当是新华通讯社（简称新华社）的法人作品，吕某某不具有著作权。

吕某认为涉案作品的原始著作权归拍摄者吕某某所有。法人作品必须是体现法人意志、由法人承担责任的作品，摄影作品的创作主要体现为对拍摄画面构图的选取、光圈、速度、焦距等参数的运用，无法体现法人意志，故涉案摄影作品不属于法人作品；并无证据显示涉案摄影作品是吕某某为完成本单位工作任务而完成的作品，不能被认定为职务作品。吕某起诉A公司，要求其停止侵权并赔偿经济损失及合理支出6万余元。

再审审查过程中，法院就涉及党和国家领导人等特殊题材摄影作品著作权归属问题向新华社进行了调查走访。新华社回函如下：①《著作权法》实施前后，新华社对涉及党和国家领导人等特殊题材摄像作品，始终享有著作权。从新中国成立前至今，新华社为党和国家领导人拍摄照片，具有鲜明的政治性和高度的保密性，新华社在选派记者、提供器材、部署拍摄任务和后期的照片编辑、发布与存档等各个方面，有完善的内部管理制度和流程，为党和国家领导人拍摄照片，既不同于普通的新闻采访，也不同于一般意义上的摄影创作，记者基本没有自主的创作空间，对该类摄影作品的版权归属和保护，应当有别于一般的摄影作品和职务作品。②改革开放前，党和国家领导人的摄影作品，应从历史唯物主义的角度评析其版权基础。改革开放前我国没有《著作权法》，也不存在个人执行公务的成果，应属私产的社会或法律基础，对于历史形成的照片版权，应当纳入当时的具体社会环境来评析，这些摄影作品在拍摄时的年代都是国家财产，现在由新华社负责具体管理，其著作权应属于新华社。③允许退休职工将摄影作品集册出版，并不代表著作权的转让，新华社始终是著作权人。为尊重并体现职工在职期间的工作成果，新华社允许职工退休后，将其履职时拍摄的摄影作品集册出版，但必须遵守新华社有关内部审批的规定和程序，与著作权转让没有任何关系，不同意吕某以吕某某继承人名义，依据吕某某出版的个人画册，主张所拍摄党和国家领导人照片的著作权。

二、法律问题

1. 法人作品和特殊职务作品如何区分？
2. 特殊职务作品的范围是什么？

三、法理分析

（一）涉案摄影作品的著作权归于拍摄者还是拍摄者的所在单位——新华社

我国《著作权法》规定，如无相反证明，在作品上署名的人为作者。本案中，一、二审法院均根据吕某提供的图书，认定吕某某是涉案24幅摄影作品的著作权人。但再审过程中，A公司提交了《解放军画报》等报刊，报刊上署名为吕某某摄、新华社稿，这些证据可以作为相反证明，以对抗原告提交的图书上的署名。涉案作品是在《著作权法》实施前，以党和国家领导人为拍摄对象的摄影作品，对于特殊题材摄影作品的著作权归属，不能简单依据当事人提交的拍摄者个人按其上的署名进行认定，应当根据摄影作品创作时的社会背景、创作过程以及当事人的具体行为等予以认定。吕某某与新华社没有对涉案作品著作权归属进行明确约定，涉案作品拍摄时也没有明确的法律规定，但是，结合新华社的回函，根据当时的时代背景、作品特殊的拍摄过程、当时的具体行为以及意思表示，法院认定吕某某拍摄涉案作品，系为履行单位委派的特殊任务，拍摄器材由单位提供，拍摄过程以及后期的对外发布由单位决定，并由单位承担责任，因此，该类摄影作品属于特殊的职务作品，由单位享有除署名权之外的著作权。

（二）职务作品的含义及如何区分特殊职务作品与一般职务作品

职务作品是公民为完成法人或者非法人组织工作任务所创作的作品。一般情况下，某一作品上不会直接署名为某某单位，仅仅署名为某个人，在此情况下，仅凭署名难以判断真正的著作权归属，也较难判断该作品是否为职务作品。要构成职务作品应当符合以下条件：①个人与单位之间具有劳动或者雇佣关系，但是不一定要有劳动合同，比如实习生、试用期的工作人员都可以成为事实上的劳动关系的一方；②该创作的作品必须是为了履行本职工作所完成的，也就是说，创作行为要与本职工作内容在一定程度上具有关联性。

我国《著作权法》将职务作品区分为两类，学理上称为一般职务作品和特殊职务作品。这种区分的标准就是单位在个人创作中参与的程度。一般职务作品是较为常见的职务作品，在创作的过程中，个人为了完成单位的任务进行创作，而单位不需要为此进行特定的投资，因此，对单位的利益相对个人来说保护得较低，其著作权由作者享有，但单位有权在其业务范围内优先使用。但是，毕竟该作品是个人为了履行单位职责进行的创作，单位对该创作行为提供了一定的帮助和支持，因此，作品完成2年内，未经单位同意，作者不得许可第三人以与单位使用的相同方式使用该作品。有些作品依靠个人力量很难创作完成，必须依靠法人或者非法人组织的物质技术条件进行创作，在这种情况下，作者享有署名权，著作权的其他权利由法人或者非法人组织享有，法人或者非法人组织可以给予作者奖励。《著作权法》中列举了几类特殊的职务作品，包括工程设计图、产品设计图、地图、计算机软件等。物质技术条件的举证可以表现为资金的支持、设备和资料的提供。本案中，党和国家领导人的照片并不是所有的人都可以进行拍摄，而是要经过特殊的程序，新华社对吕某某创作的行为起到了较大的支持作用，因此符合特殊职务作品的构成要件，应当认定为特殊的职务作品。

同时，《著作权法》中也允许单位和个人对著作权的归属进行约定。

法人作品与职务作品在实践中较难区分。依照《著作权法》的规定，由法人或者非法人组织主持，代表法人或者非法人意志创作，并由法人或者非法人组织承担责任的作品，法人或者非法人组织视为作者。可见，法人作品的创作行为可能不是由某个人完成的，而是由法人或者非法人组织作为一个主体进行的构思、创作，体现的是法人的意志。而职务作品的创作行为虽然是个人为了完成单位任务而完成的，但依然是个人的创作行为，体现的是个人的意志。因此,在实践中,通常以署名来判断是法人作品还是职务作品。

四、参考意见

1. 本案中确定的规则是:作品著作权的归属应当根据作品创作时的社会背景、创作过程以及当事人的具体行为等予以认定。

2. 法人作品由法人或者非法人组织主持,署名也为法人或者非法人组织;职务作品由单位提供物质技术条件,署名为创作者个人。职务作品一般区分为一般职务作品和特殊职务作品,当事人可以就职务作品的著作权归属进行约定。

案例二:丁某某诉蒋某某侵害作品署名权案[1]

一、基本案情

丁某某从事微雕工艺多年,蒋某某从事紫砂壶设计和制作数十年,二人的相关作品和本人均曾先后获奖。

2012~2013年间,蒋某某制作方形紫砂茶壶两把,丁某某在该两把茶壶的壶面上微刻茶经全篇。茶壶的制作过程为:先由蒋某某制作茶壶生胚,再由丁某某在壶面上微刻茶经,最后由蒋某某完成烧制等工序。茶壶制作完成后,蒋某某和丁某某各持一把,其中蒋某某所持茶壶壶面上微刻茶经的文字末尾处内容为:"是壶由工艺美术大师蒋某某精制,属余刻字,时在癸巳××丁××路,年六十八";丁某某所持茶壶壶面上微刻茶经的文字末尾处内容为:"壶由余设计,由工艺美术大师蒋某某先生精心制作,岁次癸巳谷雨后三日湖州丁某某记于碧波苑寓所时年六十有八矣"。

2017年,蒋某某以其所持有的涉案茶壶参加了第十二届义乌文交会工艺美术奖评比,在其所填报的申报表中,作品名称为四方茶经壶,作者为蒋某某。其后,公开的网站中和微信公众号中都对茶壶获奖一事进行了报道。

丁某某认为,蒋某某的上述行为均明显侵害了其作为涉案合作作品作者的署名权并造成了严重影响,故向法院提出起诉,请求判令:①确认丁某某

---

[1] 参见:浙江省湖州市中级人民法院(2017)浙05民初108号民事判决书。

为蒋某某获奖作品四方茶经壶的合作者;②蒋某某立即停止侵害丁某某作品署名权的行为;③蒋某某就其侵权行为在浙江日报、湖州日报上发表声明,向丁某某公开赔礼道歉并消除影响;④蒋某某赔偿丁某某经济损失。

蒋某某辩称,涉案四方茶经壶的创意、设计、制作、取名均是蒋某某独立完成,并非合作作品。蒋某某与丁某某之间仅是承揽合同关系。紫砂茶壶上刻制茶经因字数原因需用到微雕工艺,丁某某此前有类似经历,故蒋某某邀请其刻字,丁某某报价2元每字,后蒋某某按照工艺美术界约定俗成的做法制作两把茶壶,赠送一把给丁某某作为双方之间的报酬结算;蒋某某所制茶壶价格至少数十万元,价值已经远超丁某某所付出的劳动;刻字时丁某某尚未获得湖州市工艺美术大师荣誉,而蒋某某早已获得诸多国家级荣誉,二者不具有可比性;刻字工作具有可替代性,并非丁某某专属。蒋某某将涉案茶壶取名四方茶经壶,壶底、壶盖均有其落款,茶壶制作好之后交由丁某某刻字,刻字完成后的烧制等工艺仍由蒋某某完成,丁某某作为承揽人只是负责了其中刻字部分的加工,并非茶壶的合作者。即使涉案茶壶被认定为合作作品,蒋某某也未侵害丁某某的任何权利:①丁某某在刻制茶经时已在落款处注明由其刻字并署名,其署名权已经实现;②涉案四方茶经壶的获奖是基于茶壶本身的创意、造型、制作等方面,与丁某某的微雕并无关系,蒋某某在此前也多次参加义乌文交会并获得金奖,其技艺和声誉已经获得充分肯定;③四方茶经壶获奖后并无任何经济利益,至今仍由蒋某某本人收藏,丁某某主张的经济损失没有依据。

二、法律问题

1. 合作作品是什么?如何认定合作作品?
2. 各合作作者对合作作品是否享有完整的著作权?

三、法理分析

(一)四方茶经壶是否是蒋某某和丁某某的合作作品

《著作权法》第13条规定,两人以上合作创作的作品,著作权由合作作者共同享有。没有参加创作的人,不能成为合作作者。合作作品可以分割使用的,作者对各自创作的部分可以单独享有著作权,但行使著作权时不得侵犯合作作品整体的著作权。一般认为，合作作品的成立至少要满足两个前提条件，即合作意图和合作事实。[1]合作意图，应是指在创作之初，创作者就应当有将创作出来的作品"共享"之意思表示；合作事实，是指各个创作者必须实际参与了创作活动，实施了具体的创作行为。合作意图的判断在司法实践中较难，一方面，由于判断创作者的主观意思在举证上较为困难；另一方面，合作的意图不仅体现在要创作出合作的作品，还体现在和"谁"一同创作。本案中，根据《著作权法》第11条第2款和第4款的规定，创作作品的公民是作者；如无相反证明，在作品上署名的公民为作者。在涉案的四方茶经壶实物上，蒋某某和丁某某均在上面署名，因而如无相反证明，则推定在创作之初，双方均具有合作意图。从相反的思路进行推理，如果二人在创作时均不具有创作的意图，那么在署名的时候，双方均应当知道署名的含义是表明作者的身份，但仍然在茶壶上署了两个人的名字，可见其二人在创作之初具有创作的合作意图。同时，根据本案证据，在茶壶制作过程中，蒋某某完成的茶壶制胚、烧制环节分别在丁某某刻字的前后，基于常理，在此过程中势必需要相互交接和沟通，法院认为原被告之间应有明确的意思表示和意思联络。

关于合作事实，本案中，无论是茶壶制作还是壶面茶经微刻，均是完成作品所需的直接的、实质的创造性劳动，故双方当事人均实际参与了涉案四方茶经壶的创作并作出实质性贡献，存在合作的事实。因此，蒋某某和丁某某对于制作四方茶经壶既具有合作的意思表示，又实质上实施了共同的创作行为，该作品是蒋某某和丁某某的合作作品。

（二）蒋某某是否存在侵害丁某某作品署名权的行为

蒋某某未经丁某某许可，以自己名义将所持有的四方茶经壶提交参评，也就是说，将合作作品作为个人作品进行申报的行为是否侵犯了其他合作作者的署名权？这在理论界有一定的争议。有观点认为，合作作者有权对合作作品进行单独使用，决定合作作品以何种方式进行使用。但这种观点较为片面，我们认为，合作作者对合作作品的使用不得损害其他合作作者的合法权益。虽然合作作品上有其他作者的署名，但是，署名权的意义在于使作品与

---

[1] 韦之：《著作权法原理》，北京大学出版社1998年版，第42页。

作者之间产生对应的关系，并使公众知晓这种联系。将合作作品作为自己的作品向公众展示的行为割裂了其他合作作者与该作品之间的关系，使公众误认为该合作作品是一个人的成果，是侵犯其他合作作者署名权的行为。本案中，涉案四方茶经壶上有丁某某的署名，但因微刻本身的特性，该署名并非显而易见，结合申报材料和获奖结果可知，蒋某某的行为实质上是在申报参评时排除了丁某某的署名，构成侵权。

四、参考意见

1. 合作作者之间不仅要有主观上合作的意图，还应当对作品做出实质性的贡献——实施共同创作的行为。
2. 合作作者在行使自身著作权时，不应损害其他合作作者的权益。

拓展案例

王某某与国家卫生计生委国际交流与合作中心著作权权属纠纷案[1]

一、基本案情

1998年10月，王某某调到卫生部国际交流中心工作。2002年10月18日，卫生部国际交流中心经批准名称变更为卫生部国际交流与合作中心。2014年9月9日，国家卫生和计划生育委员会发布关于卫生部国际交流与合作中心机构编制调整的通知：根据《中央编办关于国家卫生计生委所属事业单位机构编制调整的批复》，经中央编办批准，卫生部国际交流与合作中心更名为国家卫生计生委国际交流与合作中心。2000年5月26日，卫生部国际交流与合作中心召开人事制度改革小组会议，参加人员为田某、邢某某、陈某某、刘某某、王某某五人，会议对人事制度改革进行了初步部署。2000年5月30日，会议一致同意确定王某某为执笔人，起草人事改革方案的草案。2000年5月31日，在主任办公会上，田某报告了人事改革调研的预想，李某

---

[1] 参见：北京市西城区人民法院（2015）西民（知）初字第15052号民事判决书，北京知识产权法院（2015）京知民终字第1750号民事判决书。

某提出了对改革方案的一些意见。2000年6月13日,卫生部国际交流与合作中心召开全体职工大会,李某某在当年的工作特点中提到"人事制度改革,目的:人尽其才,从整体全局利益的角度,提高认识,方案要经过充分的征求意见,机构要调整"。2000年6月19日,人事制度改革小组召开了全体人员参加的会议,对人事制度改革调研的进展情况进行了通报。2000年10月前,卫生部国际交流与合作中心多次召开了主任办公会和中心办公会讨论人事制度改革方案。

1997年11月~2000年3月8日,王某某完成了《岗位工资管理细则》《绩效工资管理细则》《奖金管理细则》等管理研究成果,但一直未发表。自2001年起,上述作品存在作品不明确和著作权不清晰的争议。故王某某诉至法院,要求法院判定诉争作品是非职务作品,王某某对诉争作品享有全部著作权。卫计委交流中心辩称:涉案的细则不具有著作权法意义上作品的独创性,不属于思想及情感的表达形式,也不属于科学领域范畴,其不属于著作权法意义上的作品;另外,无论争议的细则是否是作品,该细则均为集体完成,自始至终都不是由王某某独立完成的。一审法院认为,王某某主张权利的《岗位工资管理细则》《绩效工资管理细则》《奖金管理细则》不在著作权法的保护范围之内,不构成著作权法保护对象。王某某要求一审法院判定诉争作品是非职务作品,王某某对诉争作品有全部著作权的诉求,一审法院不予支持。王某某不服一审判决,提起上诉。二审法院合议庭多数意见认定涉案材料属于作品,独创性包含"独立完成"和"创作性"两个方面的内容。独创性是指表达的独创性,即独创性存在于有作者个性,有作者的取舍、安排的表达形式或者表达方式之中。我国对独创性的要求不高,且独创性与作品的文学、艺术或者科学价值无关。没有证据证明《岗位工资管理细则》《绩效工资管理细则》《奖金管理细则》系模仿、抄袭他人内容而形成的,因此,上述内容满足"独立完成"这一要求。且上述内容在体例、结构、条款设计及其相互关系以及遣词造句方面都体现了作者的取舍、选择、安排和设计,不同的作者基于相同的《卫生部国际交流与合作中心分配制度改革办法》的规定也会创作出不同形式和内容的规定,具有独创性。故上述内容属于著作权法意义上的作品。该作品由卫计委交流中心主持创作,代表卫计委交流中心的意志进行创作,由卫计委交流中心承担责任,是法人作品,卫计委交流中心视为作者，著作权归属于卫计委交流中心所有。

二、法律问题

如何确定法人作品的著作权归属？

三、重点提示

创作作为一种智力活动，依赖于人的思维，因此，只有自然人才可以从事创作活动，从而成为作品的唯一事实作者。但是，在特定情况下，著作权归属于非事实作者则有一定的合理性。因此，为了满足某种利益需求，在法律上也可以把自然人以外的其他民事主体视为作者，给他们以作者的法律资格。

我国《著作权法》第11条第3款规定，由法人或者非法人组织主持，代表法人或者非法人组织意志创作，并由法人或者非法人组织承担责任的作品，法人或者非法人组织视为作者。

拓展资料

2-5【拓展阅读案例】　　2-6【拓展阅读资料】

专题四　著作权的限制

知识概要

著作权是法律赋予作者的一项专属权利，为了鼓励和促进人们的创作积极性，法律用一种"垄断"的权利来对作者进行"奖励"。但是，没有任何一个作品的创作是离开社会环境得以"独立"完成的，任何一部作品的创作完成都含有前人的智慧成果。因此，出于利益平衡的考虑，有必要在一些特殊情况下对著作权的权利进行限制，以满足社会对文化、科学、技术领域内知识和信息的需要。著作权的权利限制就是这种政策性的需要，即在一定条件下，允许他人不经许可使用作者的作品，再根据具体的情况给付或者不给付一定的报酬的限制行为。我国《著作权法》中规定了两种对著作权的限制：合理使用和法定许可。我国《著作权法》第 22 条规定，在下列情况下使用作品，可以不经著作权人许可，不向其支付报酬，但应当指明作者姓名、作品名称，并且不得侵犯著作权人依照本法享有的其他权利：①为个人学习研究或者欣赏，使用他人已经发表的作品；②为介绍、评论某一作品，或者说明某一问题，在作品中适当引用他人已经发表的作品；③为报道时事新闻，在报纸、期刊、广播电台、电视台等媒体中不可避免地再现或者引用已经发表的作品；④报纸、期刊、广播电台、电视台等媒体刊登或者播放其他报纸、期刊、广播电台、电视台等媒体已经发表的关于政治、经济、宗教问题的时事性文章，但作者声明不许刊登、播放的除外；⑤报纸、期刊、广播电台、电视，刊登或者播放在公众集会上发表的讲话，但作者声明不许刊登、播放的除外；⑥为学校课堂教学或者科学研究，翻译或者少量复制已经发表的作品，供教学或者科研人员使用，但不得出版发行；⑦国家机关为执行公务在合理范围内使用已经发表的作品；⑧图书馆、档案馆、纪念馆、博物馆、美术馆等，为陈列或者保存版本的需要，复制本馆收藏的作品；⑨免费表演已经发表的作品，该表演未向公众收取费用，也未向表演者支付报酬；⑩对设置或者陈列在室外公共场所的艺术作品进行临摹、绘画、摄影、录像；⑪将中国公民、法人或者其他组织已经发表的以汉语言文字创作的作品翻译成少数民族文字语言文字作品，在国内出版发行；⑫将已经发表的作品改成盲文出版。前述规定适用于对出版者、表演者、录音录像制作者、广播电台、电视台的权利的限制。法定许可在《著作权法》中的规定为："为实施九年制义务教育和国家教育规划而编写出版教科书，除作者事先声明不许使用的外，可以不经著作权人许可，在教科书中汇编已经发表的作品片段或者短小的文字作品、音乐作品或者单幅的美术作品、摄影作品，但应当按照规定支付报酬，指明作者姓名、作品名称，并且不得侵犯著作权人依照本法享有的其他权利。前款规定适用于对出版者、表演者、录音录像制作者、广播电台、电视台的权利的限制。"

从上述规定中可以看出，合理使用和法定许可虽然都是著作权权利限制的方法，二者的目的都是侧重于促进社会公共利益，限制著作权人的权利，且都只能使用他人已经发表的作品，无须取得著作权人的许可，同时都必须注明作者姓名、作品名称。但是二者有较大的区别：①限制的权利范围不同：法定许可制度限制的对象仅仅是作者人身的、精神上的权利，即不需要征得作者同意或者许可，便可使用其作品。而合理使用制度，不仅限制了作者的人身权利，也限制了作者的财产权益，即可以不向作者支付报酬。②使用的目的不同：法定许可制度下使用人的使用目的是营利，使用人随时可以使用他人作品，并且在使用的数量和次数上无任何限制。而合理使用制度下的使用人的使用目的具有非商业性。③法定许可制度往往涉及邻接权人，使用者是表演者、录音制作者、广播组织报刊社，其法律关系比合理使用制度中的法律关系复杂得多。④法定许可制度下作者可以声明排除适用该制度，而合理使用制度下作者则不能保留其权利。合理使用是一种事实行为，其是某种客观行为，不以意思表示为其必备要素，合理使用依法律规定而直接发生法律后果，不存在当事人预期的意思之效力问题。[1]司法实践中，合理使用制度常常被当作较为重要的侵权抗辩事由。

经典案例

案例一：上海A厂诉浙江B公司、C公司著作权侵权案[2]

一、基本案情

1985年底，上海A厂（简称A厂）指派其员工胡某、吴某担任美术设计，二人绘制了"葫芦娃"角色造型稿。葫芦七兄弟造型一致，其共同特征是：四方的脸型、粗短的眉毛、明亮的大眼、敦实的身体、头顶葫芦冠、颈戴葫芦叶项圈、身穿坎肩短裤、腰围葫芦叶围裙，葫芦七兄弟的服饰颜色分别为赤、橙、黄、绿、青、蓝、紫。结合"葫芦娃"创作当时的时代背景、

---

〔1〕 吴汉东：《著作权合理使用制度研究》，中国人民大学出版社2013年版，第125～126页。

〔2〕 参见：上海市普陀区人民法院（2014）普民三（知）初字第258号民事判决书，上海知识产权法院（2015）沪知民终字第730号民事判决书。

历史条件、当时法律法规的规定、单位的规章制度等，在先判决认定"葫芦娃"角色造型美术作品属于特定历史条件下胡某、吴某创作的职务作品，由A厂享有除署名权之外的其他著作权。

A厂于20世纪80年代拍摄了《黑猫警长》动画片，片中"黑猫警长"角色造型美术作品的实际创作者为时任A厂厂长的戴某。"黑猫警长"形象为身着黑色制服，配有红色肩章，头部圆形，戴白色盖黑色鸭舌帽，两色中间有黄色底色蓝色箭头圆形图案，脸部上半部为黑色，黑色覆盖两个翘起的双耳，下半部为特有的白色，眼部外圈金黄内圈黑色，留有笔直的长胡须，白色手套，腰挎一把手枪，背带为白色。经法院判决，动画片《黑猫警长》由A厂享有著作权，在当时计划经济体制下，参与拍摄制作该片的人员均是A厂工作人员，因此，在没有相反证据证明的情况下，A厂享有"黑猫警长"美术作品的著作权。

电影《80后的独立宣言》由浙江B公司（简称B公司）投资制作，于2014年2月21日正式上映。涉案海报的内容为：上方2/3的篇幅中突出部分为男女主角人物形象及主演姓名，背景则零散分布着诸多美术形象，包括身着白绿校服的少先队员参加升旗仪式、课堂活动、课余游戏等情景；黑白电视机、落地灯等家电用品；缝纫机、二八式自行车、热水瓶、痰盂等日用品；课桌、铅笔盒等文教用品；铁皮青蛙、陀螺、弹珠等玩具；无花果零食，以及涉案的"葫芦娃""黑猫警长"卡通形象，其中"葫芦娃""黑猫警长"分别居于男女主角的左右两侧。诸多背景图案与男女主角形象相较，比例显著较小，"葫芦娃""黑猫警长"美术形象与其他背景图案大小基本相同。海报下方1/3的部分为突出的电影名称《80后的独立宣言》以及制片方、摄制公司和演职人员信息等，并标注有"2014.2.21温情巨献"字样。2014年3月7日，A厂向上海市东方公证处申请保全证据。公证显示："华谊兄弟上海影院"微博于2014年2月22日发布有关涉案电影海报的微博，内容为"电影《80后的独立宣言》讲述了当代80后年轻人在走出校门后，放弃了城市优越的生活环境，放弃了父母为其铺设好的平坦大路，而是选择去到条件相对艰苦的乡下打拼事业，自主创业的故事。影片中，富一代父母的教育方式也成了电影中的亮点之一"，微博下方配有涉案电影海报。其后，在www.baidu.com网站中搜索"80后的独立宣言海报"，点击相关搜索内容的链接，网页上显示电影网、新华网、搜狐娱乐、腾讯网、网易娱乐等多家媒体网站上配有涉案海报。

A厂认为,电影《80后的独立宣言》宣传海报上使用了A厂拥有著作权的"葫芦娃"和"黑猫警长"角色形象美术作品,且有所变动。C公司在其新浪官方微博上还发布了该电影的涉案海报。A厂认为,B公司未经许可,使用"葫芦娃"和"黑猫警长"角色形象美术作品,构成对其修改权、复制权、发行权、信息网络传播权的侵犯;C公司的行为,构成对其信息网络传播权的侵犯,并与B公司构成共同侵权,请求法院判令:二公司公开赔礼道歉、消除影响、停止侵权并连带赔偿A厂经济损失及维权费用。

二、法律问题

1. 如何理解合理使用制度中的转换性使用?
2. 如何判断是否为"为说明某一问题"的情形?

三、法理分析

(一)B公司在电影海报中对涉案美术作品的使用是否构成合理使用

我国《著作权法》规定,为介绍、评论某一作品或者说明某一问题,在作品中适当引用他人已经发表的作品,构成合理使用。判断合理使用的方法,一般称为"三步检测法",我国《著作权法实施条例》中规定,依照《著作权法》有关规定,使用可以不经著作权人许可的已经发表的作品的,不得影响该作品的正常使用,也不得不合理地损害著作权人的合法利益。而《最高人民法院关于充分发挥知识产权审判职能作用推动社会主义文化大发展大繁荣和促进经济自主协调发展若干问题的意见》中规定:"正确认定合理使用和法定许可行为,依法保护作品的正当利用和传播。在促进技术创新和商业发展确有必要的特殊情形下,考虑作品使用行为的性质和目的、被使用作品的性质、被使用部分的数量和质量、使用对作品潜在市场或价值的影响等因素,如果该使用行为既不与作品的正常使用相冲突,也不至于不合理地损害作者的正当利益,可以认定为合理使用。对设置或者陈列在室外社会公共场所的艺术作品进行临摹、绘画、摄影或者录像,并对其成果以合理的方式和范围再行使用,无论该使用行为是否具有商业目的,均可认定为合理使用。"本案中，法院具体考虑了如下因素：引用作品的目的、引用作品在新作品中的比例、是否影响权利人正常使用、是否对权利人造成不合理的损害等。被告的影片讲述了一个当代80后年轻人自主创业的励志故事，影片名称也明确指向了这一年龄段群体。"葫芦娃""黑猫警长"形象均诞生于20世纪80年代，相关动画片播出的时间亦集中在20世纪八九十年代。因此，被告在海报中使用这两个动漫形象并非为了体现这两个动漫形象本身的艺术价值，而是为了说明被告电影的年代背景。且海报背景中，除了"葫芦娃""黑猫警长"形象外，还包括多个80后成长记忆中具有代表性的元素，因此，从使用性质来看，使用涉案的两个动漫形象是为了说明涉案电影主角的年龄特征。另外，从引用的比例上来看，这两个动漫形象在海报中所占比例较小，没有对其进行突出使用。结合使用性质和引用比例来看，被告的使用方式并不会对原告的形象产生损害或者影响原告对于这两个动漫形象的艺术价值。本案中值得思考的是，一般认为合理使用应当是非商业使用，但本案中被告的使用行为恰恰为商业使用，也不影响其对原告动漫形象的使用构成合理使用。可见，合理使用制度并不天然排斥商业性使用的可能，商业性使用只要符合法律规定的相关要件，仍然可能会构成合理使用。本案中的另一个问题是，合理使用应当为原作者署名，但本案中海报上却未给原作者署名。未署名并不当然影响对作品合理使用的认定，指明作者姓名、作品名称的情形，还要结合作品使用方式的特性予以综合判断，不能一概而论。本案中，法院认为，根据海报等宣传画的作品属性和创作特点，也基于海报画面完整性要求，未在画作中标注被引用形象作者的做法属正常且合理。关于合理使用"量化"的问题，即关于引用适度性的判断，应当结合是否影响了被引用作品的正常使用、是否不合理地损害了权利人合法利益之合理使用的构成要件进行综合判定。本案中，"葫芦娃""黑猫警长"美术作品构成电影海报中主角的背景图案，"葫芦娃""黑猫警长"美术作品并没有突出使用，其比例较小，符合背景图案的功能。法院还考虑到涉案电影海报的发行期短暂，随着电影播映期的消逝，该电影海报的影响也会逐步减小，因此不会不合理地损害权利人的合法利益。

涉案电影海报为说明20世纪80年代少年儿童的年代特征这一特殊情况，适当引用当时具有代表性的少儿动画形象"葫芦娃""黑猫警长"之美术作品，与其他具有当年年代特征的元素一起作为电影海报背景图案，构成合理使用。

（二）B 公司在电影海报中对涉案美术作品的使用是否构成转换性使用

我国《著作权法》中并无转换性使用的规定。这一概念来源于美国版权法，是指对于原作品进行了合理的使用，该使用之目的并非是再现原作品的艺术价值，而是以新增加的表达表现出新的文学、科学、艺术价值。本案中，法院认为为说明某一问题，是指对作品的引用是为了说明其他问题，并不是为了纯粹展示被引用作品本身的艺术价值，而被引用作品在新作品中的被引用致使其原有的艺术价值和功能发生了转换；而该被引用作品在新作品中亦不是以必需为前提，即使在新作品中引用作品不是必需的，也会构成合理使用。"葫芦娃""黑猫警长"美术作品被引用在电影海报中具有了新的价值、意义和功能，其原有的艺术价值功能发生了转换，而且转换性程度较高，属于我国《著作权法》规定的为了说明某一问题的情形。

四、参考意见

1. 合理使用制度并不天然排斥商业性使用的可能，商业性使用只要符合法律规定的合理使用的构成要件，仍然可以构成合理使用。

2. 合理使用中对于署名的考量不应过于拘泥于法条规定，应当结合具体的使用环境综合进行判定。

案例二：刘某某诉 A 公司、B 公司侵害著作权案[1]

一、基本案情

原告刘某某系涉案 13 幅作品的作者，享有涉案 13 幅作品的著作权。A 公司制作了"新闻眼"节目，而公证书中显示，在 www.news.cntv.cn 网站中有"图说天下'留守村'的孩子们"的视频，该视频是其"新闻眼"节目中的一段，总时长 3 分 18 秒，共使用了涉案 13 幅摄影作品；其中前 5 幅摄影作品播放时分别为由小图片到大图片再到小图片的动态呈现过程，第 6~7 幅摄影作品播放时为由小图片到大图片的动态呈现过程，第 8 幅摄影作品播放时为

---

[1] 参见：北京市海淀区人民法院（2016）京 0108 民初 31830 号民事判决书，北京知识产权法院（2017）京 73 民终 1068 号民事判决书。

由大图片到小图片的动态呈现过程，第 9~13 幅摄影作品播放时为小图片呈现过程，每张摄影作品均为画面的主要部分。整个视频内容围绕此 13 幅摄影作品展开，通过讲解摄影作品背后的故事来阐述"留守儿童的生活现状和存在的问题"这个主题，该视频片头有广告，发布时间为 2015 年 6 月 23 日，来源为央视网，视频显示台标为江苏卫视，且 www.cntv.cn 由 B 公司运营。原告明确其在本案中主张 B 公司与 A 公司侵犯了其信息网络传播权及署名权，认为在央视网上播放的含有涉案图片的视频系 A 公司与 B 公司共同提供，本案中，其针对网站上共同提供行为要求二被告承担连带赔偿责任。A 公司对涉案视频进行了制作未予署名，对于本案中 A 公司的制作行为，刘某某已在北京市朝阳区人民法院另案起诉过，但尚未有生效判决。被告对于央视网上有涉案视频的事实并不清楚，其与 B 公司之间存在某些合作关系，如互相转载，但是没有针对涉案视频有授权协议等。

原告刘某某认为，A 公司和 B 公司的行为侵犯了原告的署名权、信息网络传播权，应承担共同侵权的法律责任。

被告 A 公司答辩称，其在涉案节目中使用刘某某的图片是出于社会公益目的的合理使用。原告所诉的相关节目，在央视网播出这一事实与其无关，其与 B 公司不存在合作关系，不构成共同侵权，不应承担侵权责任。

被告 B 公司答辩称，节目是由 A 公司制作，将涉案图片采集到涉案的新闻节目中也不是 B 公司，要求 B 公司公开致歉没有事实和法律依据；B 公司既不是节目的制作者，也不是节目的首播平台，B 公司属于网络转载。对于节目中出现的图片，不应附加过高的审核义务；即使假设侵权，B 公司也无过错，不应承担赔偿责任，且节目中对图片的使用属于有新闻节目中所体现的主体进行必要的合理引用。

二、法律问题

1. 作为素材使用的作品在二次传播的过程中是否应予署名？
2. 合理使用的边界和比例如何进行法律上的确定？

三、法理分析

（一）A 公司的使用行为是否为合理使用

在涉及新闻类作品案件中，被告常以合理使用作为其抗辩事由。《著作权法》第 22 条第 2 款规定，为介绍、评论某一作品或者说明某一问题，在作品中适当引用他人已经发表的作品属于合理使用。《著作权法实施条例》第 21 条规定，依照《著作权法》有关规定，使用可以不经著作权人许可的已经发表的作品的，不得影响该作品的正常使用，也不得不合理地损害著作权人的合法利益。可见，从使用目的的角度可以有效地区分某些类似合理使用的使用方式，符合法律规定的合理使用是为说明某一问题，是指对作品的引用是为了说明问题，而不是为了展示作品本身，通常不应以被引用的作品必须引用为前提；而某些案件中，被告常抗辩的使用方式如免费使用、公益目的、新闻节目等，合理使用制度并不天然排斥商业性使用的可能，商业性使用只要符合法律规定的合理使用的要件，仍然可以构成合理使用。[1]关于合理使用的司法判定主要涉及两方面问题：一是从量上，一定是"适当"，而不应当是使用的比例超过了"引用"的范围，即应当判断被引用；二是从质上，使用被引用的作品不得影响该作品的正常使用，不得不合理地损害著作权人的合法权益。因此，无论从质还是从量上，都应当对某一被引用的作品的使用方式作综合考量，而不仅仅以类似合理使用的目的为准。

二审法院在该问题上认为：在认定使用他人作品的行为是否属于"为介绍、评论某一作品或者说明某一问题，在作品中适当引用他人已经发表的作品"时，应当从使用作品的行为是否影响了该作品的正常使用，是否不合理地损害了著作权人的合法利益的角度进行考虑。被告认为作品属于为评述社会热点问题的新闻作品，具有公益性质，使用涉案摄影作品的方式应该属于合理使用。但是，从合理使用的法律规定来看，公益性质不是决定是否为合理使用的根本要素。《著作权法》规定合理使用行为中的"为介绍、评论某一作品或者说明某一问题"，这种使用作品的目的既可以是包含公益性质的，也可以是包含商业性质的，能够构成合理使用的情形是其使用方式应为适当引用他人已经发表的作品。这是《著作权法》在设计合理使用制度时平衡社会公众利益和著作权人利益的结果。

（二）被告的行为是否侵犯了原告的署名权

本案中一审法院和二审法院关于署名权部分意见不一致。近年来，侵犯

---

[1] 参见：上海知识产权法院（2015）沪知民终字第 730 号民事判决书。

署名权的案件逐渐增多,但多数是直接使用图片未予署名的情况,作为素材使用的作品,其作者的署名权应在多大范围内予以保护是值得探讨的问题。作者享有署名权,意味着他人必须尊重作者关于是否在自己创作的作品上署名,以及以何种方式署名(署真名或假名)的决定。[1]就署名权而言,其最大的功能和意义是将作品与作者相关联,那么从另外一个角度理解本案,即署名权的最大意义在于保证作品和作者之间的关系不被混淆,在没有混淆可能的情况下,自然不应当存在署名权的司法纠纷。[2]也有观点认为,署名权最大的意义在于明确作品的归属,从而为作者对作品进一步的支配和利用奠定基础。[3]也就是认为,署名权的行使不应干扰正常的传播行为。从这个角度来看,作为素材使用的作品在首次被使用时,其署名权的行使应当是直接使用该作品的人,二次传播过程中,他人无从知晓该素材的来源,因此,从利益平衡的角度来看,如果在首次使用时已经未予署名,而该署名又是二次传播时传播者难以知晓的,那么苛责传播者再对传播的作品中的素材作品进行署名不利于作品的后续传播,也无限扩大了作者的署名权的范围。为平衡作者利益与社会公众利益,作品的创作和传播两种行为,不应对其过度保护。

再看本案,一审法院认为B公司在使用"新闻眼"节目中一部分视频内容时进行了主动的编辑,且其使用的内容即原告的涉案图片,在此情况下,B公司相当于主动节选了含有原告图片的视频内容,是对原告图片的直接使用。二审过程中,从被告B公司提交的新证据可以看出,其网站中的涉案视频并非其主动编辑,而是转载于第三方网站。

二审法院从法律规制的是行为而非单纯从结果角度苛责及著作权法立法目的两个角度,兼顾了利益平衡,对本案中署名权的问题进行了论述:从结果角度讲,后续传播者的信息网络传播行为一定程度上扩大了作为素材使用的作品未给作者署名的影响,但并不能仅仅根据结果对行为人进行归责。从法律规制的是行为的角度讲,后续传播者实施的是信息网络传播行为,其并未实施割裂作者与作品之间关系的行为。从实现署名权方式的角度讲,法律保障作者在作品上署名的权利,实现作者与作品之间的关系对应,署名的义

---

[1] 王迁:《著作权法》,中国人民大学出版社2015年版,第149~150页。
[2] 王坤、王峥、李婷:"二权分离后著作人格权的行使规则",载《中国版权》2016年第5期。
[3] 王坤:《著作权法科学化研究》,中国政法大学出版社2014年版,第123页。

务应该在直接使用作品的主体一方。后续传播者本身并未就作为素材使用的作品进行直接使用。

从著作权法的立法目的来看，法律保护作品的著作权是为了鼓励对作品的创作和传播，因此，在保护著作权时应兼顾鼓励创作和鼓励传播两种利益。署名权的保护是为了表明作者身份，彰显作者与作品之间的关系，他人在使用作品时应保护作者的署名权。但是，作品一旦经过使用被制作成电影作品或者以类似摄制电影的方法创作的作品后，对该类作品的后续传播者，在不知道或没有合理的理由知道其传播的作品存在侵害署名权的情况下，不应当让其基于自身单纯的传播行为而承担因他人侵害署名权的行为所导致的法律责任。否则，将使得后续的传播行为动辄得咎，限制作品的传播。

四、参考意见

1. 作品一旦经过使用被制作成视听作品后，对该类作品的后续传播者，在不知道或没有合理的理由知道其传播的作品存在侵害署名权的情况下，不应当让其基于自身单纯的传播行为而承担因他人侵害署名权的行为所导致的法律责任。

2. 法律保护作品的著作权是为了鼓励对作品的创作和传播，因此，在保护著作权时应兼顾鼓励创作和鼓励传播两种利益。

拓展案例

殷某某诉A图书馆侵犯著作权纠纷案[1]

一、基本案情

中国人民解放军南京政治学院主办的《南京政治学院学报》2000年第3期上刊登了署名"李某某、殷某某"的《马克思恩格斯人口生态思想探析》（以下简称《人口生态探析》）一文。殷某某系《南京政治学院学报》2000年第3期发表的署名为"李某某、殷某某"的《人口生态探析》一文的唯一作

---

[1] 参见：江苏省南京市中级人民法院（2005）宁民三初字第49号民事判决书，江苏省高级人民法院（2005）苏民三终字第0096号民事判决书。

者。2001年1月11日，中国学术期刊（光盘版）电子杂志社（以下简称中国期刊杂志社）与《南京政治学院学报》签订了《CNKI期刊全文数据库收录协议书》。此后，中国期刊杂志社将《南京政治学院学报》每期资料编入其所有的网络数据库进行信息服务，登载于中国期刊网，并由清华同方光盘股份有限公司（以下简称清华同方公司）制作成《中国学术期刊（光盘版）》发行。2003年12月4日，A图书馆与清华同方公司签订了《CNKI数据库订置合同》，A图书馆选择以"镜像站点"方式订购清华同方公司提供的数据库和服务。其中约定：A图书馆内部人员可不限次数使用该数据库；有权且限在本单位内部网上为本地区读者提供检索咨询服务。镜像用户可将数据库安装到本单位内部网上使用。殷某某认为图书馆相关行为侵犯了其涉案作品复制权、发行权、获得报酬权，遂向法院提起诉讼。

一审法院认为，图书馆作为非营利性的文化事业单位，收藏文献、保存信息、提供检索，并以"有限提供"的方式向社会公众传播信息是其主要职能。图书馆在采购、收藏各种介质的图书、期刊时所应尽的主要注意义务是购买合法出版物。依据同《南京政治学院学报》签订的协议约定，在《中国学术期刊（光盘版）》中转载《人口生态探析》一文符合我国《著作权法》的规定，属于依法转载的行为，并未侵犯殷某某就该文享有的复制权、发行权。A图书馆的收藏行为不违反法律规定，属于合法的收藏行为，不构成对殷某某复制权的侵犯。A图书馆向读者提供馆藏《中国学术期刊（光盘版）》及其数据库中有关文章的查询、打印，在性质上是一种文化和信息的传播方式，符合我国著作权法促进文化、科学和艺术作品传播的立法宗旨，不能将其等同于著作权法意义上的发行行为。根据A图书馆与清华同方公司签订的《CNKI数据库订置合同》内容看，A图书馆使用该数据库的范围、权限和方式都是受到严格限制的，这也是防止图书馆滥用法律豁免、侵害著作权人利益所必须的。从殷某某提交的证据看，并不存在大量复制、出售或赠予涉案作品复制品而使著作权人的利益受到损害的事实。A图书馆应殷某某的要求，检索并打印一份涉案作品，是为读者摘录相关信息所提供的一种便利，并不违反我国《著作权法》的规定。

殷某某认为，一审法院适用法律错误，提起上诉。二审法院认为，A图书馆作为向社会公众提供其馆藏资料借阅服务的公益性机构，其基本职能就是搜集、收藏尽可能多而全面的文献资料供社会公众借阅，而图书馆在搜集资料过程中所应尽的义务就是审查其购买的资料是否为合法出版物。本案中，《中国学术期刊（光盘版）》及其数据库是经国家批准的依法公开发行的合法电子刊物，Ａ图书馆通过签订合同并支付对价的方式取得该电子数据库产品，已经尽到合理的注意义务。至于该电子数据库产品中是否存在侵犯他人著作权的情形，Ａ图书馆对此没有审查义务。Ａ图书馆订购的涉案电子数据库产品中含有《人口生态探析》一文是李某某、《南京政治学院学报》编辑部以及中国期刊杂志社和清华同方公司在先的侵权行为所致，不是Ａ图书馆的责任。本案中，虽然从形式上看，打印行为是由Ａ图书馆的工作人员进行操作的，但因该打印行为是应读者殷某某的要求进行的，且Ａ图书馆收取的只是打印费，因此，该行为实质上是Ａ图书馆为读者借阅活动提供便利服务，并收取相应服务费的行为，不属于著作权法意义上的发行行为。

二、法律问题

1. Ａ图书馆收藏含有《人口生态探析》一文的电子数据库产品是否侵犯了殷某某对该作品享有的复制权？

2. Ａ图书馆向读者提供数据库产品中《人口生态探析》一文的查询、打印服务是否侵犯了殷某某对该作品享有的发行权和获取报酬权？

三、重点提示

1. 图书馆作为向社会公众提供其馆藏资料借阅服务的公益性机构，其基本职能就是搜集、收藏尽可能多而全面的文献资料供社会公众借阅，而图书馆在搜集资料过程中所应尽的义务就是审查其购买的资料是否为合法出版物。通过正当渠道取得该电子数据库产品，已经尽到合理的注意义务。至于该电子数据库产品中是否存在侵犯他人著作权的情形，图书馆对此没有审查义务。

2. 根据我国《著作权法》的规定，发行是指以出售或者赠予的方式向公众提供作品的原件或复制件的行为。虽然从形式上看，打印行为是由图书馆的工作人员进行操作的，但因该打印行为是应读者要求进行的，且图书馆收取的只是打印费，因此，该行为实质上是图书馆为读者借阅活动提供便利服务，并收取相应服务费的行为，不属于著作权法意义上的发行行为，亦不构成对该文享有的发行权的侵犯。

拓展资料

2-7【拓展阅读案例】

2-8【拓展阅读资料】

专题五　著作权侵权

知识概要

我国《著作权法》第47条规定了著作权侵权的具体行为和应当承担的相应民事责任，有下列侵权行为的，应当根据情况，承担停止侵害、消除影响、赔礼道歉、赔偿损失等民事责任：①未经著作权人许可，发表其作品的；②未经合作作者许可，将与他人合作创作的作品当作自己单独创作的作品发表的；③没有参加创作，为谋取个人名利，在他人作品上署名的；④歪曲、篡改他人作品的；⑤剽窃他人作品的；⑥未经著作权人许可，以展览、摄制电影和以类似摄制电影的方法使用作品，或者以改编、翻译、注释等方式使用作品的，本法另有规定的除外；⑦使用他人作品，应当支付报酬而未支付的；⑧未经电影作品和以类似摄制电影的方法创作的作品、计算机软件、录音录像制品的著作权人或者与著作权有关的权利人许可，出租其作品或者录音录像制品的，本法另有规定的除外；⑨未经出版者许可，使用其出版的图书、期刊的版式设计的；⑩未经表演者许可，从现场直播或者公开传送其现场表演，或者录制其表演的；⑪其他侵犯著作权以及与著作权有关的权益的行为。对于著作权侵权究竟适用无过错责任还是过错责任，在学理上有较多争议。实际上，著作权是对世权，其属于著作权人专有；未经著作权人许可，也没有法定免责事由，擅自实施了著作权人专有行为的，构成著作权的侵权行为，这种归责方式类似于无过错责任。但是，确实没有过错的，可以免于赔偿。也就是说，侵权行为的判定与侵权责任的承担是不同的概念，即使没有过错，依然构成侵权；但是，确实没有过错的，可以免于承担损害赔偿责任，不免除其停止侵权、赔礼道歉等侵权责任。

随着网络技术的发展，涉及网络的著作权侵权案件大幅上涨，我国《侵权责任法》第36条规定了网络服务提供者侵权责任，即"网络用户、网络服务提供者利用网络侵害他人民事权益的，应当承担侵权责任。网络用户利用网络服务实施侵权行为的，被侵权人有权通知网络服务提供者采取删除、屏蔽、断开链接等必要措施。网络服务提供者接到通知后未及时采取必要措施的，对损害的扩大部分与该网络用户承担连带责任。网络服务提供者知道网络用户利用其网络服务侵害他人民事权益，未采取必要措施的，与该网络用户承担连带责任"。而随着移动应用的广泛发展，涉及移动互联网的案件越来越多，涉及的问题也越来越前沿。司法实践中，涉移动互联网APP侵权的案件，主要存在以下两种侵权的样态：①开放平台提供APP下载，APP应用本身的内容侵权，其又可分为：网络服务商直接提供自己制作的APP软件下载（可能构成直接侵权），或者网络服务商提供存储空间或链接下载服务（可能构成帮助、教唆侵权）。②APP聚合应用软件链接、搜索的作品侵权。实践中常见的APP聚合软件主要有以下几类：电子书聚合软件；视频聚合软件；新闻聚合软件；旅游类聚合软件。很多的权利人起诉APP应用的实际运营商，主张使用该应用可以搜索、链接到的相关作品构成侵权。

经典案例

案例一：北京市A公司与深圳市B公司侵害作品信息网络传播权案[1]

一、基本案情

电视剧《宫锁连城》的DVD外包装注明：本剧信息网络传播权归深圳市B计算机系统有限公司（简称B公司）独家所有。2013年4月，B公司经授权，获得了《宫锁连城》一剧的独占专有信息网络传播权。

---

[1] 参见：北京市海淀区人民法院（2015）海民（知）初字第40920号民事判决书，北京知识产权法院（2016）京73民终143号民事判决书。

公证书显示：2015年6月4日，使用手机下载"快看影视"并安装。点击快看影视，进入应用主页面，点击搜索框输入"宫锁连城"，点击"搜索"，进入相关页面；点击第一个搜索结果"宫锁连城未删减版"，进入相关页面，显示播放来源：乐视网，并有44集的剧集排列，点击"8"，进入播放页面，显示来源于乐视网，随机拖动进度条可进行播放；2015年12月7日，使用手机下载乐视视频，在其上搜索"宫锁连城"，在相应网页点击"宫锁连城未删减版"进入播放页面，显示44集全，有"标清""流畅""极速"三种版本。使用手机下载"快看影视"，进入首页，点击"专题"，找到并点击专题"帅到没朋友——古装美男子"进入相关页面，点击该专题内的"宫锁连城"，共44集，显示的第一个来源是"乐视网"（还有其他几大视频网站来源），点击播放第一个"乐视网"来源的电视剧，播放时页面地址栏显示乐视网的网址，可随机选择正常播放。比较快看影视与乐视视频上"宫锁连城"的提供和播放方式，二者存在以下不同：①在乐视APP上播放涉案作品时有前置广告，在对涉案作品暂停播放时也有广告，而在快看APP上播放或暂停播放涉案作品时却并未显示任何广告；②在乐视APP上播放涉案作品时显示"乐视网"的水印，但在快看APP播放时却没有"乐视网"的水印；③在乐视APP上播放涉案作品分为标清、流畅、极速三种观看模式，而在快看APP播放时却显示高清、标清、流畅三种模式；④在乐视APP与快看APP中显示的集数布局存在不同，并将涉案作品设置在了"专题"板块中。B公司通过以上对比，证明A公司在快看影视APP中对涉案影视作品进行了选择、编辑、整理、专题分类、缓存等服务，具有主观过错。B公司主张，乐视网在官网上有明确的版权声明，禁止任何第三方对其进行视频盗链，否则依法追究相关法律责任，故A公司使用涉案作品不可能有任何合法来源，其实际上对涉案作品的链接内容进行了编辑和处理，破坏了乐视网的技术保护措施而设置链接，其行为具有主观故意；同时故意引诱用户使用其应用，未支付任何版权、广告、宣传等成本，却提供涉案作品的点播和下载服务，侵犯其所享有的独家信息网络传播权。法院就此向案外人乐视网进行了调查，乐视网提供其采取禁链措施的截屏，表示其已经采取了禁链措施，并提供乐视网与B公司之间的授权合同书等文件，表示其并未与A公司就快看影视播放涉案电视剧达成合作关系，A公司应属盗链行为。A公司表示，公证书显示涉案电视剧是链接自乐视网，但其并未与乐视网签订过合作协议，而是通过技术手段抓取乐视网等视频网站的相关视频，聚合到了快看影视 APP 中。乐视网虽然采取了防盗链的措施，但比较简单，该公司知晓如何通过技术手段的设置来破解乐视网的技术措施，通过可绕开禁链设置的网页搜索爬虫，抓取相关视频资源然后设链，机器进行自动匹配，获取来源于各影视网站的视频。该公司只提供链接服务，缓存是为了方便网络用户，由用户决定是否需要缓存，缓存的内容也并不在该公司服务器上，缓存并非下载。公司所设置的链接是链接到有合法授权的乐视网上，并不构成对 B 公司独家信息网络传播权的侵害。快看影视的开发运营者为 A 公司。

B 公司认为，A 公司进行了涉案作品的编辑，具有恶意，A 公司为获取盈利直接设链播放涉案作品，未经任何权利人的同意，侵犯了 B 公司的合法权利。

A 公司辩称，涉案作品并非在快看影视上播放，而是在 B 公司的 APP 上播放；A 公司快看影视播放无广告，未获得任何盈利，只提供设链服务，并非信息存储空间。

二、法律问题

1. 信息网络传播权侵权的判定标准是什么？
2. 如何判断网络服务提供者与网络内容提供者？
3. 网络服务提供者在何种情况下应当承担侵权责任？

三、法理分析

（一）A 公司对涉案作品的播放行为是否构成信息网络传播权的侵权行为

信息网络传播权是以有线或者无线方式向公众提供作品，使公众可以在其个人选定的时间和地点获得作品的权利。提供信息网络传播服务的网络提供者分为网络内容提供者和网络服务提供者：网络内容提供者直接提供内容，如果其提供的内容未经权利人的授权，可能构成直接侵权；网络服务提供者的行为定性较为复杂，如果仅仅提供网络技术，而不提供内容，一般不构成直接侵权，但是可能构成间接侵权。网络服务提供者按照其提供服务的不同可以分为信息存储空间、搜索、链接等不同形式。我国《信息网络传播权保护条例》规定了网络服务提供者在何种情况下承担赔偿责任，其中第23条规定："网络服务提供者为服务对象提供搜索或者链接服务，在接到权利人的通知后，根据本条例规定断开与侵权的作品、表演、录音录像制品的链接的，不承担赔偿责任；但是，明知或者应知所链接的作品、表演、录音录像制品侵权的，应当承担共同侵权责任。"

对于提供信息网络存储空间服务或者搜索、链接服务的网络服务提供者，应适用"通知—删除"的避风港原则，《信息网络传播权保护条例》中规定了符合法律规定的"通知"的形式以及网络服务提供者应当立即删除涉嫌侵权内容的要求。对于提供搜索、链接服务的网络服务提供者，在认定是否构成侵权时，针对不同情况采用的标准有所不同，目前主要有"服务器标准"和"用户感知标准"两种。服务器标准是指网络服务提供者的行为是否构成信息网络传播行为，应当以传播的作品、表演、录音录像制品是否由网络服务提供者上传或者以其他方式置于向公众开放的网络服务器上为标准。用户感知标准，是指提供搜索、链接服务的网络服务提供者所提供服务的形式使用户误认为其提供作品。

服务器标准对于权利人的保护不利，域名解析IP所指向的服务器易于被人为改变，而用户感知标准直观简便，但是有些情况下过于苛刻。以百度视频APP为例，百度视频APP作为一个视频聚合APP，其最终起到了一个自有播放终端的作用。从结果上来看，虽然其本身并不存储内容，但其起到了"实质性替代"视频网站向用户提供视频内容的作用；从"用户感知"角度来看，百度视频APP视频内容播放页面并没有转入第三方播放页面，在播放视频内容时对视频来源于第三方的提示不够明显；从技术原理来看，其向视频网站请求视频数据很可能违反了通常搜索引擎一般的技术规范和标准，也违背了视频网站相关的技术开放协议，有可能涉嫌直接侵犯视频网站的信息网络传播权。

对于搜索引擎来说，是否将"不可避免的技术性特征"（必要技术）作为判断明知或应知的标准，不能以阻碍在分类目录中引入人为因素的方式适用。分类目录中必不可少地会对内容进行聚合，必不可少地会有智能或人为的因素，但是明知和应知的判断标准，不应当因为这些因素而变得不予适用，或者说不在通常情况下适用。

本案中，法院肯定了服务器标准在判定信息网络侵权中的重要意义。法院认为，信息网络传播行为是信息网络传播权所控制的行为，对该行为的认定属于事实认定范畴，服务器标准最为符合信息网络传播行为这一客观事实属性。依据服务器标准，信息网络传播行为是指将作品置于向公众开放的服务器中的行为，其应指向的是初始上传行为。因任何上传行为均需以作品的存储为前提，未被存储的作品不可能在网络中传播，而该存储介质即为服务器标准中所称的"服务器"，因此，服务器标准作为信息网络传播行为的认定标准最具合理性。法院最终未认定被告的行为构成侵犯原告信息网络传播权的侵权行为。

（二）什么是聚合平台

APP聚合应用的关键技术，主要使用的是链接技术，包括普通链接、深度链接、图片链接以及二维码等形式。其特点是：汇聚整合各种资源，以实现用户快速、准确、方便地欣赏文学作品、影视作品、新闻报道等目的。APP聚合应用软件对于搜索结果的整合，存在如下特点：①选择固定、定向链接资源。②预设详细栏目分类，搜索直达。③同一搜索命令会得出不同来源的多个作品。值得注意的是，有部分网站以表面链接、搜索形式来掩盖其实质上提供内容服务的性质，如对被搜索、链接的对象进行编辑、整理，保证搜索的结果只有一个，也有部分网站将内容上传到自己的服务器上，却伪装成搜索服务商向用户提供下载服务。④均采用嵌入式深层链接，用户难以感知内容来源。

在多起APP应用被诉侵权的案件中，原告作为权利人，都会将开放平台的服务商作为共同被告，要求其承担侵权责任。开放平台的实质是提供APP软件本身的下载服务，开放的是网络平台的管理权限。目前的APP市场大多数属于开放平台，符合一定要求的开发者均可以将其开发、制作的APP应用指向平台，也可以直接将软件存储于开放平台的服务器内。对于开放平台，必须合理界定其对于APP应用的著作权问题的注意义务。

四、参考意见

1. 依据服务器标准，如果被诉行为系将涉案内容置于向公众开放的服务器中的行为，则该行为属于信息网络传播行为。

2. 一方面要强调严格保护合法权利和利益,严厉制裁侵权行为;另一方面也应充分注意技术、设备服务在信息网络传播中的地位和作用,充分关注到现有法律中有关网络服务提供者的责任标准及其对网络服务提供者的责任加以适当限制的立法意图,从而更好地平衡各方利益。

案例二:深圳市 A 计算机系统有限公司诉 B 集团股份有限公司侵害作品信息网络传播权案[1]

一、基本案情

《中国好声音(第三季)》片尾显示:本节目视频独家权利人为 C 公司。2014 年 5 月 20 日,经 C 公司授权,A 公司享有《中国好声音(第三季)》及《中国好声音(第三季)》制作过程中 C 公司所制作的相关衍生综艺节目,在中华人民共和国大陆境内(不包括港、澳、台)地区的独占信息网络传播权、维权权利及转授权权利,授权费为 1.2 亿元。

A 公司分别于 2013 年 12 月 10 日、2014 年 7 月 29 日、2014 年 11 月 6 日、2014 年 11 月 19 日通过银行转账向 C 公司汇款 1000 万元、3600 万元、6000 万元、1400 万元,四项共计 1.2 亿元。

2014 年 7 月 25 日,国家版权局公布 2014 年第二批重点影视作品预警名单,《中国好声音(第三季)》位列名单之首。国家版权局要求相关网站应对名单内的作品采取以下保护措施:直接提供内容网站未经许可不得上传预警名单内的作品;用户上传内容网站应禁止用户上传预警名单内的作品;提供搜索链接网站应仅提供正版授权网站的搜索结果及跳转链接服务;电商网站及应用平台应加快处理预警名单内作品权利人关于删除侵权内容或断开侵权链接的通知。

2014 年 8 月 29 日,A 公司申请证据保全公证。公证书显示:打开"暴风影音"播放器,在查询框内输入"中国好声音第三季",点击查询,显示搜索结果;点击搜索结果"预:中国好声音 2014","暴风影音"播放器右侧弹出

---

[1] 参见:北京市石景山区人民法院(2016)京 0107 民初 4686 号民事判决书,北京知识产权法院(2017)京 73 民终 1260 号民事判决书。

更为明细的搜索结果，并配有剧照、主持、嘉宾、格式、猜你喜欢、评论等信息。点击该页面中"猜你喜欢"项下的"中国好声音2014"，"暴风影音"播放器开始在线播放《中国好声音（第三季）》"0815子怡闺蜜版袁珊珊被抢"。在播放涉案节目前出现了约45秒的片头商业广告，在播放过程中，显示有"暴风影音"水印，在"暴风影音"播放器侧栏显示有广告。百度百科中显示《中国好声音（第三季）》于2014年7月18日起每周五晚在浙江卫视首播，于2014年10月7日收官。在线播放：腾讯视频。涉案节目收视率为4.411%，CSM48城市网收视排名第一，收视份额为14.32%；京华时报相关页面显示"第三季《好声音》首播收视创纪录"，人民网对该文章进行转发；打开山西新闻网相关页面，显示《中国好声音（第三季）》"连续两周收视率破4"，中国新闻网对该文章进行了转载；打开扬子晚报数字报纸相关页面，显示"《好声音》明年将吸金13亿"，文中介绍了《中国好声音（第三季）》广告中标总金额超过13亿人民币，新浪网音乐频道对该文章进行了转载；打开中国新闻网相关页面，显示"《好声音》决赛冠军产生前60秒单条广告卖1070万"，报道发布时间为2014年9月11日；打开凤凰娱乐相关页面，显示"《好声音3》决赛单条广告超千万创电视新奇迹"。

为证明其经济损失，A公司提交了13份《中国好声音（第三季）》广告合同及发票、部分单据。A公司委托深圳市世纪D科技有限公司就《中国好声音（第三季）》节目广告分别与多家公司签订广告执行合同，合同总金额为1.98亿元。

A公司认为，B集团公司流量大、用户多，且其明知该节目的信息网络传播权由A公司独家所有，却仍在其经营的网站上播放，严重侵害了A公司的合法权益。其损失应当包括分销许可使用费的损失、广告收益的损失。

B集团公司认为不能证明B集团公司的行为给A公司造成了经济损失，而且根据A公司提供的现有证据也不能证明其在所谓"暴风影音"客户端的行为给A公司造成了任何损失。理由是：①通过A公司对涉案节目的采购成本共16期1.2亿元，与A公司随机选取的13份广告合同总金额为1.9亿元可以看出，A公司是获利的；②所有广告投放、竞标行为应发生在A公司获得涉案节目的权利之前，即A公司在所谓"暴风影音"客户端上取证前就已产生，因此，B集团公司在所谓"暴风影音"客户端上涉嫌播放的行为并不会对 A 公司获得广告投放的结果产生任何影响，进而不会对其收益产生影响。

二、法律问题

1. 侵害著作权纠纷案件中如何确定损害赔偿数额？
2. 什么是法定赔偿、裁量性赔偿和惩罚性赔偿？

三、法理分析

（一）B 集团公司是否实施了涉诉侵权行为

A 公司是涉案作品的著作权人，未经 A 公司许可，任何人不得随意使用涉案作品。本案中，B 集团公司在其客户端"暴风影音"中提供了涉案作品的在线播放服务，使公众可以在选定的时间和地点获得涉案作品，这一行为已经构成对涉案作品信息网络传播权的侵犯，应当承担相应的法律责任。

（二）侵害著作权损害赔偿数额如何认定

我国《著作权法》第 49 条规定："侵犯著作权或者与著作权有关的权利的，侵权人应当按照权利人的实际损失给予赔偿；实际损失难以计算的，可以按照侵权人的违法所得给予赔偿。赔偿数额还应当包括权利人为制止侵权行为所支付的合理开支。权利人的实际损失或者侵权人的违法所得不能确定的，由人民法院根据侵权行为的情节，判决给予 50 万元以下的赔偿。"可见，我国《著作权法》中确定的赔偿方式依然以补偿为主，即首先看权利人的实际损失，如果实际损失无法确定再考虑侵权人的违法所得；在侵权人的违法所得也无法确定的时候，适用法定赔偿。司法实践中，当事人举证证明自己损失或者侵权人违法所得的难度相对较大，因此，法院适用法定赔偿确定赔偿数额的情况居多。这种确定赔偿数额的方法也称为裁量性赔偿，本案二审法院确定了适用裁量性赔偿的具体内容：①损害赔偿的计算依据，是客观的市场价格，指的是涉案作品以涉案侵权方式合法使用的正常许可费。例如，本案中 A 公司提交了多份许可使用合同，其许可使用费已经在相关合同中明确，可以作为案件确定赔偿额的标准。②审查权利人正常许可费的一般规则是：与涉案作品类似的作品以涉案侵权方式合法使用的正常许可费；涉案作品以与涉案侵权方式类似的方式合法使用的正常许可费；与涉案作品类似的作品以与涉案侵权方式类似的方式合法使用的正常许可费。③审查侵权人违法所得的一般规则是：侵权人对于涉案侵权行为的自行宣传以及中立的第三方对于涉案侵权行为的宣传，应当作为侵权人违法所得的证据。④酌定损害赔偿数额的考量因素有：作品方面的因素，包括作品的性质、类型、文学价值、历史价值、获奖情况及其社会影响；作者方面的因素，包括作者的地位、贡献、获奖情况及社会影响等；侵权方面的因素，包括侵权行为的方式、手段、持续时间、影响范围、商业性使用的程度，与侵权目的的关联与配合程度，重复侵权情况，大规模侵权情况以及恶意侵权情况等。当情节严重时，应当适用惩罚性赔偿。

本案中，A公司提交证据证明其涉案作品独占许可使用权的正常许可费为750万元/期，授权期限为3年，首轮的播出价值较大，涉案节目具有极高的商业价值，广告价值较大，且被告B公司具有明显的恶意，法院结合各种因素酌定了赔偿数额为100万元。

四、参考意见

1. 在适用法定赔偿方法确定赔偿数额时，一般应当在法定赔偿的最高限额50万元以下进行考虑，如果确实有证据证明权利人的损失或者侵权人的获利已经超过了50万元，数额上难以确定的，法院可以在50万元以上确定合理的赔偿数额。

2. 针对著作财产权，责任的承担方式是赔偿经济损失；针对著作人身权，责任的承担方式有赔礼道歉、消除影响等，而停止侵权是针对侵权行为的责任承担方式。

拓展案例

B股份有限公司诉湖南A娱乐传媒有限公司
侵害作品信息网络传播权纠纷案[1]

一、基本案情

A公司经授权获得综艺节目《天天向上》（20101224、20101217、20101210、

---

〔1〕 参见：北京市海淀区人民法院（2014）海民（知）初字第19958号民事判决书，北京知识产权法院（2015）京知民终字第560号民事判决书。

20101203、20101126、20101119、20101105、20101029、20101022、20101008）的独家信息网络传播权。"清华同方灵悦3智能电视宝"由B公司生产，该产品设置了影视点播功能，用户可以通过该智能电视宝点播涉案节目，A公司对相关情况进行了公证保全，认为B公司的上述行为未经A公司授权，侵犯了A公司的合法权益，遂提起诉讼。一审法院认为，能够证明A公司在授权范围及授权期限内获得了涉案节目（以类似摄制电影的方法创作的作品）的独占信息网络传播权，有权限制他人营利性的使用。B公司未经许可，将"兔子视频"软件预置在涉案产品中并置于开机桌面向用户推荐，使消费者在首次开机时即可使用"兔子视频"播放涉案节目，并将"兔子视频"及其播放影视作品的功能作为涉案产品的宣传，未尽到合理审查义务，构成侵权，应当承担侵权责任。B公司辩称，其仅为硬件生产商、涉案产品具有实质性非侵权用途等，于法无据，一审法院不予采信。对于赔偿数额，一审法院综合考虑涉案节目情况、侵权情节等酌情予以确定，不再全额支持A公司的主张。B公司不服一审判决提起上诉，主张该公司仅是机顶盒这一硬件产品的提供者，并非"兔子视频"软件的开发者，故应追加"兔子视频"的开发者作为第三人参加诉讼，一审法院并未采纳，应当认定程序违法。

二审法院认为，本案被诉行为是上诉人在涉案机顶盒中绑定"兔子视频"，并通过"兔子视频"向用户提供被诉内容的行为。因无论机顶盒中"兔子视频"系由上诉人事先预置，还是基于页面中的提示而由用户下载安装，都不能否认涉案机顶盒中绑定"兔子视频"这一事实的存在，涉案机顶盒中是否预置"兔子视频"软件这一事实对于被诉行为性质的认定并无影响。一审法院并未出现程序不当问题。被上诉人主张采用用户感知标准，而上诉人则主张采用服务器标准。二审法院认为，无论是基于对《著作权法》第10条第12项立法渊源的理解，还是基于司法实践中的做法，对于信息网络传播行为的理解均应采用服务器标准，而非用户感知标准。上诉人的"兔子视频"提供被诉内容的行为属于链接服务提供行为。链接服务虽并不构成直接侵犯信息网络传播权的行为，但因其客观上对于被链接网站内容的传播起到了帮助作用，故依据上述规定，该行为构成共同侵权行为。且现有证据不足以证明上诉人并非"兔子视频"的开发及提供者。二审法院维持原判。

二、法律问题

1. 本案中被告的行为是否属于信息网络传播权侵权行为？
2. B 公司是否应当承担侵权责任？

三、重点提示

1. 用户感知标准通常考虑的是被诉行为的外在表现形式，至于被诉内容是否存储于服务器中则在所不论。服务器标准则是指，判断被诉行为是否为信息网络传播行为，应考虑的是被诉内容是否存储于服务器中。无论被诉行为的外在表现形式是否使得用户认为被诉内容系由被诉侵权人提供，只要被诉内容未存储在其服务器中，则不应认定其实施了信息网络传播行为。需要指出的是，此处的"服务器"系广义概念，泛指一切可存储信息的硬件介质，既包括网站服务器，亦包括个人电脑、手机等。最高人民法院于 2012 年 12 月 17 日颁布《最高人民法院关于审理侵害信息网络传播权民事纠纷案件适用法律若干问题的规定》，其第 3 条规定"网络用户、网络服务提供者未经许可，通过信息网络提供权利人享有信息网络传播权的作品、表演、录音录像制品，除法律、行政法规另有规定外，人民法院应当认定其构成侵害信息网络传播权行为。通过上传到网络服务器、设置共享文件或者利用文件分享软件等方式，将作品、表演、录音录像制品置于信息网络中，使公众能够在个人选定的时间和地点下载、浏览或者其他方式获得的，人民法院应当认定其实施了前款规定的提供行为"。该规定中虽并无服务器标准的明确表示，但因"置于信息网络中"通常应被理解为置于服务器中，因此，在结合最高人民法院相关判决的情况下，不难理解出服务器标准这一含义。

2. 《最高人民法院关于审理侵害信息网络传播权民事纠纷案件适用法律若干问题的规定》第 4 条规定："有证据证明网络服务提供者与他人以分工合作等方式共同提供作品、表演、录音录像制品，构成共同侵权行为的，人民法院应当判令其承担连带责任……"

拓展资料

2-9【拓展阅读案例】

2-10【拓展阅读资料】

| 第三章 |

专利法专题

专题一　新颖性的判定

知识概要

新颖性的规定体现了专利制度的核心价值。为了获得专利权，发明人必须创造出新的东西。任何人不能就公众已知的技术而获得专利权，新颖性的规定可以保障将现有技术保留在公有领域内。此外，新颖性的规定通过避免重复性的研发而提高科技进步的效率。

如果被诉权利要求与对比文件（即现有技术或者抵触申请）相比，其技术领域、所解决的技术问题、技术方案和预期效果实质上相同，则认为两者为同样的发明或者实用新型。判断新颖性的关键在于"四个相同"，即技术领域、技术问题、技术方案和预期效果要相同。其中，技术方案是判断的核心，也是现有技术和涉案专利均会客观记载的内容。其余三个要素处于辅助地位，这三个要素可能在现有技术中没有明确记载，也可能会因人的主观认识或者撰写表达的不同而在文字记载上有所差异，因此，不应苛求在对比文件中公开与涉案专利完全相同的技术领域、技术问题和技术效果，在二者属于同样的技术领域，且对比文件公开了与涉案专利权利要求相同或者实质相同的技术方案的情况下，如果本领域技术人员能够合理确定现有技术亦可解决涉案专利所要解决的技术问题，取得同样的技术效果，应当认定该权利要求不具有新颖性。

在新颖性判断中，所说的技术方案之间的比较，是指将本专利的权利要求与对比文件的相关技术方案进行比较，而不是将本专利说明书的方案与对比文件比较。比较时，应适用单独对比原则，即应将本专利的权利要求与一篇对比文件进行比较，而不能与几篇对比文件的结合进行比较，当一篇对比文件中记载了多个技术方案时，应与其中某一技术方案进行比较，而不能与多个技术方案的结合进行比较。

现有技术包括在申请日以前在国内外出版物上公开发表、在国内外公开使用或者以其他方式为公众所知的技术。现有技术应当是在申请日以前公众能够得知的技术内容，换句话说，现有技术应当在申请日以前处于能够为公众所获得的状态，并包含有能够使公众从中得知实质性技术知识的内容。

经典案例

案例一：再审申请人 A 公司与被申请人国家知识产权局专利局原专利复审委员会、B 公司、C 公司、D 公司实用新型专利权无效行政纠纷案[1]

一、基本案情

苹果公司的 iPhone 手机上市之后，导致电容式触控技术被大规模商用，市场需求巨大，电容式触控技术高速发展，本案的专利权人 A 公司是全球最大透射式电容式触控屏生产商，也是苹果公司最大的供货商，拥有多项电容式触控屏专利。2013 年初，A 公司依据专利号为 ZL2007201428445、名称为"电容式触控板的触控图型结构"的实用新型专利对全球第二大电容式触摸屏生产商——B 公司、台湾第二大电容式触摸屏生产商等企业提出侵犯本案专利的侵权之诉，累计标的额近亿元。

2013 年 1～4 月，B 公司、C 公司、D 公司先后向专利复审委员会提出无效宣告请求，认为本案专利不符合《专利法》第 22 条有关新颖性和创造性的规定。本案探讨的主要问题是《专利法》第 22 条第 2 款，涉及的权利要求主要为权利要求 5，内容如下：

---

[1] 参见：北京市第一中级人民法院（2013）一中知行初字 3305 号行政判决书，北京市高级人民法院（2014）高行终字 1198 号行政判决书，最高人民法院（2015）知行字第 158 号行政裁定书。

"一种电容式触控板的触控图型结构,形成在一基板的基板表面上,该触控图型结构由至少两个相邻的第一轴向导电单元及至少两个相邻的第二轴向导电单元组成,其中该相邻的第一轴向导电单元之间以一第一轴向导线予以连接,其特征在于:该第一轴向导线的表面覆设有一绝缘覆层,而一第二轴向导线横越过该绝缘覆层的表面而连接于该相邻的第二轴向导电单元之间,该第一轴向导电单元及第二轴向导电单元是以透明的导电材料所制成,并且该绝缘覆层由透明的绝缘材料所制成。"

专利复审委员会合并审理后于2013年8月30日作出第21304号无效宣告请求审查决定(简称第21304号决定),以本案专利不符合《专利法》第22条第2、3款规定为由,宣告本案专利权全部无效,其中认为权利要求5相对于附件1A-7(公开号为JP特开昭60-75927A的日本公开特许公报,公开日为1985年4月30日)不具有新颖性,理由为:附件1A-7涉及一种设置于显示器装置的画面前面、赋予显示器装置输入功能的坐标输入装置,即涉及与显示器设备整合使用的电容式触控板,其技术领域与权利要求5相同;二者所要解决的技术问题均是解决控触板厚度较厚的问题;附件1A-7与权利要求5的技术方案实质上相同。

A公司不服,提起行政诉讼。北京市第一中级人民法院一审判决撤销第21304号决定,判决认为:①本专利与附件1A-7所解决的技术问题不同,本专利解决的技术问题不仅有"解决现有技术中触控板厚度较厚、工艺复杂的缺陷",还有"以简易工艺即可完成",附件1A-7针对的则是光束矩阵方式的坐标输入装置需要许多相对较大的发光源和受光器所带来的装置本身较大、较难集成化、给人不好的突出感觉的问题。②本专利权利要求书中的导电单元不是电学领域通用电路元件名称,根据本专利说明书及附图,应理解为一种作为互电容测量电极的基本电路元件,从而本专利权利要求书的技术方案的电路功能与对比文件不同。③两者的预期效果不同。权利要求5的方案事实上可以避免在多点触摸时出现"鬼点"现象,对比文件则无此效果。

专利复审委员会不服,提起上诉。北京市高级人民法院二审判决撤销一审判决,维持第21304号决定。二审判决认为:虽然本专利权利要求书中的导电单元不是电学领域通用电路元件名称,但这在本专利申请日之前的现有技术中均有所体现,至于被称为导电单元、导电电极、感测单元、还是导电垫,都不影响本领域技术人员对其功能、作用的认识。原审判决在解释本专利权利要求中的"导电单元"时,将没有体现在权利要求和说明书中的利用"导电单元"测量互电容效应的内容解释进权利要求,通过限制权利要求保护范围的做法得出权利要求 5 与附件 1A-7 的技术方案并非实质相同的结论,缺乏依据。

A 公司不服,向最高人民法院申请再审。2015 年 9 月 6 日,最高人民法院裁定驳回 A 公司的再审申请,认为权利要求 5 相对于对比文件具有新颖性的理由不能成立。

二、法律问题

新颖性判断中"四个相同"如何认定?

三、法理分析

《专利法》第 22 条第 2 款规定:"新颖性,是指该发明或者实用新型不属于现有技术;也没有任何单位或者个人就同样的发明或者实用新型在申请日以前向国务院专利行政部门提出过申请,并记载在申请日以后公布的专利申请文件或者公告的专利文件中。"

《专利审查指南》(2010 年)第二部分第三章第 3.1 节规定了对新颖性进行实体判断的原则:"被审查的发明或者实用新型专利申请与现有技术或者申请日前由任何单位或者个人向专利局提出申请并在申请日后(含申请日)公布或公告的(以下简称申请在先公布或公告在后的)发明或者实用新型的相关内容相比,如果其技术领域、所解决的技术问题、技术方案和预期效果实质上相同,则认为两者为同样的发明或者实用新型。需要注意的是,在进行新颖性判断时,审查员首先应当判断被审查专利申请的技术方案与对比文件的技术方案是否实质上相同,如果专利申请与对比文件公开的内容相比,其权利要求所限定的技术方案与对比文件公开的技术方案实质上相同,所属技术领域的技术人员根据两者的技术方案可以确定两者能够适用于相同的技术领域,解决相同的技术问题,并具有相同的预期效果,则认为两者为同样的发明或者实用新型。"

由上可知,判断新颖性的关键在于"四个相同",即技术领域、技术问题、技术方案和预期效果要相同。其中，技术方案是判断的核心，也是现有技术和涉案专利均会客观记载的内容。其余三个要素处于辅助地位，这三个要素可能在现有技术中没有明确记载，也可能会因人的主观认识或者撰写表达的不同而在文字记载上有所差异。因此，不应苛求在现有技术中公开与涉案专利完全相同的技术领域、技术问题和技术效果。在二者属于同样的技术领域，且现有技术公开了与涉案专利权利要求相同或者实质相同的技术方案的情况下，如果本领域技术人员能够合理确定现有技术亦可解决涉案专利所要解决的技术问题，取得同样的技术效果，应当认定该权利要求不具有新颖性。

（一）技术方案是否相同的判断

在新颖性判断中，所说的技术方案之间的比较，是指将本专利的权利要求与对比文件的相关技术方案进行比较，而不是将本专利说明书的方案与对比文件进行比较。权利要求是技术特征的集合，与对比文件进行比较时，应将权利要求分解为若干技术特征，然后与对比文件进行技术特征的对比。

本案很好地贯彻了单独对比原则，对于技术特征的划分也未引发争议。争议的焦点在于对权利要求中技术术语的理解存在不同解释，具体而言，对"导电单元"的理解不同，导致了判决结果的不同。

第21304号决定认为涉案专利的每一个技术特征都被对比文件公开了，二者的技术方案实质相同。

一审判决认为，本案专利权利要求中的技术特征"导电单元"不是电学领域的通用电路元件名称，应按照说明书的记载将其理解为作为互电容测量感应电极的基本电路元件。根据说明书背景技术记载的内容，结合发明目的以及实施例，将"导电单元"理解为作为互电容测量感应电极的基本电路元件，而对比文件是为自电容感测而设计的，二者的电路设计思路、考虑因素存在本质上的区别，因此二者的技术方案在实质上不相同。

二审判决认为，虽然"导电单元"不是电学领域通用的电路元件名称，但这在涉案专利申请日之前的现有技术中均有所体现，至于被称为导电单元、导电电极、感测单元，还是导电垫，都不影响本领域技术人员对其功能、作用的认识。触控板图型结构与自电容还是互电容检测无关，采用哪种检测方式取决于控制电路而非触控板图型结构，一审判决在解释涉案专利权利要求中的"导电单元"时,将没有体现在权利要求和说明书中的利用"导电单元"测量互电容效应的内容作为权利要求予以解释,这是错误的。

再审裁定认为,权利要求中的"导电单元",实质上是专利权人对使用相同的蚀刻技术制备出的同一导电结构上不同部分的不同称谓,这已经被对比文件公开。关于"互电容检测",涉案专利权利要求中并未限定涉案专利的技术方案或者导电单元系使用互电容检测技术,检测方式的不同没有体现在涉案专利的技术方案中,不能使得涉案专利的技术方案相较于对比文件具有实质性的差异;在说明书中也没有记载如果采用互电容检测技术,需要对权利要求5请求保护的"电容式触控板的触控图型结构"的结构或者连接关系作出何种改进。

根据以上审理过程可见,不同审级法院对于权利要求用语进行了不同的解释。该问题一向是充满争议的话题,争论多集中于具体的解释规则,尤其是在将说明书及其附图的内容引入权利要求时是否不恰当地限缩了其范围。权利要求与说明书之间虽有关联,但本质上是两种不同的文件。权利要求是法律文件,公示了专利权的范围;说明书是技术文件,记载了技术方案和技术贡献。权利要求通常是基于说明书记载的技术方案和技术内容而进行合理的概括,其范围较说明书更为宽泛。从理论上来说,确定权利要求的范围,仅阅读权利要求即可,而不需要再通读说明书。但实际上,由于文字本身存在不周延、易引发歧义的本性,在阅读权利要求的文字时会导致不同的人产生不同的理解,对这些不同的理解进行评判时,应当利用说明书和附图的内容进行解释。利用说明书和附图的内容进行解释的前提是权利要求本身存在不清楚之处,而且,只能针对该不清楚之处进行解释,不得将未在权利要求中记载的技术特征读入权利要求,对权利要求进行事实上的修改,损害权利要求的公示作用。本案的一审判决被撤销的原因有二:首先,"导电单元"虽非电学领域通用的电路元件名称,但其含义是本领域技术人员能够清楚理解的,此时,不需要使用说明书的内容进行解释;其次,在权利要求5明确没有提及检测方式且本领域技术人员可以确定权利要求5既可用于互电容检测方式又可用于自电容检测方式的情况下,不能将权利要求5的检测方式限定为说明书实施例提到的互电容检测方式。

关于权利要求的理解,当前的另一个热点问题是,在专利授权阶段和专利确权阶段(即专利无效程序),对于权利要求的用语是否要采用不同的理解方式?一种观点认为,授权阶段和确权阶段均为专利性质审批程序,对于权利要求用语的理解方式应该一致,具体的理解规则是:一般应当以本领域技术人员所理解的通常含义界定,权利要求中采用自定义词且说明书及附图有明确定义或者说明的,从其界定。另一种观点认为,在授权阶段和确权阶段,虽应采用相同的理解规则,但因允许权利人对申请文件进行修改的尺度不一样,在适用规则时应相应留有弹性,因为在确权阶段修改的尺度小,那么允许对权利要求用语进行解释的空间就会相应扩大,应允许结合说明书、审查档案等内部证据或者工具书、技术词典等进行理解。[1]

(二)技术领域是否相同的判断

在确定技术领域时,可以根据用途划分到一定的应用领域,也可以按照功能划分到一定的功能领域,两种分类方式均应予以考虑,不论是用途领域还是功能领域,只要现有技术和涉案专利能被划分为同一技术领域,则认为二者属于相同的技术领域。在划分技术领域时,技术领域的范围宽广度会存在一定弹性,不可能准确界定出其边界,但应注意,技术领域的划分不应过于具体,不能具体到技术方案本身,也不应过于上位,比如,将涉案专利划分为电学领域,那就失去了划分技术领域的意义,不能发挥技术领域对案件审理的校准作用。在判断技术领域时要注意几点:

1. 以技术方案为依据。所属技术领域以技术方案为依据,结合技术方案的本质功能和说明书中记载的用途而确定,不能只根据背景技术的文字描述而确定。

本案中,涉案专利文件的技术领域的记载为,本实用新型是"有关于一种触控板的结构设计,特别是关于一种电容式触控板的触控图型结构"。对比文件的技术领域的记载为"一种利用静电容量变化检测出指定的坐标位置的坐标输入装置,特别是涉及一种适于设置于显示器的画面前面,赋予显示器装置输入功能的坐标输入装置"。二者关于技术领域的文字记载在表述上存在不同。但当从对比文件的技术方案的实质进行判断时会发现,该坐标输入装置实质上就是电容式触控板的触控图型结构,因此涉案专利文件与对比文件

---

[1] 任晓兰:《专利行政诉讼案件法律重述与评论》,知识产权出版社2016年版,第157页。

的技术领域是相同的。

2. 考虑技术领域对技术方案的隐含影响。技术方案与技术领域是相匹配的，技术方案用于解决该技术领域中的技术问题，有时，技术方案中会暗含技术领域的特定属性，可能会对技术方案产生限定作用。例如，权利要求是用于钢水浇铸的模具，对比文件是用于冰块成型的模具，在两个技术方案中，模具的结构特征是完全相同的，但是，在钢水浇铸领域，暗含了其模具具有非常高的熔点这个特性，在冰块成型这个领域，暗含了其模具的熔点相对较低的特性。熔点的属性反映到模具本身，就体现出了模具所使用的材料是不同的，用于冰块成型的模具是无法适用于钢水浇铸的。因此，在对比技术方案能否适用于相同技术领域时，要考虑技术领域对于技术方案是否还暗含了该技术领域本身具有的特定属性。

3. 技术问题和预期效果是否相同的判断。技术问题是提出技术方案的前提，技术效果是实施技术方案的结果，有了技术问题的存在，才会设计出能获得相应技术效果的技术方案从而解决技术问题，技术问题与预期效果互为因果，关联密切，所以放在一起予以阐述。

技术问题的提出会因人看问题的角度不同而有所差异，也会受限于发明人所掌握的现有技术，以不同的现有技术作为出发点，所要解决的技术问题就会有所差异，因此，对于技术问题的描述具有一定的随意性。但在进行新颖性的评价时，需要克服这样的随意性，不能仅因为发明人对技术问题的描述有别于对比文件，就认定二者的技术问题不同。克服随意性所采取的方法就是从技术方案出发，在适用于相同技术领域的基础上，判断二者的技术方案能否解决相同的技术问题。

由于发明人的不同，专利文件和对比文件的发明创造的构思、出发点很可能是不同的，如专利申请是从现有技术 A 出发，发现技术问题 A1，为了解决技术问题 A1 而提出技术方案 A2，并具有预期效果 A3；对比文件从现有技术 B 出发，发现技术问题 B1，为了解决技术问题 B1 而提出技术方案 B2，并具有预期效果 B3。虽然专利申请与对比文件所声称的技术问题和技术效果都不同，但在判断技术问题和预期效果时，不是去比较技术问题 A1 和 B1 本身是否相同，而应判断技术方案 A2 是否也能用于解决技术问题 B1，以及是否具有相同的预期效果，也就是所属技术领域的技术人员能够合理确定对比文件也能解决专利文件中所声称的技术问题,并达到相同的预期效果。

本案中,涉案专利在说明书中明确记载了其所要解决的技术问题:"在各先前专利技术中采用两个电容感应层形成电容效应的结构设计,导致的问题是触控面板厚度较厚,不利于轻薄的要求,并且这种结构要求在基板的上下表面形成不同的电容感应层,在具体设计时要进行例如基板贯孔、贯孔导电层、电路布线的电路连接工艺将各相关单元予以连接等工序,在工艺方面较为繁杂。"并且明确记载了有益效果,"可达到结构简化、减少结构厚度的效果","仅需以简易布线工艺在基板的单一表面施行即可完成所需的触控板触控图型结构,故在产业利用时,具有工艺简易、合格率高、制作成本低的优势"。

对比文件在说明书中也明确记载了其所要解决的技术问题,即采用光束矩阵方式的坐标输入装置"需要许多相对较大的发光源和受光器所带来的装置本身变大、较难集成化、给人不好的突出感觉"的问题。并且,明确记载了有益效果,"使装置本身结构紧凑化成为可能","较易实现集成化,从而亦带来电路小型化的效果"。

可见,二者均声称了其要解决的技术问题和预期效果,由于各自所采取的现有技术的出发点不同,它们声称的所要解决的技术问题和预期效果也是不同的。

一审判决认为,二者声称所要解决的技术问题如上面说明书记载的那样,是不同的;而在二者的预期效果上,涉案专利文件的触控图型结构在事实上还可以避免在多点触摸时出现"鬼点"现象,而对比文件触控图型结构在事实上在多点触摸时会出现"鬼点"现象,因此二者所要解决的技术问题和预期效果不同。

二审判决认为,对比文件公开的技术方案与权利要求5所限定的技术方案在实质上相同,二者具有相同的技术领域,对比文件X、Y方向的两个轴向透明导电线路都设置在透明基板表面,即设置在同一层上,与权利要求5对第一、二轴向导电群的设置方式相同,能够解决触控板厚度较厚、工艺复杂的技术问题,并实现了以简单的工艺即可完成触控板图型结构制作的技术效果。

再审裁定认为,涉案专利说明书"发明目的"中记载的"解决现有技术中触控板厚度较厚,工艺复杂的缺陷","提供一种以简易工艺即可完成","各个导电单元及导线是以一般透明导电层的工艺形成在基板的同一平面上",

以及涉案专利说明书"有益效果"中记载的"各个导电单元皆布设在基板的同一平面，可以达到结构简化、减少结构厚度的效果"，以及"仅需以布线工艺在基板的单一表面施行即可完成……"等，均已被对比文件明确公开。再审申请人有关涉案专利可以避免在多点触摸时出现"鬼点"现象的主张，既没有记载在涉案专利说明书中，也没有相应的证据证明。对比文件公开了与权利要求5实质相同的技术方案，所属技术领域的技术人员基于涉案专利与对比文件公开的技术内容，能够合理预见到二者解决的技术问题实质相同，预期效果相同。

根据本案再审裁定结果可以看出，判断技术问题和预期效果是否相同，并不是判断涉案专利与对比文件声称的技术问题和预期效果是否相同，而是要从技术方案的实质出发，在技术领域相同的前提下，合理判断二者是否能够解决相同的技术问题并达到相同的预期效果。

四、参考意见

1. 在进行新颖性判断时，不能因为专利申请与对比文件在文字描述上存在不一致的地方就认为专利申请具有新颖性，应探究文字表述下的技术实质。

2. 判断新颖性的关键在于"四个相同"，即专利申请与对比文件的技术领域、技术问题、技术方案和预期效果要相同，其中，技术方案是判断新颖性的核心，在一定程度上决定着其他三个要素的认定。

3. 当本领域技术人员阅读权利要求的文字会产生不同理解时，应当利用说明书和附图的内容对权利要求进行解释。在解释权利要求时，要以权利要求中限定的技术特征为基础，避免将权利要求中没有限定而仅在说明书中予以描述的内容解释到权利要求中，从而不恰当地限缩权利要求的范围。

案例二：原告胡某某与被申请人国家知识产权局专利局原专利复审委员会、A公司外观设计专利权无效行政纠纷案[1]

一、基本案情

2015年10月20日，针对胡某某于2013年4月28日申请的专利号为201

---

[1] 参见：北京知识产权法院（2016）京73行初2954号行政判决书。

330149921.0、名称为"型材（M-105）"的外观设计专利（简称本专利），A 公司提出无效宣告请求。在无效宣告请求审查阶段，A 公司提交了以下证据：

证据 4 是广东省广州市萝岗公证处于 2015 年 2 月 12 日出具的（2015）粤广萝岗第 80 号公证书（简称第 80 号公证书）复印件，其中记载了登录 http://i.qq.com 后点击"反馈建议""腾讯客服"后，搜索"相册时间"，显示相关问题并打印的过程。其中公证书第 8 页记载"QQ 相册里，照片的上传时间可以更改吗？"的问题，随后的回答是"QQ 相册中，照片上传成功后，照片上传时间是无法修改的"。

证据 5 是广东省广州市萝岗公证处于 2015 年 10 月 23 日出具的（2015）粤广萝岗第 17881 号公证书（简称第 17881 号公证书）复印件，其中记载了公证时间为 2015 年 10 月 12 日，相关人员通过腾讯 QQ，搜索 QQ 号"1035206272"，在该 QQ 空间相册中找到产品图片的过程。其中，使用陌生人的 QQ 账号进入 QQ 号"1035206272"的 QQ 空间，点击"相册"，在"永道二级顶"的相册中有名称为"欧式二级顶"的图片（简称涉案图片），该相册为"所有人可见"，该图片在公证书第 17 页且显示有"2012 年 11 月 15 日 09：08"字样。

2016 年 4 月 7 日，专利复审委员会作出第 28721 号无效宣告请求审查决定（简称第 28721 号决定），认为证据 5 中上传的时间"2012 年 11 月 15 日"可以作为专利法意义上的公开时间。由于该时间早于涉案专利的申请日，故第 17 页图片显示的设计可以作为评价本专利是否符合《专利法》第 23 条第 1 款规定的现有设计，并以此宣告专利权无效。

胡某某不服，提起行政诉讼，A 公司作为本案的第三人参加诉讼。在本案的诉讼过程中，胡某某提交了（2015）粤高法民三终字第 660 号民事判决书（简称第 660 号判决），其系广东省高级人民法院针对胡某某（即本案原告）诉 A 公司（即本案第三人）侵害外观设计专利权纠纷作出的二审判决。根据该判决中载明的内容可知，针对涉案专利，A 公司在二审期间提交了本案行政阶段证据 4、5 等证据，用以主张现有设计抗辩。第 660 号判决认定，对于 QQ 空间中图片上传时间的问题，在胡某某没有提供相反证据证明的情况下，可依法推定该 QQ 空间中比对图片上传时间的真实性。对于 QQ 空间中图片的公开状态及其是否属于现有设计的问题，在取证当时，该图片处于公众可自由浏览的状态，但是，涉案 QQ 空间在公证人员介入前是否处于公众可自由浏览的状态不可知，该证据不能证明被诉侵权设计为现有设计。

北京知识产权法院审理后认为：涉案图片可以作为本专利的现有设计。与第 660 号判决的不同之处在于，本案还进一步查明了涉案 QQ 空间具有实际商业用途这一关键事实，且作出第 660 号判决的法院为广东省高级人民法院，该法院不是北京知识产权法院的上级法院，该法院所确立的裁判规则可供北京知识产权法院参考，但并非必须遵循。

二、法律问题

QQ 空间中图片的公开性和公开时间如何认定？

三、法理分析

现有技术或现有设计是《专利法》中的重要概念，是对发明创造进行专利性评价的基准。《专利法》第 22 条第 5 款规定，本法所称现有技术，是指申请日以前在国内外为公众所知的技术。《专利法》第 23 条第 4 款规定，本法所称现有设计，是指申请日以前在国内外为公众所知的设计。

《专利审查指南》第二部分第三章第 2.1 节第 1、2、3 款对"现有技术"进行了定义："现有技术包括在申请日（有优先权的，指优先权日）以前在国内外出版物上公开发表、在国内外公开使用或者以其他方式为公众所知的技术。现有技术应当是在申请日以前公众能够得知的技术内容。换句话说，现有技术应当在申请日以前处于能够为公众获得的状态，并包含有能够使公众从中得知实质性技术知识的内容。"《专利审查指南》第四部分第五章第 2 节第 1、2 款对"现有设计"进行了定义："现有设计包括申请日以前在国内外出版物上公开发表过、公开使用过或者以其他方式为公众所知的设计。关于现有设计的时间界限、公开方式等参照第二部分第三章第 2.1 节的规定。"

通过以上定义可以看出，现有技术或现有设计的构成要素有三：公开性、公开时间和技术内容。技术内容通常已经固定在证据载体上，清晰可辨，对技术内容的争议较少，常见的争议和难点集中在对公开性和公开时间的确定上，而这两个问题通常又是牵连在一起的，即需要确定在申请日之前已经为

公众所知。本案同时涉及公开性和公开时间的认定,就这两个问题分析如下:

QQ 空间中发布的内容是否构成现有技术或者现有设计,关键在于其在本专利申请日之前,是否已通过涉案 QQ 空间为公众所知。"为公众所知"是《专利法》中的表述,这一表述可能会让人产生误解,认为现有设计应当是公众实际知道的设计。而实际上为公众所知的含义应该是"处于能够为公众得知的状态",也就是说,也许公众实际上并不知道某一设计,但只要该设计处于公众能够得知的状态,那么该设计就被公开了。一个典型的例子是放置在图书馆里的杂志,即使有证据表明该杂志从未有人借阅过,但由于该杂志处于可被借阅的状态,其中的内容就被认为"处于能够为公众得知的状态",即为公众所知。

由于 QQ 空间既可作为用户对不特定公众公开发布信息的网络平台,也可由用户通过对空间访问权限的设置,例如将访问权限由"所有人可见"修改为"QQ 好友可见"或"仅自己可见"等,从而改变 QQ 空间中相关内容的公开状态。因此,QQ 空间兼具公开性与私密性的双重特点,在判断其中图片或者内容是否公开时,应当根据 QQ 空间特点,结合涉案图片的上传时间、公开情况、QQ 空间的主要用途、QQ 空间的实际控制者等方面进行综合判断。

(一) 图片的上传时间

QQ 空间系由案外人 B 公司开发的网络平台,其相册中的图片来源于用户上传,用户上传相片的时间由腾讯公司服务器系统实时记录、自动生成,用户难以对其修改,且腾讯公司在国内具有一定的知名度和信誉度,其 QQ 空间较为可靠和稳定,后台服务器会在图片上传完成后实时记录、自动生成上传时间。因此,在没有相反证据证明的情况下,可推定 QQ 空间上传时间的真实性。本案中,根据第 17881 号公证书载明的内容可知,涉案图片的上传时间为"2012 年 11 月 15 日 09:08",系在本专利申请日之前。对于该上传时间,根据第 80 号公证书的内容可知,"腾讯客服"针对"QQ 相册里,照片的上传时间可以更改吗?"的问题,答复为"QQ 相册中,照片上传成功后,照片上传时间是无法修改的"。基于此,同时考虑到腾讯公司在相关领域的知名度以及 QQ 空间长期以来运行的可靠性和稳定度,在没有相反证据的情况下,可以确定涉案图片的上传时间在本专利申请日之前。

(二) 涉案图片的公开情况

由于用户可以设置 QQ 空间访问权限阻止他人访问,从而确保相关内容处于非公开状态,因此,图片在 QQ 空间相册内完成上传并不意味着其同时向公众公开。本案中,涉案图片上传时间早于本专利申请日,但公证取证时间晚于本专利申请日。根据第 17881 号公证书可知,涉案图片在公证之时为"所有人可见",即在 2015 年 10 月 12 日取证当时,该图片处于公众可自由浏览的状态。

由于 QQ 空间并非开放性网络平台,空间的管理者可以随时通过设置访问权限阻止公众浏览空间照片,涉案 QQ 空间在公证人员介入前是否处于公众可自由浏览的状态不可知,故没有解决申请日前涉案 QQ 空间的照片是否为公众所知这一关键问题。在此情况下,对该图片在本专利申请日之前的公开情况,还需结合其他因素进一步考虑。

(三) QQ 空间的主要用途

根据用户群体、用途目的不同,QQ 可以分为企业 QQ 和个人 QQ。通常来说,企业 QQ 主要作商业之用,具有较强的开放性,个人 QQ 则更多体现了用户的个人特点和一定程度的私密性。但是,个人 QQ 也可借助 QQ 空间这一网络平台,通过上传发布相关图片、发表留言等方式,公开地进行产品展示、推广和销售。此时,个人 QQ 空间主要用于向公众推销产品,通常不会限制他人对 QQ 空间的访问,开放性转而成为其首要属性。本案中,证人称其于 2012 年 4 月 23 日入职第三人公司,工作内容是电子商务,并通过涉案 QQ 空间相册向客户展示产品图片。根据本案查明事实亦可知,在上述相册中,除涉案图片外,还有一定数量的建材产品图片上传于本专利申请日之前。此外,涉案 QQ 空间的"说说"中的相关内容显示,自 2012 年 4 月 26 日起即已开始出现推销第三人产品的内容,该时间在证人作证所称其入职之后的第三天并在本专利申请日之前,之后所发布的一系列说说的内容也基本上与推销公司产品有关。可见,涉案 QQ 空间的实际使用情况与证人证言基本相符,二者结合足以佐证该 QQ 空间用于商业用途,即用于对产品进行展示、推广和销售。

在确定了 QQ 空间的用途是向公众推销产品时,即可认定该 QQ 空间向公众开放的可能性极大,可以推定该 QQ 空间内的内容自上传完成时即处于公众可知的状态。当然也可能会存在例外,但此时应由主张未公开的当事人承担相应的举证责任。除了当事人举证外,还有一个因素需要考虑,那就是 QQ 空间的实际控制者。

(四) QQ 空间的实际控制者

从技术上而言,对访问权限的设置和修改不会在后台服务器上留下记录,这就使得 QQ 空间的实际控制者可以根据需要,不为人知地随时改变 QQ 空间的公开状态。基于个案中不同的诉辩主张,在缺乏直接证据证明特定时间内 QQ 空间公开状态的情况下,QQ 空间实际上是由专利权人或是无效请求人或是案外人控制,也即 QQ 空间的公开与否实际由谁掌控,将很可能影响到最终对 QQ 空间公开情况的认定,故也应将实际控制者因素纳入全案情形进行综合考察判断。本案中,该 QQ 空间为案外人冯某所有,无论是原告还是第三人,其从权属上而言均无法控制该 QQ 空间,虽然冯某曾为第三人员工,但依据常理,冯某不存在上传涉案图片时对 QQ 空间保密的动机。结合上文关于上传时间和 QQ 空间公开性的考虑,证明涉案图片在本专利申请日前已处于公开状态的证据处于明显优势地位,本案中可以认为 QQ 空间中上传文件的上传时间即为其公开时间。

(五) 案例引申

在 QQ 空间被设置为仅好友可见的情况下,其中上传的技术内容是否处于公开状态?一种观点认为,QQ 好友并非公众,为好友所知不等于为公众所知,其他人无法通过关键词在网络平台检索查阅,故 QQ 空间中的内容没有处于公开状态。另一种观点认为,专利法意义上的公众并非指代任何人,而是没有明示保密义务或者默示保密义务的人,又可被称为非特定人,只要技术内容处于能够为没有保密义务的人获得的状态,就构成了专利法意义上的公开。由于 QQ 好友通常没有保密义务,在没有充足反证的情况下,应当认为 QQ 空间中的内容处于公开的状态。

四、参考意见

1. QQ 空间中上传的内容,也并非要求其一直处于为所有人可见的公开状态,有证据证明 QQ 空间中上传的内容在涉案专利的申请日之前曾经处于为所有人可见的公开状态,即可认为其构成现有技术或现有设计。

2. 在没有明确证据证明上述情形的情况下,应当在综合考虑图片的上传时间和公开情况、QQ 空间的主要用途和实际控制者后,推定其是否在申请日之前处于公开状态,从而认定其是否属于专利法意义上的公开,是否能够作为现有技术或者现有设计来评价涉案专利的新颖性或者创造性。

拓展案例

再审申请人 A 公司与被申请人 B 公司、C 公司、一审被告 D 公司侵害发明专利权纠纷案[1]

一、基本案情

ZL200410004652.9 发明专利名称是"登机桥辅助支撑装置和带有该装置的登机桥及其控制方法",申请日是 2004 年 2 月 26 日,授权公告日是 2007 年 8 月 22 日,专利权人为 B 公司和 C 公司。

2011 年 2 月 21 日,B 公司和 C 公司以 D 公司和 A 公司未经合法许可,擅自实施了其"登机桥辅助支撑装置和带有该装置的登机桥及其控制方法"发明专利,构成侵犯专利权为由,诉诸一审法院。

A 公司主张被诉侵权技术使用的是现有技术,提交的关键证据是《机坪驱动旅客登机桥操作和维护手册》的附录 Y。

一审判决认为:《机坪驱动旅客登机桥操作和维护手册》的附录 Y,是一份由 A 公司关联公司自行印制的非正规出版物。在 A 公司不能证明其关联公司曾使用"悬臂梁装置"技术的情况下,难以确认该附录 Y 内容的真实性及其印制及交付给旧金山国际机场的时间。现有技术抗辩不能成立。

A 公司不服,向广东省高级人民法院提起上诉,同时补充提交证据如下:①凯某于 2013 年 3 月 12 日出具的证言,其作为被派到旧金山国际机场的旧金山县和市地方检察官办公室的副地方检察官,证明 2004 年前包括附录 Y 在内的技术手册可依《加州公共记录法》规定向公众披露。②维某于 2013 年 3 月 14 日出具的证言及相关附件,证明其根据加州《公共记录法》的规定,于 2013 年 3 月 1 日向旧金山国际机场请求获得《机坪驱动旅客登机桥操作和维护手册》的完整手册,同年 3 月 12 日接到了经旧金山市和地方检察官办公室

---

[1] 参见:广州市中级人民法院(2011)穗中法民三初字第 107 号民事判决书,广东省高级人民法院(2013)粤高法民三终字第 38 号民事判决书,最高人民法院(2016)最高法民再 179 号民事判决书。

提供的文件副本共 3 卷，未规定保密义务也未限制其使用和进一步披露。

二审判决认为：附录 Y "液压稳定器"的性质属于产品使用说明书，而非公开出版物。所谓出版，是指以有形形式复制并向公众发行的能够阅读或可看到的作品复制品。产品使用说明书是随产品销售所附带的技术资料，其目的是供购买者在使用、维修时阅读，通常只向购买该产品的用户而非社会公众发放，不符合出版的特征，不宜认定为公开出版物。根据 2008 年修改前的《专利法》，在国外通过使用公开的内容不属于现有技术，因此，现有技术抗辩不能成立。

A 公司不服，向最高人民法院申请再审。2016 年 1 月 13 日，最高人民法院作出再审判决，认定：附录 Y 属于专利法意义上的出版物，其交付给旧金山国际机场的时间即为公开时间，并在此基础上撤销了一审和二审判决。

二、法律问题

何谓专利法意义上的出版物公开？何谓专利法意义上的使用公开？

三、重点提示

由于涉案专利申请日是 2004 年 2 月 26 日，故本案应适用 2001 年 7 月 1 日施行的《专利法》界定现有技术。该版《专利法》采用了相对新颖性的标准，即现有技术是指申请日前在国内外出版物上公开发表、在国内公开使用或以其他方式为公众所知的技术。本案中域外的使用公开不能构成涉案专利的现有技术，而域外的出版物公开可以构成涉案专利的现有技术。因此，本案中附录 Y 是属于使用公开还是出版物公开，以及是否构成涉案专利之前的现有技术至关重要。

本案中，再审判决认为附录 Y 是专利法意义上的出版物，理由如下：

第一，对于本案被诉侵权产品和控制方法落入涉案专利权保护范围，附录 Y 记载了被诉侵权产品的技术特征的事实，各方当事人均无异议，因此附录 Y 记载了 B 公司和 C 公司主张的涉案专利权利要求的技术特征。

第二，A 公司提交的在案证据能够证明附录 Y 随着 A 公司关联 E 公司与旧金山国际机场签订的编号为 5520.L 合同的履行，于 2001 年前后交付给旧金山国际机场，且 E 公司没有就附录 Y 与旧金山国际机场签订保密协议，即附录Y不属于商业秘密，持有者不负有保密义务。

第三，凯某（被派到旧金山国际机场的旧金山县和市地方检察官办公室的副地方检察官）证明，包括附录Y在内的《机坪驱动旅客登机桥操作和维护手册》，如果在2001～2004年期间被公众索取，根据当时的加州《公共记录法》，该手册属于可公开的公共记录，因此会向请求获取该手册的公众公开。美国加州公民道某、美国加州公证人维某依据《公共记录法》，分别于2011年11月22日和2013年3月12日获得了附录Y的复印件。由此可见，附录Y可以通过公开渠道获得。

基于上述分析，再审判决认为，附录Y系独立存在的传播载体，鉴于其记载了涉案专利技术的技术特征，且交付给旧金山国际机场的时间，即公开时间亦能确定，故其属于专利法意义上的出版物公开。

《专利审查指南》第二部分第三章第2.1.2.1节规定："专利法意义上的出版物是指记载有技术或设计内容的独立存在的传播载体，并且应当表明或者有其他证据证明其公开发表或出版的时间。"专利法意义上的出版物的外延要大于著作权法意义上的出版物。著作权法意义上的出版物，通常指由出版社出版的印刷品。而专利法意义上的出版物的"传播载体"，不仅包括印刷、打印的纸件，还包括用电、光、磁、照相等方式形成的视听资料，甚至包括存在于互联网或其他在线数据库中的资料。

《专利审查指南》第二部分第三章第2.1.2.2节规定："由于使用而导致技术方案的公开，或者导致技术方案处于公众可以得知的状态，这种公开方式称为使用公开。""使用公开的方式包括能够使公众得知其技术内容的制造、使用、销售、进口、交换、馈赠、演示、展出等方式。只要通过上述方式使有关技术内容处于公众想得知就能够得知的状态，就构成使用公开，而不取决于是否有公众得知。""使用公开还包括放置在展台上、橱窗内公众可以阅读的信息资料及直观资料。"

根据《专利审查指南》的上述规定可以看出，区分出版物公开和使用公开的标准主要在于技术内容被公开的方式，是存在于载体上由于传播而公开，还是由于使用而公开。

本案中附录Y有两种公开方式：一是作为产品操作和维护说明书并随产品销售而交付使用者；二是基于加州《公共记录法》的规定，该手册属于可公开的公共记录。

对于第二种公开方式，判决中并未具体论述，其公开方式应属于出版物公开，公开时间为公众可以请求并获取该手册的时间，虽然基于现有证据无法准确判定其公开时间，但根据"美国加州公民道某、美国加州公证人维某基于《公共记录法》，分别于 2011 年 11 月 22 日和 2013 年 3 月 12 日获得了附录 Y 的复印件"这一事实，可以确定其公开时间不迟于 2011 年 11 月 22 日。

对于第一种公开方式，二审和再审判决存在争议。二审判决认为其属于使用公开，再审判决认为其属于出版物公开。再审判决认为属于出版物公开的理由在于使用者没有保密义务，导致附录 Y 是可公开的。

本案再审判决之前的通说观点认为，产品的使用说明书，亦即产品的操作和维护手册，是随产品销售附带的技术资料，其目的是供购买者在使用、维修时阅读，而不在于传播记载其中的技术内容，一般情况下产品使用说明书并不单独流通，而是随着产品的销售行为被公众所知，由于向购买该产品的用户而非社会公众发放，不符合出版物的特征，不能认定为公开出版物，但是其可以作为使用公开的证据的佐证，在证明使用公开证据链完备的情况下，其记载的技术内容可以作为该使用公开行为所具体公开的技术内容。其公开时间一般是产品的销售时间，这也不同于作为出版物的印刷品，印刷品以其印刷日为公开日。

虽然本案作出了如上的再审判决，但产品的使用说明书是否属于出版物公开的问题仍值得探讨。

拓展资料

3-1【拓展阅读资料】

专题二 创造性的判定

知识概要

创造性是一项发明创造能够授予专利权的实质性条件之一，是在专利申请实质审查、专利无效程序、专利行政案件中涉及比例最高的法律问题。为规范对创造性的评价，使评价结论更为客观公正，在实务中广泛运用"三步法"来判断发明创造是否是显而易见的，即：①确定最接近的现有技术；②确定发明的区别技术特征和发明实际解决的技术问题；③判断要求保护的发明对本领域技术人员来说是否显而易见。

在确定最接近的现有技术时，应优选与发明创造在技术领域、技术问题和技术效果上相同或相近的现有技术，在此基础上，选择公开与发明创造相同技术特征较多的现有技术。

在确定发明的区别技术特征时，应遵循单独对比原则，即将权利要求的方案与最接近现有技术的方案进行单独对比，而不得将现有技术的方案进行组合。还需要注意的是，应基于权利要求和现有技术所描述的技术方案进行技术特征的分解，未记载在权利要求或现有技术中的技术特征不能作为对比的基础。在确定发明实际解决的技术问题时，应基于区别技术特征所产生的技术效果进行确定，该技术效果应是本领域技术人员根据说明书记载的内容能够确认的，说明书中没有记载且本领域技术人员无法确认的技术效果不得作为确定实际解决的技术问题的基础。在判断发明是否显而易见时，应从最接近的现有技术出发，瞄向发明实际解决的技术问题，判断发明对本领域技术人员来说是否显而易见。

"预料不到的技术效果"是创造性判断的辅助考虑因素，通常来说，如果发明与现有技术相比具有预料不到的技术效果，则不必再怀疑其技术方案是否具有突出的实质性特点，可以确定发明具备创造性。发明的技术效果优于最接近的现有技术不表示该发明必然具备预料不到的技术效果，只有当技术效果产生"质"的变化，或者产生超出预期的"量"的变化，这种"质"的或者"量"的变化，对本领域技术人员来说，其事先无法预测或者推理出来，才可以认定该发明具有预料不到的技术效果。

经典案例

再审申请人A公司与被申请人国家知识产权局专利局原专利复审委员会、一审第三人B公司发明专利权无效行政纠纷案[1]

一、基本案情

A公司拥有第200510000429.1号发明专利的专利权,该专利独立权利要求1为:

"1. 一种治疗乳腺增生性疾病的药物组合物,由以下重量份的原料药制成:橘叶412.5g、丹参412.5g、皂角刺275g、王不留行275g、川楝子275g、地龙275g;其制备方法如下:①将橘叶、丹参、皂角刺、川楝子加水煎煮2次,每次煎煮1小时,合并煎液,滤过,滤液浓缩至相对密度为1.28,温度为85℃,放冷,将所得浓缩液备用;②地龙和王不留行用70%乙醇回流提取2次,第一次提取2小时,第二次提取1小时,滤过,合并滤液,将所得滤液备用;③将步骤①所得的浓缩液和步骤②所得的滤液合并,调整乙醇量达70%,搅拌均匀,静置,回收乙醇并浓缩成稠膏,加入蔗糖500g与淀粉、糊精适量,混匀,制成颗粒,干燥即得。2. 权利要求1所述药物组合物在制备治疗乳腺增生、乳房胀痛疾病药物中的用途。3. 如权利要求1所述的药物组合物在制备具有抗炎作用药物中的应用。"

B公司于2010年3月10日针对上述专利权向专利复审委会提出无效宣告请求,争议焦点在于权利要求1相对于证据1和公知常识的结合是否具有创造性。

证据1:《中华人民共和国药典(2000年版一部)》,化学工业出版社,2000年1月第1版。其公开了"乳块消片"的功能主治为疏肝理气、活血化瘀、消散乳块,用于肝气郁结、气滞血瘀、乳腺增生、乳房胀痛。处方为:橘叶825g、丹参825g、皂角刺550g、王不留行550g、川楝子550个、地龙

---

[1] 参见:北京市第一中级人民法院(2009)一中知行初字2710号行政判决书,北京市高级人民法院(2010)高行终字第1489号行政判决书,最高人民法院(2013)知行字第77号行政裁定书。

550g。制法为：以上六味，除地龙、王不留行外，其余橘叶等四味加水煎煮2次，每次1小时，合并煎液，滤过，滤液浓缩至相对密度为1.25～1.30（85℃），放冷，备用；地龙、王不留行用70%乙醇回流提取2次，第一次2小时，第二次1小时，滤过，合并滤液，加入上述浓缩液中，调整乙醇量达70%，搅拌均匀，静置，回收乙醇并浓缩至稠膏状，减压干燥成干浸膏，粉碎，加辅料适量，混匀，制成颗粒，干燥，压制成1000片，包糖衣，即得。

B公司认为，权利要求1与证据1相比，中药组分和配比相同，区别在于二者的剂型不同，且本案专利省略了减压干燥步骤。权利要求1相对于证据1是显而易见的，不具有创造性。A公司提交了反证3，反证3的发表时间晚于本案专利的申请日，其以丹酚酸B为指标，比较了减压干燥、喷雾干燥两种干燥方式制备的乳块消片提取物的含量差异，结论为喷雾干燥制备的乳块消片中提取物丹酚酸B的含量比较高。A公司依据反证3认为本专利相比证据1提高了产品中丹酚酸B的含量，取得了预料不到的技术效果，具有创造性。

专利复审委员会审理后于2010年10月21日作出第15409号无效宣告请求审查决定（简称第15409号决定），以本案权利要求1～3不符合《专利法》第22条第3款的规定为由，宣告本案专利权全部无效。A公司不服，提起行政诉讼。北京市第一中级人民法院一审认为，第15409号决定夸大了本领域技术人员对本案专利技术效果的预期能力，权利要求1～3具备创造性，据此，判决撤销第15409号决定并责令专利复审委员会重新作出审查决定。专利复审委员会不服，提起上诉。北京市高级人民法院二审认为，本案专利仅是对已知药物常规剂型的转换，且省略减压干燥步骤所带来的技术效果的改变是本领域技术人员可以预料的。遂判决撤销一审判决，维持第15409号决定。A公司不服，向最高人民法院申请再审。最高人民法院于2014年10月17日裁定驳回A公司的再审申请。

二、法律问题

1. 创造性的评价方法。
2. 对预料不到的技术效果的判断。

三、法理分析

（一）创造性的评价方法

《专利法》第22条第3款规定："创造性，是指与现有技术相比，该发明具有突出的实质性特点和显著的进步，该实用新型具有实质性特点和进步。"

《专利法》的立法宗旨是鼓励发明创造、提高创新能力、促进科学技术进步和经济社会发展。专利权只授予那些对科学技术发展作出贡献的发明创造。对于发明、实用新型专利来说，具备创造性是获得专利授权的重要条件之一。

创造性是一项发明创造能够授予专利权的实质性条件之一，是在专利申请实质审查、专利无效程序、专利行政案件中涉及比例最高的法律问题，因此其判断标准也成为专利申请人或专利权人、专利代理人或律师最为关注的问题。为规范创造性的评价，使评价结论更为客观公正，《专利审查指南》规定了"三步法"的判断方式，即：①确定最接近的现有技术；②确定发明的区别技术特征和发明实际解决的技术问题；③判断要求保护的发明对本领域技术人员来说是否显而易见。"三步法"判断思路的精髓在于：重塑发明过程，即回到专利申请日前，以最接近的现有技术为基础，以本领域普通技术人员的眼光，分析最接近的现有技术中存在的缺陷，并据此提出发明解决的技术问题，再进一步看现有技术在整体上是否给出了采用与发明一样的手段解决该技术问题的技术启示。应该说，"三步法"的判断思路适用于绝大多数发明的创造性评价，是客观判断发明创造性的有效方法，在实务中被广泛运用。

1. 确定最接近的现有技术。确定最接近的现有技术是三步法的第一步，是进行创造性评价的基础和起点。最接近的现有技术是指现有技术中与要求保护的发明最密切相关的一个技术方案，是进行改进从而获得发明的起点，理论上应当包含最能代表现有技术状况的相关内容，对其进行改进以重构发明时需要克服的技术障碍最小。

在确定最接近的现有技术时，应该遵循技术发展的常规路径和科学研发的一般思路，选择能够合理地落入研发视野内的技术，考虑过程应尽可能地贴近发明人实际面临的情况。基于发明创造产生的一般规律可以确定，在判断某一现有技术能否作为最接近的现有技术时，首先需要考虑的因素是技术领域。技术领域限定了一项发明创造得以产生的土壤,任何发明创造都会被归属到对应的技术领域,在该技术领域内寻找发明创造的起点才符合一般的研发规律。其次,需要考虑的因素是技术问题。技术问题是发明创造的原动力,绝大多数发明创造都是针对现有技术中存在的问题而提出的解决方案,若这些问题已为人所知并存在或者尝试过若干不同的解决方案,那么针对相同或相关技术问题的已知的解决方案自然是最佳的评价创造性的起点。最后,需要考虑的因素是技术效果。技术效果从结果层面上体现了发明创造在实际上所实现的目的,技术效果相似可被视为发明目的相似,技术效果理应予以考虑。

综上,在判断是否具备最接近的现有技术资格时,需要考量技术领域、技术问题、技术效果这几方面的因素。同时,这几方面的因素又并非割裂存在的,它们之间存在着紧密联系,这些考量因素的重合度越高,最接近现有技术资格则越适格。

此外,"相同技术特征的多少"当然也是需要考虑的一个因素,但是,相对于技术领域、技术问题以及技术效果而言,其位阶靠后,所占权重较小。前三个因素会涉及是否具备成为起点的资格的定性问题,技术特征则主要涉及具备资格之后选取哪一现有技术更优的问题,为第二位阶的考虑因素。

本案中,所选择的最接近的现有技术是证据1中的乳块消片。证据1公开了用于治疗乳腺疾病的乳块消片及其制备方法,与本专利的技术领域、解决的技术问题、实现的技术效果均相同或相近,且公开了较多相同的技术特征,因此,适合作为最接近的现有技术。由于对最接近的现有技术的选择较为恰当,在行政确权程序以及后续的行政诉讼程序中,对最接近的现有技术的确定,各方均无争议。

2. 确定发明的区别技术特征和发明实际解决的技术问题。确定发明与最接近现有技术之间的区别特征时,首先,应将发明和最接近的现有技术的技术方案分别分解为若干技术特征,分解技术特征时应以技术问题为导向,相对独立的、能够解决某一技术问题的最小技术单元就是一个技术特征,如果多个技术单元相互依存不可或缺、共同解决同一技术问题,那么应该将这多个技术单元作为一个技术特征看待。然后,将发明与最接近的现有技术进行对比并确定区别技术特征。最后,根据区别技术特征达到的技术效果,确定发明实际解决的技术问题，进而确定发明的技术贡献。

（1）关于区别技术特征的确定。在确定发明的区别技术特征时，应遵循单独对比的原则，即将权利要求的方案与最接近现有技术的方案进行单独对比，而不得将现有技术的方案进行组合。此外，还需要注意，应基于权利要求和现有技术描述的技术方案来进行技术特征的分解，未记载在权利要求或现有技术中的技术特征不能作为对比的基础。

就本案而言，权利要求1是典型的中药组合物权利要求，由原料药的组分、含量以及制备方法共同限定。证据1公开的是乳块消片及其制备方法。二者的技术特征对比如下表：

权利要求1	证据1	比较
一种治疗乳腺增生性疾病的药物组合物	乳块消片	剂型不同：根据权利要求1最后一句"制成颗粒，干燥即得"，可以确定权利要求1的组合物是颗粒剂。证据1则为片剂
由以下重量份的原料药制成：橘叶412.5g、丹参412.5g、皂角刺275g、王不留行275g、川楝子275g、地龙275g	处方为：橘叶825g、丹参825g、皂角刺550g、王不留行550g、川楝子550个、地龙550g	虽然权利要求1与证据1的原料药的重量在文字表述上存在不同，但六味原料药的重量比例相同，重量比例是技术特征所表达的实质内容，故二者相同
其制备方法如下：①将橘叶、丹参、皂角刺、川楝子加水煎煮2次，每次煎煮1小时，合并煎液，滤过，滤液浓缩至相对密度为1.28，温度为85℃，放冷，将所得浓缩液备用	制法为：以上六味，除地龙、王不留行外，其余橘叶等四味加水煎煮2次，每次1小时，合并煎液，滤过，滤液浓缩至相对密度为1.25～1.30（85℃），放冷，备用	二者相对密度不同
②地龙和王不留行用70%乙醇回流提取2次，第一次提取2小时，第二次提取1小时，滤过，合并滤液，将所得滤液备用	地龙、王不留行用70%乙醇回流提取2次，第一次2小时，第二次1小时，滤过，合并滤液	二者相同

续表

权利要求1	证据1	比较
③将步骤①所得的浓缩液和步骤②所得的滤液合并，调整乙醇量达70%，搅拌均匀，静置，回收乙醇并浓缩成稠膏，加入蔗糖500g与淀粉、糊精适量，混匀，制成颗粒，干燥即得	加入上述浓缩液中，调整乙醇量达70%，搅拌均匀，静置，回收乙醇并浓缩至稠膏状，减压干燥成干浸膏，粉碎，加辅料适量，混匀，制成颗粒，干燥，压制成1000片，包糖衣，即得	二者浓缩成稠膏后，处理步骤不同 此外，权利要求1制成颗粒并干燥即可，而证据1在制成颗粒并干燥后，还需压片、包糖衣的步骤

第15409号决定认为，将本专利权利要求1与证据1相比，二者所公开药物的功能主治相同，组成成分相同，各组分配比相同，主要制备步骤相同，区别仅在于：其一，二者的剂型不同，由此导致制剂步骤③有所不同，不同之处在于与证据1相比，本专利权利要求1在制备颗粒剂的过程中在加入辅料之前省去了"减压干燥干浸膏，粉碎"的步骤，并具体规定加入了"蔗糖500g与淀粉、糊精适量"；其二，与证据1规定的相对密度为1.25~1.30相比，权利要求1将其进一步限定为1.28。

A公司认为，由于本专利的制备方法中省略了减压干燥的处理步骤，导致活性成分丹酚酸B的含量产生了显著变化，从而导致本专利与现有技术在产品活性成分的组成上存在不同。

可见，第15409号决定和A公司对于文字描述表现出的差别并无争议，均认为差别主要在于制备方法中有无减压干燥的步骤，争论的核心在于文字描述上的不同是否对技术方案产生了实质性的影响。

技术方案的对比是对技术实质进行比较，而不应是文字的比对，在进行特征对比时，应关注技术特征在技术方案中的作用，基于技术特征所表达的实质内容进行对比。在本案中，有一个特殊之处，那就是权利要求1在撰写上采用了较为特殊的方法。按照性质划分，权利要求有两种基本类型，即物的权利要求和活动的权利要求，也可以简单地称为产品权利要求和方法权利要求。在类型上区分权利要求的目的是确定权利要求的保护范围，通常情况下，在确定权利要求的保护范围时，权利要求中的所有特征均应当予以考虑，而每一个特征的实际限定作用应当最终体现在该权利要求所要求保护的主题上。划分权利要求类型的依据在于权利要求的主题名称，本案权利要求1的主题名称为"中药组合物",表明权利要求1是产品权利要求。通常来说,对于组合物的产品权利要求,应使用组分和含量特征进行限定,但对于中药组合物产品,由于分析技术能力的限制,无法准确知晓该产品的具体组成成分及其含量,因而无法用产品的组成特征予以清楚地表现,此时只能借助于制备方法特征表现出来。但是,由于保护的主题仍然是产品,因此制备方法特征所起到的实际限定作用取决于对所要求保护的产品本身带来何种影响。

第15409号决定认为,因为常规颗粒剂制法中本身就不含减压干燥步骤,省略减压干燥的步骤这一制备方法特征只是将片剂改为颗粒剂的必然结果,其对于产品的限定囊括在剂型的改变中。A公司则坚持,制备方法特征的改变导致产品的活性成分在组成上存在不同。

对于上述争点,首先,权利要求中并未记载专利权人所争辩的活性成分丹酚酸B的提取物含量这一技术特征,说明书中也没有关于丹酚酸B的提取物含量的任何记载。申请文件中未记载的信息,除非是本领域技术人员已经知晓或者能够直接知晓的现有技术信息,否则在评价发明的专利性时不能予以考虑。其次,专利权人所争辩的主张不能被申请日前本领域技术人员所确认。从常理来看,在中药原料的组分和配比相同,且提取条件相同、提取溶剂相同的情况下,提取的活性成分一般不会出现实质性的不同。从实践操作来看,药材的产地、气候、土壤等自然环境以及采集时间、工艺条件等都会影响中药原料中活性成分的含量,但按照相同的提取条件进行提取,活性成分一般不会出现实质性的不同,否则,中药无法被产业化推广。在根据常理和一般实践均不支持专利权人主张的情况下,专利权人的主张不能被认可。

再审裁定认为,在中药原料的组分和配比相同,且提取条件相同、提取溶剂相同的情况下,提取的活性成分一般不会出现实质性的不同。本专利权利要求1限定的是原料药的组分、配比、制备方法,并未限定最终制备形成的药物组合物产品的活性成分及含量。而且,在本专利权利要求以及说明书中,也未记载丹酚酸B的提取物含量,以及该含量与本专利解决的技术问题有关联。因此,对于A公司以丹酚酸B的含量作为区别技术特征的主张,不予支持。

(2)关于发明实际解决的技术问题。在确定发明实际解决的技术问题时,需要注意,要基于说明书中记载并且本领域技术人员能够确认的,或者虽然说明书中没有记载但本领域技术人员根据原始说明书的内容能够确定区别特征客观上具有的技术效果。如果说明书中仅仅提及某种技术效果，但本领域技术人员根据说明书的内容及其掌握的普通技术知识，无法确认该技术效果能够实现，那么该技术效果不能作为确定发明实际解决的技术问题的依据；如果说明书中没有提及某种技术效果，本领域技术人员根据掌握的普通技术知识也无法确认该技术效果能够实现，那么该技术效果不能作为确定发明实际解决的技术问题的依据。即使申请人补交实验数据证明这两种效果能够实现，由于先申请原则的限制，这样的效果无法被认可。

在本案中，实际解决的技术问题的争议在一审和二审程序中并未被提及，直到再审程序中才被提出。

第15409号决定认为，权利要求1实际解决的技术问题是改变了药物的剂型。专利权人在再审程序中则主张，本专利实际解决的技术问题是提高活性成分丹酚酸B的含量，从而获得在临床疗效上明显优于现有技术的新产品。

再审裁定认为，本专利的权利要求中并没有记载药物组合物中丹酚酸B的含量，也没有记载用于提高丹酚酸B的具体技术手段，更没有记载丹酚酸B的含量和疗效之间的因果关系。本领域技术人员在阅读本专利说明书后，无法得知本发明要解决的技术问题与提高丹酚酸B的含量有何关联，更无法得出本案专利实际要解决的技术问题是改变药物特定活性成分比例的结论。

再审裁定同时强调了确定发明实际解决的技术问题所应遵循的原则：确定发明实际解决的技术问题，通常要在发明相对于最接近的现有技术存在的区别技术特征的基础上，由本领域技术人员在阅读本案专利说明书后，根据该区别技术特征在权利要求请求保护的技术方案中所产生的作用、功能或者技术效果等来确定。

在本案中，专利权人知道说明书中没有记载与丹酚酸B有关的信息，意识到仅依据专利文件本身主张实际解决的技术问题是提高丹酚酸B的含量难以被接受，故提交了反证3作为依据，试图证明省略了减压干燥的步骤能提高丹酚酸B的含量是客观事实。反证3是一篇发表于本专利申请日之后的论文，其以丹酚酸B为指标，比较了减压干燥、喷雾干燥两种干燥方式制备的乳块消片提取物的含量差异，结论为喷雾干燥制备的乳块消片中提取物丹酚酸B的含量比较高。

再审裁定针对反证3进行了评述，认为：作为以公开换保护的专利制度，对专利权的保护应当与发明人相对于申请日前的现有技术所作出的技术贡献相称，其技术贡献应当充分公开，并记载在说明书中。申请日提交的专利申请文件是确定专利申请能否获得授权的基础。反证3虽然一定程度上解释了制备工艺与丹酚酸B含量之间的关系，但其系本案专利申请日之后公开的技术文献，所述技术内容并非用于证明本领域技术人员在本案专利申请日前所具有的知识水平与认知能力，故不应当以反证3记载的内容作为判断本案专利技术效果的基础。在本案专利说明书没有记载提高丹酚酸B的含量及其技术效果的情况下，也不应当将反证3作为对比实验数据使用。

再审裁定强调了如下原则：未记载在说明书中的技术贡献不能作为要求获得专利权保护的基础。对于专利权人提交的申请日之后的技术文献，用于证明未在专利说明书中记载的技术内容，如该技术内容不属于申请日之前的公知常识，或不是用于证明本领域技术人员的知识水平与认知能力的，一般不应作为判断能否获得专利权的依据。

(3) 关于显而易见的判断。在判断发明是否显而易见时，要从最接近的现有技术出发，瞄向发明实际解决的技术问题，判断发明对本领域技术人员来说是否显而易见。

本案中，在确定了发明实际解决的技术问题是改变药物的剂型之后，结论就很明显了。公知常识性证据《中华人民共和国药典》记载了颗粒剂的两种制法，一种是将药材浸膏喷雾干燥制成细粉，后加入辅料制成颗粒；另一种是将药材浸膏加入辅料制成颗粒，再干燥。本专利即是采用了后一种常规制法。对于具体辅料及用量的选择以及浓缩液相对密度的选定也都是常规的。因此，权利要求1是显而易见的。

(4) 案例引申。在实际解决的技术问题的争议中，专利权人的主张其实有两点：一是提高活性成分丹酚酸B的含量，二是从而获得在临床疗效上明显优于现有技术的新产品。再审裁定只对专利权人的第一点进行了评述，认为说明书中没有相应记载，导致本领域技术人员无法确认，故对此主张不予支持。再审裁定并未对专利权人的第二点主张进行评述，很可能是认为第一点主张是第二点的基础，因为，从文字描述看，"从而"一词表明了第一点主张和第二点主张的关系，第二点依托于第一点，是第一点的结果。因此，若第一点主张被否定了，第二点主张自然就不成立了。事实上，虽然专利权人没有争辩，但说明书中明确记载了下列内容：实施例的表7给出了临床疗效试验结果，本发明药物治疗组的有效率为95.7%，而阳性对照组（使用了乳块消片，与证据1的产品相同）的有效率为89.32%。二者相差超过6%，在统计学上有显著差异，这可以表明本专利的临床疗效明显优于现有技术。也就是说，专利权人的第二点主张在说明书中是有依据的，即使第一点主张不能被支持，或者第一点主张与第二点主张之间的因果关系无法被确定，但第二点主张所解决的技术问题确实在说明书中有记载，对此技术问题，是否应该加以认定呢？

通常来说，由于说明书中已经记载了相关效果，此时，发明实际解决的技术问题应被认定为提高疗效，而非是改变剂型。接下来运用"三步法"进行显而易见的判断时，说理的方式会发生改变，但不会对结论的认定产生影响。因为，对于该药物组合物而言，将片剂改为颗粒剂会提高疗效，这在本领域技术人员的预期范围内，所使用的制造颗粒剂的方法也是常规的方法，因此该技术效果仍是显而易见的。具体的理由可参见下一部分"预料不到技术效果的判断"。

就本案而言，说明书记载上述效果的临床试验方法本身存在疑点，在使用乳块消片作为阳性对照组时，使用了C中药厂生产的生产批号为8600202的药片，据说明书记载，阳性对照组103人，每次5片，每日3次，30天为一疗程，观察时间为3个疗程。如此算来，需要139 050片该生产批号的药物，一次采购这么多的药物是不合常规的。由于无法知晓在案件审理过程中是否对此问题进行过质证，也不知该疑点是否得以澄清，但该疑点的存在显然会使得临床试验结果的准确性存疑。是否因此导致专利权人在再审程序中未基于该临床试验结果争辩发明实际解决的技术问题是提高疗效，抑或是因此导致最高法院未对提高疗效的技术问题进行确认，就不得而知了。

（二）关于预料不到技术效果的判断

发明的技术效果是判断创造性的重要因素。如果发明相对于现有技术，其技术效果产生"质"的变化，或者产生超出预期的"量"的变化，这种"质"的或者"量"的变化，对本领域技术人员来说，其事先无法预测或者推理出来，可以认定发明具有预料不到的技术效果。当发明产生了预料不到的技术效果时，一方面说明发明具有显著的进步，同时也反映出发明是非显而易见的，具有突出的实质性特点，该发明具有创造性。

本案中，A公司以本案专利说明书记载的药物总有效率明显优于现有技术的产品总有效率为由，主张本案专利具有预料不到的技术效果。这是本案争议的一个核心问题。一审法院之所以撤销第15409号决定，关键原因在于认为涉案专利的技术效果是不可预期的。

对于技术效果产生"质"的变化的情形来说，认定具有预料不到的技术效果相对简单，难点在于当技术效果产生"量"的变化时，如何认定是本领域技术人员事先无法预测或者推理出来的。

最高人民法院结合本案给出考量的原则，在认定是否存在预料不到的技术效果时，应当综合考虑发明所属技术领域的特点尤其是技术效果的可预见性、现有技术中存在的技术启示等因素。通常来说，现有技术中给出的技术启示越明确，技术效果的可预见性就越高。

具体到本案，再审裁定认为：片剂和颗粒剂均为中药领域的常见剂型，该领域对两种制备方法及所带来的技术效果的可预见性研究得较为充分。在对技术效果存在合理预期的情况下，面对本案专利实际要解决的剂型改变的技术问题时，本领域技术人员容易想到将中药提取物制成颗粒剂的常规制法。由于常规颗粒剂制法的两种具体方法均不含减压干燥步骤，本领域技术人员对本案专利所采用的颗粒剂的常规制法有利于保持药物活性、产品易于崩解、药物溶出度和生物利用度好进而能够提高药物有效率的效果，具有普遍的预期。A公司以本案专利说明书记载的药物总有效率明显优于现有技术的产品总有效率为由，主张本案专利具有预料不到的技术效果。由于本案专利在制备颗粒剂时省去了减压干燥步骤，对药物活性成分的影响也相应减少，因此带来的药物整体有效率的提高也是本领域技术人员能够合理预期的。本案专利的药物有效率优于现有技术的原因是本案专利限定的制备方法本身的特点所带来的，亦不能得出本案专利具有预料不到的技术效果的结论。

上述裁定读起来会让人费解，裁定似乎没有正面回应专利权人的主张。专利权人认为总有效率提高的量很明显，是预料不到的。而裁定则认为，总有效率提高是可以预期的。表面上看，裁定并未针对"量"的变化是否可以预期给予明确认定，而是回避了该问题。实际上，对于本案而言，"量"的分界线在哪其实并不是主要问题，表面上看争议的核心是技术效果是否可以预期。但是，透过现象看本质，新的技术效果的产生依赖于技术手段的改变，应首先以技术手段作为切入点进行分析，此时就会发现问题简单清晰了很多。片剂和颗粒剂都是常用的中药剂型，将同一中药品种的片剂改变为颗粒剂是常见的剂型转换方式。有证据表明在转换时常规的制法有两种，本专利与现有技术在技术手段上的区别就在于使用了两种常规制法中的一种，除了该常规技术手段外，本专利在原料组成和制备方法上并无任何特别之处。也就是说，在技术方案层面，本专利只是在有限范围内进行简单且常规的尝试，本领域技术人员有动机且有能力做出这样的尝试，本专利在技术上并无贡献，其所获得的技术效果只是简单尝试的必然结果，这样的技术效果自然就应被认定为是可以预期的。如上的分析思路就符合了"现有技术中给出的技术启示越明确，技术效果的可预见性就越高"的判断原则。

此外，专利权人欲以发明具有预料不到的技术效果为由，争辩本专利具有创造性，就应承担相应的证明义务。举证证明本发明记载的有效率与片剂相比所提高的6%超出了所属技术领域的技术人员的可预期范畴，在专利权人未能举证证明本发明产生预料不到的技术效果的情况下，该预料不到的技术效果的主张不能被认可。

四、参考意见

1. 认定权利要求与最接近的现有技术之间的区别技术特征，应当以权利要求记载的技术特征为准，并将其与最接近的现有技术所公开的技术特征进行逐一对比。未记载在权利要求中的技术特征不能作为对比的基础，当然也不能构成区别技术特征。

2. 在进行特征对比时，应关注技术特征在技术方案中的作用，对基于技术特征所表达的实质内容进行对比，而不应仅关注发明与最接近现有技术中针对相关技术特征的文字表述。但此时应注意，文字表述与隐含的实质内容之间应有直接的联系，应从权利要求的上下文中能够毫无疑义地确定。

3. 未记载在说明书中的技术贡献不能作为要求获得专利权保护的基础。对于专利权人提交的申请日之后的技术文献，用于证明未在专利说明书中记载的技术内容，如该技术内容不属于申请日之前的公知常识，或不是用于证明本领域技术人员的知识水平与认知能力的,一般不应作为判断能否获得专利权的依据。

拓展案例

上诉人 A 公司与被上诉人国家知识产权局专利局原专利复审委员会、一审第三人 B 公司发明专利权无效行政纠纷案[1]

一、基本案情

本案涉及 A 公司所拥有的专利号为 01817895.2、名称为"胃肠基质肿瘤的治疗"的发明专利(简称本专利),保护(I)化合物或它的可药用盐在制备用于治疗胃肠基质肿瘤的药物组合物中的用途。(I)化合物是已知的药物,商品名是格列卫,在本专利之前被用于治疗白血病,本专利发现格列卫还可以用于治疗胃肠基质肿瘤,故对该第二医药用途进行保护。

B 公司于 2014 年 9 月 5 日针对上述专利权向专利复审委员会提出无效宣告请求,争议焦点在于权利要求相对于证据 1 是否具有创造性。

证据 1 是一篇综述性文献,记载了"在本文写作之时,一项选择性酪氨酸激酶抑制剂 STI571 针对胃肠基质肿瘤的试验刚刚已经在达纳-法伯癌症研究公司开始,早期的结果看起来令人兴奋"。其中,STI571 是格列卫的代号。

专利复审委员会作出第 27371 号无效宣告请求审查决定(简称第 27371 号决定),认为对于医药用途发明的创造性,判断发明相对于现有技术是否显而易见时,不仅需要考虑本领域技术人员是否会尝试采用某物质治疗某疾病,即考虑是否会尝试技术方案本身,还应考虑该尝试是否有合理的成功预期,成功预期属于合理时即可,并不需要"绝对的成功预期"。证据 1 给出了将格列卫用于治疗胃肠基质肿瘤的成功预期,在此基础上宣告专利权无效。

A 公司不服,先后诉至北京知识产权法院和北京市高级人民法院,两审法院均维持了第 27371 号决定。二审法院认为:对于医药领域的发明技术方案,若现有技术整体上给出了技术教导,足以启发所属领域的技术人员按照

---

[1] 参见:北京知识产权法院(2016)京 73 行初 985 号行政判决书,北京市高级人民法院(2017)京行终字第 2871 号行政判决书。

所述教导去从事技术研发，而且对研发结果也有合理预期的，应当认定涉案的发明技术方案不具有创造性。同时认为，创造性判断中只需要对成功具有合理的预期即可，并不需要绝对的成功预期。

二、法律问题

合理的成功预期的内涵和适用范围是什么？

三、重点提示

本案具有里程碑意义，首次在评价创造性时引入合理的成功预期这一判断标准。

（一）合理的成功预期的内涵

合理的成功预期是将技术问题、技术方案和技术效果结合在一起进行评价，不仅是指技术方案具有可实施性，更是指能够合理预期到技术问题将得以解决、技术效果将得以实现的结果。这一判断标准的核心在于"合理"，首先，该合理不应是源于人的情感或主观意愿，而应是对已有事实进行科学评价后得出的结论；其次，从尺度上来说，该合理既不能仅是本领域技术人员有可能去尝试的程度，也不能要求对试验成功有很大的把握。

（二）合理的成功预期的适用范围

第27371号决定将适用范围限定在医药用途发明，北京市高级人民法院对上述适用范围进行了拓宽，但依然持谨慎的态度，将适用范围仅拓宽至医药领域的发明，该考量标准是否应适用于任何技术领域中发明的创造性评价？

在可预期性较差的医药、化学等领域，本领域技术人员应是保守的。由于对发明效果的预期性低，在评价发明的创造性时，会凸显出合理的成功预期的重要性，不仅需要考虑本领域技术人员是否会尝试采用某种技术方案，还应考虑该尝试是否有合理的成功预期。

在其他预期性较高的领域，如果技术方案得以确定，那么发明效果即可大概地推定出来，此时，自然不需要额外强调对合理的成功预期进行判断，但并不是说合理的成功预期这一判断标准不适用于该领域。

拓展资料

3-2【拓展阅读资料】

专题三 充分公开的判定

知识概要

我国《专利法》制定的初衷,一是授予创新者以排他性权利,进而鼓励发明创造和技术应用,二是通过专利技术信息的公开推动科技的整体进步。作为享有专利排他权的对价,申请人必须履行以书面形式详细、准确、完整地向公众披露其发明的义务,并且公开的程度要使得本领域普通技术人员能够实现,从而达到个人利益与公众利益的平衡。

《专利法》第26条第3款的立法宗旨就在于维护"以公开换取保护"的专利基本制度,该条款规定,说明书应当对发明或者实用新型作出清楚、完整的说明,以所属技术领域的技术人员能够实现为准。"清楚"指的是说明书应当描述发明创造想要做什么和如何去做,以致所属技术领域的技术人员能够清楚、正确地理解发明创造。"完整"指的是说明书应当包括有关理解、实现发明创造所需的全部内容,凡是所属技术领域的技术人员不能从现有技术中直接、唯一地得出有关内容,均应当在说明书中描述。"能够实现"指的是所属技术领域的技术人员按照说明书记载的内容,就能够实现该发明或者实用新型的技术方案,解决其技术问题,并且产生预期的技术效果。"清楚""完整""所属技术领域的技术人员能够实现"三者的逻辑关系是,说明书的公开必须满足"清楚""完整"的要求,而对于是否"清楚""完整"要以"所属技术领域的技术人员能够实现"作为评价标准。

第三章 专利法专题

📚 经典案例

再审申请人国家知识产权局专利局原专利复审委员会、A 公司与被申请人 B 公司、一审第三人张某发明专利权无效行政纠纷案[1]

一、基本案情

C 公司的降脂药立普妥（阿托伐他汀）在许多年里都是全球销售排名第一的超级重磅炸弹型药物。阿托伐他汀的化合物专利在全球过期后，C 公司仍拥有 20 余个阿托伐他汀衍生物晶体的专利，这些晶体中最重要的即为阿托伐他汀钙Ⅰ型晶体（立普妥中的活性成分）专利。由于该晶体专利的存在，在阿托伐他汀化合物专利过期后，立普妥依然维持超过 100 亿美元的年销售额，该晶体在中国的专利权（96195564.3）为 B 公司（C 公司的子公司）所拥有。

该专利包括 24 项权利要求，其中，权利要求 1~3 保护一种含 1~8 摩尔水（优选 3 摩尔水）的Ⅰ型结晶阿托伐他汀水合物（以下简称Ⅰ型结晶），通过两种表征方式对所述结晶水合物进行了定义：①化学组成，即含 1~8 摩尔水（优选 3 摩尔水）的阿托伐他汀水合物；②表征其微观结构的 X 射线粉末衍射峰（以下简称 XRPD）或固态 ^{13}C 核磁共振峰（以下简称 ^{13}C NMR）。权利要求 4~24 保护该Ⅰ型结晶的药物组合物和制备方法。

说明书中记载了发明要解决的技术问题，认为现有技术公开的无定形阿托伐他汀不适合大规模生产中的过滤和干燥，还必须使它免受热、光、氧和水汽的作用。而发明提供的Ⅰ型阿托伐他汀比以前的无定形产品具有更小的颗粒和更均匀的粒度分布，具有更有利于过滤和干燥的特性，也比无定形产品更纯和更稳定。

说明书中记载了Ⅰ型结晶的 XRPD 和 ^{13}C NMR 数据，并称"本发明的Ⅰ型结晶阿托伐他汀可以无水形式以及水合形式存在。通常，水合形式与非水合形式是等价的"。说明书中描述了其制备方法并记载了其制备实施例，也记载

---

[1] 参见：北京市第一中级人民法院（2009）一中知行初字 2710 号行政判决书，北京市高级人民法院（2010）高行终字第 1489 号行政判决书，最高人民法院（2014）行提字第 8 号行政判决书。

了该晶体的母体化合物阿托伐他汀所具有的降血脂用途,该用途已被现有技术所公开。

2007年6月~2008年5月,A公司以及张某先后3次就该I型结晶专利权向专利复审委员会提出无效宣告请求。专利复审委员会合并审理后于2009年6月17日作出第13582号无效宣告请求审查决定(以下简称第13582号决定),以本案专利不符合《专利法》第26条第3款规定为由,宣告本案专利权全部无效。主要理由为:①说明书中没有提供任何定性或定量的数据证明其得到的I型结晶中确实包含1~8摩尔水(优选3摩尔水),而且,从其制备方法的步骤以及用于表征产品晶型的XPRD数据及谱图中也无法确切地推知其产品中水含量为1~8摩尔(或3摩尔),因此,本领域技术人员根据说明书公开的内容无法确认权利要求中所保护的产品;②本领域技术人员根据本案专利说明书的内容无法确信如何才能制备得到本案专利保护的含1~8摩尔水(优选3摩尔水)的I型结晶。B公司不服,提起行政诉讼。北京市第一中级人民法院一审判决维持第13582号决定。B公司不服,提起上诉。北京市高级人民法院二审认为,本发明要解决的技术问题是要获得阿托伐他汀的结晶形式,具体是I型结晶,用以克服"无定形阿托伐他汀不适合大规模生产中的过滤和干燥"的技术问题。由于专利复审委员会并没有确定本发明所要解决的技术问题,也没有明确哪些参数是"与要解决的技术问题相关的化学物理性能参数",因此专利复审委员会在未对本发明所要解决的技术问题进行整体考虑的情况下,作出本案专利不符合《专利法》第26条第3款规定的相关认定显属不当,遂判决撤销一审判决和第13582号决定,并责令专利复审委员会重新作出决定。专利复审委员会和A公司均不服,向最高人民法院申请再审。最高人民法院裁定提审本案,并于2015年4月16日裁定撤销二审判决,维持一审判决。

二、法律问题

1. 确定发明所要解决的技术问题与《专利法》第26条第3款关于公开充分的要求之间的关系。

2. 对化学领域产品发明说明书充分公开的判断。

3. 申请日后补交的实验性证据是否可以用于证明说明书充分公开?

三、法理分析

《专利法》第26条第3款规定："说明书应当对发明或者实用新型作出清楚、完整的说明，以所属技术领域的技术人员能够实现为准。"

说明书是否符合《专利法》第26条第3款规定的判断主体为所属技术领域的技术人员，"所属技术领域的技术人员（又称本领域技术人员）"是专利法中的一个重要概念，在对发明或者实用新型进行授权、确权的审查过程中，均需引入"所属技术领域的技术人员"作为判断主体。

《专利审查指南》第二部分第二章第2.1节"说明书应当满足的要求"中明确规定：关于"所属技术领域的技术人员"的含义，适用本部分第四章第2.4节的规定。《专利审查指南》第二部分第四章"创造性"的第2.4节给出了如下定义：所属技术领域的技术人员是一种假设的"人"，他知晓申请日或者优先权日之前发明所属技术领域所有的普通技术知识，能够获知该领域中所有的现有技术，并且具有应用该日期之前常规实验手段的能力，但他不具有创造能力。如果所要解决的技术问题能够促使本领域技术人员在其他技术领域寻找技术手段，他也应该具有从其他技术领域中获知申请日或优先权日之前的相关现有技术、普通技术知识和常规实验手段的能力。根据上述规定可知，所属技术领域的技术人员具有静态的普通技术知识，同时也具有动态的应用常规实验手段的能力。

引入"所属技术领域的技术人员"，该法律拟制人的目的在于减少在实际判断中判断者的主观因素和随意性，有利于标准的统一。同样的发明创造，对于本领域的专家而言，也许仅给出设想即可实现。但对于外行人而言，也许给出非常详细的信息也无法理解并实施。为了统一判断标准，专利法规定了该法律拟制人作为判断主体。

以所属技术领域的技术人员作为主体进行判断，这就意味着说明书中不必事无巨细地罗列所有信息，本领域的公知常识可以省略，常规技术手段可以简写，现有技术的已知内容可引用而无需原文照搬入申请文件中，从而使得说明书简洁清晰、重点突出。同时，这也意味着本领域技术人员不知道的或者难以预知但为完成发明所必需的信息应被清楚、完整地披露。对于后者的披露要求主要体现在化学和生物等技术领域中，这些领域属于实验性科学领域，影响发明结果的因素是多方面、相互交叉且错综复杂的，导致发明的可预期性通常较低。因此化学和生物产品的发明，应当在说明书中记载产品的确认、制备和用途。

就本案而言，涉及以下法律问题：

（一）关于确定发明所要解决的技术问题与《专利法》第26条第3款关于公开充分的要求之间的关系

该问题是二审判决中引出的焦点问题，对二者关系的理解不同，导致了对案件审理结果的不同。

二审判决认为，判断一项发明是否满足《专利法》第26条第3款关于公开充分的要求，应包括明确该发明要解决的技术问题。本案中，根据说明书的记载可以看出，本发明要解决的技术问题是要获得阿托伐他汀的结晶形式，具体是I型结晶阿托伐他汀，用以克服"无定形阿托伐他汀不适合大规模生产中的过滤和干燥"的技术问题。专利复审委员会在第13582号决定中认为"水含量是其产品组成中必不可少的一部分"，并以说明书中没有提供任何定性或定量的数据来证明得到的I型结晶确实包含1~8摩尔水（优选3摩尔水）为由，得出专利说明书没有满足充分公开要求的结论。但是，由于第13582号决定既没有确定本发明要解决的技术问题，也没有明确哪些参数是"与要解决的技术问题相关的化学物理性能参数"，因此第13582号决定在未对本发明要解决的技术问题进行整体考虑的情况下，作出本专利公开不充分且不符合《专利法》第26条第3款规定的相关认定显属不当。

二审判决将关注的重点放在了发明要解决的技术问题上。这样的裁判思路有其法律依据，同时也具有合理性。其法律依据在于《专利审查指南》的规定，当发明是一种化合物时，说明书中应当说明该化合物的化学结构，以及与发明要解决的技术问题相关的化学、物理性能参数，使本领域技术人员能确认该化合物。基于上述规定，二审判决将审理的切入点定位于发明要解决的技术问题。

二审裁判思路的合理性在于，构成发明创造事实基础的"核心三要素"包括发明要解决的技术问题、解决该技术问题的技术方案、该技术方案产生的技术效果。技术问题是发明创造的起因，由技术问题引出技术方案，从技术方案产生技术效果，技术效果反过来验证技术问题是否得以解决。在发明创造的产生过程中，技术问题通常居于先导地位，指引着技术方案的形成和完善。与技术问题直接相关的技术方案内容才是发明的核心，对技术问题的解决帮助不大或者无关的技术内容不应是专利授权、确权所审查的焦点。比如，某发明创造的目的在于为治疗X疾病提供一种药物，基于该目的发明出具有相应疗效的化合物Y，发明要求保护含有化合物Y和药用辅料的药物组合物。说明书只要对化合物Y的确认、制备和用途进行清楚、完整的公开，即可满足《专利法》第26条第3款的要求。即使不对药用辅料进行披露，也不会存在公开不充分之虞，因药用辅料的选择与要解决的技术问题关联度很低，所属技术领域的技术人员可以依据所知晓的普通技术知识进行确定。相反，如果已知化合物Y具有治疗疾病X的活性，但现有技术中常规的药用辅料无法充分发挥化合物Y的疗效，那么在选择能够提高化合物Y疗效的药用辅料这一技术问题时，技术方案中就必须要明确药用辅料的具体成分以及与化合物Y相互配合时的疗效。

但在专利的授权和确权的审查过程中，审查所针对的客体是权利要求中的技术方案，技术方案是审查的基础，讨论某技术方案能否解决其技术问题，必然以确定该技术方案的内容为前提，在技术方案确切的情况下才有讨论其解决的技术问题产生的技术效果的可能性和必要性。

对此问题，最高人民法院表明了态度，支持技术方案是审理基础的观点。再审判决首先强调，关于"能够实现"，参照《专利审查指南》的规定，是指本领域技术人员根据说明书公开的内容，能够实现发明的技术方案，解决技术问题，并且产生预期的技术效果。也就是说，必须是能够实现技术方案、解决技术问题、产生预期效果三者同时满足，才符合《专利法》第26条第3款的规定。

再审判决进一步认定，在判断是否符合《专利法》第26条第3款的规定时，需要考虑发明所要解决的技术问题，如果说明书给出了技术手段，但本领域技术人员采用该手段不能解决发明所要解决的技术问题，同样不符合《专利法》第26条第3款的规定。但需要考虑发明解决的技术问题并不意味着要首先考虑发明所需解决的技术问题，如果一个发明的技术方案本身都无法实现，显然已经不符合《专利法》第26条第3款的规定，这时候考虑发明要解决的技术问题已经没有实际意义。因此，技术方案的再现和是否解决技术问题、产生技术效果的评价之间,存在着先后顺序上的逻辑关系,首先应确认本领域技术人员根据说明书公开的内容是否能够实现该技术方案,然后再确认是否解决了技术问题、产生了技术效果,在未对技术方案本身是否可以实现作出确认的前提下,其与现有技术相比是否能够解决相应的技术问题,并实现有益的技术效果均无从谈起。

(二)关于化学领域产品发明说明书充分公开的判断

《专利审查指南》第二部分第十章第3.1节规定:"……要求保护的发明为化学产品本身的,说明书应当记载化学产品的确认、化学产品的制备以及化学产品的用途。"化学产品的确认是指本领域技术人员应能够根据说明书中公开的内容清楚地确认权利要求所保护的化学产品。说明书中还应当至少公开一种制备方法,使得本领域技术人员能够实施。说明书中应当完整地公开产品的用途和/或使用效果。

本案专利所保护的Ⅰ型结晶是一种化学产品,更具体地说是一种药物晶体。药物晶体是近20年来药物研发的热点,这是因为药物晶体研发瞄向的是已经验证有效的药物,其研发成本和失败的可能性均极大降低。同时,药物晶体专利如若获得授权,依然可以享有专利的排他权,可以在药用化合物专利到期之后继续保持市场的独占地位,这使得药物晶体成为申请专利保护的热门领域。

简言之,晶体是由一些基本单元按照一定规则周期重复排列而成。对于一种晶体,其核心要素有二:化学组成和晶体微观结构。化学组成是指晶体内部的原子、离子或分子,可用化学名称或结构式表示。晶体微观结构是指化学组成要素的周期性排列方式。化学组成就如一块块积木,晶体微观结构就如积木的排列方式,晶体则如同用一块块积木堆砌成的房屋。对于某一晶体而言,只要确认了上述两要素,该晶体也就得以确认。

本案中,阿托伐他汀和水定义了所保护晶体的化学组成要素,XRPD和^{13}C NMR表征了所保护晶体的微观结构。表征晶体微观结构的方式除了XRPD和^{13}C NMR,还有如晶胞参数和空间群、差示扫描量热分析、红外光谱、拉曼光谱等其他方式,但对于化学组成而言,其定义通常仅限于化学名称或结构式。

本案专利所保护的Ⅰ型结晶在权利要求中明确了该晶体的化学组成和晶体

微观结构。从权利要求来看,其对晶体的表述是明确清晰的;从本案专利说明书的形式来看,其记载了用以确认I型结晶的XRPD以及^{13}C NMR,记载了该结晶的制备方法及制备实施例,也记载了该结晶的母体化合物阿托伐他汀所具有的降血脂用途,且该用途已被现有技术所公开。说明书中记载了专利审查指南所要求的全部信息,貌似符合充分公开的要求。

但通过审理过程可见,本案争议的焦点有二:一是权利要求中所保护的结晶是否得到了说明书的确认;二是根据说明书公开的内容,本领域技术人员能否制备得到权利要求中所保护的结晶。

1. 关于权利要求中所保护的结晶是否得到了说明书的确认,无效宣告请求人对此提出了质疑,认为权利要求保护含1~8摩尔水的I型结晶,其中包括水含量不同的8种I型结晶,但说明书没有验证这8种I型结晶水合物是否具有相同的XRPD和^{13}C NMR。

无效请求人质疑的核心问题在于:权利要求中的水含量是该产品发明的重要的化学组成特征,说明书中应当有定性或者定量的数据来使本领域技术人员相信本案专利请求保护的I型结晶中确实含有1~8摩尔水(优选3摩尔水)。

再审结果支持了此论断,认为含水量的确认作为证明本案专利产品实际存在状态的证据,属于本案专利产品确认中必不可少的重要内容。

B公司主张本专利请求保护的I型结晶中水的性质为通道水,恰如置于房屋中的桌椅,少放或多摆,并不影响房屋的结构,在特定的1~8摩尔范围内变化,不会对表征晶体微观结构的XPRD产生影响。

再审结果认定,现有证据表明本领域对于某种物质的水合物中的水是否会占位,水的存在或含水量的多寡是否会影响XPRD并不存在统一的认定,B公司并没有证据证明本专利权利要求所限定的I型结晶中的水属于通道水,且属于"水不占位,不影响晶体的XPRD"的情形。在此前提下,本领域技术人员并不能从本专利说明书中确认含有不同摩尔水的I型结晶是否均具有相同的XPRD。

此外,B公司认为说明书公开了含有1~8摩尔水的I型结晶的结构及其解析数据,但说明书公开的有关结晶结构的图谱只能表征结晶的结构而无法确定化合物中水的含量。B公司在案件审理过程中认可了在本案专利说明书中未测定其得到的Ⅰ型结晶含有多少水,也认可了通过本案专利说明书公开的图谱本身不能确定所对应的化合物中水的含量。在这些事实的基础上,再审判决认定,说明书中所述的Ⅰ型结晶含有1~8摩尔水,只能被认作是一种声称性结论,在此情况下,本领域技术人员无法确认本案专利请求保护的Ⅰ型结晶是否确实含有1~8摩尔水(优选3摩尔水)。

2. 关于根据说明书公开的内容,本领域技术人员能否制备得到权利要求中所保护的结晶。再审判决认定,由于本案专利说明书没有对请求保护的Ⅰ型结晶中的水进行清楚、完整的说明,本领域技术人员无论是根据本案专利说明书中的一般性记载,还是根据其中具体的实施例,均无法确信可以受控地制备出本案专利请求保护的含1~8摩尔水(优选3摩尔水)的Ⅰ型结晶。综上,从化学产品确认和制备的角度来看,本案专利说明书不符合《专利法》第26条第3款的规定。

3. 对再审结果审理思路的分析。再审结果的审理重点放在了Ⅰ型结晶含水量的确认上,其思路如下:首先,含水量的确认作为证明本案专利产品实际存在状态的证据,属于本案专利产品确认中必不可少的重要内容;其次,考虑到判断主体是所属领域的普通技术人员,可以引入公知常识以及与发明紧密联系的现有技术以证明其能够实现,但专利权人并没有证明现有技术已公认水的存在或含水量的多寡对晶体的XPRD没有影响,也没有提供证据表明本专利中的水对权利要求所限定的Ⅰ型结晶阿托伐他汀的XPRD没有影响,专利权人的主张没有理论依据也无事实予以支持,其无法为本领域技术人员所确信;最后,含水量依据说明书公开的内容无法确认。同时,由于根据说明书公开的内容,本领域技术人员无法制备得到权利要求中所保护的结晶,因此认定本专利说明书不符合《专利法》第26条第3款的规定。

再审结果的推理基于一个前提,那就是"含水量的确认作为证明本案专利产品实际存在状态的证据,属于本案专利产品确认中必不可少的重要内容",但判决中对于该前提是如何确立却缺少足够的论证。

讨论该前提的合理性时,首先应明确对化合物发明要求确认化学结构的目的。

对于化合物发明要求确认化学结构的要求是《专利审查指南》提出的,《专利法》和《专利法实施细则》中对此问题均未作规定。《专利审查指南》

要求,"对化学结构的说明应当明确到使本领域技术人员能够确认的程度",但并未说明确认化学结构的目的。

《专利法》第 26 条第 3 款的立法宗旨在于维护"以公开换取保护"的专利基本制度。所以,其中一个基本要求就是所保护的技术方案应当是说明书中所充分公开的技术方案。依照通常理解,如果说明书中公开的化学产品的制备方法使得本领域技术人员能够依照该方法重复地获得某一产品,并公开了该化学产品在产业上的用途,那么本领域技术人员就可以制备得到该产品并可以利用该产品满足需求,这应该就满足了《专利法》第 26 条第 3 款的规定。实际上,对于中药、陶瓷、高分子物质等组成复杂的化学产品来说,是不可能确认其化学组成和结构的,《专利审查指南》中也没有要求对这样的化学产品确认其化学结构。由此可见,《专利审查指南》对化合物提出了更为严格的要求,其中一个方面是小分子的有机化合物易于被确认化学结构;另一方面,化合物的结构被确认以后,可以采用化学名称或结构式进行表示,相较于采用制备方法或者理化参数特征进行表示的方式而言,化学名称或结构式表达地更为直观、确切,也因此使得化合物的专利保护更为有力。

在化合物研发实践中,对使用化学方法制备得到的化合物进行化学结构确认时,单纯以化学、物理参数解析某一化合物结构式的成本过高、难度较大,通常采用结合制备方法辅以有代表性的理化参数的方式进行化学结构的确认。故制备方法是化学结构确认的基础。

此外,在确认化合物结构的过程中,由于需要解析者的水平和经验,故有时会出现错误,此时,如果根据说明书记载的制备方法和理化参数,即可确定化合物的正确结构,那么应当允许对申请文件进行修改,从而修正错误的结构式。因为化学结构式是通过对制备方法和理化参数的解析而得到的第二手资料,当二者发生冲突时,应以后者为准。

由此可见,化学结构的确认是以制备方法和理化参数为基础的,当其发生错误时,可以借助制备方法和理化参数进行修正,其重要性自然低于制备方法和谱图。

就本案而言,说明书记载了 XPRD 和 ^{13}C NMR,对表征结晶微观结构的理化参数进行了详细的披露,故判断说明书是否充分公开,最为核心的问题在于制备方法。如果说明书公开了明确具体的制备方法,本领域技术人员能够实施并能够重复稳定地获得某一化学产品，进而，对该化学产品进行检测，若能够确认所制得的产品确有如权利要求所定义的谱图，且化学组成能够落入权利要求的范围内，则说明书就确切地制备得到了权利要求保护范围内的产品。此时，再因说明书不符合《专利法》第26条第3款的规定而宣告专利权无效就显失公平。

4. 对于本案制备方法的再探究。本案专利的制备实施例所记载的制备I型结晶的方案中，使用了I型结晶作为晶种进行结晶，也就是说，该I型结晶既是制备方法的原料物质之一又是目标产物，这样的制备方法对于所属技术领域的技术人员而言无疑是死循环，无法得到作为原料的I型结晶也就不能得到作为目标产物的I型结晶，该制备实施例实质上并未公开如何制得I型结晶。事实上，I型结晶确实难以制备得到，根据专利权人在无效阶段所提交的反证13，在已有I型结晶作为晶种的情况下，重复实施例1的方法，实施例1记载了加热至少10分钟，而专利权人重复实施时实际加热10小时以上。根据已有晶种的制备实施例尚且如此难以制备该结晶，何况没有晶种并缺少具体工艺条件的简单制备方法。

由于本案专利的制备方法没有公开本领域技术人员能够实施的程度，从化学产品制备的角度来看，本专利说明书不符合《专利法》第26条第3款的规定。由于制备方法公开不充分，进一步凸显了对结晶进行确认的重要性，而说明书中缺少对水含量的确认，导致无法认定该晶体已经被制备得到，那么，只能认为发明表明了一种愿望或结果，即希望得到权利要求中的晶体，但没有给出证据证明这样的愿望或结果已经得以实现。

5. 申请日后补交的实验性证据是否可以用于证明说明书充分公开。化学医药等可预期性低的技术领域会出现申请日后补交实验性证据的情形，《专利法》第26条第3款要求本领域技术人员在专利申请日之前就可以根据说明书充分公开的内容实现发明，而在申请日后补充的实验性证据一般是以事后验证的方式来证明说明书达到了上述要求，这样的证据是否可以用于证明说明书充分公开一直是备受争议的焦点问题。

（1）再审观点。本案中，专利权人在二审中提交了某大学实验报告用于证明本领域技术人员根据本专利说明书公开的内容能够制备得到本专利请求保护的产品。

再审结果认为，实验报告中记载的延长加热时间、冷却方式等实验条件不同于本专利说明书的记载，这些实验条件并不是本领域技术人员在本专利优先权日之前能够从说明书中容易想到的，因此不能用于证明本领域技术人员是否可以根据本专利说明书公开的内容实现本发明。

再审结果没有局限于解决案件本身的纷争，对申请日后补交的实验性证据是否可以用于证明说明书充分公开的问题作出了进一步阐述：在专利申请日后提交的用于证明说明书充分公开的实验性证据，如果可以证明以本领域技术人员在申请日前的知识水平和认知能力，通过说明书公开的内容可以实现该发明，那么该实验性证据应当予以考虑，不应仅仅因为该证据是在申请日后提交而不予接受。在考虑实验性证据是否采纳的时候，应严格审查时间和主体两个条件：首先，实验性证据涉及的实验条件、方法等在时间上应该是申请日或优先权日前本领域技术人员通过阅读说明书能够直接得到或容易想到的；其次，在主体上，应立足于本领域技术人员的知识水平和认知能力加以判断。

（2）问题分析。对于某些以实验为基础的发明，其贡献主要在于实验效果的确认和运用。此时，有关研究过程中采用的实验方法以及相应的实验结果等信息是公众完整了解该发明所实现的技术效果所必须获知的内容。如果缺少实验证据，所属技术领域的技术人员仅根据这类发明的技术方案本身往往无法判断其是否能够解决技术问题，并产生预期的技术效果，也无法判断发明能否满足专利授权的其他要求。

当所属技术领域的技术人员仅根据技术方案本身无法确定其所能产生的技术效果时，说明书中没有给出实验证据，存在两种情况：一是该发明本身就无法实现，所述技术方案无法解决技术问题，那么申请文件中自然无法提供证明该技术方案能够解决技术问题的实验证据；二是虽然发明的技术方案在申请日后的实践中证明了客观上确能产生预期的技术效果，但是申请人在申请日时并未在检测技术方案的效果方面开展任何实质性的工作，或是申请人已进行了实验，但并未在说明书中披露其实验结果。无论是属于上述哪种情形，该发明都不应被授予专利权。

第一，如果发明本身是无法实现的，那么显然不能被授予专利权。在这一点上，《专利法》第26条第3款和第22条第4款关于实用性的规定存在一定的重合。客观上无法实现的发明不具备实用性，同时也不可能在说明书中公开到本领域技术人员能够实现的程度。

事实上，正是由于这种重合，在1993年的《专利审查指南》中，"提出了具体的技术方案，但未提供实验证据，而该方案又必须依赖实验结果加以证实才能成立"这一情形被归于缺乏实用性，之后版本的《专利审查指南》规定该缺陷适用《专利法》第26条第3款。这种改变只是对说理角度和审查策略的调整和统一，明晰对不同情形的处理方式，并不意味着《专利法》第26条第3款和第22条第4款的判断标准发生了变化。在目前的审查实践中，如果所属领域技术人员基于常识能够确定发明涉及的技术方案是不可能实施的，那么通常认为该发明不具备实用性，应适用《专利法》第22条第4款；如果所属领域技术人员无法确定发明涉及的技术方案能否解决技术问题，而说明书中又没有给出相关的实验证据，则认为该发明存在说明书公开不充分的缺陷，应适用《专利法》第26条第3款。

第二，如果发明的技术方案已经通过申请日后的实践证明了客观上确能产生预期的技术效果，但是申请人在申请日时并未在检测技术方案的效果方面开展任何实质性的工作；或是虽然申请人已进行了实验，但并未在说明书中披露其实验结果，该发明也不应被授予专利权。

这是因为，站在在先申请制度的基础上，如果以申请日时所属技术领域中技术人员的眼光来看，仅根据技术方案本身无法确定其所能产生的技术效果时，说明书中是否记载了证明该技术方案确能产生预期效果的实验结果，是用以区分发明所公开的是一种明确的、可实施的研究成果，还是结果未定的研究方向的关键。如果专利说明书中仅提出了一种技术方案，没有记载证明该技术方案能够产生预期效果的实验证据，那么申请人向公众展示的实际上仅仅是供研究人员进一步探索的研究方向，在这种情况下，申请人在说明书中公开的内容不足以使其获得对该研究方向的垄断。

专利的本意在于为已确定具有效果且能够实施的技术方案提供保护，其保护的是研究成果，而不是研究设想或理论假设。虽然研究设想的提出对于所属技术领域的技术人员具有一定的启发作用，但是如果在尚未开展实际研究工作或未公开实质性研究成果的情况下就对某个研究方向授予专利权，那么对后续进行实际研发工作的技术人员而言是不公平的，而且有碍于该领域的技术进步,这与专利法的鼓励创新、促进科技进步的立法宗旨相悖。

总之,避免对实际无法实现的技术方案授予专利权,以及避免申请人在未开展实质性工作或未公开其实质性研究成果的情况下就获得对某个研究方向的垄断,是在技术方案必须依赖实验结果加以证实才能成立时,要求在说明书中披露实验证据的主要目的。

对于补充实验证据的作用和接受条件,存在诸多不同的观点。北京市高级人民法院(2013)高行终字第1244号行政判决书中认为,补充实验数据的接受条件为"该实验数据应当是按照现有技术中已知的实验条件和实验方法无需创造性劳动即可作出",这一观点将是否考虑补交实验证据的条件等同于接受补充实验数据的条件。但是,实验条件和实验方法是在现有技术中已知的内容,不意味着实验结果也是现有技术中已知的,更不能表明申请人在申请日时已经完成并公开了相关实验及其实验结果。上述判决实质上是将申请人在申请日之后完成的研究成果等同于在现有技术和申请文件中公开的内容,用于判断原始提交的说明书是否提供了足以获得专利权的信息,这种做法明显与专利在先申请原则相悖。

根据在先申请原则,申请日是申请人或者专利权人权益和义务产生的时间起点,申请日提交的专利申请文件是划定申请人权益与社会公众权益界限的基础。因此,申请日后补充提交的实验证据与原始申请文件中记载的实验证据在作用方面有所不同。

原始申请文件中记载的实验证据不仅能够证明发明的技术方案能够解决技术问题、达到预期的技术效果、具有一定的可行性,还可表明申请人在申请日时已经完成了相关研究工作,获得并公开了实质性的研究成果。而申请日后补交的实验证据能够佐证专利要求保护的技术方案在客观上能够实现,即能够解决技术问题,达到预期的技术效果,并具有可行性,但是不能改变申请日时提交的原始申请文件所确定的该专利申请的法律状态,特别是不能单独证明申请人在申请日时已经实质完成并公开了相关发明工作。

具体而言,关于是否满足《专利法》第26条第3款规定的分歧在于专利所要求保护的技术方案能否产生技术效果、解决技术问题时,申请人可以通过补交实验证据的方式来证明该发明在客观上是能够实现的。但是,如果分歧在于说明书中公开的内容能否证明申请人在申请日时已经实质完成并公开了相关研究成果时，那么补充提交的实验证据只能补强证明本领域技术人员根据现有技术的整体状况和原申请文件中记载的内容已能合理预期的效果，不能改变说明书是否公开充分的事实。

本案中补交实验性证据的目的在于证明根据说明书中记载的制备方法所制备得到的产品是含有1~8摩尔水的Ⅰ型结晶，该信息已经记载于说明书中，但本领域技术人员根据所掌握的普通技术知识无法认可对该信息的准确性，此时，补充提交实验证据以补强证明说明书记载的信息，这是被允许的。但如果要通过补交的实验性证据证明说明书中未记载的信息，那将违背在先申请原则，这是不能被允许的。

四、参考意见

1. 技术方案的再现和其是否解决技术问题、产生技术效果的评价之间，存在着先后顺序上的逻辑关系。首先应确认本领域技术人员根据说明书公开的内容是否能够实现该技术方案，然后再确认是否解决了技术问题、产生了技术效果。

2. 化学领域产品发明的专利说明书中应当记载化学产品的确认、制备和用途。

3. 在申请日后提交的用于证明说明书充分公开的实验性证据，如果可以证明以本领域技术人员在申请日前的知识水平和认知能力，通过说明书公开的内容可以实现该发明，那么该实验性证据应当予以考虑，不能仅仅因为该证据是申请日后提交而不予接受。

拓展案例

再审申请人A公司与被申请人国家知识产权局专利局原专利复审委员会发明专利申请驳回复审行政纠纷案[1]

一、基本案情

本案涉及申请号为200480022007.8、名称为"新颖化合物"的发明专利

---

[1] 参见：北京市第一中级人民法院（2013）一中知行初字第1356号行政判决书，北京市高级人民法院（2013）高行终字第2364号行政判决书，最高人民法院（2015）知行字第352号行政裁定书。

申请（以下简称本申请），该申请要求保护式（I）化合物及其要学上可接受的盐，说明书中记载，本申请的目的是提供具有钠依赖型葡萄糖转运体（SGLT）抑制活性的化合物，记载了大量式（I）化合物的制备实施例，但是，说明书没有给出式（I）化合物对 SGLT 具有抑制活性的实验数据，仅在发明内容部分断言式地描述式（I）化合物具有抑制 SGLT 的活性。

专利复审委员会针对作出的第 47530 号复审请求审查决定（以下简称第 47530 号决定），认为所属技术领域的技术人员根据说明书记载的内容难以得出式（I）化合物具有抑制 SGLT 活性的结论，进而认定本申请要求保护的式（I）化合物在说明书中公开不充分。北京市第一中级人民法院一审判决维持第 47530 号决定。A 公司不服，提起上诉。北京市高级人民法院二审认为，新化合物是否能够取得某种治疗效果或某种具体用途，不属于新化合物及其制备方法权利要求所需要解决的技术问题和需要实现的技术效果，即使说明书中没有充分公开新化合物能够取得某种治疗效果或者某种具体用途的实验数据等信息，也不能据此认为上述权利要求所对应的说明书公开不充分。对于本申请权利要求 1 中仅仅涉及式（I）化合物这种物质本身的技术方案，从说明书充分公开的角度来看，要求说明书充分公开该化合物是否能够取得某种治疗效果是错误的。但是，本申请权利要求 1 还要求保护式（I）化合物在医药上可接受的盐，该医药用途应被理解为与 SGLT 抑制活性相关的医药用途。此时，该新化合物的盐具有对 SGLT 的抑制活性就成为权利要求 1 要求保护的技术方案要实现的技术效果，在书面上未记载可以达到预期效果的定性或定量实验数据的情况下，专利复审委员会认定本申请说明书相对于权利要求 1 要求保护医药上可接受的盐不符合《专利法》第 26 条第 3 款的规定，结论正确。A 公司不服二审判决，向最高人民法院申请再审。最高人民法院于 2016 年 2 月 26 日作出裁定认为，被诉决定认定事实清楚，适用法律正确，二审判决中的部分理由虽然存在错误，但判决结果正确，遂驳回 A 公司的再审申请。

二、法律问题

1. 新化合物的充分公开是否要求说明书必须记载并验证其具备至少一种用途或效果？

2. 本申请说明书是否充分公开了权利要求 1 所要求保护的技术方案?

三、重点提示

（一）关于新化合物的充分公开是否要求说明书必须记载并验证其具备至少一种用途或效果

首先，发明专利权作为一种工业产权，应当具备产业上的利用价值，对于尚不确定其具有何种技术意义或者无积极效果的发明创造不应予以保护。其次，一项发明的技术方案是否具备产业的利用价值，需要根据说明书公开的内容并结合现有技术状况来判断，即专利说明书是判断发明创造是否实质上被完成以及是否应给予专利保护的关键。因此，说明书应当记载发明创造是否具备产业价值、是否被实质上完成的技术信息。基于此，《专利审查指南》第二部分第十章"关于化学领域发明专利申请审查的若干规定"第 3.1 节"化学产品发明的充分公开"部分有如下规定："……要求保护的发明为化学产品本身的，说明书中应当记载化学产品的确认、化学产品的制备以及化学产品的用途"；"对于化学产品发明，应当完整地公开该产品的用途和/或使用效果，即使是结构首创的化合物，也应当至少记载一种用途"；"如果所属技术领域的技术人员无法根据现有技术预测发明能够实现所述用途和/或使用效果，则说明书中还应当记载对于本领域技术人员来说，足以证明发明的技术方案可以实现所述用途和/或达到预期效果的定性或定量实验数据"。上述关于化学产品发明充分公开的判断标准符合我国《专利法》第 26 条第 3 款的规定，也为我国专利审查实践所长期遵循。最后，对于化学领域的发明创造，要求公开其用途和效果是由该领域发明创造的特点决定的。在多数情况下，化学发明能否实施以及具备何种用途或效果往往难以预测，必须借助实验结果加以证实才能得到确认。因此，在本领域技术人员根据现有技术不能预测新的化合物是否具备说明书所述用途和/或使用效果的情况下，专利申请说明书应当记载该化合物可以实现所述用途和/或达到预期效果的定性或定量实验数据。

（二）关于本申请说明书是否充分公开了权利要求 1 所要求保护的技术方案

如果本领域技术人员难以根据本申请说明书和现有技术得出式（I）化合物及其医药上可接受的盐具有上述活性和相关医药用途的结论，那么问题的答案就是否定的。

此外,"医药上可接受的盐"是化学医药领域专利文件中的惯常用语,其本意并非表明该盐具有某种医药用途,也不意味着未加相应医药用途限定的所述化合物不需具备相应医药用途,而是表明在相应化合物具备医药用途的基础上,其所形成的盐既保留了所述化合物本身的医药用途,同时该盐又适于医药应用。在化合物本身被说明书充分公开的情况下,一般认为说明书对其一般概念的盐的公开也是充分的。

拓展资料

3-3【拓展阅读资料】

专题四 专利权侵权判断

知识概要

关于专利权保护范围的确定,存在不同的理论学说。中心限定主义者认为,专利制度保护的是发明构思,权利要求书只是该发明构思的一个示例。在解释权利要求时,不应拘泥于权利要求的字面含义,而是可以以权利要求记载的技术方案为中心,通过说明书及附图全面理解发明创造的整体构思,从而将保护范围扩大到专利权人所期望达到的保护范围。周边限定主义者认为,专利权人已经在权利要求中划定了发明创造的边界,对权利要求的文字应作严格、忠实的解释,其字面含义就是专利权的保护范围。为调和上述两种比较极端的解释原则,《欧洲专利公约》第69条的议定书确立了折中解释的原则,即权利要求的解释应当既合理地保护专利权人的利益,又使社会公众能够比较清楚地确定专利权的边界。

我国《专利法》第59条第1款规定:"发明或者实用新型专利权的保护

范围以其权利要求的内容为准，说明书及附图可以用于解释权利要求的内容。"由此从立法层面确立了折中解释的原则。最高人民法院在借鉴国外司法的基础上，也对折中解释原则予以明确。并在此基础上，进一步确立了等同原则、禁止反悔原则、捐献原则的适用，同时摒弃了多余指定原则。

在解释权利要求时，首先应考虑涉案专利说明书及附图、权利要求书的相关权利要求、专利审查档案、与涉案专利存在分案申请关系的其他专利及其专利审查档案、生效的专利授权确权裁判文书等"内部证据"。专利审查档案，主要包括在专利审查、复审、无效程序中专利申请人或者专利权人提交的书面材料，国务院专利行政部门及其专利复审委员会制作的审查意见通知书、会晤记录、口头审理记录、生效的专利复审请求审查决定书和专利权无效宣告请求审查决定书等。

基于上述证据仍不能明确权利要求含义的，可以结合工具书、教科书等"外部证据"进行解释。

进行侵权判定时适用全面覆盖原则，侵权判定是技术特征的对比，将涉案专利的权利要求分解为若干技术特征，然后逐一对比被控侵权产品或方法是否具有权利要求的全部技术特征。

恰当划分专利权利要求的技术特征是进行侵权比对的基础。技术特征的划分应该结合发明的整体技术方案，考虑能够相对独立地实现一定技术功能并产生相对独立的技术效果的较小技术单元。

经典案例

案例一：再审申请人A公司与B公司侵害发明专利权纠纷案[1]

一、基本案情

A公司是申请号为200780027417.5、名称为"清洁设备"的中国发明专利（以下简称涉案专利）的专利权人。

涉案专利独立权利要求1为："一种手持式清洁设备，包括：吸入管道；

---

[1] 参见：江苏省高级人民法院（2015）苏知民终字第00270号民事判决书，最高人民法院（2017）最高法民申1461号民事裁定书。

气流发生器,其用于产生沿所述吸入管道流动的气流;分离装置,其与所述吸入管道相通,以使脏物和灰尘从所述气流分离;手柄,其用于使使用者能够操纵所述手持式清洁设备,该手柄具有第一端、第二端和纵向轴线;以及被安置成邻近所述手柄第二端的电源,用于向所述气流发生器供电,其中,所述气流发生器被安置成直接邻近所述手柄的第一端,所述纵向轴线通过所述气流发生器的至少一部分,所述手柄位于所述气流发生器和电源之间。"

涉案专利说明书记载了:[0005]本发明所提供的手持式清洁设备包括……用于向气流发生器供电的电源……其中,气流发生器被安置成直接邻近手柄的第一端,电源被安置成邻近手柄的第二端。通过提供这种配置,使用者抓握手柄时,这些部件的每一个的质量中心之间的合力矩较小,因此使用时使用者的手可方便地操纵手持式真空吸尘器。[0023]……处于气流发生器和电源之间的手柄的位置使得手持式真空吸尘器在使用中更便于操纵。这是因为使用者可以将手放在手持式真空吸尘器的两个最重的部件之间的缘故。这导致"哑铃状"的结构,在该结构中手持式真空吸尘器的重量分布在使用者的手的两侧上。[0027]不是必须使用旋风分离单元,也可使用如袋式过滤器之类的其他分离装置。此外,手持式真空吸尘器不必装备可充电电源,可采用标准电池或电源线。

A公司公证证明:B公司在第116届中国进出口商品交易会展会中以实物或广告图片的形式推销手持吸尘器产品,通过网页许诺销售吸尘器。A公司还委托代理人在B公司购买了吸尘器,并进行公证。A公司以B公司未经其许可实施其专利侵犯专利权为由,诉至法院。

B公司向法院提交了专利号为200780027217.X的中国专利文献,其与涉案专利均是基于优先权GB0614235.0的专利,A公司在200780027217.X专利申请的意见陈述中明确主张"电源线并非电源"。

江苏省苏州市中级人民法院一审认为,被诉侵权产品中所述电源线并非电源,因此,不具备涉案专利"电源"这一技术特征,判决驳回A公司的诉讼请求。A公司不服,提起上诉。江苏省高级人民法院二审判决驳回上诉、维持原判。A公司不服,向最高人民法院申请再审称,一、二审判决将"电源线"排除涉案专利权利要求记载的"电源"范畴,既不符合本领域技术人员对"电源"的一般理解,又违背了基本的生活常识。最高人民法院查明,

B 公司一审提交了专利号为 200780027217.X 的中国专利文献（简称相关专利），其与涉案专利均是以英国 GB0614235.0 专利为基础享有优先权，A 公司在相关专利审查程序的意见陈述中明确认为"电源线并非电源"。最高人民法院于 2017 年 11 月 13 日裁定驳回 A 公司的再审申请。

二、法律问题

1. 涉案专利权利要求中的"电源"这一用语是否包含"电源线"？
2. 如不包含，涉案专利权利要求中的"电源"与被控侵权产品"电源线"是否等同？

三、法理分析

《专利法》第 59 条第 1 款规定："发明或者实用新型专利权的保护范围以其权利要求的内容为准，说明书及附图可以用于解释权利要求的内容。"

专利权的保护范围由权利要求限定，其保护范围越明确，则专利权人以及社会公众的可预期性越强，越有利于专利制度作用的发挥。

专利权利要求解释的问题是专利权保护首先要解决的问题，也是专利权保护的核心问题。最高人民法院通过指导案例的方式明确了权利要求解释的规则。

在最高人民法院（2012）民提字第 3 号民事判决书中，关于权利要求的解释，最高人民法院确立了以下规则：当本领域普通技术人员对权利要求相关表述的含义可以清楚确定，且说明书未对权利要求的术语含义作特别界定时，应当以本领域普通技术人员对权利要求自身内容的理解为准，而不应当以说明书记载的内容否定权利要求的记载；但权利要求特定用语的表述存在明显错误，本领域普通技术人员在阅读说明书及附图后可以立即获知，并能够根据说明书和附图的相应记载明确、直接、毫无疑义地修正权利要求的该特定用语的含义的，应根据说明书或附图修正权利要求用语中的明显错误。

在最高人民法院（2013）民提字第 113 号民事判决书中，关于权利要求中自行创设技术术语的解释，最高人民法院确立了以下规则：为满足描述新专利技术方案的客观需要，应当允许申请人在撰写专利申请文件时使用自行创设的技术术语。但是，由于该类技术术语的含义并不为本领域普通技术人员所知悉，申请人在使用这种技术术语时，有义务在权利要求或者说明书中对该技术术语进行清楚、准确的定义、解释或者说明，以使得本领域技术人员能够清楚地理解其在技术方案中的含义。在确定这类技术术语的含义时，如果权利要求、说明书已经对其进行了清楚、明确的定义或者解释的，一般可依据该定义或者解释来确定其含义。如果缺乏该种定义或解释的，即应结合说明书、附图中记载的背景技术、技术问题、发明目的、技术方案、技术效果等相关内容，在查明该技术术语工作方式、功能、效果的基础上，确定其在本案专利整体技术方案中的含义。

《最高人民法院关于审理侵犯专利权纠纷案件应用法律若干问题的解释》第3条规定："人民法院对于权利要求，可以运用说明书及附图、权利要求书中的相关权利要求、专利审查档案进行解释。说明书对权利要求用语有特别界定的，从其特别界定。以上述方法仍不能明确权利要求含义的，可以结合工具书、教科书等公知文献以及本领域普通技术人员的通常理解进行解释。"

《最高人民法院关于审理侵犯专利权纠纷案件应用法律若干问题的解释（二）》第6条对上述规定作了进一步细化："人民法院可以运用与涉案专利存在分案申请关系的其他专利及其专利审查档案、生效的专利授权确权裁判文书解释涉案专利的权利要求。专利审查档案，包括专利审查、复审、无效程序中专利申请人或者专利权人提交的书面材料，国务院专利行政部门及其专利复审委员会制作的审查意见通知书、会晤记录、口头审理记录、生效的专利复审请求审查决定书和专利权无效宣告请求审查决定书等。"

但需要注意，"发明或者实用新型专利权的保护范围以其权利要求的内容为准"，始终是解释权利要求保护范围的核心和根基。采用说明书及附图等相关内容解释权利要求，绝不能简单地被理解为将其相关内容用于限定权利要求的范围。例如，不得简单地将说明书中示例性的实施方式，解释为权利要求所限定的内容。权利要求的用语通常应采用其通常的含义，只是一个用语的通常含义，可能会因其所应用的背景不同而异。权利要求解释的一个重要目标是，确定权利要求中的用语在专利技术背景下的通常含义。

另外，在一些特定的情况下，在专利侵权纠纷案件与专利授权确权行政案件中，对于权利要求范围解释的考量也存在差异。例如，对于权利要求中所包含的功能和效果限定的技术特征的解释，与前文有关专利侵权案件中的解释不同。在授权、确权程序中，其被理解为覆盖了所有能够实现所述功能的实施方式。这种解释的不同，与两者的程序价值取向有关。在授权、确权程序中，除了基于公平原则来平衡专利权人和公众的利益外，还要顾及专利应该满足专利法的相关法定要求，达到促使申请人或者专利权人修改和完善专利申请文件、提高专利授权确权质量的目的。

就本案而言，涉及前述两个法律问题，逐一分析如下：

（一）涉案专利权利要求中的"电源"这一用语是否包含"电源线"

权利要求中"电源"的含义是本领域技术人员无法清楚确定的，无法确定其是否包含"电源线"，这就需要适用解释规则对该表述进行解释。三级法院的审判思路如下：

1. 涉案专利是否对"电源"这一用语进行了特别定义。原告 A 公司主张，根据专利说明书［0027］中所作"手持式真空吸尘器不必装备可充电电源，可采用标准电池或电源线"的说明，权利要求 1 中的电源也包括电源线。

一审法院认为，涉案专利说明书专利实施方法［0027］的内容已超出专利权利要求所界定的技术特征，且并未披露任何使用电源线的具体技术实现方法，故该内容无法支撑权利人在本案中对其专利权利要求范围所作的主张。

二审法院认为，涉案专利说明书并未就权利要求中的电源作特别界定，即并未在说明书中明确规定电源包括电源线。相反，涉案专利说明书第［0027］段对可充电电源、标准电池和电源线作了严格区分，并不是同一概念。其中，将可充电电源、标准电池纳入权利要求的"电源"含义之内。但由于电源线在概念上与电源存在根本区别，涉案专利说明书没有就电源可解释为电源线作出特别的且符合科学原理的说明。

最高人民法院认为，涉案专利说明书［0027］中对可充电电源、标准电池和电源线作了严格区分，上述三者均属于广义上的电源。但是，从涉案专利说明书中记载的整体内容来看，至少电源线的技术方案并不能达到涉案专利的发明目的。因此，尚不能将其作为具体技术方案写入权利要求的保护范围，也不能据此将权利要求中所述"电源"解释为包含"电源线"。

2. 电源在本领域的通常含义。一审法院认为，电源与电源线系不同的技术概念。电源,是指可直接向电子设备提供功率的装置,它无需其他辅助装置即可提供其他部件所需要的电能。而电源线,是指传输电流的电线,其连接外在的电源装置才可给其他部件提供电能。

二审法院认为,在日常生活中,电源与电源线就是两个具有各自明确含义的不同概念。电源是指能够提供符合用电器用电要求的电能的装置,而电源线则是指电源与用电器之间传输电能的导线。因此,本领域普通技术人员在阅读涉案专利权利要求后,对权利要求中的电源就已经具有比较清晰的理解,涉案权利要求中的电源就是指日常生活中所称的电源。

最高人民法院认为,从广义上讲,"电源"一词的含义是"将其他形式的能量转变为电能的装置",其既包含直流电源,也包含交流电源,并在后文中认定电源线属于广义上的电源。

3. 是否存在限制将电源解释为包含电源线的情形。一审法院认为,首先,涉案专利权利要求记载电源和气流发生器分别位于手柄的第一端和第二端,说明书第[0005]段明确涉案专利通过将电源与气流发生器分布在手柄两端的方式,使得在使用者抓握手柄时,这些部件的每一个的质量中心之间的合力矩较小,因此在使用时使用者的手可方便地操纵手持式清洁设备。其具体原理在于,将手柄放在电源及气流发生器这两个最重的部件之间,导致其呈"哑铃状"结构,在该结构中手持式清洁设备的分量分布在使用者的手的两侧上。相应地,如将电源换成电源线,则由于电源线的重量较轻,其与气流发生器分布于手柄两侧时无法实现平衡,从而无法实现涉案专利便于使用者操纵手持式真空吸尘器的目的。其次,在位置关系上,被控侵权产品使用的电源线连接于手柄内部中间,自手柄下端延伸出来,与涉案专利权利要求中"被安置成邻近所述手柄第二端的电源"及"电源和气流发生器分别位于手柄的第一端和第二端"的技术特征不同。这一不同也直接影响到不能实现前述专利说明书中发明内容部分所述的发明目的。

最高人民法院认为,首先,涉案专利说明书发明内容部分记载:"本发明的另一个目的是提供一种手持式真空吸尘器,其中,手柄、马达和风扇组件及电源的配置可使得手持式真空吸尘器的操纵既方便又惬意。""……电源被安置成邻近手柄的第二端。通过提供这种配置,使用者抓握手柄时,这些部件的每一个的质量中心之间的合力矩较小,因此使用时使用者的手可方便地操纵手持式真空吸尘器。""更优选的是,手柄具有通过电源的至少一部分的纵向轴线。"综上可知,涉案专利为了达到操纵能够既方便又惬意的目的,将手柄设置在气流发生器(包括马达、风扇组件)与电源的合理位置,使得各个部件的质量中心之间的合力矩较小。因此,只有所述电源是具有一定重量的电源装置时才能达到涉案专利的发明目的,实现相应的技术效果。其次,涉案专利说明书[0027]还记载:"此外,手持式真空吸尘器不必装备可充电电源,可采用标准电池或电源线。"可见,涉案专利说明书中对可充电电源、标准电池和电源线作了严格区分,上述三者均属于广义上的电源。但是,从涉案专利说明书中记载的整体内容来看,至少电源线的技术方案并不能达到涉案专利的发明目的。因此,尚不能将其作为具体技术方案写入权利要求的保护范围,也不能据此将权利要求中所述"电源"解释为包含"电源线"。

最高人民法院进一步查明:B公司在本案一审时,提供200780027217.X号发明专利(以下简称相关专利)审查档案作为证据,相关专利与涉案专利的申请人均为A公司,并且享有共同的优先权(GB0614235.0,2006.7.18)。经对比可知,相关专利与涉案专利的独立权利要求的保护范围基本相同,而说明书公开的内容也基本一致。进一步地,在相关专利发明实质审查阶段,A公司在答复意见中就"电源"一词的含义作了具体陈述,明确电源线并非电源。

最高人民法院认为,《最高人民法院关于审理侵犯专利权纠纷案件应用法律若干问题的解释(二)》第6条第1款规定:"人民法院可以运用与涉案专利存在分案申请关系的其他专利及其专利审查档案、生效的专利授权确权裁判文书解释涉案专利的权利要求。"由于本案中相关专利与涉案专利并非是分案关系,因此本案不能直接适用上述规定。所谓分案申请,是指专利申请人将其在申请日提交的母案申请文件中已经披露、但因单一性等原因不能在母案中获得保护的发明创造另行提出的专利申请,同时保留原申请日。分案申请不得超出母案申请文件的公开范围,即不得在分案申请中补充母案申请文件未曾记载的新内容,以避免专利申请人将申请日后完成的发明创造通过分案申请抢占在先的申请日。因此,分案申请要受到母案申请文件的约束,母案申请构成分案申请特殊的专利审查档案。本案中,相关专利和涉案专利为享有同一外国优先权的两件中国专利，而所谓外国优先权，是指申请人在一个成员国首次提出申请后，在一定期限内就同一主题在其他成员国提出的申请，其在后申请同样享有首次申请的申请日。目前如何判断先、后申请是否涉及相同的主题通常采用与修改超范围基本相同的判断方法，即在后申请不能超出优先权文本记载的范围。在此意义上，在后申请与优先权申请之间的关系和分案申请与母案申请之间的关系基本一致，即在后申请或分案申请均不能超出优先权申请或母案记载的范围。除此之外，由于享有优先权的在后申请应当与优先权申请具有同一主题，较之分案与母案之间的非单一性关系，其显然具有更加密切的内在关系。因此，法院认为，在相关专利发明实质审查阶段，A 公司在答复意见中就"电源"一词的含义作出的具体陈述，可以用于解释涉案专利的权利要求，即电源线并非"电源"。

（4）案情分析。本案中，三级法院均没有认定涉案专利就"电源"的含义进行了特别的界定，因此，没有基于自定义而将电源线纳入电源的含义范围。

就电源的通常含义而言，三级法院的认定各不相同，一审法院、二审法院均实质上认定了电源的通常含义不包括电源线，而且认定电源是无需其他辅助装置即可提供其他部件所需要的电能的装置。这一认定并不符合本领域的实际情况。笔者认为，电源是将其他形式的能转换成电能的装置。但在电器中，从广义上讲，电源并不一定指无需其他辅助装置即可提供其他部件所需要的电能的装置。最常见的例子是，在计算机中，通过变压器和整流器把交流电变成直流电的装置，被称为整流电源。这种电源是不能单独供电的，其仍然要接在交流电源上才能供电。有时候，电源的接入口也被简称为电源。电源线被称为电源的情况很少，但在广义上也不能完全排除这种称谓的可能。相对而言，最高人民法院考虑得更为周全。

而对于本案中电源是否涵盖了电源线，二审法院主要是从电源的通常含义进行考虑，而没有进一步分析是否存在限制将电源解释为包含电源线的情形，说服力较弱。一审法院进一步从发明目的角度，否定了电源包含电源线的可能，更有说服力。最高人民法院在肯定了一审法院说理的基础上，进一步分析了在后申请与优先权申请之间的关系以及分案申请与母案申请之间的关系，得出了这两对关系基本一致的结论，在此基础上借用《最高人民法院关于审理侵犯专利权纠纷案件应用法律若干问题的解释（二）》第6条的规定，借鉴了相关专利申请案件中专利权人的明确主张，排除电源包括电源线的情形，其理由更有说服力。

（二）如不包含，涉案专利权利要求中的"电源"与被控侵权产品"电源线"是否等同

《最高人民法院关于审理专利纠纷案件适用法律问题的若干规定》第17条规定："《专利法》第59条第1款所称的'发明或者实用新型专利权的保护范围以其权利要求的内容为准，说明书及附图可以用于解释权利要求的内容'，是指专利权的保护范围应当以权利要求记载的全部技术特征所确定的范围为准，也包括与该技术特征相等同的特征所确定的范围。等同特征，是指与所记载的技术特征以基本相同的手段，实现基本相同的功能，达到基本相同的效果，并且本领域普通技术人员在被诉侵权行为发生时无需经过创造性劳动就能够联想到的特征。"等同侵权的目的是防止通过技术特征的简单改变而规避专利权的保护，故在认定被诉侵权产品或方法与专利权利要求的特征不相同的情况下，还需进一步认定二者是否等同。

在我国司法审判中，对等同原则的适用持谨慎的态度。有学者认为，"'等同侵权'的初衷无疑是好的和适当的，但操作起来并非易事，因为等同条件的把握具有不确定性，在适用上难以做到统一，很难一定能够做到可丁可卯、恰如其分和不枉不纵，实质公平的目标有时难以完全达到，而且必然损害专利权的可预见性和确定性，增大了公众的行为风险，增加了社会的创新成本。"[1]具体到本案，一审法院在认定被控侵权产品的电源线与涉案专利电源不同的基础上，没有就两者是否等同进一步发表意见。

二审法院认为，首先，两者系不同的技术手段。专利的电源可独立驱动吸尘器电机工作，而被控侵权产品的电源线需连接至交流电源才能驱动吸尘器工作，故两者系完全不同的技术手段。其次，两者所能达到的技术效果并不相同。根据涉案专利说明书的相关内容，权利要求中将气流发生器和电源

---

[1] 孔祥俊：《知识产权保护的新思维——知识产权司法保护前沿问题》，中国法制出版社2013年版，第337页。

安置在手柄的两端，其达到的效果是气流发生器和电源所产生的合力矩较小。究其原理，是这种哑铃型结构可以使得气流发生器和电源相对于手柄握持中心点所产生的力矩刚好相反，可以相互抵消，故合力矩较小。而被控侵权产品只在手柄的第一端安置气流发生器，另一端并无电源，故气流发生器相对于手柄握持中心点处所产生的力矩无法被电源产生的力矩抵消。且被控侵权产品的电源线连接在手柄体内中间部位，非常靠近手柄握持中心点。因此，电源线重力的力臂很短，再加上电源线本身重量很小，两者乘积，即电源线所产生的力矩也就非常小，其方向虽然与气流发生器所产生的力矩相反，但其数值相对于较重的气流发生器所产生的力矩可以忽略不计，基本上抵消不了气流发生器所产生的力矩，故被控侵权产品的气流发生器与电源线所产生的合力矩较大。据此，被控侵权产品的电源线与涉案专利的电源所产生的效果相差很大，并非基本相同。因此，被控侵权产品的电源线与专利的电源不构成等同特征。

最高人民法院认为，首先，两者系不同的技术手段。涉案专利权利要求中的电源，是指能够直接给吸尘器电机供电且具有一定重量的电源装置，而被控侵权产品通过电源线接入电源插座的方式提供电能，故两者系完全不同的技术手段。其次，两者所能达到的技术效果并不相同。根据涉案专利说明书的相关内容，涉案专利权利要求中将气流发生器和电源安置在手柄的两端，这种哑铃型结构可以使得气流发生器和电源相对于手柄握持中心点所产生的力矩刚好相反，可以相互抵消，其达到的效果是气流发生器和电源所产生的合力矩较小；而被控侵权产品只在手柄的第一端安置气流发生器，另一端并无电源装置，故气流发生器相对于手柄握持中心点处所产生的力矩无法被电源线产生的力矩抵消，故被控侵权产品的气流发生器与电源线所产生的合力矩较大。据此，被控侵权产品的电源线与涉案专利权利要求中的电源，二者产生的效果相差很大，并非基本相同。

四、参考意见

在确定权利要求用语含义时，同一专利申请人或专利权人在与涉案专利享有共同优先权的其他专利的授权确权程序中，对该相同用语已经作出了明确陈述的，可以参考上述陈述。

案例二：再审申请人刘某某与被申请人 A 公司侵害实用新型专利权纠纷案[1]

一、基本案情

刘某某系专利号为 ZL200510060680.7、名称为"可调节的婴幼儿座椅"的发明专利（即涉案专利）权利人。该专利权利要求 1 为：一种可调节的婴幼儿座椅，包括两根前腿和两根后腿，前腿与其所对应的后腿相铰接，且铰接处位于前腿和后腿的顶端，在每根前腿上均套有一个椅体座，椅体座可沿前腿上下滑动，在两个椅体座之间固连有横杆，椅体设置在横杆上，其特征在于，所述横杆的两端分别固连有调节座，所述调节座上设有若干卡槽；在椅体的靠背处设有一个能移动的调节拉杆，其上分别设有与上述调节座上的卡槽相卡配的销体；所述的调节拉杆呈 U 型，其两端分别套设有弹簧，在弹簧的外围套有孔径小于弹簧直径的套体。被诉侵权产品的争议技术特征为"调节拉杆两端分别挂设有弹簧，弹簧挂设在销体上"。

刘某某经公证证明，A 公司许诺销售、销售儿童餐椅。刘某某以 A 公司未经许可实施其专利权为由，诉至法院。

浙江省台州市中级人民法院一审认为，与涉案专利技术特征相比，被诉侵权产品的上述特征减少了套体这一部件，且其采用的是弹簧的压缩原理，涉案专利的相应技术特征所使用的是弹簧的拉伸原理。弹簧的拉伸技术和压缩技术均是涉案专利申请日前公知的技术方案，涉案专利权利要求使用了弹簧的压缩技术，即将弹簧的拉伸技术排除在涉案专利权的保护范围之外，故被诉侵权产品未落入涉案专利权利要求 1 的保护范围。遂判决驳回刘某某的诉讼请求。刘某某不服，提出上诉。

浙江省高级人民法院二审认为，"套体"是实现涉案专利调节座椅所不可缺少的技术特征，被诉侵权产品缺少"套体"这一技术特征，不落入涉案专利权的保护范围。遂判决驳回上诉，维持原判。刘某某不服，向最高人民法

---

[1] 参见：浙江省高级人民法院（2017）浙民终 32 号民事判决书，最高人民法院（2017）最高法民申 3802 号民事裁定书。

院申请再审。

最高人民法院于 2017 年 12 月 20 日作出裁定，指令浙江省高级人民法院再审本案。

二、法律问题

技术特征如何划分？

三、法理分析

《最高人民法院关于审理侵犯专利权纠纷案件应用法律若干问题的解释》第 7 条规定："人民法院判定被诉侵权技术方案是否落入专利权的保护范围，应当审查权利人主张的权利要求所记载的全部技术特征。被诉侵权技术方案包含与权利要求记载的全部技术特征相同或者等同的技术特征的，人民法院应当认定其落入专利权的保护范围；被诉侵权技术方案的技术特征与权利要求记载的全部技术特征相比，缺少权利要求记载的一个以上的技术特征，或者有一个以上技术特征不相同也不等同的，人民法院应当认定其没有落入专利权的保护范围。"

上述规定明确了进行侵权判定时的全面覆盖原则。也就是说，侵权判定是技术特征的对比，将涉案专利的权利要求分解为若干技术特征，然后逐一对比被控侵权产品或方法是否具有权利要求的全部技术特征。

恰当划分专利权利要求的技术特征是进行侵权比对的基础。技术特征的划分应该结合发明的整体技术方案，考虑能够相对独立地实现一定技术功能并产生相对独立的技术效果的较小技术单元。

本案的关键在于恰当划分技术特征以便正确地进行技术特征比对。如果划分技术特征时未恰当考虑该技术特征是否能够相对独立地实现一定技术功能并产生相对独立的技术效果，导致技术特征划分过细，则在侵权比对时容易因被诉侵权技术方案缺乏该技术特征而错误认定该侵权不成立，不适当地限缩了专利保护范围；如果未恰当考虑该技术特征是否系相对独立地实现一定技术功能和技术效果的较小技术单元，导致技术特征划分过宽，则在侵权比对时容易忽略某个必要技术特征而错误认定该侵权成立，不适当地扩大了专利保护范围。

本案中，一审法院认为，权利要求 1 可划分为 7 个技术特征：A、B、C、D、E、F、G，被控侵权产品也可划分为 7 个技术特征：a、b、c、d、e、f、g。具体划分和比对如下：

权利要求 1 婴幼儿座椅	被控侵权的儿童餐椅	特征比对结果
A. 两根前腿和两根后腿，前腿与其所对应的后腿相铰接，且铰接处位于前腿和后腿的顶端	a. 两根前腿和两根后腿，前腿与其所对应的后腿相铰接，且铰接处位于前腿和后腿的顶端	相同
B. 在每根前腿上均套有一个椅体座，椅体座可沿前腿上下滑动	b. 在每根前腿上均套有一个椅体座，椅体座可沿前腿上下滑动	相同
C. 在两个椅体座之间固连有横杆，椅体设置在横杆上	c. 在两个椅体座之间固连有横杆，椅体设置在横杆上方	等同 被控侵权产品椅体与横杆不相连接；涉案专利技术椅体与横杆相连接
D. 所述横杆的两端分别固连有调节座，所述调节座上设有若干卡槽	d. 其特征在于，所述横杆的两端分别固连有调节座，所述调节座上设有若干卡槽	相同
E. 在椅体的靠背处设有一个能移动的调节拉杆	e. 在椅体的靠背处设有一个能移动的调节拉杆	相同
F. 调节拉杆上分别设有与上述调节座上的卡槽相卡配的销体，所述的调节拉杆呈 U 型	f. 调节拉杆上分别设有与上述调节座上的卡槽相卡配的销体，所述的调节拉杆呈 U 型	相同
G. 其两端分别套设有弹簧，在弹簧的外围套有孔径小于弹簧直径的套体	g. 其两端分别挂设有弹簧，弹簧挂设在销体上	

关键在于技术特征 G 与 g 的比对，一审判决认为，被控侵权产品的技术特征 g 与涉案专利技术特征 G 相比，减少了在弹簧的外围套有孔径小于弹簧直径的套体特征这一部件。被控侵权产品的技术特征 g 采用的是弹簧的压缩原理，涉案专利技术特征 G 使用的是弹簧的拉伸原理，弹簧的拉伸技术和压缩技术均是本案专利申请日前公知的技术方案，专利权人在专利权利要求中使用了弹簧的压缩技术，即将弹簧的拉伸技术被排除在本案专利权的保护范围之外，被诉侵权产品的技术特征 g 与涉案专利技术特征 G 相比，不构成等

同的技术特征，故被诉侵权产品没有落入原告的涉案专利权的保护范围。

二审法院支持了一审判决中关于"套体"的比对结论，认为根据权利要求的记载，涉案专利的调节杆上套设有弹簧，且在弹簧的外面还套有孔径小于弹簧直径的套体，而被诉侵权产品系直接将弹簧两端分别挂设在调节杆和椅体上以达到实现椅体调节之目的，缺少权利要求记载的"套体"这一技术特征，应当认定被诉侵权产品未落入涉案专利权的保护范围。

可见，一审和二审判决均将涉案专利权利要求记载的"套体"作为单独的技术特征，在此基础上进行侵权比对。最高人民法院对这样的技术特征划分方式予以反对。

最高人民法院认为，涉案专利权利要求1中关于"其（调节拉杆）两端分别套设有弹簧，在弹簧的外围套有孔径小于弹簧直径的套体"的记载所实现的功能是：当需要调节椅体高度时，对调节拉杆产生回复力，使得销体和卡槽扣紧。可见，"套体"虽然是一个部件，但其功能和效果必须依赖于弹簧的配合才能实现，两者相互配合才能在整体技术方案中发挥作用。因此，在涉案专利权利要求1中，套体本身无法实现相对独立的功能，不宜作为一个独立的技术特征予以对待。在将涉案专利权利要求的技术特征与被诉侵权产品的相应技术特征进行比对时，应当将"其两端分别套设有弹簧，在弹簧的外围套设有孔径小于弹簧直径的套体"作为一个独立的技术特征进行比对，而不是将"套体"作为一个独立的技术特征进行比对。

在重新认定技术特征的基础上，最高人民法院进行了技术特征是否等同的认定，认为：对比涉案专利权利要求1的上述技术特征与被诉侵权产品的相应技术特征，被诉侵权产品是通过在调节拉杆两端设置销轴并挂设弹簧的方式实现相应的功能，而涉案专利则是通过在调节拉杆两端设置套体并套装弹簧的方式实现相应功能。两者虽然不属于相同的技术特征，但是无论是利用弹簧的拉伸原理调节座椅，还是采用弹簧的压缩原理调节座椅，均是利用了弹簧具有回复力的基本性质，手段基本相同，实现利用其回复力使得销体和卡槽扣紧的功能，并且两者所能达到的效果基本相同。而且，采用弹簧拉伸还是压缩的方式，对于本领域普通技术人员来说是能够容易联想到的。因此，两者属于等同技术特征。

四、参考意见

恰当划分专利权利要求的技术特征是进行侵权比对的基础。技术特征的划分应该结合发明的整体技术方案,考虑能够相对独立地实现一定技术功能并产生相对独立的技术效果的较小技术单元。

拓展案例

李某某与被申请人国家知识产权局专利局原专利
复审委员会及一审第三人、二审上诉人郭某等
发明专利权无效行政纠纷案[1]

一、基本案情

国家知识产权局于 2006 年 4 月 19 日授权公告了名称为"反射式萨格奈克干涉仪型全光纤电流互感器"的发明专利(以下简称涉案专利),其申请日为 2003 年 4 月 24 日,专利号为 03123304.X,专利权人为郭某和 A 公司。

涉案专利授权公告的权利要求共 12 项,其中权利要求 1、10 如下:

权利要求 1:一种反射式萨格奈克干涉仪型全光纤电流互感器,其特征在于:它至少由光电单元和光纤电流感应单元连接构成;其中,光电单元用于产生用于检测的光信号,光纤电流感应单元利用该光信号检测流过其光纤绕组缠绕的母线中的电流,并返回该光电单元将检测光信号输出;所述的光电单元至少由光源、单模光纤耦合器、保偏光纤消偏器、光纤偏振器、光相位调制器、振荡源、保偏光纤延迟线以及光电检测器连接构成;光源输出的光信号经过单模光纤耦合器正向传输给保偏光纤消偏器;离开保偏光纤消偏器的光信号进入光纤偏振器;光纤偏振器将该光信号等分为两个正交的线偏振光分别送给光相位调制器;该光相位调制器根据来自振荡源的调制信号对两个正交的线偏振光进行同步调制,然后经过保偏光纤延迟线输出给光纤电流感应单元;从光纤电流感应单元返回的光信号到达光纤偏振器产生萨格奈克干涉,该干涉光经过单模光纤耦合器反向传输给光电检测器;光电检测器将

---

[1] 参见:最高人民法院(2014)行提字第 17 号行政判决书。

检测信号输出。

权利要求10：根据权利要求1所述的反射式萨格奈克干涉仪型全光纤电流互感器，其特征在于：所述的光纤电流感应单元设在电流互感器的高压区，至少由$\lambda/4$波片，其中λ由光纤中传递的光信号的波长、感应光纤线圈和感应光纤线圈端面镀反射膜组成；其中，$\lambda/4$波片用于将来自保偏光纤延迟线的线偏振光转换为两个圆偏振光，该两个圆偏振光经过感应光纤线圈到达端面的反射膜，该反射膜将该两个圆偏振光信号全反射，并沿着感应光纤线圈反向传播。

2009年9月27日，李某某以本专利不符合《专利法》第22条第2、3款等的规定为由向专利复审委员会提出无效宣告请求。

2010年4月22日，专利复审委员会作出第14794号无效宣告请求审查决定（简称第14794号决定），维持涉案专利有效。其中认定：

权利要求1与证据1区别在于：①权利要求1中电流互感器是全光纤的，而证据1中没有相应的文字表述；②权利要求1中的光相位调制器对两个正交的线偏振光进行同步调制，而证据1中为"两个偏振态不同地被调制"。

关于区别特征①，本专利说明书第7页第17~18行记载了"光纤电流感应单元设在电流互感器的高压区，由宽带光纤波片、感应光纤线圈和感应光纤线圈端面镀反射膜组成"，说明书第7页第24行~第8页第1行记载了"本发明采用光纤端面镀反射膜作为反射面，该反射膜通过将光纤端面进行研磨后再镀上反射膜，相比于传统的光纤端面研磨后与反射镜粘接所构成的反射体，本发明的反射膜具有抗热胀冷缩以及震动的特点并且其结构易于安装，可降低制造成本"，涉案专利正是针对现有技术中使用与光纤端面粘接的反射镜作为反射体这种技术方案的缺陷进行的改进，因此应当认为涉案专利的技术方案明确排除了使用反射镜作为反射体的情况。本专利权利要求1中的"全光纤"应当是在光纤电流感应单元中由光纤端面镀反射膜作为反射体而构成的全光纤结构，而证据1的相应部分是由光纤端部的镜子作为反射体，与本专利中所限定的上述全光纤结构并不相同。证据1中作为非光纤部件的镜子需要和光纤粘结在一起，当发生机械振动时镜子与粘结剂的机械应力是不同的，再入射会受到扰动影响。而本专利在萨格奈克干涉仪的光纤端面镀膜作反射面比光纤端面粘结镜子构成反射体，具有抗热胀冷缩以及震动的特点，并且其结构易于安装，可降低制造成本。

关于区别特征②，虽然请求人坚持认为证据1中的不同的调制是指分别被调制，而在调制时间上，X轴线偏振光和Y轴线偏振光是同步的，但是由于X轴线偏振光和Y轴线偏振光的传播速度不同，而且证据1的其他部分内容也并没有表明X轴线偏振光和Y轴线偏振光会同步地在光纤中传输，因此，根据证据1中公开的内容不能认定这两个正交的线偏振光是同步调制的。并且没有证据表明上述区别特征为本领域的公知常识，因此，权利要求1具备新颖性和创造性，符合《专利法》第22条第2、3款的规定。

无效宣告请求人不服第14794号决定，向法院提起行政诉讼。

一审法院认为，权利要求1中的"全光纤"应当是在光纤电流感应单元中由光纤端面镀反射膜作为反射体而构成的全光纤结构，故不存在区别技术特征①，专利复审委员会关于区别技术特征①的认定错误，予以纠正。但法院认可了区别技术特征②，并基于区别技术特征②认定权利要求1具备新颖性和创造性，维持了第14794号决定。

李某某、郭某、A公司均不服一审判决，提起上诉。

二审法院认为，虽然权利要求1没有记载由光纤端面镀反射膜作为反射体这一技术特征，而是在权利要求10中记载了该特征，但权利要求1所记载的技术特征应不包含使用镜子作为反射体的内容，即权利要求1中的全光纤应当是使用镜子以外的其他反射体进行反射的全光纤结构专利，复审委员会关于区别技术特征①和②认定正确，一审法院关于区别技术特征①的认定错误，予以纠正。在此基础上，二审法院维持了原判。

李某某不服二审判决，向最高人民法院申请再审。

最高人民法院于2015年8月11日作出再审判决，认定通常情况下，在专利授权确权程序中，对权利要求的解释采取最大合理解释原则，即基于权利要求的文字记载，结合对说明书的理解，对权利要求作出最广义的合理解释。如果说明书未对权利要求用语的含义作出特别界定，原则上应采取本领域普通技术人员在阅读权利要求、说明书和附图之后对该术语所能理解的通常含义，尽量避免利用说明书或者审查档案对该术语作不适当的限制，以便对权利要求是否符合授权条件和效力问题作出更清晰的结论，从而促使申请人修改和完善专利申请文件，提高专利授权确权质量。本案中，专利权利要求1中记载全光纤电流互感器至少由光电单元和光纤电流感应单元连接构成，并没有记载"反射膜"的技术特征,"反射膜"的技术特征出现在权利要求 1 的从属权利要求 10 的附加技术特征中。说明书中既没有将具有"反射膜"的技术方案作为背景技术描述,也没有用"反射膜"这一技术特征对权利要求 1 所述的"全光纤电流互感器"作出特别界定,说明书中的相关内容仅能说明本专利在对应从属权利要求 10 的进一步的优选实施例中,采用了光纤端面镀反射膜的方式,并不是指专利权利要求 1 中的"全光纤电流互感器"具有此处描述的特定含义。因此,专利复审委员会对"全光纤电流互感器"和"同步调制"的解释错误,因而关于区别技术特征①、②的相关认定错误。再审判决撤销了一审、二审判决和第 14794 号决定,由专利复审委员会重新作出决定。

二、法律问题

对专利权利要求 1 中"全光纤电流互感器"和"同步调制"两个技术特征的解释。

三、重点提示

1. 重点讨论"全光纤电流互感器"的解释。
2. 说明书中的相关内容是否对"全光纤电流互感器"的含义进行界定。
3. "全光纤电流互感器"的通常含义是什么。
4. 涉案专利中涉及"感应光纤线圈端面镀反射膜"的技术特征和技术效果,是整个发明的必要技术特征和必须实现的技术效果,还是优选的技术特征、优选的具体实施方式所达到的技术效果。从属权利要求 10 对独立权利要求 1 中"全光纤电流互感器"解释的影响。这些内容对"全光纤电流互感器"含义、范围是否有限制作用。
5. 本案是否体现了专利确权纠纷案件与专利侵权纠纷案件中,对权利要求解释考量的异同。

专题五　外观设计专利的侵权判定

知识概要

当专利保护的是产品整体的外观设计时,不应当将产品整体予以拆分、改变原使用状态后进行比对。如果实物照片真实反映了被诉侵权产品的客观情况，可以使用照片中的被诉侵权产品与本案专利进行比对。

《最高人民法院关于审理侵犯专利权纠纷案件应用法律若干问题的解释》第10条规定："人民法院应当以外观设计专利产品的一般消费者的知识水平和认知能力，判断外观设计是否相同或者近似。"外观设计近似性的判断，应当基于一般消费者的知识水平和认知能力，根据外观设计的全部设计特征，以整体视觉效果进行综合判断。所谓"一般消费者"，是指一种法律上拟制的"人"，他不具有创新设计能力，不是现实生活中的某类具体人群，他会考虑涉案专利产品及其各部分零部件在产品的使用中对外观设计的影响。不同种类产品具有不同的一般消费者。

外观设计专利侵权的比对，应当以授权公告中的图片或者照片与被诉侵权产品的实物进行直接观察、单独对比，通过整体观察、综合判断的方式，确定涉案专利与被诉侵权产品在整体视觉效果上的差异。

评价被诉侵权设计是否落入外观设计保护范围内，设计特征是重要的比对因素，如果被诉侵权设计未包含授权外观设计区别于现有设计的全部设计特征，那么可以认定被控侵权设计没有侵犯授权外观设计的智慧创造成果，一般认为被诉侵权设计与授权外观设计不近似；如果被诉侵权设计包含了授权外观设计区别于现有设计的全部设计特征，那么应结合对整体视觉效果具有显著影响的其他特征进行综合判断。应注意，在进行综合判断时，设计特征相比其他特征在对外观设计产品的整体视觉效果影响上通常具有更高的权重，应予以重点考量。

经典案例

案例一：上诉人A公司与被上诉人B公司、C公司、D公司侵害外观设计专利权纠纷案[1]

一、基本案情

A公司是专利号为01319523.9、名称为"汽车"外观设计专利（以下简

---

[1] 参见：石家庄市中级人民法院（2012）冀民三初字第2号民事判决书，最高人民法院（2014）民三终字第8号民事判决书，最高人民法院（2015）民申字第3167号民事裁定书。

称涉案专利）的专利权人，其以 B 公司、C 公司共同制造、销售"LAIBAO S-RV"汽车（以下简称被诉侵权产品）的行为侵害涉案专利权为由，提起诉讼。

河北省石家庄市中级人民法院一审认为，被诉侵权产品未落入本案专利权的保护范围，遂判决驳回 A 公司的诉讼请求。A 公司不服，提起上诉。A 公司认为，一审法院对于外观设计侵权判断的判断主体、比对方法、对象等，均存在错误。最高人民法院于 2015 年 7 月 23 日二审判决驳回上诉、维持原判。

二、法律问题

1. 外观设计侵权比对的主体是什么？
2. 外观设计侵权比对的方法是什么？
3. 外观设计侵权比对的对象是什么？
4. 被诉侵权产品与涉案专利是否相近似？

三、法理分析

本案涉及的侵害专利权的纠纷，自 2003 年 9 月 A 公司对 B 公司的网页进行证据保全并发出警告信要求停止侵权行为开始，经历了侵权之诉、确认不侵权之诉、管辖权异议、确权之诉、再次侵权之诉和确认不侵权之诉，历经一审、二审和再审程序，至 2015 年 12 月最高人民法院作出驳回 A 公司的再审申请的判决，历时 12 年。该案是研究我国外观设计专利侵权纠纷的经典案例。在二审判决中，对于外观设计专利侵权判定的比对主体、比对方法和比对对象进行了教科书式的阐释，分析如下：

（一）外观设计侵权比对的主体是什么

《最高人民法院关于审理侵犯专利权纠纷案件应用法律若干问题的解释》第 10 条规定："人民法院应当以外观设计专利产品的一般消费者的知识水平和认知能力，判断外观设计是否相同或者近似。"但"一般消费者"具有怎样的水平和能力往往是实务中争议的焦点，并会决定侵权比对的结论。本案对"一般消费者"的水平和能力进行了清晰的定义，有助于规范审判规则。

本案中，A 公司提交了广州日报、羊城晚报、京华时报等媒体刊登的文章、评论等资料，以及汽车发烧友对被诉侵权产品与 A 公司汽车成品相比较后得出的评价，用于证明被诉侵权产品与涉案专利相近似。

一审判决认为，A 公司在本案中提交的各类媒体刊登的文章、评论等资料，属于 A 公司及各方人士根据各自不同的经济目的而进行的商业宣传，或者是汽车发烧友对被诉侵权产品与 A 公司汽车成品相比较后得出的专业评价。这些文章的作者不是判断外观设计是否相同或者近似中规定的"一般消费者"。

二审判决认为，侵害外观设计专利权纠纷中的近似性判断，应当基于一般消费者的知识水平和认知能力，根据外观设计的全部设计特征，以及外观设计的整体视觉效果进行综合判断。一般消费者是指对授权外观设计的相关设计状况具有常识性了解，并且对不同外观设计之间在形状、图案、色彩上的差别具有分辨力的人，但其通常不会注意到形状、图案、色彩的微小变化。"一般消费者"是法律虚拟的一个概念，其所具有的"常识性了解"与一般的汽车发烧友并不一致。

目前通说认为，"一般消费者"是一种法律上拟制的"人"，他不具有创新设计能力，不是现实生活中的某类具体人群，他会考虑涉案专利产品及其各部分零部件在产品的使用中对外观设计的影响。不同种类产品具有不同的一般消费者。根据最高人民法院的判决，一般消费者应当具有如下的能力：

1. 对涉案专利申请日之前相同或相近种类的产品及其外观设计具有常识性的了解。应当注意，"常识性了解"不是基础性、简单性的了解，而应是通晓相关外观设计一般状况和惯常设计，但不是知晓所有现有设计，也不具备专业设计能力。

2. 对外观设计产品在形状、图案以及色彩上的区别具有一定的分辨力，但不会注意到产品的形状、图案以及色彩的微小变化。

对于一般消费者的能力，例如，"汽车发动机"的一般消费者，发动机属于汽车零部件（即中间产品），其一般消费者应当对发动机及其相近种类产品具有常识性了解，而不是对汽车或者摩托车等最终产品具有常识性了解，能够分辨汽车发动机的形状、图案和色彩。对于中间产品，其"一般消费者"应该考虑到该中间产品的使用、安装、应用特点，但不能将其认知能力上升到该类产品的设计人员的水平。

（二）外观设计侵权比对的方法是什么

外观设计专利侵权的比对，应当以授权公告中的图片或者照片与被诉侵权产品的实物进行对比，判断两者的外观设计是否相同或近似。

本案中，A 公司作为侵权之诉的原告，在提起诉讼时未向一审法院提交被诉侵权产品的实物。被诉侵权产品是双环有限公司实际生产销售的"LAIBAO S-RV"汽车，而 A 公司提交的是被诉侵权产品的照片。

一审根据 A 公司提交的照片与本案外观设计专利进行了比对，得出不侵犯专利权的结论。

A 公司上诉称，其所提交的照片不能作为比对对象，照片是中心投影图，存在反映的产品外观与实际产品有"近大远小"的透视变形效应，导致图片反映的外观设计已变形。A 公司由此认为，一审法院以 A 公司提交的图片作为比对对象，审查是否与涉案专利相同或近似，存在比对对象错误。

二审法院认为，当实物照片真实反映了实物的客观情况，将照片中被诉侵权产品的外观与本案专利进行比对，亦是侵权案件中经常采用的方法。

二审庭审中，合议庭对被诉侵权产品进行了现场勘查。A 公司提交的照片反映的实物与现场勘验的结果对比，并不存在明显的视觉差异。

最终，二审法院认为，A 公司在提起本案诉讼时，并未向一审法院提交被诉侵权产品的实物，一审法院使用 A 公司提交的、与实物并无明显视觉差异的图片进行比对的方法，并无不当之处。

在此需要说明的是，如前所述，A 公司提交了广州日报、羊城晚报、京华时报等媒体刊登的文章、评论等资料，以及汽车发烧友对被诉侵权产品与 A 公司汽车成品相比较后得出的评价，用于证明被诉侵权产品与涉案专利相近似。但这些媒体报道和汽车发烧友的评价，均是以 A 公司汽车产品作为评判参照物，而不是以涉案专利为准，这样的比对方法有误。

（三）外观设计侵权比对的对象是什么

本案中，一审法院将销售的整车作为被诉侵权产品与外观设计专利进行比对。

A 公司认为，被诉侵权产品安装的前、后保险杠护板、行李架横杆、导流板等与涉案专利图片中不涉及的部件均为选装件，应当拆除上述选装件后与涉案专利进行比对，不应当将这些额外的设计特征纳入被诉侵权产品的外观设计。

二审判决认为，外观设计专利侵权判断采用整体观察、综合判断的标准，对比对象是产品在正常使用状态下的可视整体外观，不应当将产品整体予以拆分、改变原使用状态后，对部分外观设计进行对比。A 公司主张，在侵权比对过程中，不应考虑汽车顶部的行李架横杆、导流板、前后保险杠护板等选装件。但拆除上述选装件后，产品所呈现的是组装时的外观状态，而非一般消费者在购买后的正常使用状态。A 公司的上述主张，亦与其以整车外观设计为依据提起本案诉讼的事实基础不符。

二审判决中具体分析了不支持 A 公司主张的理由：首先，A 公司并没有证据证明，销售的被诉侵权产品中不包括汽车顶部的行李架横杆、导流板及前、后保险杠护板等所谓的选装件。其次，对上述所谓选装件的拆除会影响产品性能的正常使用，如将导流板拆除后，会直接破坏其上连接的高位刹车灯，影响车辆的安全行驶。因此，将上述所谓的选装件进行拆除，不仅会改变产品销售时的外观形态，并且所呈现的外观不是一般消费者在购买后、正常使用下所观察到的外观设计，而是在产品组装时呈现的外观状态。在进行外观设计专利侵权认定的比对时，应当将实际生产销售的汽车产品的整体作为比对对象，不应当将行李架横杆、导流板及前、后保险杠护板等设计特征进行拆除分解后再进行比对。

（四）被诉侵权产品与涉案专利是否相近似

《最高人民法院关于审理侵犯专利权纠纷案件应用法律若干问题的解释》第 11 条规定："人民法院认定外观设计是否相同或者近似时，应当根据授权外观设计、被诉侵权设计的设计特征，以外观设计的整体视觉效果进行综合判断；对于主要由技术功能决定的设计特征以及对整体视觉效果不产生影响的产品的材料、内部结构等特征，应当不予考虑。下列情形，通常对外观设计的整体视觉效果更具有影响：①产品正常使用时容易被直接观察到的部位相对于其他部位；②授权外观设计区别于现有设计的设计特征相对于授权外观设计的其他设计特征。被诉侵权设计与授权外观设计在整体视觉效果上无差异的，人民法院应当认定两者相同；在整体视觉效果上无实质性差异的，应当认定两者近似。"

在适用上述规则时，相同或近似的对比判断应当站在涉案专利产品的一般消费者角度，对涉案专利与被诉侵权产品的相关设计内容进行直接观察、单独对比，进而综合判断涉案专利与被诉侵权产品在整体视觉效果上的差异。

所谓直接观察，是指观察者仅凭普通视觉，不借助仪器等其他工具或者手段进行比较观察。视觉无法直接分辨的设计内容不能作为认定相同或近似的依据。例如，有些纺织品用视觉观看形状、图案和色彩完全相同，但在放大镜下观察，其纹路有很大的不同，这种借助放大镜等仪器观察到的纹路，不能作为外观设计专利侵权对比的依据。

所谓单独对比，是指在外观设计相同或近似对比时，应当将一件被诉侵权产品的相关设计内容与涉案专利的一项设计进行对比，不能将两项或者两项以上外观设计结合起来进行对比。例如，涉案专利为成套产品的外观设计专利，包含若干项具有独立使用价值的产品的外观设计，或者涉案专利为相似外观设计专利，包含多项相似的外观设计，权利人主张多项外观设计作为权利基础时，应当将一件被诉侵权产品的相关设计内容与各项外观设计分别单独进行对比。

所谓综合判断，是指将涉案专利的全部设计要素与被诉侵权产品的相应设计内容进行比较，而不是依据外观设计的局部或者涉案专利与被诉侵权产品相区别的设计特征作出判断。

在判断被诉侵权产品的相关设计内容的设计要素（形状、图案、色彩）与涉案专利要求保护的设计要素的区别点对产品的整体视觉效果是否具有显著影响时，需要根据涉案专利产品的设计空间、区别点所在的部位是否易见、区别点是否为局部细微差异等因素作出综合判断。

设计空间是指设计者在进行产品外观设计时能够自由发挥的空间，也称设计自由度。设计空间包括产品外观设计开发过程中，可以不受产品的功能、技术性能、标准以及技术条件等因素制约，能够产生创新变化的所有外观设计内容。产品的外观设计通常在设计空间中做出设计变化，一般消费者更容易注意到设计空间内的设计特征的差异。《最高人民法院关于审理侵犯专利权纠纷案件应用法律若干问题的解释（二）》第14条规定："人民法院在认定一般消费者对于外观设计所具有的知识水平和认知能力时，一般应当考虑被诉侵权行为发生时授权外观设计所属相同或者相近种类产品的设计空间。设计空间较大的，人民法院可以认定一般消费者通常不容易注意到不同设计之间的较小区别；设计空间较小的，人民法院可以认定一般消费者通常更容易注意到不同设计之间的较小区别。"

在外观设计相同或近似的对比判断中,应当更关注正常使用时易见部位的设计变化,该部位的设计变化相对于不易见或者不可见部位的设计变化,通常对整体视觉效果更具有影响。但有证据表明在不易见部位的特定设计对于一般消费者能够产生引人瞩目的视觉效果的除外。

若被诉侵权产品与涉案专利外观设计的区别点仅在于局部的细微变化,没有导致二者整体视觉效果产生实质性差异,则被诉侵权产品与涉案专利外观设计近似。在判断区别点是否属于局部细微变化时,一般会考虑区别点在产品整体中所处的位置、所占的比例以及是否为产品设计空间中的主要设计内容等。当涉案种类产品的整体外观具有一定的设计空间,其形状、图案、色彩等都可以进行设计变化时,如果区别点所占比例很小,那么即使区别点位于容易观察到的部位,也属于局部细微差异。

本案中,一审法院认为,由于被诉侵权产品与专利产品之间整体上存在的显著不同以及各侧面的明显差异,被诉侵权产品未落入涉案专利权保护范围。具体比对分析如下:

前视图对比:

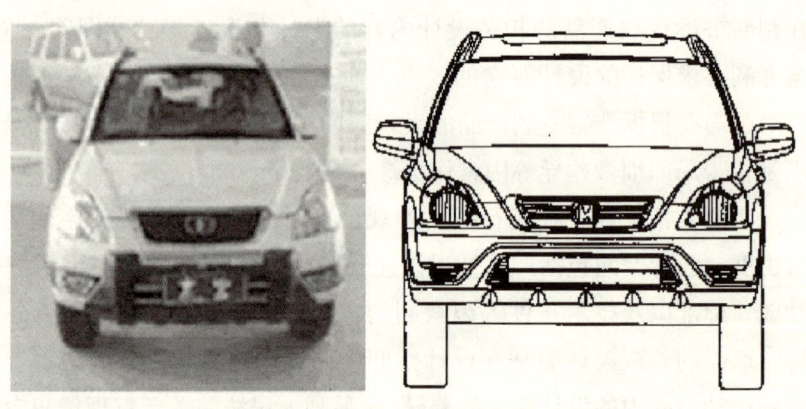

一审法院的侵权比对1				
部位		被诉侵权产品		涉案专利	
1	正视图两倒车镜连线上下分割而成的形状	上方	梯形	上方	梯形
		下方	梯形	下方	矩形
		过渡更自然			

续表

一审法院的侵权比对1		
部位	被诉侵权产品	涉案专利
2	倒车镜连线下方的车头高度与挡风比例的高度比	2∶1 车头更显厚重，且梯形斜边下部外张视觉明显	1∶1 上下均匀，无突出视觉差异
3	车体的视觉宽度	倒车镜外侧边线与前大灯的外边线在一纵线上	倒车镜内侧边线与前大灯的外边线在一纵线上
4	后视图中腰线以上的内收幅度	明显较大	明显较小
5	前保险杠护板	矩形 没有下底线的延伸及护牙特征。其矩形的两个竖边明显粗于上下两个横边，该矩形框内是由12个长方形格子分成上下两排组成的图案	梯形 梯形中间为上下两块横向放置的平隔板，且梯形的下底线向两边延伸至车体的两个侧边，下底线上还有5个护牙
6	前格栅	由若干蜂窝状小菱形形状组成	为三块横向放置的条板
7	发动机罩中央	有一条纵线加强筋	无
8	前大灯	呈三角形	呈菱形状的四边形

侧视图对比：

一审法院的侵权比对2		
部位（侧视图）	被诉侵权产品	涉案专利
1	前保险杠	明显向外凸出	没有明显外凸形态
2	发动机罩上的切分线	不可见	明显可见
3	发动机罩中央	有一条纵线加强筋	无

续表

一审法院的侵权比对 2			
	部位（侧视图）	被诉侵权产品	涉案专利
4	前大灯	呈三角形	呈菱形状的四边形
5	前后贯通的棱线	无	前大灯上端处、两侧门把手、车后窗底部之间有一条前后贯通的棱线（腰线）
6	后备胎	有	无
7	车后侧的弧状组灯	薄	上窄下宽
8	尾灯与后车窗与棱部之间的边框的比例关系	后车窗与棱部之间的边框宽度要比棱部尾灯的宽度宽大约3倍以上	后车窗与棱部之间的边框宽度要比棱部尾灯的宽度要小
9	前挡泥板上的小侧灯	有	无
10	行李架及导流板	有	无
11	后车门向后轮一侧的门线（含把手位置）	在后轮胎的前侧	接近后轮胎的中间位置
12	棱部尾灯的弧线	大约从下端向上2/5处有明显向内折的角度	比较平滑，没有明显的内折角度
13	侧后窗靠棱部边框的斜度	明显大	相对较小

后视图对比：

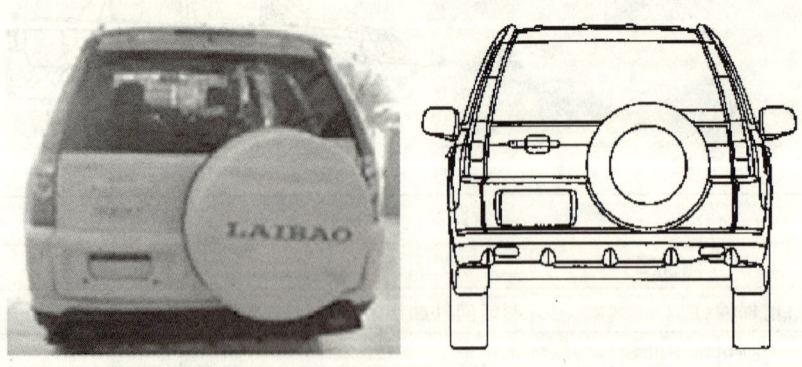

一审法院的侵权比对 3		
	部位（后视图）	被诉侵权产品	涉案专利
1	整体形状	梯形	中腰线向上方向为梯形，向下方向略显倒梯形
2	倒车镜	不可见	可见
3	上沿	有导流板	无导流板
4	下沿	明显设置有保险杠，其长度大约在2个车轮之间	保险杠比较小，其长度与两后轮宽度基本相同
5	弧形尾灯	各为一个整体，其下部各有2个明显的圆形灯	明显看出6个长方形灯格

本案专利俯视图：

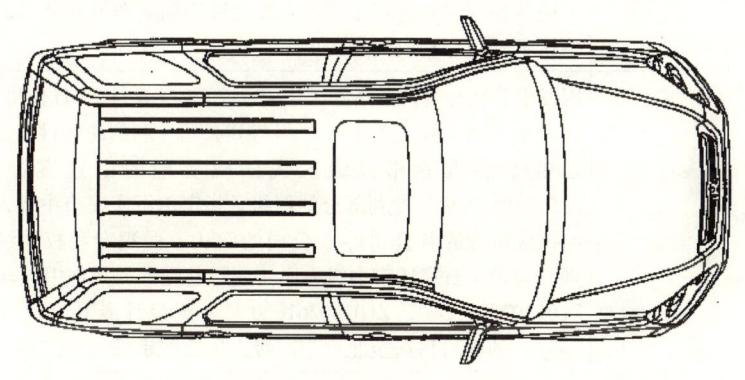

二审判决认为：认定外观设计是否相同或者近似，应当根据授权外观设计、被诉侵权设计的设计特征，以外观设计的整体视觉效果进行综合判断。在以一般消费者的角度对两者进行比较后，判断确定的区别设计特征是否对整体视觉效果具有更显著的影响时，产品使用时容易看到的部位的设计变化相对于不容易看到或者看不到的部位的设计变化，通常对整体视觉效果具有更显著影响。本案中，汽车的机舱、座舱、货舱的布局和前、后保险杠以及汽车前脸、尾部、顶部均为容易被直接观察到的部位。由于被诉侵权产品的设计特征与涉案专利的设计特征在前述易被直接观察到的部位存在不同的设计特征及其组合后形成的视觉差异，对两者的整体外观产生了显著影响，因此足以使一般消费者将两者区别开来。

(五) 本案审理过程

时间	事件
2001 年 5 月 30 日	A 公司申请了 ZL01319523.9 号专利。
2003 年 9 月 12 日	A 公司对 B 公司的网页进行证据保全。
2003 年 9 月 18 日～10 月 8 日	A 公司的委托代理人多次向 B 公司或其销售商发出警告信，要求 B 公司立即停止生产、销售被诉侵权产品。
2003 年 10 月 25 日、11 月 1 日	A 公司购买了车架号为 LGWCA2G6032000161 和 NO.6032000242 的两辆被诉侵权产品（以下简称涉案汽车 1、涉案汽车 2）。北京市公证处对购买过程予以公证，分别出具了（2003）京证经字第 16526 号公证书、（2003）京证经字第 13393 号公证书。
2003 年 11 月 24 日	A 公司向中华人民共和国北京市高级人民法院起诉 B 公司，称 B 公司生产的被诉侵权产品侵犯了其所拥有的专利权。同期，中华人民共和国河北省石家庄市中级人民法院受理了 B 公司诉 A 公司确认不侵犯专利权纠纷案。
2004 年 6 月 24 日	因发生管辖冲突，最高人民法院于 2004 年 6 月 24 日作出（2004）民三他字第 4 号《关于 A 公司与 B 公司专利纠纷案件指定管辖的通知》，将北京市高级人民法院受理的上述案件中涉及 ZL01319523.9 号专利部分的纠纷，指定由石家庄市中级人民法院与该院审理的 B 公司诉 A 公司的确认不侵犯专利权纠纷合并审理。同时，石家庄市中级人民法院将其受理的案件中包含 A 公司 ZL01302609.7 号、ZL01302610.0 号外观设计专利（汽车保险杠部分）的纠纷移送至北京市高级人民法院审理。
2003 年 12 月 24 日	B 公司向中华人民共和国国家知识产权局专利局原专利复审委员会（以下简称专利复审委员会）提出涉案专利权无效宣告申请，专利复审委员会予以受理。
2005 年 1 月 5 日	石家庄市中级人民法院因涉案专利权的无效宣告请求审查程序正在进行，裁定中止审理确认不侵犯专利权以及侵犯专利权纠纷。
2006 年 3 月 6 日	专利复审委员会作出第 8105 号无效宣告请求审查决定（以下简称第 8105 号无效决定），宣告涉案专利权无效。A 公司不服第 8105 号无效决定，提起行政诉讼。
2006 年 12 月 25 日	北京市第一中级人民法院作出（2006）一中行初字第 779 号行政判决，判决维持第 8105 号无效决定。A 公司不服该行政判决，向北京市高级人民法院提起上诉。

续表

时间	事件
2007年9月28日	北京市高级人民法院作出（2007）高行终字第274号行政判决，驳回A公司上诉，维持原判。
2009年7月6日	石家庄市中级人民法院作出（2003）石民五初字第00131号民事判决，驳回A公司的诉讼请求。A公司不服，向河北省高级人民法院提出上诉。在该院二审期间，因A公司不服北京市高级人民法院（2007）高行终字第274号行政判决，向最高人民法院申请再审。
2010年2月4日	最高人民法院作出（2008）行监字第43-1号行政裁定，裁定提审本案，再审期间中止原判决的执行。
2010年4月28日	据最高院的上述判决，河北省高级人民法院作出（2009）冀民三终字第77-1号民事裁定，裁定中止审理确认不侵犯专利权以及侵犯专利权纠纷上诉案。
2010年11月26日	最高人民法院作出（2010）行提字第3号行政判决，判令撤销（2007）高行终字第274号行政判决、撤销第8105号无效决定。河北省高级人民法院据此于2011年3月22日作出（2009）冀民三终字第77号民事裁定，裁定撤销石家庄市中级人民法院（2003）石民五初字第00131号民事判决，案件发回该院重审。
2011年6月22日	石家庄市中级人民法院审理确认不侵犯专利权以及侵犯专利权纠纷案期间，A公司向该院提出撤诉申请。
2011年6月30日	石家庄市中级人民法院作出（2011）石民五初字第00143号民事裁定，裁定准许A公司撤回起诉。
2011年9月9日	A公司将请求赔偿的数额增加到34 857.04万元后，向河北省高级人民法院提起诉讼。2011年9月9日，河北省高级人民法院立案受理后，B公司在答辩期内提出管辖异议，主张该纠纷应依法指定或移送石家庄市中级人民法院管辖，并与石家庄市中级人民法院受理的B公司诉A公司确认不侵犯专利权纠纷案合并审理。
2011年10月18日	河北省高级人民法院作出（2011）冀民三初字第1号民事裁定，裁定交由石家庄市中级人民法院审理。A公司不服该裁定，向最高人民法院提出上诉。
2012年5月22日	最高人民法院作出（2012）民三终字第1号民事裁定，裁定由河北省高级人民法院将本案及石家庄市中级人民法院受理的B公司诉A公司确认不侵犯专利权纠纷案合并审理。因本案侵害涉案专利权纠纷的当事人与B公司公司诉A公司确认不侵犯专利权纠纷案的当事人有所不同，石家庄市中级人民法院将两案分别进行立案，交由同一合议庭一并予以审理。

续表

时间	事件
2013年4月1日	A公司向石家庄市中级人民法院提出追加C公司、D公司为本案被告的申请。该院依法准许。
2013年8月5日	一审开庭,A公司当庭明确其诉讼请求为赔偿原告为此诉讼所支出的一切费用(包括但不限于律师费)为588.959 532万元,并补交了诉讼费2.9448万元。A公司未向石家庄市中级人民法院提交被诉侵权产品的实物。
2014年2月19日	石家庄市中级人民法院作出(2012)冀民三初字第2号判决,认为被诉侵权产品未落入涉案专利权保护范围。因此,B公司也就不存在如何承担法律责任的问题。判决驳回原告A公司的诉讼请求。
2015年7月23日	最高人民法院作出二审判决:驳回上诉,维持原判。
2015年12月14日	最高人民法院作出再审裁定(2015)民申字第3167号:驳回A公司再审申请。

四、参考意见

外观设计近似性的判断,应当基于一般消费者的知识水平和认知能力,根据外观设计的全部设计特征,以整体视觉效果进行综合判断。当专利保护的是产品整体的外观设计时,不应当将产品整体予以拆分、改变原使用状态后进行比对。如果实物照片真实反映了被诉侵权产品的客观情况,可以使用照片中的被诉侵权产品与本案专利进行比对。

案例二:再审申请人A公司与被申请人B公司侵害外观设计专利权纠纷案[1]

一、基本案情

B公司系"手持淋浴喷头(NO. A4284410X2)"外观设计专利(以下简称本案专利)的权利人。B公司以A公司生产、销售和许诺销售的丽雅系列

---

[1] 参见:最高人民法院(2015)民提字第23号民事判决书。

等卫浴产品（以下简称被诉侵权产品）侵害本案专利权为由，提起诉讼。浙江省台州市中级人民法院一审认为，B 公司主张喷头出水面设计为本案专利的设计要点，但本案专利授权公告的"简要说明"中对此并无体现，被诉侵权产品与本案专利虽在喷头的出水面上高度近似，但喷头头部周边设计、手柄设计存在差别，两者不构成近似。据此判决驳回 B 公司的诉讼请求。B 公司不服，提起上诉。浙江省高级人民法院二审认为，跑道状的喷头出水面应作为本案专利区别于现有设计的设计特征予以重点考量，而被诉侵权产品正是采用了与之高度相似的出水面设计。此外，被诉侵权产品与本案专利在淋浴喷头的整体轮廓、喷头与把手的长度分割比例等方面均非常相似，应认定二者构成相近似的外观设计。据此判决撤销一审判决，判令 A 公司停止侵权行为，销毁库存侵权产品，赔偿 B 公司经济损失人民币 10 万元。A 公司不服，向最高人民法院申请再审。最高人民法院裁定提审本案，并于 2015 年 8 月 11 日判决撤销二审判决，维持一审判决。

二、法律问题

1. 设计特征的认定及对外观设计近似性判断的影响。
2. 被诉侵权产品与涉案专利是否相近似？

三、法理分析

（一）设计特征的认定及对外观设计近似性判断的影响

外观设计专利制度的立法目的在于保护具有美感的创新性工业设计方案，一项外观设计应当具有区别于现有设计的可识别性创新设计才能获得专利授权，该创新设计即是授权外观设计的设计特征。通常情况下，外观设计的设计人都是以现有设计为基础进行创新。对于已有产品，获得专利权的外观设计一般会具有现有设计的部分内容，同时具有与现有设计不相同也不近似的设计内容，正是这部分设计内容使得该授权外观设计具有创新性，从而满足《专利法》第 23 条所规定的实质性授权条件：不属于现有设计也不存在抵触申请，并且与现有设计或者现有设计特征的组合相比具有明显区别。对于该部分设计内容的描述即构成授权外观设计的设计特征，其体现了授权外观设计不同于现有设计的创新内容，也体现了设计人对现有设计的创造性贡献。

评价被诉侵权设计是否落入外观设计保护范围内，设计特征是重要的比对因素，如果被诉侵权设计未包含授权外观设计区别于现有设计的全部设计特征，那么可以认定被控侵权设计没有侵犯授权外观设计的智慧创造成果，一般认为被诉侵权设计与授权外观设计不近似；如果被诉侵权设计包含授权外观设计区别于现有设计的全部设计特征，那么应结合对整体视觉效果具有显著影响的其他特征进行综合判断。应注意，在进行综合判断时，设计特征相比其他特征在对外观设计产品的整体视觉效果影响上通常具有更高的权重，应予以重点考量。

本案中，三审法院均对设计特征进行了认定，但认定的依据各不相同：

一审法院认为：B公司认为头部出水孔呈放射状分布在两端圆、中间长方形的区域内，边缘呈圆弧状的设计为涉案专利的设计特征部分，但是涉案专利的设计特征部分是否为喷头头部出水处的设计并未在其简要说明中予以体现。因此，不认可B公司的主张。

二审法院认为：该专利申请之时所适用的《专利法》并未要求外观设计专利的授权文本需附有简要说明，一项外观设计所具备的区别于其他外观设计的、具有一定识别度的设计要点，即可确定为其设计特征，而非以是否在专利的简要说明中予以记载为确定设计特征的前提。就涉案专利而言，B公司明确其跑道状的出水面为专利的设计特征和视觉要部，而该部分确为涉案专利最具识别度的设计，且占据了主要的视域面积，并能带来较为独特的设计美感；况且，二审法院在审理过程中明确要求健龙公司作进一步检索，确认在涉案专利申请日前，有无喷头出水面为跑道状的现有设计存在，健龙公司未能提供相应的现有设计以供比对。故涉案专利中跑道状的喷头出水面设计，应作为区别于现有设计的设计特征予以重点考量。

最高人民法院认为：首先，涉案授权外观设计没有简要说明其记载的设计特征，B公司在二审中提交了12份淋浴喷头产品的外观设计专利文件，其中7份记载的公告日早于涉案专利的申请日，其所附图片表示的外观设计均未采用跑道状的出水面。在针对涉案授权外观设计的无效宣告请求审查程序中，原专利复审委员会作出第17086号决定，认定涉案授权外观设计与最接近的对比设计证据1相比，"从整体形状上看，与在先公开的设计相比，本专利喷头及其各面过渡的形状、喷头正面出水区域的设计以及喷头宽度与手柄直径的比例具有较大差别，上述差别均是一般消费者容易关注的设计内容"，即该决定认定喷头出水面形状的设计为涉案授权外观设计的设计特征之一。其次，A 公司虽然不认可跑道状的出水面为涉案授权外观设计的设计特征，但是在本案一、二审中其均未提交相应证据证明跑道状的出水面为现有设计。本案再审审查阶段，A 公司提交 200630113512.5 号淋浴喷头外观设计专利视图拟证明跑道状的出水面已为现有设计所公开。经审查，该外观设计专利公告日早于涉案授权外观设计申请日，可以作为涉案授权外观设计的现有设计，但是其主视图和使用状态参考图所显示的出水面两端呈矩形而非圆弧形，其出水面并非跑道状。因此，对于 A 公司关于跑道状出水面不是涉案授权外观设计的设计特征的再审申请理由，法院不予支持。

从上述审理过程可以看出，认定设计特征时需要注意以下事项：①设计特征不以简要说明中的描述为依据。《专利法实施细则》第 28 条第 1 款规定："外观设计的简要说明应当写明外观设计产品的名称、用途，外观设计的设计要点，并指定一幅最能表明设计要点的图片或者照片。省略视图或者请求保护色彩的，应当在简要说明中写明。"简要说明中的设计要点是专利权人在外观设计专利中声明的外观设计相对于现有设计所作出的创新部分，其是否真正构成了创新部分，是否真正属于设计特征，需要结合现有设计进行判断。②设计特征的举证责任在于主张人。根据"谁主张谁举证"的证据规则，本案中专利权人 B 公司主张其设计特征，那么举证责任应归属专利权人。③授权确权程序的目的在于对外观设计是否具有专利性进行审查，因此，该过程中有关审查文档的相关记载对确定设计特征有着重要的参考意义。④设计特征是结合现有技术进行对比而作出的客观认定，由于检索数据库和检索能力都存在限制，因此，无论是专利权人举证证明的设计特征，还是通过授权确权有关审查文档记载确定的设计特征，如果第三人提出异议，都应当允许其提供反证予以推翻。

（二）被诉侵权产品被与涉案专利是否相近似

最高人民法院的认定过程如下：

1. 如前所述，认定涉案授权外观设计的设计特征有三点：一是喷头及其各面过渡的形状，二是喷头出水面形状，三是喷头宽度与手柄直径的比例。

2. 基于一般消费者的视角，根据产品用途，综合考虑产品的各种使用状

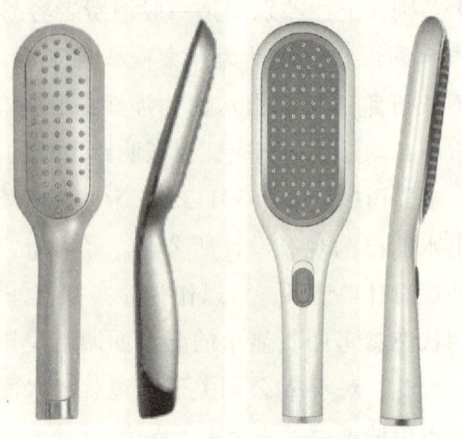

被诉侵权产品　　涉案授权外观设计

态,对涉案授权外观设计产品正常使用时容易被直接观察到的部位进行了分析,认为喷头、手柄及其连接处均是容易被直接观察到的部位。接着,认定涉案授权外观设计手柄上的推钮不是功能性设计特征。理由如下:推钮的功能是控制水流开关,是否设置推钮这一部件是由是否需要在淋浴喷头产品上实现控制水流开关的功能所决定的,但是只要在淋浴喷头手柄位置设置推钮,该推钮的形状就可以有多种设计。当一般消费者看到淋浴喷头手柄上的推钮时,自然会关注其装饰性,考虑该推钮设计是否美观,而不是仅仅考虑该推钮是否能实现控制水流开关的功能。涉案授权外观设计的设计者选择将手柄位置的推钮设计为类跑道状,其目的也在于与其跑道状的出水面相协调,增加产品整体上的美感。

3. 着重基于三个设计特征和容易被直接观察到部位对整体视觉效果进行综合判断,认定被诉侵权产品外观设计与涉案授权外观设计不近似,被诉侵权产品外观设计未落入涉案外观设计专利权的保护范围。具体理由如下:首先,如前所述,第17086号决定认定涉案外观设计专利的设计特征有三点,一是喷头及其各面过渡的形状,二是喷头出水面形状,三是喷头宽度与手柄直径的比例。除喷头出水面形状这一设计特征外,喷头及其各面过渡的形状、喷头宽度与手柄直径的比例等设计特征也对产品整体视觉效果产生显著影响。虽然被诉侵权产品外观设计采用了与涉案授权外观设计高度近似的跑道状出水面,但是在喷头及其各面过渡的形状这一设计特征上，涉案授权外观设计的喷头、手柄及其连接各面均呈圆弧过渡，而被诉侵权产品外观设计的喷头、手柄及其连接各面均为斜面过渡，从而使得二者在整体设计风格上呈现明显差异。其次，淋浴喷头产品的喷头、手柄及其连接处均为其正常使用时容易被直接观察到的部位，在对整体视觉效果进行综合判断时，上述部位上的设计均应当重点考察。具体而言，涉案授权外观设计的手柄上设置有一类跑道状推钮，而被诉侵权产品无此设计，因该推钮并非功能性设计特征，推钮的有无这一区别设计特征会对产品的整体视觉效果产生影响；涉案授权外观设计的喷头与手柄连接产生的斜角角度较小，而被诉侵权产品的喷头与手柄连接产生的斜角角度较大，从而使得两者在左视图上呈现明显差异。

四、参考意见

设计特征体现了授权外观设计不同于现有设计的创新内容，也体现了设计人对现有设计的创造性贡献。如果被诉侵权产品未包含授权外观设计区别于现有设计的全部设计特征，一般可以推定二者不构成近似外观设计。设计特征的存在应由专利权人进行举证，允许第三人提供反证予以推翻，并由人民法院依法予以确定。

拓展案例

再审申请人欧某某与被申请人A公司侵害外观设计专利权纠纷案[1]

一、基本案情

欧某某主张A公司制造、销售的移门产品侵害了其享有的名称为"铝型材（8）"、专利号为ZL201230029521.1的外观设计专利（以下简称涉案专利），请求法院判令A公司停止侵权并赔偿损失20万元。江苏省南京市中级人民法院一审认为，涉案移门产品在正常使用状态下无法与授权外观设计进行比对，消费者在购买涉案移门产品时也不可能对其进行破坏性拆解来观察被诉侵权设计铝型条的各个视图，从而影响其对涉案移门产品的购买需求。

---

[1] 参见：最高人民法院（2017）最高法民申2649号民事裁定书。

因此，A 公司销售、许诺销售涉案移门产品的行为未侵害其涉案专利权，判决驳回欧某某的诉讼请求。欧某某不服，提起上诉。江苏省高级人民法院二审判决驳回上诉，维持原判。欧某某不服，向最高人民法院申请再审，其主要理由为：铝型材产品既具有连接型材及镶嵌固定玻璃的技术功能，又具有装饰功能，其横截面的设计特征兼具功能性与装饰性；在制造门、窗的过程中，由于连接型材、镶嵌固定玻璃，从而造成最能体现铝型材设计特征的横截面不能显示于外，但不能因此就认为这一制造过程仅利用了铝型材的技术功能，没有利用装饰功能。

最高人民法院于 2017 年 9 月 27 日裁定驳回欧某某的再审申请，认为涉案专利名称为"铝型材"，主视图显示的是铝型材的端面造型，呈两个相对的"个"字并通过一个反"C"字（开口朝左）相连；被诉侵权产品为 A 公司在南京河西国际博览中心进行销售的玻璃移门。作为该玻璃移门的部件，铝型材与移门上的玻璃镶嵌为一体，在正常使用状态下无法观察到铝型材的端面，在该产品中仅具有技术功能。根据《最高人民法院关于审理侵犯专利权纠纷案件应用法律若干问题的解释》第 12 条第 2 款关于"将侵犯外观设计专利权的产品作为零部件，制造另一产品并销售的，人民法院应当认定属于专利法第 11 条规定的销售行为，但侵犯外观设计专利权的产品在该另一产品中仅具有技术功能的除外"的规定，A 公司将铝型材作为零部件制造玻璃移门并进行销售的行为不构成侵权。

二、法律问题

仅具有技术功能的零部件不构成外观设计侵权。

三、重点提示

1. 侵犯外观设计专利权的行为不包括未经专利权许可为生产经营目的使用外观设计专利产品。

2. 将侵犯外观设计专利权的产品作为零部件，制造另一产品并销售的，如零部件在另一产品中仅具有技术功能，该行为不构成侵权。

3. 型材类产品是指横断面形状沿长度方向连续延伸、在长度方向上无其他形状变化的产品。对于型材产品而言，横断面形状通常对产品的整体视觉效果更具有影响。由于横断面周边轮廓在最终使用状态下属于可见或易见的设计内容，因此，该设计内容对整体视觉效果更具有影响。

拓展资料

3-4【拓展阅读资料】

第四章
商标法专题

专题一　商标专用权的注册取得

知识概要

商标专用权是指权利人对商标享有的专有使用权以及排斥他人作混淆性使用的权利。在我国，商标专用权具体是指商标经依法核准注册后，商标注册人对其注册商标所享有的依法支配并禁止他人侵害的权利，包括排他使用权、收益权、处分权、续展权和禁止他人侵害的权利等。

我国实行商标专用权注册取得制度。现行《商标法》第4条第1款规定："自然人、法人或者其他组织在生产经营活动中，对其商品或者服务需要取得商标专用权的，应当向商标局申请商标注册。"[1]商标专用权不是自然产生的，人们要取得自己商标的商标专用权，就需要依照法定的方式获得国家承认。这不仅符合国际趋势，[2]还确保了商标专用权取得、变动的公示力和公信

---

〔1〕 2019年4月23日，第十三届全国人民代表大会常务委员会第十次会议通过了对《商标法》作出修改的决定。《商标法》的修改条款自2019年11月1日起施行。新修改的《商标法》第4条第1款规定："自然人、法人或者其他组织在生产经营活动中，对其商品或者服务需要取得商标专用权的，应当向商标局申请注册。不以使用为目的的恶意商标注册申请，应当予以驳回。"

〔2〕 通过申请注册商标取得商标专用权，在许多国家是通行的做法。至2014年8月为止，共有88个国家（如中国、德国、法国、日本等）实行"在先注册人通过在先注册或经过法定期间后获得商标专有权"的制度。此外，受普通法影响的国家通常也会承认在先使用商标者享有的普通法上的商标权。至2014年8月为止，共有72个国家（如加拿大、澳大利亚、爱尔兰、新加坡等）实行"在先商标使用人方有权注册该商标"的制度，而要获得商标法授予的商标专有权，商标注册是必经途径。See Edward Fennessy, *Trademarks Throughout the World*, 5th Edition, Appendix B1 and B2, Database updated August 2014 in Westlaw International.

力，以加强对注册商标之保护力度的方式，鼓励市场经营者注册商标，规范商标管理秩序。

申请注册的商标，须经过商标局依职权审查阶段和商标异议阶段才能获得注册。当事人向商标局提出商标注册申请后，商标局在法定期限内对申请注册的商标进行审查，对符合《商标法》有关规定的商标予以初步审定公告，对不符合《商标法》有关规定以及他人在先注册或者申请的商标予以驳回申请且不予公告。对初步审定公告的商标，他人可以在法定期限内提出异议。公告期满无异议的，予以核准注册，发给商标注册证，并予以公告。

申请注册商标可能会面临两种注册障碍。我们主要围绕商标注册的绝对障碍和相对障碍选用、分析本专题的案例。经典案例一主要涉及对《商标法》第44条第1款的解释和适用。法院在该案中适用该条款对超出使用需求之外囤积商标、以销售或转让为目的注册商标进行规制，有效地遏制了商标恶意抢注行为，为以后该抽象条款的理解和适用指明了方向。经典案例二涉及对《商标法》第32条前半句的解释和适用。法院在该案中所阐述的商标注册时在先姓名权保护的法律适用标准，对于此类案件的裁判有重要影响。相应地，拓展案例一、二、三对《商标法》第10条第1款第8项"其他不良影响"商标、第11条缺乏显著性商标、第12条功能性商标的规定进行了解读；拓展案例四、五、六对《商标法》第32条后半句禁止"以不正当手段抢先注册他人已经使用并有一定影响的商标"、第15条第2款禁止特定法律关系人的恶意注册、第30条禁止申请注册与他人在先注册之商标相冲突的商标的规定进行了解读。

经典案例

案例一：A公司诉原国家工商行政管理总局商标评审委员会、第三人B公司商标无效宣告请求纠纷案[1]

一、基本案情

A公司在世界多个国家、地区获准注册了"VICTORIA'S SECRET""维多利亚的秘密"系列商标。该公司及其关联公司也在美国、加拿大、欧盟等多

---

[1] 参见：北京知识产权法院（2015）京知行初字第5604号行政判决书。

个国家或地区注册了"SHEER LOVE"及其他子品牌的商标。A 公司在外文杂志《COSMETIC WORLD》和《OK!》上刊登过"SHEER LOVE"系列商品广告。在土豆网中，可以看到由"VS 眼角"于 2011 年 7 月上传的一段约 2 分钟的"VICTORIA'S SECRET"产品推广视频，其中出现了"SHEER LOVE"品牌产品。2013 年 7 月，网易网的一篇报道中提到了该公司的"SHEER LOVE"系列商品。2014 年 6 月，维多利亚的秘密"SHEERLOVE"保湿身体乳取得了国家食品药品监督管理总局的进口备案。2015 年，该公司开始在中国大陆地区开设门店。

B 公司在第 3 类、第 18 类及第 25 类等多个商品类别上共申请注册了 791 件商标，其中包括"La pargay 纳帕佳""Cathy Cat""ELLA MOSS""NOVAE PLUS""Estelle Vendome"等与国内外知名服装、化妆品品牌相同或近似的商标，还包括"贾斯汀比伯 JUSTIN BIEBER""STUART WEIZMAN"等与知名人物姓名相同或近似的商标。另外，B 公司将 28 件商标在好标网（www.haotm.cn）出售，价格在人民币 2.5 万~7 万元之间，如"乔丁斯帕克丝 JORDINSPARKS"商标的售价为人民币 7 万元。据百度百科记载，乔丁·斯帕克丝（Jordin Sparks）是美国知名歌手。

对于案外人 C 公司申请注册的"幸福逃亡 TRUE ESCAPE""爱之密 INCREDIBLE DARING""密情 SUCH A FLIRT""简爱美 SIMPLY GORGEOUS""灿烂爱情 BRILLIANT LOVE""质感琥珀 SENSUS AMBER"等多件与他人在先商标近似之商标，商标局作出了 30 多份不予注册的决定书。其中，"SIMPLY GORGEOUS""BRILLIANT LOVE""SENSUAL AMBER"等均系 A 公司"VICTORIA'S SECRET"旗下化妆品商品的系列子品牌。

对于 B 公司申请注册的"舞夜私语 TENDER WHISPER""爱之密 INCREDIBLE DARING""密情 SUCH A FLIRT"等商标，商标评审委员会以 B 公司的行为扰乱了正常的商标注册管理秩序，有损公平竞争的市场秩序，构成 2014 年《商标法》第 44 条第 1 款所指"以欺骗手段或其他不正当手段取得注册"之情形为由，作出了多份不予注册复审的决定书。

对于 A 公司及其关联公司对 B 公司提起的侵犯著作权纠纷案件，浙江省杭州市中级人民法院作出了多份终审判决，认定 B 公司在其产品上使用了 A 公司享有著作权的"SHEER LOVE 产品包装设计""Secret Charm 产品包装设计"等 11 款身体用化妆品、香水的包装设计,并责令 B 公司承担停止侵权、赔偿损失等民事责任。

诉争商标系"sheerlove 十分爱"商标,由 B 公司于 2011 年 9 月 2 日提出注册申请,于 2012 年 11 月 7 日核准注册,注册号为第 9924701 号,核定使用在国际分类第 3 类肥皂、香波、护发素、洗面奶、浴液、抑菌洗手剂、成套化妆用具、化妆品、香水、牙膏商品上,专用权期限至 2022 年 11 月 6 日。

2014 年 11 月 3 日,A 公司向商标评审委员会提出无效宣告申请,理由是诉争商标违反了 2001 年《商标法》第 41 条第 1 款。

2015 年 7 月 30 日,商标评审委员会作出裁定认为:A 公司提交的证据不能证明诉争商标在申请注册之时存在欺骗商标主管部门或其他不正当手段取得注册的情形,故不宜认定诉争商标的注册违反 2001 年《商标法》第 41 条第 1 款的规定。因此,商标评审委员会裁定:诉争商标予以维持。

A 公司不服上述裁定,向北京知识产权法院提起行政诉讼。该公司诉称:①B 公司及其关联公司 C 公司大批量、规模性地抄袭、抢注原告及其他众多知名品牌、知名人物姓名,恶意明显,B 公司申请注册诉争商标,具有利用原告及原告在先使用并有一定影响商标的高知名度和良好商誉,以牟取不当利益的主观恶意。②B 公司申请注册诉争商标严重违反诚实信用原则,破坏了正常的商标注册管理秩序,有损公共利益和公平竞争的市场秩序,违反了 2001 年《商标法》第 10 条第 1 款第 8 项和第 41 条第 1 款的规定。综上,请求法院依法撤销被诉裁定,并判令商标评审委员会重新作出裁定。

商标评审委员会辩称:坚持被诉裁定中的意见。被诉裁定认定事实清楚,适用法律正确,作出程序合法,请求法院驳回原告诉讼请求,维持被诉裁定。

B 公司述称:①该公司申请注册商标的行为系出于商业经营的需要和商业战略上的考虑,并未违反任何法律规定,该公司已将部分商标投入广泛、大量的使用。②诉争商标本身对社会公共利益和公共秩序不会产生任何消极、负面影响,且其取得注册并未通过欺骗商标主管部门或其他不正当手段,该公司申请注册诉争商标未违反诚实信用原则,亦未违反 2001 年《商标法》第 10 条第 1 款第 8 项和第 41 条第 1 款的规定。故请求法院驳回原告的诉讼请求。

庭审中,B 公司称,就其申请注册的 700 余枚商标,其实际使用的商标约一两百枚，其余商标系作资源储备之用。

A公司称，由其和关联公司针对B公司抢注商标提出的维权程序，除提交证据中所涉及的30余份不予注册决定和5份不予注册复审决定之外，另有80余件商标异议案件、3件不予注册复审案件、近20件无效宣告请求案件尚在商标局和商标评审委员会审查程序当中。

二、法律问题

1. 诉争商标申请注册是否构成"以其他不正当手段取得注册"的情形？
2. 诉争商标是否属于"有害于社会主义道德风尚或者有其他不良影响"的标志？

三、法理分析

（一）诉争商标申请注册构成"以其他不正当手段取得注册"的情形

1. 2001年《商标法》第41条第1款的解读。根据2001年《商标法》第41条第1款的规定，已经注册的商标，违反《商标法》第10条、第11条、第12条规定的，或者是以欺骗手段或者其他不正当手段取得注册的，由商标局撤销该注册商标；其他单位或者个人可以请求商标评审委员会裁定撤销该注册商标。一般认为，该条款调整的是商标撤销事由中的绝对事由，其中"以其他不正当手段取得注册"规制的是除《商标法》第10条、第11条、第12条及欺骗手段之外，其他扰乱商标注册秩序、损害公共利益的商标注册行为。如果商标注册行为仅仅损害特定民事权益，一般不属于该条款调整范围；但如果商标注册行为不仅损害特定民事权益，亦损害商标注册秩序和社会公共利益，则可以由本条款加以调整。

2. 诉争商标申请注册会对商标注册秩序产生冲击。根据2001年《商标法》第4条的规定，自然人、法人或者其他组织对其生产、制造、加工、拣选或者经销的商品，需要取得商标专用权的，应当向商标局申请商标注册。可见，商标注册原则上应当以使用为目的。超出使用需求之外囤积商标、以销售或转让为目的注册商标，不仅影响有正当注册需求的市场主体依法注册商标，增加其注册商标的成本，亦会对商标注册秩序产生冲击。B公司作为化妆品行业的普通经营者，申请注册了近800件商标，即便据其自身陈述，投入使用的亦仅一两百件。且现有证据表明 B 公司还在互联网上公开售卖名下商标，此种囤积商标、以销售为目的注册商标的行为扰乱了商标注册秩序，损害了不特定多数商标申请人的利益。

3. B 公司的恶意申请行为造成严重的社会资源浪费，损害社会公共利益。B 公司申请注册的近 800 件商标中，大量包含与他人在先使用的权利标识、知名人物姓名等相同或近似的商标，其攀附他人商誉、声誉，以谋取不正当利益的目的昭然若揭。并且，由于 B 公司的恶意申请行为，引发了大量商标异议、商标争议乃至行政诉讼，消耗了大量宝贵的行政资源和司法资源，造成严重的社会资源浪费，损害了社会公共利益。

4. B 公司的商标使用行为不合法，具有不正当竞争的恶意。包括诉争商标在内，B 公司大量申请注册了与 A 公司及其关联公司的权利标识相同或近似的商标。不仅如此，B 公司还在实际使用商标的过程中，刻意抄袭和模仿 A 公司的相应品牌产品的包装装潢，并依据其抢注的商标对 A 公司的经销商提出侵犯商标权之诉，以上行为严重损害了原告合法民事权益。虽然商标核准注册后的使用行为是否合法、是否具有不正当竞争的恶意与商标申请注册行为是否具有恶意并非一定相关，但综合考虑本案的具体情况，此种相关性足以确认。

综上，B 公司申请注册诉争商标的行为不仅损害了原告合法民事权益，更是对商标注册秩序造成了冲击，损害了不特定多数商标申请人的利益和社会公共利益，构成 2001 年《商标法》第 41 条第 1 款规定的"以其他不正当手段取得注册"的情形。[1]

（二）诉争商标不属于"有害于社会主义道德风尚或者有其他不良影响"的标志

1. 2001 年《商标法》第 10 条第 1 款第 8 项的解读。根据 2001 年《商标法》第 10 条第 1 款第 8 项的规定，有害于社会主义道德风尚或者有其他不良

---

[1] 2019 年新修改的《商标法》第 44 条第 1 款规定："已经注册的商标，违反本法第 4 条、第 10 条、第 11 条、第 12 条、第 19 条第 4 款规定的，或者是以欺骗或者他不正当手段取得注册的，由商标局宣告该注册商标无效；其他单位或者个人可以请求商标评审委员会宣告注册商标无效。"如果 B 公司申请注册诉争商标的行为发生在 2019 年《商标法》修改决定施行前、持续到该决定施行后，或者该行为发生在《商标法》修改决定施行后，应当适用 2019 年新修改的《商标法》第 44 条第 1 款规定，将该行为认定为违反《商标法》第 4 条规定的"不以使用为目的的恶意商标注册申请"。

影响的标志不得作为商标使用。该条款中的"其他不良影响"一般是指商标的文字、图形或者其他构成要素会对国家的政治、经济、文化、宗教、民族等社会公共利益和公共秩序产生消极、负面影响。与2001年《商标法》第41条第1款"以其他不正当手段取得注册"侧重调整商标注册行为不同,《商标法》第10条第1款第8项侧重规制商标标志本身对社会公共利益和公共秩序有消极、负面影响的情形。虽然实践中存在适用《商标法》第10条第1款第8项调整非诚信商标注册行为的情形,比如"李兴发"案、"刘德华"案,但这些个案应系在当时的情境下,从实质公平正义的实现出发,作出的选择,并不意味着《商标法》第10条第1款第8项可以任意扩大适用。

2. 诉争商标本身不会对社会公共利益或公共秩序产生消极、负面的影响。本案中,并无证据表明诉争商标标识"sheer love 十分爱"对社会公共利益或公共秩序有消极、负面影响,且本案已经适用2001年《商标法》第41条第1款对原告进行救济。被诉裁定认定诉争商标未违反2001年《商标法》第10条第1款第8项的规定正确。

四、参考意见

1. "以其他不正当手段取得注册"规制的是除《商标法》第10条、第11条、第12条及欺骗手段之外,其他扰乱商标注册秩序、损害公共利益的商标注册行为。B公司以囤积商标、以销售为目的注册商标的行为,扰乱了商标注册秩序。B公司申请注册了大量与他人在先使用的权利标识、知名人物姓名等相同或近似的商标,明显具有攀附他人商誉、声誉,谋取不正当利益的目的;这种恶意注册行为引发了大量商标争议和诉讼,造成严重的社会资源浪费,损害了社会公共利益。B公司使用商标时还仿冒了A公司的有一定影响的包装装潢,并依据抢注的商标对后者的经销商提起了侵犯商标权之诉,具有不正当竞争的恶意。

2. "有害于社会主义道德风尚或者有其他不良影响"的标志规制的是商标标志本身对社会公共利益和公共秩序有消极、负面影响的情形。诉争商标的"sheer love 十分爱"标志本身不会对社会公共利益或公共秩序产生消极、负面的影响。

案例二：迈克尔·杰弗里·乔丹与原国家工商行政管理总局商标评审委员会、乔丹体育股份有限公司商标争议行政纠纷再审系列案[1]

一、基本案情

迈克尔·杰弗里·乔丹作为篮球运动明星，自1984年起为《人民日报》《当代体育》《经济世界》《中学生百科》、腾讯网等众多报纸、期刊、网站所报道，其多被称为"乔丹"，其他分别以"飞人""飞人乔丹""迈克尔·乔丹"等指代。在本案之前，迈克尔·杰弗里·乔丹先后代言了耐克公司的"AIRJORDAN"系列产品以及"恒适（Hanes）"内衣、"Wheaties Box"麦片、"佳得乐"饮料等多种类型的产品。

乔丹体育股份有限公司（简称乔丹公司）原名为"福建省晋江市A日用品二厂"，于2000年6月更名为"晋江市乔丹体育用品有限公司"，又于2000年9月更名为"福建省乔丹体育用品有限公司"，后又于2009年12月更名为目前的名称。

2000年1月1日~2004年5月18日，乔丹公司支出广告费用、赞助体育和公益事业的费用总计为5317万元。2010年，乔丹公司在中央电视台的广告宣传费用支出近7000万元。除中央电视台外，乔丹公司还在山东卫视、贵州卫视等电视台进行广告宣传。乔丹公司在2008年、2009年、2010年及2011年截至6月30日止的6个月期间内，营业收入分别为51 848万元、78 093万元、286 099万元、171 066万元，净利润分别为5281万元、9294万元、51 047万元、9669万元。

迈克尔·杰弗里·乔丹提交的B调查公司于2012年完成的两份《Michael Jordan（迈克尔·乔丹）与乔丹体育品牌联想调查报告（全国、上海）》显示：向受访者提问"提到'乔丹'，您第一反应想到的是"时，分别有

---

[1] 参见：北京市第一中级人民法院（2014）一中行（知）初字第9164号、第9162号、第9170号、第9161号、第9163号、第9169号、第9166号、第9165号、第9167号、第9168号行政判决书，北京市高级人民法院（2015）高行（知）终字第1909号、第1917号、第1911号、第1925号、第1915号、第1912号、第1926号、第1914号、第1896号、第1918号行政判决书，最高人民法院（2016）最高法行再15、20、25、26、27、28、29、30、31、32号行政判决书。

85%、63.8%的受访者回答想到的是迈克尔·杰弗里·乔丹,分别有14.5%、24%的受访者回答想到的是"乔丹体育"。在问到迈克尔·杰弗里·乔丹与"乔丹体育"之间的关系的时候,分别有68.1%、58.1%的受访者认为二者有关。在近两年(调查时)购买过乔丹体育品牌产品的受访者中,分别有93.5%、78.1%的受让者认为迈克尔·杰弗里·乔丹与"乔丹体育"有关。关于迈克尔·杰弗里·乔丹与乔丹公司的具体关系,由高到低不同比例的受访者认为二者为"代言人""授权使用""企业开办人"等关系。

乔丹公司《招股说明书》中的"品牌风险"记载,"发行人(乔丹公司)商号及主要产品商标'乔丹'与美国前职业篮球球星'Michael Jordan'的中文音译名'迈克尔·乔丹'姓氏相同,……可能会有部分消费者将发行人及其产品与迈克尔·乔丹联系起来从而产生误解或混淆,在此特提请投资者注意。"

诉争商标有3个"乔丹"商标、4个"QIAODAN"商标、3个"qiaodan及图"商标,乔丹公司在2004年、2007年和2011年分别提出注册申请,核定使用在国际分类第18类、第25类、第28类、第32类和第35类的相应商品和服务上。

除争议商标外,乔丹公司还申请注册有"侨丹""桥丹""乔丹王""飞翔动力"等近200件其他商标。乔丹公司还于2003年3月21日获准注册第3028870号运球动作图形商标(简称870号商标),该商标于2005年6月被商标局认定为"运动鞋、运动服装"商品上的驰名商标。

2005年10月17日,乔丹公司将再审申请人两个孩子的姓名"杰弗里·乔丹""马库斯·乔丹"及其拼音"JIEFULIQIAODAN""MAKUSIQIAODAN",分别申请注册了16件商标。同日,乔丹公司的控股股东、案外人B公司将"杰弗里""马库斯""JIEFULI""MAKUSI"分别申请注册了16件商标。

乔丹公司的关联公司A公司申请注册了第1407911号商标,该商标的标志由下方的"QIAODAN"与上方的图形组成。该图形与耐克公司申请的第643806、4932232号图形商标中的图形基本一致。

1998年《美国职篮画刊(中文国际版)》第26期刊登了一张迈克尔·杰

弗里·乔丹比赛时的照片，该照片中后者的身体轮廓与乔丹公司申请的870号商标等图形商标中的图形基本一致。

2001年8月20日，乔丹公司的关联公司、案外人B公司申请注册第1905046、1967177、2009309号"LAKERSTEAM"商标，以及第1905050、1967878、1961198号"湖人队HURENDUI"商标。

2012年10月31日，迈克尔·杰弗里·乔丹以诉争商标的注册损害了其拥有的在先权利为由，向商标评审委员会提出撤销诉争商标的申请，请求撤销这10个商标。

2014年4月14日，商标评审委员会分别作出维持这10个诉争商标的裁定。

迈克尔·杰弗里·乔丹不服，分别向北京市第一中级人民法院提起10起行政诉讼，请求撤销相应的裁定。法院判决：维持被诉裁定。

迈克尔·杰弗里·乔丹不服这10份一审判决，分别向北京市高级人民法院提起上诉，请求撤销一审判决，依法改判撤销被诉裁定。其主要上诉理由有：争议商标的注册违反2001年《商标法》第31条的规定。法院判决：驳回上诉，维持一审判决。

迈克尔·杰弗里·乔丹不服二审判决，以二审判决认定事实和适用法律均有错误，且遗漏其有关2001年《商标法》第31条的上诉理由为由，向最高人民法院申请再审。

二、法律问题

1. "乔丹"商标的注册是否损害了迈克尔·杰弗里·乔丹就"乔丹"享有的在先姓名权？

2. "QIAODAN"商标和"qiaodan及图"商标的注册是否损害了迈克尔·杰弗里·乔丹就"QIAODAN"和"qiaodan"享有的在先姓名权？

三、法理分析

（一）"乔丹"商标的注册损害了迈克尔·杰弗里·乔丹就"乔丹"享有的在先姓名权

1. 保护姓名权的理由。姓名权是自然人对其姓名享有的重要人身权。随着经济不断发展，具有一定知名度的自然人将其姓名进行商业化利用，通过合同等方式为特定商品、服务代言并获得经济利益的现象已经日益普遍。名人代言日益成为经营者提升品牌形象、推销商品或者服务、扩大知名度的一种重要的营销手段。《侵权责任法》第 21 条关于侵害他人人身权益造成财产损失的赔偿的规定，亦充分体现了我国法律对包括姓名权在内的人身权益中所蕴含的经济利益的承认和保护。因此，在适用 2001 年《商标法》第 31 条对他人的在先姓名权予以保护时，不仅涉及对自然人人格尊严的保护，而且涉及对自然人姓名，尤其是知名人物姓名所蕴含的经济利益的保护。

商标的主要作用在于区分商品或者服务的来源，故未经许可擅自将他人享有在先姓名权的姓名注册为商标的，不仅会损害该自然人的人格尊严，而且容易导致相关公众误认为标记有该商标的商品或者服务与该自然人存在代言、许可等特定联系。该行为在侵害该自然人姓名权的同时，也损害了消费者的合法权益。

综上，未经许可擅自将他人享有在先姓名权的姓名注册为商标，容易导致相关公众误认为标记有该商标的商品或者服务与该自然人存在代言、许可等特定联系的，应当认定该商标的注册损害他人的在先姓名权，违反 2001 年《商标法》第 31 条的规定。

2. 迈克尔·杰弗里·乔丹在我国具有较高的知名度。正确认定迈克尔·杰弗里·乔丹在我国具有何种程度和范围的知名度，对于认定其能否就"乔丹"享有姓名权，乔丹公司对于诉争商标的注册是否存在明显的主观恶意以及相关公众是否会误认为标记有诉争商标的商品与迈克尔·杰弗里·乔丹具有关联等具体问题均具有重要影响。

我国众多报纸、期刊、网站的报道，两份调查报告，迈尔克·杰弗里·乔丹为多种与篮球运动没有直接关联的商品的代言都表明，直至 2015 年，再审申请人在我国一直具有较高的知名度，其知名范围已不仅仅局限于篮球运动领域，而是已成为具有较高知名度的公众人物。

3. 迈克尔·杰弗里·乔丹对"乔丹"享有姓名权。在适用 2001 年《商标法》第 31 条关于"不得损害他人现有的在先权利"的规定时，自然人就特定名称主张姓名权保护的，该特定名称应当符合以下三项条件：①该特定名称在我国具有一定的知名度、为相关公众所知悉；②相关公众使用该特定名称指代该自然人；③该特定名称已经与该自然人之间建立了稳定的对应关系。

（1）如前所述，迈克尔·杰弗里·乔丹在我国具有较高的知名度，为相关公众所熟悉。

（2）在判断外国人能否就其外文姓名的部分中文译名主张姓名权保护时，需要考虑我国相关公众对外国人的称谓习惯。本案中，不论是迈克尔·杰弗里·乔丹主张的"乔丹"，抑或是商标评审委员会被诉裁定中错误认定为其全名的"迈克尔·乔丹"，实质上都是其完整英文姓名"Michael Jeffrey Jordan"的部分中文译名，都被相关公众用于称呼和指代他。

（3）我国相关公众、新闻媒体普遍以"乔丹"指代迈克尔·杰弗里·乔丹，"乔丹"已经与后者建立了稳定的对应关系。乔丹公司的《招股说明书》也表明，该公司认识到相关公众可能会将"乔丹"与迈克尔·杰弗里·乔丹相互联系。两份调查报告可以进一步佐证相关公众以"乔丹"指代迈克尔·杰弗里·乔丹，两者已经建立了稳定的对应关系。

综上，迈克尔·杰弗里·乔丹可以依法主张姓名权的保护。

4. 迈克尔·杰弗里·乔丹是否主动使用"乔丹"，对他主张的姓名权没有影响。

（1）"使用"是姓名权人享有的权利内容之一，并非其承担的义务，更不是姓名权人"禁止他人干涉、盗用、假冒"，主张保护其姓名权的法定前提条件。

（2）在适用2001年《商标法》第31条的规定保护他人在先姓名权时，相关公众是否容易误认为标记有争议商标的商品或者服务与该自然人存在代言、许可等特定联系，是认定争议商标的注册是否损害该自然人姓名权的重要因素。因此，在符合有关姓名权保护的三项条件的情况下，自然人有权根据2001年《商标法》第31条的规定，就其并未主动使用的特定名称获得姓名权的保护。这不仅有利于保护自然人的人格尊严及其姓名所蕴含的经济利益，也有利于防止相关公众误认，从而保护消费者的合法权益。

（3）我国相关公众、新闻媒体普遍以"乔丹"指代迈克尔·杰弗里·乔丹，而其本人和耐克公司则主要使用"迈克尔·乔丹"。但不论是"迈克尔·乔丹"还是"乔丹"，在相关公众中均具有较高的知名度，均被相关公众普遍用于指代迈克尔·杰弗里·乔丹,且其并未提出异议或者反对。

5. 相关公众容易误认带有诉争商标的商品与迈克尔·杰弗里·乔丹具有关联。

(1) 迈克尔·杰弗里·乔丹及其姓名"乔丹"在我国具有长期、广泛的知名度,相关公众熟悉并普遍使用"乔丹"指代其本人。"乔丹"与其之间已经建立了稳定的对应关系。因争议商标标志仅为"乔丹"文字,故相关公众看到诉争商标后,容易由此联想到其本人,进而容易误认为标记有诉争商标的商品与其存在代言、许可等特定联系。

(2) 乔丹公司的《招股说明书》表明,其已经认识到相关公众容易将"乔丹"与迈克尔·杰弗里·乔丹相互联系,可能导致相关公众误认。

(3) 虽然两份调查报告中的调查数据针对的是相关公众对迈克尔·杰弗里·乔丹与"乔丹体育"之间关系的认知,但由于"乔丹体育"为诉争商标的商标权人,且"乔丹体育"中的"乔丹"起到主要的识别作用,而"体育"为普通词汇,难以起到区分商品来源的作用,故两份调查报告可以进一步佐证,在诉争商标指定使用的商品上,相关公众容易误认为标记有诉争商标的商品与迈克尔·杰弗里·乔丹存在特定联系。

6. 乔丹公司对于诉争商标的注册存在明显的主观恶意。

(1) 自1984年起至2015年,迈克尔·杰弗里·乔丹在我国具有长期、广泛的知名度。乔丹公司主要从事"运动鞋、运动服装和运动配饰的设计、生产和销售",这类主营业务与再审申请人的职业高度关联,该公司理应对迈克尔·杰弗里·乔丹及其知名度有相当程度的了解。

(2) 乔丹公司对于使用"乔丹"申请注册诉争商标不能作出正当合理的解释。关于使用"乔丹"的理由,乔丹公司先后作出了乔丹具有"南方之草木"的含义,有"美好""普通含义,美好意愿",以及"在90年代中期,他们还是村办企业的时候,曾经找到了晋江当地的商标事务所帮他们起名,就包括这个名字,就注册了"这三种解释。这都明显有悖于常理或者缺乏事实依据,难以令人信服。

(3) 除申请注册诉争商标外,乔丹公司及其关联公司还先后申请注册了一系列与迈克尔·杰弗里·乔丹密切相关的其他商标,更加凸显其主观恶意。乔丹公司使用"乔丹"申请注册诉争商标并非孤立、偶然的事件,而是其和关联公司在明知迈克尔·杰弗里·乔丹具有较高知名度的情况下，围绕后者申请注册各相关商标的系列行为之一。

7. 乔丹公司的经营状况以及乔丹公司对其企业名称、有关商标的宣传、使用、获奖、被保护等情况，均不足以使得争议商标的注册具有合法性。

（1）判断诉争商标的注册是否损害他人在先姓名权，关键在于其是否容易导致相关公众误认为标记有诉争商标的商品或者服务与姓名权人之间存在代言、许可等特定联系，其构成要件与侵害商标权的认定不同。即使乔丹公司经过多年的经营、宣传和使用，使得乔丹公司及其"乔丹"商标在特定商品类别上具有较高知名度，相关公众能够认识到标记有"乔丹"商标的商品来源于乔丹公司，也不足以据此认定相关公众不容易误认为标记有"乔丹"商标的商品与迈克尔·杰弗里·乔丹之间存在代言、许可等特定联系。事实上，乔丹公司将迈克尔·杰弗里·乔丹的球衣号码"23"、其两个孩子的姓名等与之密切相关的信息申请注册其他商标，一定程度上体现了乔丹公司放任前述相关公众误认的损害后果。

（2）诉争商标在指定使用的商品类别上并不具有较高的知名度或者显著性。乔丹公司并未举证证明在诉争商标指定使用的第32类商品宣传、使用争议商标，使得诉争商标具有较高的知名度或者显著性，上述商品与乔丹公司的主营业务"运动鞋、运动服装和运动配饰的设计、生产和销售"存在差异。

（3）乔丹公司恶意申请注册诉争商标，损害迈克尔·杰弗里·乔丹的在先姓名权，明显有悖于诚实信用原则。商标评审委员会、乔丹公司主张的市场秩序或者商业成功并不完全是乔丹公司诚信经营的合法成果，而是一定程度上建立在相关公众误认的基础之上。维护此种市场秩序或者商业成功，不仅不利于保护姓名权人的合法权益，而且不利于保障消费者的利益，更不利于净化商标注册和使用环境。

（二）"QIAODAN"商标和"qiaodan及图"商标的注册并未损害迈克尔·杰弗里·乔丹就"QIAODAN"和"qiaodan"享有的姓名权

在适用2001年《商标法》第31条关于"不得损害他人现有的在先权利"的规定时，自然人就特定名称主张姓名权保护的，该特定名称应当符合以下三项条件：①该特定名称在我国具有一定的知名度、为相关公众所知悉；

②相关公众使用该特定名称指代该自然人；③该特定名称已经与该自然人之间建立了稳定的对应关系。

本案中，诉争商标标志"QIAODAN"和诉争商标标志中的"qiaodan"，是迈克尔·杰弗里·乔丹英文姓名"Michael Jeffrey Jordan"的部分中文译名"乔丹"的拼音。我国境内有关报纸、期刊、网站上刊登的关于迈克尔·杰弗里·乔丹的文章以及相关书籍、专刊、庭审笔录、调查报告等，虽然可以证明迈克尔·杰弗里·乔丹及"乔丹"在我国具有长期、广泛的知名度，但不足以证明相关公众使用"QIAODAN"或者"qiaodan"指代迈克尔·杰弗里·乔丹，也不足以证明"QIAODAN"或者"qiaodan"与再审申请人之间已经建立了稳定的对应关系。因此，迈克尔·杰弗里·乔丹对"QIAODAN"和"qiaodan"不享有在先姓名权。

综上，迈克尔·杰弗里·乔丹对"QIAODAN"和"qiaodan"不享有在先姓名权，"QIAODAN"商标和"qiaodan及图"商标的注册未损害其在先姓名权，未违反2001年《商标法》第31条的规定。

四、参考意见

1. 判断诉争商标的注册是否损害他人在先姓名权，关键在于其是否容易导致相关公众误认为标记有诉争商标的商品或者服务与姓名权人之间存在代言、许可等特定联系。迈克尔·杰弗里·乔丹及其姓名"乔丹"在我国具有长期、广泛的知名度，相关公众熟悉并普遍使用"乔丹"指代其本人，"乔丹"与其之间已经建立了稳定的对应关系，故而其对"乔丹"享有姓名权。而其是否主动使用"乔丹"，对其主张的姓名权没有影响。此外，乔丹公司对于诉争商标的注册存在明显的主观恶意。乔丹公司的经营状况以及乔丹公司对其企业名称、有关商标的宣传、使用、获奖、被保护等情况，均不足以使得争议商标的注册具有合法性。综上，在诉争商标指定使用的商品上，相关公众容易误认为标记有诉争商标的商品与迈克尔·杰弗里·乔丹存在特定联系，这违反了2001年《商标法》第31条的规定。

2. 我国境内有关报纸、期刊、网站报道以及相关书籍、专刊、调查报告，都不足以证明相关公众使用"QIAODAN"或者"qiaodan"指代迈克尔·杰弗里·乔丹，也不足以证明"QIAODAN"或者"qiaodan"与再审申请人之间已经建立了稳定的对应关系。

拓展案例

案例一：A 公司与原国家工商行政管理总局商标评审委员会、B 公司商标争议行政纠纷上诉案[1]

一、基本案情

据《辞海》《道教大辞典》《中国城隍信仰》《佛道与阴阳：新加坡城隍庙与城隍信仰研究》的记载，"城隍"为古代神话所传守护城池的神，道教尊其为"剪恶除凶，护国保邦"之神。城隍信仰出现于汉代，南北朝时即有城隍神祭祀，至唐代城隍信仰已相当普遍，经过宋元的进一步发展，城隍信仰体系基本形成。人们往往把本地历史名人的鬼魂推举为当地的城隍、土地。

争议商标系"城隍"商标，由 C 于 1997 年 8 月 22 日提出注册申请，于 1998 年 10 月 28 日核准注册，注册号为第 1218394 号，核定使用在第 14 类"宝石、金刚石、珍珠（珠宝）、翡翠、玉雕、戒指（珠宝）、手镯（珠宝）、项链（宝石）、贵金属耳环、银饰品"等商品上。2010 年 11 月 8 日，争议商标经商标局核准转让给 A 公司。2011 年 5 月 27 日，商标局认定 A 公司注册在第 14 类宝石、玉雕商品上的第 1120085 号图形商标为驰名商标，其中的"城隍"商标是以第 1218394 号商标为基础认定的。

2009 年 6 月 18 日，B 公司针对争议商标提出撤销申请，主要理由有："城隍"是道教神灵的名称，是道教信徒普遍尊奉的偶像，将其作为商标注册和使用严重伤害了道教界的宗教感情，具有不良影响。请求依据《商标法》第 10 条第 1 款第 8 项、第 41 条第 1 款和第 3 款的规定，撤销争议商标的注册。

2013 年 3 月 18 日，商标评审委员会作出裁定认为：B 公司提供的证据可

---

[1] 参见：北京市第一中级人民法院（2013）一中知行初字第 1860 号行政判决书，北京市高级人民法院（2014）高行终字第 485 号行政判决书。

以证明,"城隍"是道教神灵的名称,是道教信徒普遍尊奉的偶像,作为商标注册和使用有害于宗教感情,具有不良影响,已构成《商标法》第10条第1款第8项所指的情形。依据《商标法》第10条第1款第8项、第41第1款和第43条的规定,裁定撤销争议商标。

A公司不服上述裁定,向北京市第一中级人民法院提起行政诉讼。北京市第一中级人民法院认为:判断某一商标是否具有其他不良影响,应当考虑社会背景、政治背景、历史背景、文化传统、民族风格、宗教政策等因素,并应当考虑商标的构成及其指定使用的商品或者服务。本案中,争议商标由"城隍"二字构成。根据B公司提交的《道教大辞典》《中国城隍信仰》《佛道与阴阳:新加坡城隍庙与城隍信仰研究》等证据以及A公司提交的《辞海》《道教神灵谱系简论》等证据的记载,城隍作为神灵的历史悠久,是与老百姓关系比较密切的神灵,道教以城隍为"剪恶除凶,护国保邦"之神。道教作为我国土生土长的宗教,而城隍作为道教信仰中常见的神灵,是道教信徒普遍尊奉的偶像,将"城隍"注册在宝石、金刚石、珍珠(珠宝)等商品上有害于宗教感情,具有不良影响,已构成《商标法》第10条第1款第8项所指的情形。A公司提交的其他商标的相关信息无法证明本案争议商标不具有不良影响,不能作为本案争议商标应当予以维持的依据。A公司主张争议商标为驰名商标,但其没有提交相关批复的原件,B公司对其真实性不予认可,且与商标评审委员会出具的说明不符,故对其主张不予支持。综上,法院判决:维持商标评审委员会的裁定。

A公司不服一审判决,向北京市高级人民法院提起上诉,请求撤销一审判决及商标评审委员会的裁定。主要上诉理由为:①原审判决认定事实错误。根据《辞海》的记载,"城隍"一词本身最初和最主要的含义是"护城河",后来引申出"守护城河的神"的含义,才与宗教有了一定的联系。"城隍"一词虽与宗教有一定关系,但联系并不密切,且"城隍"本身就具有其他含义。因此,"城隍"一词既非源于宗教用语,其首要含义也非宗教用语。黄金珠宝首饰做工精美,价值较高,从古至今都是人们喜爱的高档消费品和收藏品,人们往往希望通过黄金珠宝首饰的佩戴得到宗教神灵的庇护,具有一定的宗教情感寄托。历史上很多黄金珠宝首饰精品在设计和制作上都融入了历史和文化(也包括宗教)元素,这些元素增加了黄金珠宝的价值和内涵，也有助于推广我国宗教文化和历史。商标评审委员会关于"'城隍'是道教神灵的名称，是道教信徒普遍尊奉的偶像，作为商标注册和使用有害于宗教感情，具有不良影响"的认定显然错误。②原审判决适用法律错误。由于争议商标经过 A 公司长期使用和培养，已成为上海珠宝行业的支柱性品牌之一，深受广大消费者喜爱，并于 2011 年被商标局认定为驰名商标，已建立起较高的市场声誉并形成了相关公众群体，因此争议商标的注册应予维持。

二、法律问题

1. 争议商标是否属于"有害于社会主义道德风尚或者有其他不良影响"的标志？

2. 争议商标经长期使用驰名、形成相关公众群体的事实，能否阻碍《商标法》第 10 条第 1 款第 8 项的适用？

三、重点提示

1. 判断有关标志是否具有其他不良影响，应当考虑该标志或者其构成要素是否可能对我国政治、经济、文化、宗教、民族等社会公共利益和公共秩序产生消极、负面的影响。对于具有多种含义的标志，如其所具有的一种含义属于上述具有其他不良影响的情形，则该标志仍应被认定为具有其他不良影响而不应作为商标使用。本案中，"城隍"作为道教神灵具有较为悠久的历史，且与百姓生活联系比较密切。在此情形下，将"城隍"作为商标加以使用，将对信奉道教的相关公众的宗教感情产生伤害，并对社会公共利益和公共秩序产生消极、负面的影响。

2. 在商标授权确权行政案件中，虽然应当考虑相关商业标志的市场知名度，尊重相关公众已在客观上将相关商业标志区别开来的市场实际，注重维护已经形成和稳定的市场秩序，但这种对市场客观实际的尊重不应违背《商标法》的禁止性规定。在诉争商标违反《商标法》第 10 条第 1 款第 8 项的情况下，争议商标即使经使用具有了较高知名度甚至曾被商标局认定为驰名商标，也不应因此而损害法律规定的严肃性和确定性。

案例二：A 公司与原国家工商行政管理总局商标评审委员会商标异议复审行政纠纷上诉案[1]

一、基本案情

B 公司位于福建省武夷山国家级自然保护区，该公司于 2005 年在原正山小种红茶传统工艺的基础上研制开发了高品质红茶，并根据口感品质，首次将其按三个档次分为金骏眉、银骏眉和铜骏眉，且在此工艺基础上开发了妃子笑、百年老枞等正山堂系列高端红茶。

2006 年，在对金骏眉进行知识产权保护时，B 公司法定代表人江某某建议将其作为一种红茶进行商标注册。

2008 年 7 月 16 日，由 6 位高级评茶师参与并出具的中国农业科学院（杭州）茶叶研究所的《元正牌正山小种红茶新产品"金骏眉"品质鉴定意见》指出："B 公司对其研发的新产品'金骏眉'的研究思路是正确的；产品是首创的；原料单独选取高海拔的原生态古茶树，做法是独特的；采取技术工艺既保持传统又采纳新技术；产品保留优良传统，更富有创新的外形与内质；产品包装简朴环保，独树一帜；产品一面世就受广大消费者的青睐。……鉴定认为：'金骏眉'新产品创意新颖、原料生态、制工精湛、品质优异。研发是成功的、有发展前途的。"该意见所附《"金骏眉"感官评审意见》表格中列明的"名称"为"金骏眉"。福建电视台 2008 年海峡两岸茶文化"陆羽奖"颁奖典礼显示，"2008 年海峡两岸茶文化'陆羽奖'的获得者是正山小种红茶第二十四代传人、武夷名茶金骏眉和银骏眉的创始人江某某"。

2010 年 8 月 4 日，武夷山市人民政府向国家质量监督检验检疫总局作出的《关于将福建武夷山市武夷红茶列为地理标志产品保护的请示》中指出："四、武夷红茶的品种按照品质特征和加工工艺，可分为正山小种、小种、烟小种、奇红品种。……'奇红'是近年出现的一些武夷红茶新品种，如金骏眉、银骏眉、小赤甘、妃子笑等品种。五、武夷红茶品质优异的主要原因……（三）制作工艺独特……4、'奇红'的制作工艺如下：奇红中的金骏眉、银

---

[1] 参见：北京市第一中级人民法院（2013）一中知行初字第 894 号行政判决书，北京市高级人民法院（2013）高行终字第 1767 号行政判决书。

骏眉、小赤甘、妃子笑等品种的制作工艺基本相同，其制作工艺以金骏眉为例。……六、武夷红茶的价值和发展……在利益的驱使下，已有不法商贩将一些品质低劣或武夷山境外生产的红茶冒充武夷红茶的正山小种、小种、金骏眉行销于市，严重损害消费者的利益，损害武夷红茶的名声。……"

2010年9月，B公司选送的元正牌"金骏眉"获得上海世博会名茶评优组委会颁发的2010年上海世博会名茶评优"红茶类"金奖。

2012年9月28日，武夷山市星村镇桐木村委会出具的《关于"金骏眉"茶叶的情况说明》中指出："2005年，北京的三位茶客阎某某、张某某、马某某来到本村，提议用芽头制作高端红茶，以改良传统的正山小种红茶，并为新品种命名为'金骏眉'，后又将一芽一叶、一芽两叶制作的红茶分别命名为'银骏眉'和'铜骏眉'……其后，本村茶农开始制作销售金骏眉，年产量逐年递增。目前，本村398户中有200户以上茶农制作金骏眉红茶，年产量约6万斤，产值约1.8亿元。销售金骏眉红茶已成为本村茶农最主要的经济来源。"

2009～2012年间，《中国茶叶》《中国茶叶加工》《广东农业科学》《中国食品报》《中国绿色时报》《哈尔滨日报》《福建日报》《福建工商时报》《闽东日报》《市场瞭望》等期刊、报纸都将"金骏眉"作为茶叶名称使用。2009～2013年间，《海峡茶道》《海峡导报》等期刊、报纸也将"金骏眉"作为茶叶名称使用。2009年《安溪铁观音》杂志中茶企的广告，也将"金骏眉"作为茶叶名称使用。

B公司产品外包装图片显示，在茶叶罐正面印有"特制金骏眉"字样，该字样位于"正山堂"商标下方，茶叶罐背面印有"品名：金骏眉红茶"字样。

诉争商标系"金骏眉"商标，由B公司于2007年3月9日提出注册申请，申请号为第5936208号，指定使用商品为第30类3002类似群组的茶、冰茶、茶饮料、茶叶代用品。

在公告期间，A公司向商标局提出异议申请。商标局裁定对异议商标予以核准注册。

A公司不服，向商标评审委员会提起复审，以诉争商标仅有商品的通用名称为由，请求依据《商标法》第11条裁定对诉争商标不予核准注册。

2013年1月4日，商标评审委员会作出裁定认为：在案证据不足以证明

"金骏眉"已成为本商品的通用名称或仅仅直接表示商品主要原料的标志，故诉争商标的注册或使用未违反《商标法》第 11 条第 1 款第 1、2 项的规定。裁定：对被异议商标予以核准注册。

A 公司不服，向北京市第一中级人民法院提起行政诉讼。法院判决驳回 A 公司的诉讼请求。A 公司不服原审判决，向北京市高级人民法院提起上诉，请求撤销原审判决及商标评审委员会的裁定，判令商标评审委员会重新作出裁定。

二、法律问题

1. 诉争商标是否属于"仅有本商品的通用名称"的标志？

2. 判断诉争商标是否属于商品的通用名称，应当以提出商标注册申请时的事实状态为准，还是以核准注册时的事实状态为准？

三、重点提示

1. 商品的通用名称分为法定的通用名称和约定俗成的通用名称。本案中，诉争商标于 2007 年 3 月 9 日申请注册时，"金骏眉"未被相关公众作为茶等商品的通用名称加以识别和对待。截至商标评审委员会裁定作出的 2013 年 1 月 4 日，"金骏眉"并未被我国相关法律或者国家标准、行业标准作为商品的通用名称使用。但是，在该裁定作出时，"金骏眉"已作为一种红茶的商品名称为相关公众所识别和对待，成为特定种类的红茶商品约定俗成的通用名称。

2. 审查判断诉争商标是否属于通用名称，一般以提出商标注册申请时的事实状态为准。如果申请时不属于通用名称，但在核准注册时诉争商标已经成为通用名称的，仍应认定其属于本商品的通用名称；虽在申请时属于本商品的通用名称，但在核准注册时已经不是通用名称的，则不妨碍其核准注册。

案例三：A 公司与原国家工商行政管理总局商标评审委员会商标争议纠纷案[1]

一、基本案情

诉争商标系国际注册第 G640537 号"三维标志"商标（"雀巢三维瓶型"

---

[1] 参见：北京市第一中级人民法院（2012）一中知行初字第 269 号行政判决书。

商标![瓶]），由B公司于2002年3月14日在中国申请注册，于2005年7月27日核准注册，核定使用商品为第30类：食用调味品；指定颜色为棕色、黄色。注册商标专用权期限至2012年7月27日。

至迟在1983年，C厂开始使用一款棕色（或透明）方形瓶作为其生产的"潭江桥"牌味极鲜酱油产品的外包装。后该厂经股份制改制为A公司，继续在其生产的"味事达Master"味极鲜酱油产品上持续使用前述的棕色方形瓶作为该产品的外包装。

在2002年3月14日之前，《北京青年报》《新民晚报》《文汇报》等报纸、《开平县工业出品产品汇编》《建国以来开平工业发展史（1949~1990）》《中国轻工业产品全书（1993~1994）》《广东省名牌产品》均显示，A公司或者C厂（A公司的前身）都使用了与诉争商标基本相同或近似的瓶型作为酱油产品的包装。其他同行于1992年3月11日获得授权公告的、名称为"瓶的招贴纸"的91301635.X号外观设计专利，所附着的产品形状与诉争商标基本相同。

2000~2002年，A公司使用方形瓶的味极鲜酱油的销量每年在2000~3000万瓶之间，销售额均为1亿元以上，而该方形瓶与诉争商标类似。A公司"味极鲜"酱油在全国15个主要城市的方形瓶包装酱油市场中，连续5年（2003~2007年）市场金额及数量占有率为第一。

2018年12月，广东现代国际市场研究有限公司作出的《调味品包装测试分析报告》显示，消费者对于方形瓶的认知度较高，多数消费者依据照片上的方形瓶无法辨别出其是哪个厂家的产品，可以说出的品牌包括味事达、海天、美极、美味鲜、加加、李锦记等。

到2010年11月，已有"海天""加加""淘大""厨邦"等国内多家调味品生产企业使用棕色方形瓶作为液体产品的容器和外包装。

在法定争议期内，A公司向商标评审委员会提出撤销申请，其主要理由为：①争议商标指定使用在习惯以棕色方形瓶作为常用包装、容器的"食品香料"上，缺乏显著特征，根据《商标法》第9条、第11条第1款第3项的规定，应予以撤销。②争议商标作为调味品的常用包装，其整体形状的美学功能远远大于识别功能，已成为代表中高端调味品的包装形状，属于使商品具有实质性价值的形状,根据《商标法》第 12 条的规定,争议商标应予以撤销。

经审理,商标评审委员会作出裁定,对争议商标予以维持注册。

A 公司不服,向北京市第一中级人民法院提起诉讼。法院认为商标评审委员会裁定的作出存在程序违法,据此作出行政判决书,对该裁定予以撤销。商标评审委员会依据上述判决,对审理程序予以补正,并作出重审裁定:①该重审裁定中的实体认定部分与前述裁定并无不同。商标评审委员会认为,诉争商标瓶型经过 B 公司长期宣传和使用,已为一般消费者所知晓,起到了识别商品来源的作用,争议商标指定使用在食用调味品商品上已具备商标应有的显著特征,争议商标应予以维持注册。②《商标法》第 12 条中的"使商品具有实质性价值的形状",是指如果从美学角度考虑,有可能影响或刺激消费者消费需求的商品形状。如果申请注册的商标仅由这些形状所构成,不予核准。而本案中,A 公司提交的证据不能证明争议商标仅由使商品具有实质性价值的形状构成,因此对于 A 公司依据《商标法》第 12 条规定撤销争议商标的请求,商标评审委员会不予支持。综上,商标评审委员会裁定:对争议商标予以维持。

A 公司不服,于法定期限内向北京市第一中级人民法院提起诉讼,其诉称:①诉争商标的瓶型本身无法起到区分商品来源的作用,不具有固有显著性,且该瓶型的产品已被国内众多调味品企业作为酱油产品的包装瓶使用,本案现有证据亦无法证明争议商标经过长期使用已使得相关公众将该瓶型与第三人 B 公司建立起唯一对应关系,故争议商标亦不具有显著性,据此,争议商标违反了《商标法》第 11 条的规定,不具有显著性。②因中国调味品行业长期对争议商标瓶型进行广泛使用和宣传推广,棕色方形瓶包装的形状和美感已经能够影响消费者的购买心理,其美学功能成为商业成功的重要因素,故其属于使商品具有实质性价值的形状,具有美学功能性,争议商标违反了《商标法》第 12 条的规定。被诉裁定认定错误,请求法院依法予以撤销。

二、法律问题

1. 诉争商标是否具有显著特征?
2. 诉争商标是否属于使商品具有实质性价值的功能性标志?

三、重点提示

1. 将三维标志作为商标使用，包含三种使用方式：用作商品本身的形状；用作商品的包装；用作商品或服务的装饰。除三维标志作为商品或服务的装饰使用时与商品或服务的特点通常并无关联外，在其他两种使用方式下，相关公众看到该三维标志时，通常会将其认知为商品的包装或商品本身的形状，而并不会将其作为商标认知。在这种情况下，三维标志表现了商品的相关特点，整体上并不具有固有显著性。

对于三维立体标志而言，其本身的固有含义常会使得相关公众将其认知为商品包装物或形状等，而非商标。要想相关公众对该类标志产生"商标"的认知，必须使该类标志的商标识别含义强于其"固有"的含义。而因为相关公众对于这一固有含义通常具有较为强烈的认知，故只有当使用行为使该标志具有很高知名程度时方可能达到这一效果。在本案中，同行业经营者的使用情况，使得相关公众对诉争商标的固有含义具有更强程度的认知。因此，争议商标应具有更高的知名度方能具有显著性。

2. 商品的实质性价值通常由相关公众的购买行为实现，故对于"实质性价值"的判断应以购买者为判断主体。一般而言，如果决定购买者是否购买该商品的因素在于该三维标志本身，而非该标志所指代的商品提供者，则该三维标志应被认定为对商品具有"实质性价值"。对于食用调味品一类商品，购买者所关注的通常是其商品本身的质量、生产厂商等要素。至于其采用的包装本身虽然也可能在一定程度上影响购买者的购买行为，但显然并非决定性因素。

案例四：A 公司与原国家工商行政管理总局商标评审委员会、B 公司商标争议行政纠纷上诉案[1]

一、基本案情

诉争商标系"QQ"商标，由 A 公司于 2005 年 5 月 19 日提出注册申请，

---

[1] 参见：北京市第一中级人民法院（2013）一中知行初字第 1518 号行政判决书，北京市高级人民法院（2014）高行终字第 1696 号行政判决书。

于 2008 年 3 月 7 日核准注册，注册号为第 4665825 号，核定使用在国际分类第 12 类 1201～1210 类似群组上的机车、汽车、车辆内装饰品、小型机动车、自行车、缆车、婴儿车、雪橇（车）、航空仪器、机器和设备、船、车辆轮胎等商品上，商标专用权期限至 2018 年 3 月 6 日。

在诉争商标申请之前，A 公司曾于 2001 年 8 月 31 日申请注册了"QQ 鼠标图形"商标，于 2002 年 11 月 14 日核准注册，注册号为第 1977837 号，核定使用在国际分类第 12 类 1202～1208 类似群组上的摩托车、自行车、小型机动车、三轮脚踏车、缆车、轮椅、婴儿车、手推车、雪橇（车）、车辆用轮胎等商品上，专用权期限经续展至 2022 年 11 月 13 日。

引证商标一为"QQ"商标，由 B 公司于 2003 年 3 月 21 日提出注册申请，申请号为第 3494779 号，指定使用在国际分类第 12 类 1202～1204 类似群组上的大客车、（长途）公共汽车、卡车、电动车辆、卧车、越野车、小汽车、汽车、野营车、小型机动车等商品上。A 公司在该商标初审公告期间提出了异议，该商标在本案审理时仍在异议复审程序中。

引证商标二为"QQ"商标，由 B 公司于 2006 年 1 月 23 日提出注册申请，申请号为第 5136735 号，指定使用在国际分类第 12 类 1201～1206、1208～1210 类似群组上的陆、空、水或铁路用机动车运载器、汽车、陆地车辆动力装置、汽车车座、车轮毂、自行车、架空运输设备、手推车、车辆轮胎、摩托车等商品上。该商标在本案审理时仍在驳回复审程序中。

全国乘用车市场信息联席会秘书处于 2009 年 5 月 4 日出具的《关于 QQ（汽车）销量、占有率、排名和销售区域的证明》，中国汽车工业协会于 2011 年 3 月 15 日出具的关于 B 公司 2003～2008 年 QQ 汽车销量、轿车市场占有率及轿车行业排名具体数据的《证明》显示：QQ 汽车自 2003 年 5 月上市以来，于 2003 年的销量为 25 186 辆，轿车市场占有率为 1.3%，轿车行业排名为 27，总体乘用车排名为 30；2004 年的销量为 49 366 辆（49 066 辆），轿车市场占有率为 2.1%，轿车行业排名为 18；2005 年的销量为 115 960 辆，轿车市场占有率为 4.1%，轿车行业排名为 6，总体乘用车排名为 5。

此外，B 公司对 QQ 汽车进行了大量广告宣传，媒体也多次对 QQ 汽车进行了报道，QQ 汽车还获得了一些荣誉。

2009 年 11 月 26 日，B 公司向商标评审委员会提出撤销申请，其主要理由有：A 公司在明知 B 公司拥有的 QQ 汽车商标在先权利和广泛公众知晓程度的情况下申请注册争议商标，损害了 B 公司的在先权利，请求商标评审委员会依据《商标法》第 31 条、第 41 条第 2 款的规定依法撤销争议商标。

2013 年 2 月 17 日，商标评审委员会作出裁定认为：诉争商标的注册已构成《商标法》第 31 条所指的抢先注册他人已经使用并有一定影响商标的情形。裁定撤销诉争商标。

A 公司不服上述裁定，向北京市第一中级人民法院提起行政诉讼称：①诉争商标的注册申请是 A 公司对其在第 38 类通讯服务上的"QQ"商标和第 12 类 QQ 鼠标商标的延续性注册，属于商标防御行为，具有正当性。②B 公司在汽车商品上使用"QQ"商标时，不仅原告拥有该类商品上的注册商标，且其在第 38 类服务上的"QQ"商标也已经达到驰名程度，因此第三人使用"QQ"商标的行为属于商标侵权行为。A 公司认为，这种通过不正当手段积累的知名度，即便达到《商标法》第 31 条所指的"通过使用并具有一定影响的未注册商标"，也不能成为阻碍诉争商标核准注册的理由。

法院认为：商标评审委员会作出的裁定审查程序合法，认定事实清楚，适用法律正确，本院予以维持。

A 公司不服一审判决，向北京市高级人民法院提出上诉，请求撤销一审判决及商标评审委员会的裁定。其上诉理由是：B 公司对"QQ"商标的使用行为严重侵害了 A 公司在同类商品上注册在先的第 1977837 号商标的专用权；且 B 公司在 QQ 汽车上市和推广活动中所实施的一系列盗用腾讯"QQ"驰名商标和攀附 A 公司商标商誉的行为，具有明显的不正当性，违反诚实信用原则，不应受到保护。

二、法律问题

1. 诉争商标的注册是否构成"以不正当手段抢先注册他人已经使用并有一定影响的商标"的情形？

2. 鉴于 A 公司在第 38 类通讯服务上的"QQ"商标在引证商标申请注册前已经具有较高的知名度，B 公司使用"QQ"商标的行为是否正当？

3. 诉争商标的注册申请是否属于正当的防御性注册行为？

三、重点提示

1. 中国汽车工业协会和全国乘用车市场信息联席会出具的两份证明，结合 B 公司提交的宣传报道、获奖情况和销售票据等证据，能够证明在诉争商标的申请日之前，奇瑞公司使用的"QQ"商标已经在汽车商品上具有一定的知名度，在相关公众中产生了一定影响。此外，在当今社会中，汽车已属于人们日常生活中的常见商品，A 公司作为我国网络通讯服务领域的著名企业，在汽车等商品上申请争议商标时，理应知晓 B 公司在此类商品上的"QQ"商标已经具有一定知名度的事实。因此，A 公司申请注册诉争商标的行为具有不正当性。

2. 即使 A 公司的"QQ"商标在通讯服务上具有较高的知名度，由于汽车商品和通讯服务差距较大，二者不构成同一种或者类似商品或服务，且并非由 A 公司最早将"QQ"两个字母作为商标使用在商品或者服务上，而法律并不禁止在不相类似商品或者服务上使用相同或者近似的商标，因此，B 公司在汽车商品上使用"QQ"商标的行为并不具有法律上的不正当性，其通过合法的商业使用所积累的知名度符合《商标法》第 31 条的规定。

3. 我国实行商标注册制度，对于不同的注册商标而言，其专用权是相互独立的，先后注册的商标之间不当然具有延续关系。A 公司自成立以来，其所创立的 QQ 及企鹅图形系列品牌在通讯服务领域已经建立起一定的知名度，但该商誉并不能延及汽车类商品，亦不能成为争议商标获准注册的当然理由。即便是防御性注册行为，也应当符合《商标法》的相关规定，特别是明知或者应知他人在先享有的合法权利存在的情况下，更应当进行避让。

拓展资料

4-1【拓展阅读案例】

4-2【拓展阅读资料】

专题二　注册商标专用权的保护

📖 知识概要

商标经核准注册取得商标专用权后，下一步面临的问题是对注册商标专用权予以保护。我国对注册商标专用权的司法保护和行政保护，都以发生侵害注册商标专用权的行为为前提。因此，判定他人的行为是否侵害注册商标专用权以及具体构成何种类型的侵权行为，是保护注册商标专用权的关键。

第一，判定他人的行为是否侵害注册商标专用权。《商标法》第57条第1项、第2项规定了侵犯注册商标专用权的核心侵权行为，不论是第57条第1项规定的"在同一种商品上使用与其注册商标相同的商标"，还是第57条第2项规定的"在同一种商品上使用与其注册商标近似的商标，或者在类似商品上使用与其注册商标相同或者近似的商标"，都以他人的行为属于商标性使用为条件。而判定是否构成侵权的标准，最终落脚于是否"容易导致混淆"。此外，如果他人的商标使用行为符合《商标法》第59条关于注册商标专用权人权利限制的规定，则构成商标侵权的抗辩事由，不构成商标侵权。

第二，判定他人的行为构成何种类型的侵权行为。除了《商标法》第57条第1项、第2项规定的核心侵权行为，还有第57条第3~6项规定的销售侵犯注册商标专用权的商品的行为；伪造、擅自制造他人注册商标标识或者销售伪造、擅自制造的注册商标标识的行为；未经商标注册人同意而更换其注册商标并将该更换商标的商品又投入市场的行为；故意为侵犯他人商标专用权行为提供便利条件的帮助侵权行为。除此之外，还存在第57条第7项规定的"给他人的注册商标专用权造成其他损害的"行为，而这是实践中认定商标侵权的难点。

我们主要围绕商标侵权的判定、商标侵权的类型及相关问题来选用、分析本专题的案例。经典案例一涉及商标侵权的判定（《商标法》第57条第1

项、第 2 项[1]），拓展案例一、二、三对商标使用的界定、商标侵权的合理使用抗辩、商标的先用权抗辩等问题进行探讨。经典案例二涉及给他人的注册商标专用权造成其他损害的行为（《商标法》第 57 条第 7 项），这包括该案涉及的反向混淆的商标侵权，以及拓展案例四、五、六涉及的将正品重新包装并贴附与权利人商标相同或相近似的标识、在网站中突出使用他人商标、在平行进口产品上使用商标权人其他商标且磨掉产品识别码的行为。

经典案例

案例一：A 省广播电视总台、B 公司与金某某侵害商标权纠纷再审案[2]

一、基本案情

2009 年 2 月 16 日，金某某向商标局申请注册"非诚勿扰"商标（非诚勿擾），并于 2010 年 9 月 7 日获得核准，注册号为第 7199523 号，核定服务项目为第 45 类，包括"交友服务、婚姻介绍所"等。A 省广播电视总台（简称 A 电视台）旗下的 A 卫视于 2010 年开办了以婚恋交友为主题、名称为《非诚勿扰》的电视节目。A 电视台在该节目中使用的"非诚勿扰"标识主要体现为两种形态：一是"非诚勿扰"纯文字标识；二是"非诚勿扰"文字与女性剪影组合的图文标识（非诚勿扰）。B 公司为《非诚勿扰》节目推选相亲对象，提供广告推销服务，并曾在深圳招募嘉宾，报名地点设在深圳市南山区。

金某某以 A 电视台和 B 公司侵害其注册商标专用权为由，向深圳市南山区法院提起诉讼。深圳市南山区法院认为：A 电视台使用"非诚勿扰"是商

---

[1] 将与他人注册商标相同或者近似的标志作为商品名称或者商品装潢的混淆性使用，也违反了《商标法》第 57 条第 2 项和《商标法实施条例》第 76 条的规定，参见"原告卡尔文·克雷恩商标托管与被告厦门某电子商务有限公司等侵害商标权纠纷案"（判决书：山东省青岛市中级人民法院（2015）青知民初字第 9 号）。这也表明，《商标法实施条例》将商品名称、商品装潢视为《商标法》第 57 条第 2 项所指的与他人注册商标相同或者近似的"商标"，这种"商标"即是未注册商标。因此，我国商标法制度将商品名称、商品装潢视为未注册商标。对于这种未注册商标的保护，我们将在专题三予以详述。

[2] 参见：广东省深圳市南山区人民法院（2013）深南法知民初字第 208 号民事判决书，广东省深圳市中级人民法院（2015）深中法知民终字第 927 号民事判决书，广东省高级人民法院（2016）粤民申 69 号民事裁定书、（2016）粤民再 447 号民事判决书。

标性使用，金某某与A电视台的商标相同。但是，金某某的注册商标"非诚勿扰"所对应的商品（服务）系"交友服务、婚姻介绍"，即第45类；而A电视台的商标"非诚勿扰"所对应的商品（服务）系"电视节目"，即第41类；而且，从服务的目的、内容、方式、对象等方面综合考察，被告A电视台的《非诚勿扰》电视节目虽然与婚恋交友有关，但终究是电视节目，相关公众一般认为两者不存在特定联系，不容易造成公众混淆。故两者属于不同类商品（服务），A电视台和B公司不构成侵权。

金某某不服一审判决，向深圳市中级法院提起上诉。深圳市中级法院认为：A电视台的《非诚勿扰》节目，从服务的目的、内容、方式、对象等方面判定，均是提供征婚、相亲、交友服务，与金某某"非诚勿扰"商标注册证上核定的服务项目"交友、婚姻介绍"相同。金某某"非诚勿扰"注册商标已投入商业使用，由于A电视台的行为影响了其商标正常使用，使之难以正常发挥应有的作用。由于A电视台的知名度及节目的宣传，使相关公众误以为权利人的注册商标使用与A电视台产生错误认识及联系，造成反向混淆。在判定A电视台是否构成侵害商标权时，不能只考虑《非诚勿扰》在电视上播出的形式，更应当考虑该电视节目的内容和目的等，客观判定两者服务类别是否相同或者近似。A电视台在《非诚勿扰》节目中使用"非诚勿扰"商标的行为，侵害了金某某的商标权。

A电视台和B公司不服二审判决，向广东省高院申请再审。A电视台申请再审称：①A电视台对于节目名称的使用并未产生商标区分产源的功能，不属于商标性使用。被诉标识图样多样、位置多变，不符合商标使用的规范；而被诉电视节目左上角固定显示的"A卫视"台标，才是标注商品/服务来源的商标性使用。②金某某涉案注册商标指定使用的服务类别为"交友服务、婚姻介绍"，该服务与《非诚勿扰》电视节目的服务目的、内容、方式、对象均不相同，被诉节目系对现实生活的二度艺术加工，是精神文化产品，二审法院未作细化考虑，将该节目认定为"交友、婚姻介绍"服务，属于对电视节目的属性认定错误。③《非诚勿扰》节目与金某某涉案注册商标不会造成混淆或反向混淆，不构成侵权。其一，金某某涉案注册商标系对知名电影《非诚勿扰》名称的简单复制，金某某注册商标的目的系诉讼而非真实使用。其二，金某某涉案注册商标本身无法产生区分产源的商标功能，被诉《非诚勿扰》节目名称与涉案注册商标存在明显差异,不存在混淆可能性。其三,金某某并未对涉案注册商标进行商业性使用,不存在混淆前提。

金某某辩称:二审法院认定事实清楚,适用法律正确。①"非诚勿扰"既是其节目名称,又是其婚介、交友、相亲服务的服务标识,具有标识来源作用。并无法律规定一个商业主体不能同时使用两个品牌。A电视台在与被诉节目相关的各环节反复使用、突出使用"非诚勿扰",系商标性使用。②金某某涉案注册商标核定服务项目包括"交友服务、婚姻介绍"。本案A电视台的《非诚勿扰》节目此前一直自认系婚恋交友节目,容易引发与婚介交友服务相关的消费者、经营者的误认,官方媒体与电视同行对婚介节目的认识就是"电视红娘"。且该被诉节目提供了真实的婚介交友服务,侵入金某某注册商标专用权范围。电视节目与互联网只是A电视台、B公司提供婚介交友服务的手段,并不因此改变婚介交友属性。③被诉电视节目"非诚勿扰"标识与金某某涉案"非诚勿扰"注册商标相同,故本案属于服务相同、商标实质性相同的情况,法律上无需比较混淆,足以认定其构成商标侵权。

二、法律问题

1. A电视台对"非诚勿扰"标识的使用是否属于商标性使用?
2. A电视台是否侵害了金某某的注册商标权?

三、法理分析

(一) A电视台对"非诚勿扰"标识的使用属于商标性使用

1. 商标性使用的认定标准。《商标法》第48条规定,本法所称商标的使用,是指将商标用于商品、商品包装或者容器以及商品交易文书上,或者将商标用于广告宣传、展览以及其他商业活动中,用于识别商品来源的行为。可见,判断被诉"非诚勿扰"标识是否属于商标性使用,关键在于相关标识的使用是否为了指示相关商品或服务的来源,起到使相关公众区分不同商品或服务的提供者的作用。

2. 相关标识具有电视节目名称的属性,并不能排除该标识作为商标的可能性。"非诚勿扰"原是A电视台为了区分其台下多个电视栏目而命名的节目名称,但从本案的情况来看,A电视台对被诉"非诚勿扰"标识的使用,并非仅仅为概括具体电视节目内容而进行的描述性使用，而是反复多次、大量地在其电视、官网、招商广告、现场宣传等商业活动中单独使用或突出使用；使用方式上具有持续性与连贯性，其中标识更在整体呈现方式上具有一定独特性。这显然超出了对节目或者作品内容进行描述性使用所必需的范围和通常认知，具备了区分商品或服务的功能。

3. 相关标识在电视节目上的显示位置、样式是否固定，使用的同时是否还使用了其他标识，不是否定该标识被作为商标性使用的充分理据。A电视台在播出被诉节目的同时标注"A卫视"台标的行为，客观上并未改变"非诚勿扰"标识指示来源的作用和功能，反而促使相关公众更加紧密地将"非诚勿扰"标识与A电视台下属频道"A卫视"相联系。随着该节目持续热播及广告宣传，被诉"非诚勿扰"标识已具有较强显著性。相关公众看到被诉标识，将联想到该电视节目及其提供者A电视台下属频道"A卫视"，客观上起到了指示商品或服务来源的作用。

A电视台在不少广告中，将被诉"非诚勿扰"标识与"A卫视"台标、"途牛""韩束"等品牌标识并列进行宣传，且A电视台曾就该标识的使用向C公司谋求商标授权，以上均直接反映出A电视台主观上亦存在将被诉标识作为识别来源的商标使用和作为品牌进行维护的意愿。

（二）A电视台使用"非诚勿扰"标识的行为，没有侵害金某某的注册商标权

1. 关于注册商标侵权判定标准的法律规定。注册商标的专用权，以核准注册的商标和核定使用的商品或服务为限。《商标法》第57条第1项和第2项规定，未经商标注册人的许可，在同一种商品上使用与其注册商标相同的商标，属于侵犯注册商标专用权的行为；在同一种商品上使用与其注册商标近似的商标，或者在类似商品上使用与其注册商标相同或近似的商标，容易导致混淆的，亦构成侵权。

《最高人民法院关于审理商标民事纠纷案件适用法律若干问题的解释》第9条规定，商标相同，是指被控侵权的商标与原告的注册商标相比较，二者在视觉上基本无差别。商标近似，是指被控侵权的商标与原告的注册商标相比较，其文字的字形、读音、含义或者图形的构图及颜色，或者其各要素组合后的整体结构相似，或者其立体形状、颜色组合近似，易使相关公众对商品

的来源产生误认或者认为其来源与原告注册商标的商品有特定的联系。《最高人民法院关于审理商标民事纠纷案件适用法律若干问题的解释》第10条规定，认定商标相同或者近似按照以下原则进行：①以相关公众的一般注意力为标准；②既要进行对商标的整体比对，又要进行对商标主要部分的比对，比对应当在比对对象隔离的状态下分别进行；③判断商标是否近似，应当考虑请求保护注册商标的显著性和知名度。

《最高人民法院关于审理商标民事纠纷案件适用法律若干问题的解释》第11条规定，类似商品，是指在功能、用途、生产部门、销售渠道、消费对象等方面相同，或者相关公众一般认为其存在特定联系、容易造成混淆的商品。类似服务，是指在服务的目的、内容、方式、对象等方面相同，或者相关公众一般认为存在特定联系、容易造成混淆的服务。商品与服务类似，是指商品和服务之间存在特定联系，容易使相关公众混淆。《最高人民法院关于审理商标民事纠纷案件适用法律若干问题的解释》第12条规定，认定商品或者服务是否类似，应当以相关公众对商品或者服务的一般认识综合判断；《商标注册用商品和服务国际分类表》《类似商品和服务区分表》可以作为判断类似商品或者服务的参考。

因此，在商标侵权裁判中，必须对被诉标识与注册商标是否相同或近似、两者服务是否相同或类似，以及是否容易引起相关公众的混淆误认作出判断。而且，在判定相关商品或服务是否类似、商标是否近似时，都是以相关公众是否容易混淆作为最终标准。

2. 被诉"非诚勿扰"标识与金某某的第7199523号"非诚勿扰"商标不相同且不近似。将被诉"非诚勿扰"文字标识及图文标识分别与金某某涉案第7199523号注册商标相比对，文字形态上均存在繁体字与简体字的区别，在字体及文字排列上亦有差异。被诉图文组合标识与金某某注册商标相比，还多了颜色及图案差异。故这两个被诉标识与金某某涉案第7199523号注册商标相比，均不属于相同标识。这两个被诉标识与金某某涉案注册商标的显著部分与核心部分均为"非诚勿扰"，文字相同，整体结构相似，在自然组成要素上相近似。但客观要素的相近似并不等同于商标法意义上的近似。商标法所要保护的，并非仅以注册行为所固化的商标标识本身，而是商标所具有的识别和区分商品或服务来源的功能。如果被诉行为并非使用在相同或类似商品或服务上，或者并未损害涉案注册商标的识别和区分功能，亦未因此导致市场混淆后果的，不应认定为构成商标侵权。

3. 被诉标识与金某某商标的服务类别不相同也不类似。对于被诉节目是否与第45类中的"交友服务、婚姻介绍"服务相同或类似，不能仅看其题材或表现形式来简单判定，而应当根据商标在商业流通中发挥识别作用的本质，结合相关服务的目的、内容、方式、对象等方面并综合相关公众的一般认识，进行综合考量。如前所述，A电视台经过长期对《非诚勿扰》节目及标识的宣传和使用，已使社会公众将该标识与被诉节目、A电视台下属频道"A卫视"相联系。而这种使用，从相关服务的目的、内容、方式、对象等方面来看，正是典型的在电视文娱节目上的使用。具体言之，被诉《非诚勿扰》节目系一档以相亲、交友为题材的电视文娱节目，其借助相亲、交友场景中现代未婚男女的言行举止，结合现场点评嘉宾及主持人的评论及引导，通过剪辑编排成电视节目予以播放，使社会公众在娱乐、放松、休闲的同时，了解当今社会交友现象及相关价值观念，引导树立健康向上的婚恋观与人生观。其服务目的在于向社会公众提供娱乐、消遣的文化娱乐节目，凭节目的收视率与关注度获取广告赞助等经济收入；服务的内容和方式为通过电视广播这一特定渠道和大众传媒方式向社会提供和传播文娱节目；服务对象是不特定的广大电视观众等。而第45类中的"交友服务、婚姻介绍"系为满足特定个人的婚配需求而提供的中介服务，服务目的系通过提供促成婚恋配对的服务来获取经济收入；服务内容和方式通常包括管理相关需求人员信息、提供咨询建议、传递意向信息等中介服务；服务对象为特定的有婚恋需求的未婚男女。故两者无论是在服务目的、内容、方式还是在对象上均区别明显。以相关公众的一般认知，能够清晰区分电视文娱节目的内容与现实中的婚介服务活动，不会误以为两者具有某种特定联系，故两者不构成相同服务或类似服务。

4. A电视台的商标使用行为不会导致消费者的混淆。退一步而言，即使如金某某所主张，认为A电视台提供的被诉《非诚勿扰》节目与"交友服务、婚姻介绍"服务类似，但因被诉行为不会导致相关公众对服务来源产生混淆误认，也不构成商标侵权。如前所述，商标法保护的系商标所具有的识别和区分来源功能，故必须考虑涉案注册商标的显著性与知名度，在确定其保护范围与保护强度的基础上考虑相关公众混淆、误认的可能性。本案中，金某某涉案注册商标中的"非诚勿扰"文字本系商贸活动中的常见词汇，用于婚姻介绍服务领域显著性较低，其亦未经过金某某长期、大量的使用而获得后天的显著性。故本案对该注册商标的保护范围和保护强度，应与金某某对该商标的显著性和知名度所作出的贡献相符。反观被诉《非诚勿扰》节目，其将"非诚勿扰"作为相亲、交友题材节目的名称具有一定合理性，经过长期热播，作为娱乐、消遣的综艺性文娱电视节目为公众所熟知。即使被诉节目涉及交友方面的内容，相关公众也能够对该服务来源作出清晰区分，不会将二者误认或混淆，因此不构成商标侵权。

5. 电视节目与节目题材内容之间的关系。作为大众传媒的广播电视行业本身负有宣传正确的价值观、寓教于乐等公众文化服务职责，其不可避免地要对现实生活有关题材进行创作升华，故其节目中都会涉及现实生活题材。但这些现实生活题材只是电视节目的组成要素。在判断此类电视节目是否与某一服务类别相同或类似时，不能简单、孤立地将某种表现形式或某一题材内容从整体节目中割裂开来，片面、机械地作出认定；而应当综合考察节目的整体和主要特征，把握其行为本质，作出全面、合理、正确的审查认定，并紧扣商标法宗旨，从相关公众的一般认识出发充分考察被诉行为是否导致混淆误认，恰如其分地作出侵权与否的判断，在维护商标权人正当权益与合理维护广播电视行业的繁荣和发展之间取得最佳平衡。

四、参考意见

1. A电视台反复多次、大量地在其电视、官网、招商广告、现场宣传等商业活动中单独使用或突出使用"非诚勿扰"商标，使用方式具有持续性与连贯性，相关标识整体呈现方式具有独特性，具备了区分商品或服务的功能。"非诚勿扰"标识在电视节目上的显示位置、样式是否固定，使用的同时是否还使用了其他标识，并未改变"非诚勿扰"标识指示来源的作用和功能。A电视台对"非诚勿扰"标识的使用，属于商标性使用。

2. 被诉"非诚勿扰"标识与金某某注册的"非诚勿扰"商标在文字形态、字体及文字排列、颜色及图案方面都有差异。虽然它们的显著部分与核心部分均为"非诚勿扰"，文字相同，整体结构相似，在自然组成要素上相近似，但不会使相关公众对服务的来源产生误认或者认为其来源与注册商标的服务有特定的联系。此外，被诉"非诚勿扰"商标使用在以相亲、交友为题材的电视文娱节目上，这与金某某"非诚勿扰"商标核定服务类别第45类中的"交友服务、婚姻介绍"中介服务不相同也不类似。而且，金某某注册商标中的"非诚勿扰"文字只有较低的固有显著性，而未经过长期、大量的使用获得后天的显著性与知名度，这与A卫视使用"非诚勿扰"标识的情况恰恰相反。综上，A电视台没有侵害金某某的注册商标权。

案例二：周某某与A公司、B公司侵害商标权纠纷案[1]

一、基本案情

C公司于1994年8月25日申请注册第865609号"百伦"商标，于1996年8月21日核准注册，商标核定使用在第25类"服装、鞋、帽、袜"等商品上，注册有效期限自1996年8月21日至2006年8月20日，经续展注册有效期至2016年8月20日。该商标于1998年3月28日经核准转让给周某衡，后于2004年4月21日经核准转让给周某某。

周某某于2004年6月4日申请注册第4100879号"新百伦"商标，后于2008年1月7日核准注册，核定使用在第25类"鞋（脚上穿着物）、靴、拖鞋、T恤衫、服装、皮衣、袜、领带、皮带（服饰用）、运动衫"等商品上，注册有效期限自2008年1月7日至2018年1月6日。在"新百伦"商标初步审定公告期间，D公司于2007年12月对原告的"新百伦"商标向商标局提出商标异议申请，认为原告的"新百伦"商标抄袭、模仿D公司的"NEW BALANCE"商标并与"NEW BALANCE"构成近似，要求驳回原告的商标申请。2011年7月，商标局作出裁定认为：D公司的异议理由不成立，"新百伦"商标予以核准注册。

周某某先后将上述商标授权给E公司、F公司使用。该商标经过使用人多年的经营使用和广泛宣传，已成为消费者所熟知的、具有较高知名度的知

---

[1] 参见：广东省广州市中级人民法院（2013）穗中法知民初字第574号民事判决书，广东省高级人民法院（2015）粤高法民三终字第444号民事判决书。

名商标。使用"百伦"商标的鞋类商品在全国多家大城市的高档百货商城均开设了"百伦"品牌专柜，亦在"天猫"网站开设了"百伦旗舰店"。

D公司于1983年4月、1995年6月、1995年10月、2003年4月分别获商标局核准在第54类"鞋"上使用第175151号"N"商标及在第54类"鞋"上使用第175152号"NB"商标、在第25类"衣服"上使用第749746号"NB"商标、在第18类"运动员用手提包"上使用第783142号"NB"商标、在第25类"鞋"上使用第175153号"NEW BALANCE"商标。2013年12月，D公司被商标局授予第11263416号"新百伦"商标，核定使用的服务项目类别为第35类，包括"广告；替他人推销"。

2013年11月13日起，《经济日报》《新闻晚报》《国际金融报》《中国新时代》等少量的新闻媒体进行了"新百伦 New Balance 公司"于2003年11月正式登陆中国市场的报道。

A公司于2006年12月27日成立，其经营范围包括鞋、服装、包及其他运动相关产品及休闲衣着产品的进出口、批发、零售和佣金代理（拍卖除外）及售后服务等相关配套业务，企业类型为有限责任公司（台港澳法人独资）。A公司称其股东"NEW BALANCE INTERNATIONAL LIMITED"是D公司"NEWBALANCEINC.（US）"的全资子公司，并称其是D公司的运动产品在中国的总代理。

根据D公司和A公司在2007年11月1日所签订的一份许可协议，前者已授权后者一份非独立协议，特许后者在中华人民共和国境内使用带有'New Balance''NB''N'商标、商品名称和标志来生产、包装，或安排生产和包装鞋子、衣服和配件。根据两公司在2007年11月1日签订的分销协议，授权后者拥有在中华人民共和国境内进口、出售和分销带有如上商标的鞋子、衣服和配件的权利。

2012年3月，周某某发现A公司未经原告许可，宣传和销售其鞋类等产品时长期、大量地使用原告的"新百伦"商标。A公司在其"天猫"专卖店及"京东商城"专卖店上销售商品时，在商品图片下方的文字介绍中使用"新百伦"字样。A公司的专卖店销售鞋类产品时，在销售小票中均使用"新百伦"字样。在A公司的官方网站、新浪微博、宣传手册及视频广告中宣传商品时，也使用"新百伦"字样。

周某某以 A 公司侵害其商标权为由，向广东省广州市中级人民法院提起诉讼。该法院认为，A 公司使用"新百伦"标识的行为构成对周某某"百伦""新百伦"注册商标的侵权。

A 公司不服，向广东省高级人民法院提起上诉，主要理由为：①A 公司组合使用"New Balance/新百伦""NB/新百伦"或"New Balance 新百伦及 NB 图形"等标识不会与周某某"百伦"商标产生混淆。②A 公司对"新百伦"标识享有在先字号权、在先的知名商品特有名称权、在先有一定影响的未注册商标权，其行为没有侵害周某某的第 4100879 号"新百伦"商标专用权。③周某某恶意取得、抢注与 New Balance 标识近似的"百伦"和"新百伦"商标，违反诚实信用原则，其恶意诉讼行为不应受到法律的支持。④D 公司拥有第 35 类广告和销售项目"推销（替他人）"等服务上的"新百伦"注册商标，A 公司经 D 公司授权，在销售和宣传中使用"新百伦"商标，是在为 D 公司提供销售其"NEW BALANCE"品牌运动鞋的服务的合理使用行为，未侵害周某某的商标权。

周某某答辩称：①周某某的"百伦""新百伦"商标经由善意合理的方式取得，即便经异议程序仍获商标局注册，权利合法有效，依法受法律保护。②A 公司对"新百伦"的使用构成商标性使用，构成对周某某"百伦""新百伦"注册商标的侵权。

二、法律问题

1. A 公司对"新百伦"标识是否享有在先权利？周某某是否恶意抢注"新百伦"商标？

2. A 公司是否侵害了周某某涉案注册商标专用权？

三、法理分析

（一）A 公司对"新百伦"标识不享有在先权利

1. A 公司对"新百伦"标识不享有在先企业名称字号权。1993 年《反不正当竞争法》第 5 条第 3 项规定，擅自使用他人的企业名称从事市场交易，引人误认为是他人的商品，从而损害竞争对手的，构成不正当竞争。而 2017 年修订的《反不正当竞争法》第 6 条第 2 项规定，擅自使用他人有一定影响的企业名称（包括简称、字号等）、社会组织名称（包括简称等），引人误认为是他人商品或者与他人存在特定联系的，构成不正当竞争。《最高人民法院关于审理不正当竞争民事案件应用法律若干问题的解释》第6条第1款规定："企业登记主管机关依法登记注册的企业名称，以及在中国境内进行商业使用的外国（地区）企业名称，应当认定为反不正当竞争法第5条第3项规定的'企业名称'。具有一定的市场知名度、为相关公众所知悉的企业名称中的字号，可以认定为反不正当竞争法第5条第3项规定的'企业名称'。"可见，企业名称或者企业名称中的字号要受到我国法律的保护，必须具备以下条件：国内的企业名称必须是经企业名称登记主管部门核准注册的名称，国外的企业名称必须已在中国境内进行商业使用，而且这些企业名称必须经使用而有一定的影响；企业名称中的字号则要"具有一定的市场知名度、为公众所知悉"，且不得与他人在先的合法权利相冲突。

本案中，A公司认为其对"新百伦"享有在先的企业名称字号权，理由不成立，具体原因是：

（1）A公司直到2006年12月27日才注册登记成立，其最早使用"新百伦"字号的行为只能是2006年12月27日之后，显然晚于周某某涉案"百伦""新百伦"注册商标的申请日。因此，A公司以其本身企业名称中"新百伦"的字号权来对抗周某某的在先注册商标权，缺乏法律依据，不能成立。

（2）A公司认为其对"新百伦"字号享有在先的企业名称权，主要依据之一是世跑运动用品（深圳）有限公司于2003年11月17日经工商部门核准变更企业名称为新百伦运动用品（深圳）有限公司，早于周某某申请注册"新百伦"商标的时间。但是，本案证据证明，新百伦运动用品（深圳）有限公司的企业类型为外商独资企业，股东为"I（英属维京群岛）公司"；而A公司于2006年12月27日成立，企业类型为有限责任公司（台港澳法人独资），其股东为NEW BALANCE INTERNATIONAL LIMITED。显然，现有证据不能证明A公司与新百伦运动用品（深圳）有限公司是股东相同的或者是关联公司，A公司也没有提供证据证明其是由新百伦运动用品（深圳）有限公司变更名称而来或者由新百伦运动用品（深圳）有限公司授权其使用"新百伦"字号。而且A公司没有提供证据证明新百伦运动用品（深圳）有限公司与D公司系关联公司，也没有证据证明新百伦运动用品（深圳）有限公司董事长"罗珮平"与 A 公司所称"新百伦 New Balance 中国区总经理罗珮萍"系同一人。因此,新百伦运动用品(深圳)有限公司使用"新百伦"作为企业名称中的字号,不等于 D 公司也使用了"新百伦"字号。

(3) A 公司虽然提供了"新百伦 New Balance 公司"于 2003 年 11 月正式登陆中国市场的报道,但只是少量的新闻媒体的报道,不足以证明在周某某申请注册"新百伦"商标之前其关联公司对"新百伦"字号的使用已经"具有一定的市场知名度、为公众所知悉"。即现有证据不足以证明新平衡公司对"新百伦"标识享有在先的企业名称字号权,D 公司授权 A 公司使用"新百伦"字号缺乏权利基础。

2. A 公司对"新百伦"标识不享有未注册商标先用权。周某某涉案"百伦"注册商标的申请时间是 1994 年 8 月 25 日,"新百伦"注册商标的申请时间是 2004 年 6 月 4 日。A 公司为了证明其对"新百伦"标识享在先使用的未注册商标权,提供了包括新闻媒体、杂志、网络等在内的证据来支持其主张。

(1) A 公司提供的上述证据虽然证明了"新百伦 New Balance 公司"于 2003 年 11 月正式登陆中国市场,但是,上述证据主要是少量的第三方新闻媒体关于"新百伦 New Balance 公司"于 2003 年 11 月正式登陆中国市场的报道,以及《SIZE 尺码》杂志 2004 年 5 月创刊号"合作伙伴"中有"NB New Balance 新百伦"组合标识的广告,不能证明 A 公司的关联公司本身在商标性地使用"新百伦"标识。

(2) 上述证据证明"新百伦 New Balance 公司"登陆中国市场的时间明显晚于周某某涉案"百伦"商标的申请时间 1994 年 8 月 25 日,也晚于该商标获得核准注册的时间 1996 年 8 月 21 日。并且其所使用的"新百伦"字样与周某某"百伦"商标只有一字之差,属于近似商标。另外,A 公司没有提供证据证明其已经实际使用了"新百伦"标识并在中国具有一定的影响。因此,上述证据不足以证明 A 公司对"新百伦"标识享有未注册商标先用权。

3. A 公司对"新百伦"标识不享有在先使用的知名商品特有名称权。知名商品是指在中国境内具有一定的市场知名度、为相关公众所知悉的商品。人民法院认定知名商品,应当考虑该商品的销售时间、销售区域、销售额和销售对象,进行任何宣传的持续时间、程度和地域范围,作为知名商品受保护的情况等因素,进行综合判断。主张知名商品的当事人对其商品的市场知名度负有举证责任。

本案中，A公司主张其对"新百伦"标识享有在先使用的知名商品特有名称权，但其提供的证据并未证明在周某某申请注册"百伦""新百伦"商标之前，A公司的关联公司对"新百伦"标识的使用已经"在中国境内具有一定的市场知名度，为相关公众所知悉"；而且其使用的"新百伦"标识已经侵犯了周某某在先注册并获得核准的"百伦"商标。因此，A公司的该项主张不成立。

4. 周某某没有恶意抢注"新百伦"商标。A公司提供的现有证据不足以证明周某某恶意抢注"新百伦"商标，具体分析如下：

（1）周某某申请注册"百伦"商标的时间早于A公司及其关联公司使用"新百伦"标识；A公司提供的现有证据不足以证明周某某在2004年6月4日申请注册"新百伦"商标之前，A公司的关联公司对"新百伦"标识享有在先企业名称字号权、未注册商标权、知名商品特有名称权，因此周某某无从侵犯A公司及其关联公司所主张的在先权利。

（2）周某某申请注册的"新百伦"商标与其在先的"百伦"商标相比，唯一的区别在于前者比后者多了一个"新"字，因此周某某在同类商品上申请注册"新百伦"商标，具有其合理性。

（3）"新百伦"并非"NEW BALANCE"唯一的音译或意译。"NEW BALANCE"意译应为中文"新平衡"，A公司亦在本案中称其关联公司"NEW BALANCE ATHIETIC SHOE, INC."为"新平衡运动鞋公司"，其也称产品之前名称为"纽巴伦"，故"新百伦"也非"NEW BALANCE"的唯一音译。

（二）A公司侵害了周某某的涉案注册商标专用权

1. A公司使用"新百伦"标识会导致相关公众混淆。

（1）A公司在同种商品上使用了与周某某涉案注册商标相同或者近似的商标。周某某请求保护其享有的第865609号"百伦"、第4100879号"新百伦"注册商标权利，这两个商标核定使用的商品均包括"鞋（脚上的穿着物）"。而且，周某某已将这两种商标实际使用在鞋类产品上，而A公司亦在销售或者广告宣传其运动鞋产品时商标性使用了"新百伦"标识。因此，A公司被诉侵权商品与周某某涉案注册商标核定使用的商品均属于《类似商品和服务区分表》中第 25 类中第 2507 类似群的商品，两者属于相同商品。此外，周某某"百伦"及"新百伦"商标在文字上均无通用含义，属臆造性词组，A 公司使用的"新百伦"标识与周某某的"百伦"注册商标相似，与周某某的"新百伦"注册商标相同。

（2）A 公司的上述行为足以引起相关公众的混淆，从而侵害了周某某涉案注册商标专用权。相关公众对商品的来源产生误认和混淆的判断，不仅包括实际误认及混淆的可能性，也包括相关公众误认为后商标使用人的产品来源于在先注册的商标专用权人及相关公众误认为在先注册的商标专用权人的产品来源于在后商标使用人。本案中，A 公司在实体专卖店、网上专卖店、官方网站、新浪微博、宣传手册及视频广告等处商标性使用"新百伦"标识，对使用中文的中国相关公众来说，该中文标识容易引起注意、呼叫和记忆。而且，A 公司组合使用"New Balance/新百伦"、"NB/新百伦"或"New Balance 新百伦及 NB 图形"等标识，即将"新百伦"标识与其具有较高知名度的"New Balance""NB"等标识组合使用，并且 A 公司在中国大陆市场进行广泛的、持续的、大量的销售和广告宣传，使得"新百伦"标识与"NewBalance""NB"标识紧密联系在一起。A 公司的上述使用行为，足以使相关公众将"新百伦"标识与 A 公司的特定商品相联系，误以为该被诉侵权标识就是 A 公司的商标，从而非法阻止了注册商标权人周某某在核定使用的商品上使用自己注册商标的权利，致使周某某在其制造、销售的鞋类产品上使用其"百伦""新百伦"注册商标时，相关公众会产生关于周某某使用的商标是假冒 A 公司的商标，攀附了 A 公司的商誉，侵害了 A 公司的商标权等错误认识。例如，周某某在天猫网站申请开设网店时，得到的回复是其提交的品牌"Bolune 百伦"品牌与"New Balance 新百伦"品牌相似，为避免消费者混淆，"Bolune 百伦"品牌不在天猫选择合作范围内。A 公司的上述行为割裂了周某某与本案注册商标之间的联系，损害了周某某依法享有的注册商标专用权。

2. A 公司对"新百伦"标识的使用不属于合理使用。

（1）A 公司辩称其使用被诉侵权标识是对其企业名称的合理使用，但 A 公司的企业名称全称为"新百伦贸易（中国）有限公司"，而 A 公司在实际销售或者广告宣传中简化、突出使用"新百伦"标识，并非规范性使用其企业名称。如前所述，这种使用容易使相关公众产生混淆和误认。《最高人民法院关于审理商标民事纠纷案件适用法律若干问题的解释》第1条规定，将与他人注册商标相同或者相近似的文字作为企业的字号在相同或者类似商品上突出使用，容易使相关公众产生误认的，属于侵犯注册商标专用权的行为。因此，即使A公司系对其企业名称中"新百伦"字号的使用，但由于其简化、突出使用了该标识，容易使相关公众产生误认，因此，也构成侵权，不属于对企业名称的合理使用。

（2）A公司主张，新平衡公司拥有第35类广告和销售项目"推销（替他人）"等服务上的"新百伦"注册商标，A公司经D公司授权，在销售和宣传中使用"新百伦"商标的行为不侵害周某某的商标权。法院认为，注册在第35类"推销（替他人）"服务项目上的商标属于服务商标，它是指商标注册人在为他人商品提供广告宣传、推销服务时，为表明这种宣传、推销服务的来源所使用的商标，其目的是区分不同的广告或推销服务的提供者。而本案中，A公司对于"新百伦"标识的使用是自己在销售产品过程中对自己产品的宣传推广，属于在销售本人产品过程中对商标的使用，目的是区分A公司销售的商品与他人的商品的不同来源，而不是为了表明为他人宣传、推销产品的服务者来源。因此，A公司的使用属于在第25类中鞋类商品上的使用，而不是在第35类广告和销售项目"推销（替他人）"等服务上的使用。周某某在第25类鞋类商品上享有"百伦""新百伦"注册商标专有权，故A公司的上述使用行为已构成对周某某涉案注册商标专用权的侵犯，A公司认为其系对新平衡公司第35类中"推销（替他人）"等服务上的"新百伦"注册商标的合理使用，理由不成立。

综上，A公司未经周某某许可，在相同商品上使用与周某某涉案注册商标相同或者近似的标识，侵害了周某某的注册商标专用权。尤其是A公司的关联公司D公司在对周某某的"新百伦"商标提出异议被驳回的情形下，A公司明知道"百伦""新百伦"商标是周某某的注册商标，其使用"新百伦"标识会对周某某注册商标构成侵权而仍继续使用被诉侵权标识，显然属于无视中国商标法相关规定的侵权行为，不属于合理使用。

四、参考意见

1. 企业享有在先的企业名称权、在先的未注册商标先用权、在先的商品名称权的条件，是其企业名称（包括简称、字号等）、未注册商标和商品名称经过在先使用并且具有一定影响。本案中，没有证据表明A公司及其关联公司先于周某某将"新百伦"标识作为企业名称、未注册商标或者商品名称使用并且具有一定影响。故A公司对"新百伦"标识不享有在先权利。除此之外，周某某申请注册"百伦"商标的时间早于A公司及其关联公司使用"新百伦"标识、周某某对其在先的"百伦"商标多加一个"新"字申请注册"新百伦"商标具有合理性、"新百伦"并非"NEW BALANCE"唯一的音译或意译，这也表明周某某没有恶意抢注"新百伦"商标。

2. A公司在相同的鞋类产品上使用与周某某在先注册的"百伦""新百伦"商标相同或者近似的"新百伦"商标。而且，周某某的"百伦"及"新百伦"商标在文字上均无通用含义，属臆造性词组。此外，A公司大量、广泛地使用"新百伦"标识，使得"新百伦"标识与"New Balance""NB"标识紧密联系在一起，足以使相关公众对商品的来源产生误认和混淆，而误以为在先注册"新百伦"商标的周某某的产品来源于"新百伦"商标的在后使用人A公司。综上，A公司侵害了周某某的注册商标专用权。

拓展案例

案例一：A公司与B公司侵害商标权纠纷再审案[1]

一、基本案情

C公司设立于墨西哥，在墨西哥等多个国家和地区于第6类、第8类等类别上注册了"PRETUL"或"PRETUL及椭圆图形"商标，其中注册号为770611、注册类别为第6类的"PRETUL"商标于2002年11月27日在墨西哥注册。

2003年5月21日，许某某在中国获准注册第3071808号"PRETUL及椭圆图形"商标，核定使用商品为第6类的家具用金属附件、五金锁具、挂锁、金属锁（非电）等。2010年3月27日，该商标转让给B公司。

---

[1] 参见：浙江省宁波市中级人民法院（2011）浙甬知初字第56号民事判决书，浙江省高级人民法院（2012）浙知终字第285号民事判决书，最高人民法院（2014）民提字第38号民事判决书。

2010年8月，C公司与A公司签订了两份售货确认书，分别约定A公司供给C公司挂锁684打、10 233打，总金额为3069.79美元及61 339.03美元。经C公司授权，两批挂锁的锁体、钥匙及所附的产品说明书上均带有"PRETUL"商标，而挂锁包装盒上均标有"PRETUL及椭圆图形"商标。货物在出口至墨西哥时，因涉嫌侵犯B公司的商标专用权被宁波海关扣留。

2011年1月30日，B公司以A公司未经许可，擅自生产、销售带有"PRETUL"商标挂锁的行为侵害其注册商标专用权为由，将A公司诉至浙江省宁波市中级人民法院。法院认为：①A公司与C公司存在涉外定牌加工合同关系；②A公司在其加工的挂锁锁体、钥匙及所附的产品说明书上标注"PRETUL"商标，在挂锁包装盒上标注"PRETUL及椭圆图形"商标，显属商标法意义上的商标"使用"行为。A公司在其加工的挂锁的锁体、钥匙及所附的产品说明书上标注"PRETUL"商标的行为不构成侵权；A公司在其加工的挂锁包装盒上标注"PRETUL及椭圆图形"商标的行为，构成对B公司享有的第3071808号注册商标专用权的侵犯。

宣判后，B公司、A公司不服，均向浙江省高级人民法院提起上诉。法院认为：①A公司在挂锁的包装盒上使用"PRETUL及椭圆图形"和在挂锁产品、钥匙及所附的产品说明书上使用"PRETUL"商标的行为，属于商标使用行为。②一审法院认为A公司未经B公司许可，在同类商品上使用与B公司享有的第3071808号注册商标相同的"PRETUL及椭圆图形"商标，构成对B公司享有的第3071808号注册商标专用权的侵犯，完全符合我国2001年《商标法》第52条第1项的规定。

A公司在挂锁产品、钥匙及所附的产品说明书上使用"PRETUL"商标的行为，亦侵犯了B公司享有的第3071808号注册商标专用权。

A公司不服，向最高人民法院申请再审。

A公司申请再审称：①A公司在涉外定牌加工行为中，按照国外定作方的要求在产品上贴附其国外注册的商标的行为，并非商标法意义上的商标使用行为。②二审判决认定A公司加工涉案产品构成商标侵权，适用法律错误。

B公司答辩称：①涉外定牌加工这一概念并非法律上的规范概念，目前没有法律法规给予明确规定，A公司关于其行为属于定牌加工的主张不影响本案的审理，其提出的与此相关的申请再审理由没有法律依据。②认定一个商标使用行为是否构成商标侵权与该行为是否为定牌加工行为没有关系,即使A公司的涉案行为属于定牌加工,也同样应该认定属于商标侵权行为。

二、法律问题

1. A公司在其加工的挂锁锁体、钥匙及所附的产品说明书上标注"PRETUL"商标,在挂锁包装盒上标注"PRETUL及椭圆图形"商标,是否属于商标法意义上的商标使用行为?

2. A公司的上述行为是否侵犯了B公司的"PRETUL"注册商标专用权?

三、重点提示

1. 虽然2013年《商标法》第48条新增加了"用于识别商品来源的行为"字句,但并不意味着商标法对商标使用的界定有了本质的变化,而是对商标使用的进一步澄清,避免将不属于识别商品来源的使用行为纳入商标使用范畴进而导致2001年《商标法》第52条关于"商标侵权行为"之规定的扩大适用。因此,虽然本案应当适用2001年《商标法》,但2013年《商标法》第48条的规定,对于理解2002年《商标法实施条例》关于"商标使用"之规定具有重要参照意义。本案中,A公司受C公司委托,按照其要求生产挂锁,在挂锁上使用"PRETUL"相关标识并全部出口至墨西哥,该批挂锁不会在中国市场上销售,在中国境内仅属于物理贴附行为,也就是说,该标识不会在我国领域内发挥商标的识别功能,不具有使我国的相关公众将贴附该标志的商品与B公司生产的商品的来源产生混淆和误认的可能性。因此,A公司在委托加工产品上贴附的标志,既不具有区分所加工商品来源的意义,也不能实现识别该商品来源的功能,故其所贴附的标志不具有商标的属性,在产品上贴附标志的行为亦不能被认定为商标法意义上的使用行为。

2. 商标法保护商标的基本功能,亦即保护其识别性。判断在相同商品上使用相同的商标,或者判断在相同商品上使用近似的商标,或者判断在类似商品上使用相同或近似的商标是否容易导致混淆,要以商标发挥或者可能发挥识别功能为前提。换言之,是否破坏商标的识别功能,是判断是否侵害商标权的基础。在商标并不能发挥识别作用,并非商标法意义上的商标使用的情况下,判断是否在相同商品上使用相同的商标,或者判断在相同商品上使用近似的商标,或者判断在类似商品上使用相同或近似的商标是否容易导致混淆,都不具有实际意义。本案中,A 公司根据 C 公司委托,在其生产的挂锁上使用"PRETUL"相关标识的行为,不属于商标法意义上的商标使用,不构成对 B 公司"PRETUL 及椭圆图形"商标权的侵犯。

案例二:A 食用油厂与 B 公司侵害商标权纠纷案[1]

一、基本案情

A 食用油厂系第 5929946 号" 小榨 "文字商标的注册人,该商标的核定使用商品系第 29 类食用油脂、食用菜籽油、食用菜油、食用油等,有效期为 2009 年 7 月 28 日~2019 年 7 月 27 日。A 食用油厂生产的"小榨牌"食用油(菜籽油)在四川省省内、省外均有销售。

B 公司于 1994 年 5 月 7 日成立,注册资本为 5000 万元,经营范围为:生产销售大米、食用植物油;销售粮食制品;收购油菜籽、黄谷、小麦、油料作物等业务。B 公司分别于 2014 年 4 月 28 日注册有"蓉锦天下"商标( ),有效期至 2024 年 4 月 27 日;2015 年 1 月 14 日注册有"新兴粮油 NEW SHING OIL AND GRAIN"商标(新兴粮油),有效期至 2025 年 1 月 13 日;2015 年 4 月 7 日注册有" "商标,有效期至 2025 年 4 月 6 日。

2015 年 6 月,A 食用油厂发现 B 公司生产的"小榨油"菜籽油在四川省泸州市销售。经比对,B 公司生产的"小榨油"菜籽油的外包装标识正上方和左侧上方突出标注有" 新兴粮油 "字样和" "图标,正中央和右侧上方突出使用了"小榨油"字样(均为行书字体,正中央为横写、右侧上方为竖写,正中央在"小榨油"字体之间标注有" "小图标和"菜籽"二字的较小字体,右侧上方在"小榨油"字体旁边标注有" "小图标和"菜籽"二字的较小字体),且在正中央的"小榨油"字体下面紧接着标注有"传统小榨""馥郁浓香"的较小字体,正下方标注有榨油机图案,左侧中间标注有"配料:菜籽油""生产工艺:物理压榨""B 公司出品"等字样,左侧下方

---

[1] 参见:四川省泸州市江阳区人民法院(2015)江阳知民初字第 174 号民事判决书,四川省泸州市中级人民法院(2016)川 05 民终 844 号民事判决书。

标注有"物理压榨""非转基因"等字样。正中央和右上方突出使用的"小榨油"字样与盛业食用油厂的第 5929946 号"小榨"文字商标中注册的"小榨"字体近似，只是多了一个"油"字。

A 食用油厂认为，B 公司的行为侵犯了其注册商标专用权，故起诉至四川省泸州市江阳区人民法院。法院认为：B 公司在涉案菜籽油外包装标识上标注"小榨油"字样系描述性的善意合理使用，属于《商标法》第 59 条第 1 款规定的正当使用，被告生产销售涉案菜籽油不构成对原告"小榨"注册商标专用权的侵犯。

A 食用油厂不服一审判决，向四川省泸州市中级人民法院提起上诉。A 食用油厂上诉的理由是：①一审认定"小榨"是一种约定俗成的食用油制作工艺名称，无事实和法律依据。②一审法院适用《商标法》第 59 条第 1 款判决 B 公司不构成侵害上诉人"小榨"商标权属适用法律错误。

B 公司辩称：公开出版物中明确记载食用油榨取工艺手段有"热榨""冷榨""预榨"等，国家粮食局等相关单位出具的证明也认可"小榨"是食用油制作工艺。上诉人虽取得了"小榨"注册商标，但并不代表"小榨"本身就不是一种工艺名称。被上诉人在其食用油的商标上使用"小榨油"，仅表明该种食用油的制作工艺，并且能够让普通消费者进行区分，并未造成普通消费者混淆和误认。

二、法律问题

1. B 公司在其食用油产品外包装上使用"小榨油"字样的行为，是否属于描述性的合理使用？

2. B 公司的前述行为是否侵害了 A 食用油厂享有的"小榨"注册商标专用权？

三、重点提示

1. B 公司虽然在同一种商品即菜籽油上使用了 A 食用油厂注册商标中含有的"小榨"字样，但是由于"小榨"是一种约定俗成的食用油制作工艺名称，A 食用油厂注册的"小榨"商标具有描述性，B 公司在其生产的涉案菜籽油外包装标识上标注"小榨油"是为了说明其商品系采用"小榨"工艺制作；同时，B 公司还显著标注了自己的"新兴粮油"和"⊙"商标，在"小榨油"字体之间和旁边标注有 B 公司的"![商标]"商标，相关公众用一般注意力即可区别涉案菜籽油与 A 食用油厂"小榨"商标商品的不同来源，不会引起混淆和误认。综上，B 公司在涉案菜籽油外包装标识上标注"小榨油"字样系描述性的善意合理使用，属于《商标法》第 59 条第 1 款规定的正当使用。

2. B 公司在使用"小榨"二字时，其一，不是单独使用，而是结合了"![商标]"商标、方框内竖写"菜籽"和"油"一起使用；其二，使用的字体与 A 食用油厂注册的"![小榨]"注册商标字体不同；其三，在使用过程中并未刻意放大和强调"小榨"二字，也未让"小榨"二字在整个产品外包装中处于突出和核心位置，没有达到让普通消费者混淆和误认的程度。而且，虽然 A 食用油厂享有"小榨"注册商标专用权，但"小榨"作为民间传统的食用油制作工艺，已经为食用油行业和相关消费者所接受和认同。如因 A 食用油厂取得"小榨"注册商标，而禁止民间传统的"小榨"工艺在食用油产品上使用，会造成食用油行业内的垄断经营，让其他经营者处于不公平的竞争地位，同时也将损害广大普通消费者的权益。综上，B 公司的行为没有构成对 A 食用油厂享有的"小榨"注册商标专用权的侵害。

案例三：韩某与 A 公司侵害商标权纠纷上诉案[1]

一、基本案情

1996 年 7 月 9 日和 1999 年 4 月 27 日，B 日报社分别出资成立了 C 公司和 D 公司。C 公司的字号"报达"来源于 B 日报社援引的"报为立业之本，达则兼善天下"。

1999 年 3 月 16 日，C 公司开办成立报达家政服务中心。2003 年 12 月 9 日，报达家政服务中心在工商局登记注册，企业名称为"哈尔滨报达家政有限责任公司"。2009 年 3 月 17 日，哈尔滨报达家政有限责任公司重新在工商局注册成立，企业名称为"哈尔滨报达家政有限公司"（A 公司），其经营范围为：职业介绍、中介服务、家政服务、家政职业技能培训咨询服务。报达

---

[1] 参见：黑龙江省哈尔滨市中级人民法院（2014）哈知初字第 33 号民事判决书，黑龙江省高级人民法院（2015）黑知终字第 9 号民事判决书。

家政服务中心、哈尔滨报达家政有限责任公司均是A公司的前身,其形式上是重新成立,实质仍是一家公司,人事岗位、资产账目、经营管理均没有任何变动,均由C公司和D公司出资成立、归属集团人事任免及管理。

1999年2月21日~1999年6月21日,C公司申请注册了"报达POTA"("POTA")(左侧上下排列文字为"报达")系列商标21个,核准使用商品类别为第1、2、3、4、6、7、8、9、11、14、15、16、20、21、24、25、27、28、35、37、39类(不包括第45类家政服务)。

C公司分别于1999年3月16日、2003年1月1日、2009年3月17日出具《授权书》,授权报达家政服务中心、哈尔滨报达家政有限责任公司、A公司全权使用"报达POTA"商标,该授权为独家授权许可使用。

2000年5月10日,北京北方亚事无形资产评估事务所对C公司的"报达"商标、集团商誉无形资产在1999年12月31日的公允价值进行了评估。得出的评估结果如下:"报达"商标权价值人民币32 000万元;商誉无形资产价值人民币360 000万元。2000年9月,哈尔滨市工商行政管理局向C公司颁发《哈尔滨市著名商标证书》,认定"报达POTA"注册商标为哈尔滨市著名商标。

自2001年10月,中央电视台半边天栏目组对报达家政服务中心进行采访、报道至今,报达家政服务中心及其后承继的哈尔滨报达家政有限责任公司、A公司均加入了中国家庭服务业协会,获得"全国诚信服务优秀单位""全国家庭服务行业知名品牌单位""全国百强家庭服务企业""全国家庭服务业先进单位""黑龙江省巾帼文明岗""十行百佳巾帼文明岗标兵""黑龙江省先进培训单位"等荣誉称号。A公司还参与了黑龙江省家政服务地方标准制定工作,被哈尔滨市服务质量技术监督局作为《家庭育婴服务》国家标准的试点单位。

2006年5月12日,韩某向商标局提出"报达家政BAODA"(报达家政)商标注册申请,申请号:5343105,核定服务项目:(第45类)家政服务;提供保姆服务;保洁工(家政服务);社区保安;月嫂(家政服务);社交护送(陪伴);护送;安全咨询;提供按小时计费的家政服务;家政服务信息咨询。

2009年7月20日,C公司对韩某申请注册的"报达家政BAODA"商标向商标局提出异议。2011年8月10日,商标局作出裁定认为:异议人所提异议理由不成立,第5343105号"报达家政BAODA"商标予以核准注册。

2012年9月13日，韩某领取"哈尔滨市南岗区报达家政通达服务部"的个体工商户营业执照，2014年开始挂牌营业。其营业场所为与他人合租的一个房间，使用一个办公桌，从未做过任何广告。

2014年2月，韩某以A公司侵害其注册商标专用权为由，向黑龙江省哈尔滨市中级人民法院提起诉讼，请求判令A公司立即停止侵权行为，更改其公司名称中的"报达家政"字样。

哈尔滨中级人民法院认为：A公司使用"报达POTA"商标，并未导致其与"报达家政BAODA"注册商标的混淆，未侵害韩某的"报达家政BAODA"注册商标专用权。此外，A公司使用企业名称在先，也是以"报达家政"为企业简称和字号的在先合法权利人。A公司既没有将韩某的注册商标作为企业名称中的字号使用，也无擅自使用韩某的企业名称这种以不正当手段损害竞争对手的不正当竞争行为。

韩某不服，向黑龙江省高级人民法院提起上诉。二审庭审中，韩某明确表示二审不再请求A公司变更企业名称，请求法院判令：A公司立即停止侵犯韩某"报达家政"商标权的违法行为，即停止在企业宣传及经营活动中使用"报达家政"字样。

A公司答辩称：A公司使用"报达家政"字样是对其企业名称及字号的合理使用，其对"报达家政"字样享有合法的在先权利。且C公司享有"报达POTA"注册商标，其对"报达家政"字样的使用与韩某的"报达家政BAODA"注册商标在字体、文字数量、组合形式上存在明显区别，未侵害韩某的注册商标专用权。

二、法律问题

1. A公司在企业宣传及经营活动中使用"报达家政"字样的行为，是否构成在相同或类似服务上使用与韩某的注册商标相同或者近似商标的行为？

2. A公司的前述行为是否侵害了韩某的注册商标专用权？

三、重点提示

1. A公司在企业宣传及经营活动中使用"报达家政"字样，其目的是将其提供的服务与其他经营者区别开来，应认定其属于使用服务商标的行为。

韩某的"报达家政 BAODA"注册商标由汉字"报达家政"与拼音"BAODA"构成，但视觉冲击较强的部分是汉字"报达家政"；A 公司在企业宣传及经营活动中使用的"报达家政"字样与韩某涉案注册商标的汉字部分相同，应当认定二者构成近似。A 公司在经营活动及企业宣传中使用"报达家政"服务商标的服务范围与韩某的"报达家政 BAODA"注册商标的核定服务项目亦构成类似。因此，A 公司从事了在同一种商品或者类似商品上使用与注册商标相同或者近似的商标的行为。

2."报达"是无固定含义的臆造词，具有较强的固有显著性。从历史渊源看，1999 年 3 月，报达家政服务中心即已挂牌成立，其后名称几经演变为报达家政公司。报达家政公司在企业经营和广告宣传中始终使用"报达家政"字样。经多年经营和宣传，在韩某 2006 年申请注册"报达家政 BAODA"商标前，"报达家政"标识在哈尔滨市已经具有了较高的市场知名度，为相关公众所熟知。A 公司并不具有攀附韩某"报达家政 BAODA"注册商标知名度的主观意图。同时，A 公司在使用"报达家政"字样时通常会附加"POTA"标识，而该标识系 C 公司享有的 21 个"报达 POTA"商标的主体部分，哈尔滨市内的普通消费者通常会将"报达家政"字样与 C 公司、D 公司联系起来，并形成特定指向。故而 A 公司享有在先权利，韩某无权禁止 A 公司在原使用范围内继续使用"报达家政"服务商标。综上，A 公司未侵犯韩某的注册商标专用权。

案例四：A 公司与钱某某、B 公司侵害商标权纠纷案[1]

一、基本案情

C 株式会社是第 261198 号注册商标"不二家"、第 261199 号注册商标"FUJIYA 及图"、第 10368528 号注册商标"peko"、第 10368531 号注册商标"poko"、第 10214128 号注册商标"POKO 及图"、第 9837251 号注册商标的商标权人。其中，第 261198 号注册商标"不二家"商

---

[1] 参见：浙江省杭州市余杭区人民法院（2015）杭余知初字第 416 号民事判决书。

标、第261199号注册商标"FUJIYA及图"于1986年8月30日获得注册,核准使用商品为第38类糖果、饼干等;第10368528号注册商标"peko"商标、第10368531号注册商标"poko"商标和第10214128号注册商标"POKO及图"于2013年3月7日获得注册,核准使用商品为第30类"可可饮料、糖果、巧克力、食用糖果、果胶(软糖)、饼干、饼干(曲奇)、馅饼(点心)、馅饼"等;第9837251号注册商标于2012年10月14日获得注册,核准使用商品为第30类"可可饮料、糖果、巧克力、食用糖果、果胶(软糖)、饼干、饼干(曲奇)、馅饼(点心)、馅饼、冰淇淋"。

C株式公社分别将第261198号"不二家"、第261199号"FUJIYA及图"商标和其他商标于2005年1月和2013年9月授权许可给A公司使用,且授权A公司对浙江省内各个地区售点及包材供应商存在的侵害其商标权的行为进行维权,其不再以自己名义提起诉讼。

钱某某系淘宝网上的个人网店店家,其经营的店铺掌柜名为:yyy喜铺。从2003年6月到2013年12月,钱某某未经权利人许可,将其从他处购买的A公司生产的正品散装糖果,分别组装到其从他处购买的标有"不二家"商标的258g、138g、100g这三种规格的包装盒,并且在实体店和其经营的淘宝网店上销售。在上述所有糖果盒、包装纸箱上,钱某某都印刷和张贴了与商标持有人A公司注册的同类糖果相类似的"不二家"商标标识,其包装上的地址、说明书、含量标志等同A公司同类产品也相似。其中,138g的包装盒多处有"不二家""FUJIYA及图""POKO及图"标识,盒身背面有"poko"及"peko"标识,以及一个小女孩端水果的图案,同时注明了A公司的企业名称、地址、联系方式等信息。

A公司以钱某某侵害其商标权为由,向浙江省杭州市余杭区人民法院提起诉讼。A公司主张,钱某某销售规格258g铁盒装、100g纸盒装不二家糖果侵犯其第261198号"不二家"注册商标专用权,销售138g铁盒装不二家糖果侵犯其第261198号"不二家"、第261199号"FUJIYA及图"、第10368528号"peko"、第10368531号"poko"、第10214128号"POKO及图"、第9837251号注册商标专用权。

钱某某答辩称,其销售的该三种规格的不二家糖果,其中糖果均是来源于A公司,里面的糖果包装没有任何改变,其仅是更换外包装,且更换的外包装上标注 A 公司的涉案商标也是为指示商品来源，并未减少、淡化消费者对不二家商标的认识，不会损坏涉案商标的价值，其在分装商品后对商标的使用是指示性合理使用，不构成商标侵权。

庭审中，A 公司确认钱某某销售的该三种规格的涉案产品内的糖果本身确系来源于 A 公司，但其未生产过该三种包装的产品，钱某某也确认其曾分别购进涉案糖果、外包装后自行分装成涉案产品。

二、法律问题

钱某某未经许可将 A 公司的糖果擅自分装到带有 A 公司涉案商标的三种规格包装盒并进行销售的行为，是否侵犯了 A 公司的涉案商标专用权？

三、重点提示

商标具有识别商品来源的基本功能，也具有质量保障、信誉承载等衍生功能。商标的功能是商标赖以存在的基础，对商标的侵权达到足以损害其功能的程度的，不论是否具有市场混淆的后果，均可以直接认定构成商标侵权行为。本案中，虽然钱某某的行为从相关公众的角度来看并未产生商品来源混淆的直接后果，但是，商品的外包装除了发挥保护与盛载商品的基本功能，还发挥着美化商品、宣传商品、提升商品价值等重要功能。钱某某未经许可擅自将 A 公司的商品分装到不同包装盒，而这些包装盒与 A 公司对包装盒的要求有明显差异。因此，钱某某的分装行为不仅不能达到美化商品、提升商品价值的作用，反而会降低相关公众对涉案商标所指向的商品信誉，从而损害涉案商标的信誉承载功能，属于《商标法》第 57 条第 7 项规定的"给他人的注册商标专用权造成其他损害"的行为，构成商标侵权。

📚 拓展资料

4-3【拓展阅读案例】

4-4【拓展阅读资料】

专题三 未注册商标和驰名商标的保护

知识概要

本专题主要涉及未注册商标和驰名商标的保护。我们在专题一已经提到,在商标注册程序中,《商标法》第32条禁止抢注他人在先使用并有一定影响的商标,《商标法》第15条禁止代理人或者代表人、有特定关系的人抢注他人在先使用的商标。而在排他性使用情形中,他人在先使用并有一定影响的商标,可作为有一定影响的商品名称、包装、装潢(即1993年《反不正当竞争法》第5条第2项所指的"知名商品特有的名称、包装、装潢"),受到反不正当竞争法的保护(《反不正当竞争法》第6条第1项)[1];他人在先使用并为相关公众所熟知的商标,可作为未注册的驰名商标,受到商标法的保护(《商标法》第13条第2款)。此外,对于他人注册并为相关公众所熟知的商标,可作为注册驰名商标,在商标注册程序和排他性使用情形中受到商标法的跨类保护(《商标法》第13条第3款)。

有鉴于此,本专题的经典案例一涉及对未注册商标的保护,主要包括反不正当竞争法对未注册知名商标的保护,地域性未注册商标的善意共存[2],商标法保护和反不正当竞争法保护之间的协调。

---

[1] 孔祥俊:《商标与反不正当竞争法:原理和判例》,法律出版社2009年版,第21~22页,第28~31页,第749~750页。

[2] 对于此问题,可比照美国的地域性商标权善意共存制度,具体如下表所示:

类型	事实构成	法律后果
善意的商标在后并行使用	在先使用人在特定地域内使用商标;在后使用人在远方地域使用该商标;在后使用人不知道在先使用人对该商标的使用(表明其没有造成消费者混淆的意图)。	在后使用人在其商标使用地域内取得排除在先使用人和他人的商标权。
注册前的善意商标在后使用	联邦商标注册申请人在特定地域对商标进行在先实际使用;在后使用人在不知道申请人在先使用的情形下,在远方地域使用该商标;当在后使用人使用商标后,联邦商标申请人取得联邦注册(1989年11月16日前)或者提出最终获得联邦注册的注册申请(1989年11月16日后)。	在后使用人能在其商标原使用地域内继续使用该商标;在该地域内能够禁止在先使用人和他人的商标使用。

经典案例二涉及商标法对驰名商标的保护，主要包括驰名商标"被动认定、个案认定、按需认定"的原则（《商标法》第 13 条第 1 款）、商标驰名的判定标准（《商标法》第 14 条）、未注册驰名商标的保护（《商标法》第 13 条第 2 款）、驰名商标保护要件的适用顺序、注册驰名商标的跨类保护（《商标法》第 13 条第 3 款）。

经典案例

案例一：A 公司诉 B 公司、C 公司擅自使用知名商品特有名称纠纷案[1]

一、基本案情

启东县汇龙镇街道企业成立于 1980 年 12 月 25 日，1990 年 8 月 28 日更名为 D 饮料厂。1996 年 11 月 D 饮料厂改制，并于 1997 年 6 月 28 日更名为 A 公司，经营项目为饮料［瓶（桶）装饮用水类（饮用纯净水）］制造、销售。"老铁"系该公司注册商标。"老铁"牌"清泉纯水"是 A 公司的主要产品，主要销售于启东地区。

该企业自 1994～2011 年间先后获得数十项省、市级荣誉称号：1994 年、1996 年被南通市人民政府评为明星企业；2002～2009 年连续 7 年被南通市纯（净）水协会评为南通市先进企业；2003 年、2005 年被江苏省饮料工业协会、江苏省质量协会评为"江苏省饮料工业五十强生产企业"；2010 年 5 月成为江苏省饮料工业协会瓶（桶）装饮用水专业委员会副会长单位；2007 年 4 月、2011 年 7 月分别被江苏省饮料工业协会瓶（桶）装饮用水专业委员会评为"江苏瓶桶装饮用水先进企业"和"江苏省瓶（桶）装饮用水十强企业"。A 公司生产的"清泉纯水"于 2002 年被评为"启东市消费者放心饮品"；2003 年 11 月 10 日获得江苏省饮料工业协会、江苏省质量协会授予的"放心水"称号；2007 年 7 月被江苏省饮料工业协会和江苏省质量协会认定为"2007 年度江苏省饮用水知名品牌"；2007 年 10 月被南通市名牌战略推进委员会认定为"南通名牌产品"。自 2002 年起，A 公司通过《启东日报》《南通

---

〔1〕 参见：江苏省南通市中级人民法院（2011）通中知民初字第 0207 号民事判决书，江苏省高级人民法院（2012）苏知民终字第 0201 号民事判决书。

日报》《今日启东》等新闻媒体对企业及清泉纯水进行报道和宣传，连续十多年在启东电视台的气象节目中发布广告，并通过墙体广告、车身广告、赠品等多种形式进行清泉纯水的宣传，主要广告语为"清泉纯水老铁牌，吃来吃去还是她"。

A公司的清泉纯水使用圆柱形PC桶，以三圈凸环将桶身分为上下两部分，上部贴有纸质标贴，标贴以蓝色为底色，除标注商标、公司名称、订水电话等内容外，以较大字体标注"清泉饮用纯净水"文字，其中"清泉"二字为深蓝色，字体大而醒目；下部的桶身上凸起有"老铁牌""清泉纯水专用桶"和"敬告：其他厂家收用按侵权名牌产品论处"的文字内容，其中"清泉纯水专用桶"文字稍大。

B公司成立于2002年9月20日，经营范围为桶装饮用水的生产，饮用水生产设备及配件、饮水机等销售。2007年11月28日，袁某某购买B公司，成为B公司的法定代表人。B公司生产的"解放"牌饮用纯净水主要销售于上海地区。

2010年11月11日，B公司在启东地区登记设立C公司，经营瓶（罐）装饮用水。C公司于2010年12月2日对饮用水经销店发布承诺书，承诺对各店经营的清泉、联福、288、圆陀角等品牌的纯水PC桶进行回收。此后，C公司陆续收购标注有"清泉纯水专用桶"的PC桶。2011年5月起，C公司使用其回收的标注有"清泉纯水专用桶"的PC桶生产解放牌"清泉宝露"饮用纯净水对外销售。启东市系C公司的销售区域。除生产"清泉宝露"饮用纯净水，C公司还生产其他"解放"牌桶装水。

C公司生产、销售的"清泉宝露"饮用纯净水使用了标注"清泉纯水专用桶"的PC桶，桶身上部贴有启东解放公司的纸质标贴，标贴以淡蓝色为底色，除标注有厂名、厂址、送水电话和"解放"商标外，中间标注有"清泉宝露饮用纯净水"文字，该文字下方的红色飘带上注明"解放品质，你我信赖"。标贴上"清泉宝露"四个字字体最大，其中"清泉"两字比"宝露"两字稍大。C公司对桶身下部凸起的"老铁牌"三个字进行打磨处理后，贴上标注"清泉宝露"和"解放"商标的小标贴，"解放"商标占比较小。

清泉纯水、"清泉宝露"纯净水在出厂时均在水桶外套有透明塑料袋，其中"清泉宝露"纯净水的塑料袋上标注有"解放"商标。

A 公司以 B 公司及 C 公司的行为构成仿冒该公司知名商品特有名称、包装、装潢，并侵犯该公司企业名称权为由，向江苏省南通市中级人民法院提起诉讼。法院认为：①C 公司生产、销售"清泉宝露"纯净水的行为属于擅自使用 A 公司知名商品的特有名称，构成不正当竞争。②C 公司未实施擅自使用 A 公司企业名称的行为。③A 公司请求判令 C 公司停止侵权、消除影响、赔偿经济损失的诉讼请求于法有据，应予支持。A 公司要求 C 公司立即停止收购标注"清泉纯水专用桶"的水桶的请求不能成立，不予支持。

A 公司与 B 公司不服一审判决，向江苏省高级人民法院提起上诉。

A 公司上诉称：①B 公司及 C 公司在其商品中突出使用"清泉"文字，足以混淆不同企业各自的商品或使人产生误解，构成对 A 公司企业名称权的侵犯。②法院应判决 C 公司、B 公司停止收购和使用清泉纯水专用桶，并且销毁 C 公司已收购的清泉纯水专用桶。

B 公司上诉称：①A 公司的"清泉纯水"不具有在全国市场范围内知名的条件，不构成知名商品的特有名称，且"清泉"为纯净水领域通用名称，也不能作为特有名称获得保护。②解放牌"清泉宝露"纯净水与"清泉纯水"在名称上具有明显区别性，不会造成消费者的混淆。

二、法律问题

1. C 公司和 B 公司生产、销售"清泉宝露"纯净水的行为，构成擅自使用 A 公司知名商品特有名称？

2. 如果构成不正当竞争，法院是否应判决 C 公司、B 公司停止收购和使用清泉纯水专用桶，并且销毁 C 公司已收购的清泉纯水专用桶？

三、法理分析

（一）C 公司和 B 公司生产、销售"清泉宝露"纯净水的行为，构成擅自使用 A 公司的知名商品特有名称

1993 年《反不正当竞争法》第 5 条第 2 项规定，经营者擅自使用知名商品特有的名称、包装、装潢，或者使用与知名商品近似的名称、包装、装潢，造成和他人的知名商品相混淆，使购买者误认为是该知名商品，损害竞争对手的，构成不正当竞争。2017 年《反不正当竞争法》第 6 条第 1 项规定，经

营者擅自使用与他人有一定影响的商品名称、包装、装潢等相同或者近似的标识，引人误认为是他人商品或者与他人存在特定联系的，构成不正当竞争。在判定经营者是否擅自使用知名商品特有的名称或者与他人有一定影响的商品名称相同或者近似的标识时，应当判断有关商品是否为知名商品的特有名称或者有一定影响的商品名称，然后判断经营者是否使用了与该商品名称相同或近似的标识，容易造成相关消费者的混淆和误认。具体分析如下：

1. A公司的"清泉纯水"构成知名商品。

（1）全国市场范围内知名不应当作为知名商品认定的绝对要求。《最高人民法院关于审理不正当竞争民事案件应用法律若干问题的解释》第1条第1款规定，在中国境内具有一定的市场知名度，为相关公众所知悉的商品，应当认定为1993年《反不正当竞争法》第5条第2项规定的"知名商品"。其中，关于"在中国境内具有一定的市场知名度"并不能当然等同于解放公司所主张的"全国市场范围内知名"，人民法院认定知名商品时，应当结合个案的具体情况，综合具体商品的类别、销售时间、销售区域和销售对象及宣传持续时间、程度和地域范围等因素，进行综合判断。特别是要在遵循《反不正当竞争法》立法精神的前提下，区分不同产业和商品的经营特点，确定与之相适应的知名度覆盖范围。

（2）地区性知名度应当是本案认定桶装纯净水是否构成知名商品的重要考量因素。桶装纯净水产业一般具备当地生产、当地销售的经营特点，这决定了该类商品的销售区域相对集中，销售对象也相对集中，即覆盖的消费群体主要集中于某一特定的区域范围内。本案中，A公司生产的"清泉纯水"主要在启东地区集中销售，该商品的消费者也集中于启东地区，因此在考量"清泉纯水"是否构成知名商品时，该商品在启东地区的知名度是需要审查的重点因素。反之，如果过分强调该商品在启东地区以外的知名度，则极有可能实际排斥了桶装纯净水等采取区域集中销售经营模式的商品被认定为知名商品的法律可能性，造成该类商品实际上无法获得知名商品范畴内的知识产权保护，这与我国《反不正当竞争法》的立法本意亦不相吻合。

（3）"清泉纯水"在启东地区具有较高的市场知名度，为启东消费者所熟知。A公司的前身D饮料厂是启东地区较早生产饮用纯净水的专业厂家。A公司在启东及南通地区通过多种新闻媒体对"清泉纯水"进行了宣传，且通过多种途径进行促销,具有较大的销售规模,"清泉纯水"在启东地区的桶装纯净水市场销售时间较长,其产品质量获得了消费者的信赖,也获得了一系列的荣誉,如2002年"清泉纯水"被评为"启东市消费者放心饮品";2003年11月被江苏省饮料工业协会、江苏省质量协会授予"放心水"称号;等等。

2. "清泉纯水"构成知名商品的特有名称。《最高人民法院关于审理不正当竞争民事案件应用法律若干问题的解释》第2条第1款规定:具有区别商品来源的显著特征的商品的名称、包装、装潢,应当认定为1993年《反不正当竞争法》第5条第2项规定的"特有的名称、包装、装潢"。有下列情形之一的,人民法院不认定为知名商品特有的名称、包装、装潢:①商品的通用名称、图形、型号;②仅仅直接表示商品的质量、主要原料、功能、用途、重量、数量及其他特点的商品名称;③仅由商品自身的性质产生的形状,为获得技术效果而需有的商品形状以及使商品具有实质性价值的形状;④其他缺乏显著特征的商品名称、包装、装潢。该解释第2条第2款规定:"前款第①、②、④项规定的情形经过使用取得显著特征的,可以认定为特有的名称、包装、装潢。"

本案中,认定"清泉纯水"是否构成知名商品特有名称的关键在于,仅凭"清泉纯水"本身文字含义的显著性不强,是否即能认定其不构成知名商品的特有名称。通常情况下,具有区别商品来源的显著特征的商品名称是认定反不正当竞争法意义上的知名商品特有名称的重要条件之一,换句话说,如果该商品名称包含商品的通用名称、用途等缺乏显著特征的商品名称,一般不认定其为知名商品的特有名称。但如果商品名称本身显著性不强,而是通过使用取得显著特征的,也可以认定其为知名商品的特有名称,对此,《最高人民法院关于审理不正当竞争民事案件应用法律若干问题的解释》第2条第2款已作了明确的规定。本案中,"清泉纯水"中的"纯水"应是纯净水的简称,是通用名称。"清泉"本意指清澈的泉水,将该词作为纯净水的商品名称,本身显著性不强。但A公司早在2002年前就开始使用"清泉纯水"这一名称。A公司在多年的使用过程中,通过《启东日报》《南通日报》《今日启东》等新闻媒体对企业和"清泉纯水"进行了广泛的宣传和报道。A公司依靠质量优良的商品赢得了当地消费者的欢迎和信赖,赢得了良好的商誉,并获得了诸多荣誉,已具备了区别于启东地区其他品牌纯净水来源的显著的区别性特征,这种基于使用结果而产生的区别性特征,足以使相关消费者将该知名商品与 A 公司联系起来,"清泉纯水"已成为识别 A 公司产品的重要标志。综上,"清泉纯水"构成 A 公司知名商品的特有名称。

3. C 公司和 B 公司生产、销售的"清泉宝露"饮用纯净水,与 A 公司的"清泉纯水"构成近似名称,足以使消费者产生误认。《最高人民法院关于审理不正当竞争民事案件应用法律若干问题的解释》第 4 条第 3 款规定:"认定与知名商品特有名称、包装、装潢相同或者近似,可以参照商标相同或者近似的判断原则和方法。"因此,判断"清泉宝露"和"清泉"是否构成近似,应当从文字的字形、读音、含义上进行整体考虑、综合判断。该解释第 4 条第 2 款规定:"在相同商品上使用相同或者视觉上基本无差别的商品名称、包装、装潢,应当视为足以造成和他人知名商品相混淆。"该解释第 4 条第 1 款规定:足以使相关公众对商品的来源产生误认,包括误认为与知名商品的经营者具有许可使用、关联企业关系等特定联系的,应当认定为 1993 年《反不正当竞争法》第 5 条第 2 项规定的"造成和他人的知名商品相混淆,使购买者误认为是该知名商品"。

本案中,"清泉宝露"饮用纯净水与"清泉纯水"构成近似名称,足以使消费者产生误认。首先,"清泉宝露"与"清泉纯水"均含有"清泉"字样,"宝露"与"纯水"均指代饮用水,二者在总体上含义相同。在"清泉纯水"享有较高市场知名度、"清泉宝露"进入市场时间不长的情形下,相关消费者容易将二者混淆和误认,故二者构成近似名称。其次,C 公司使用"清泉宝露"的方式本身即具有攀附故意。其在收购 A 公司"清泉纯水专用桶"后,对桶身下部凸起的"老铁牌"三个字进行打磨处理,贴上标注"清泉宝露"和"解放"商标的小标贴,但并未在桶身上标注 C 公司的厂名、厂址等信息,且未对"清泉纯水专用桶"文字进行任何区别性标注,该种使用方式即存在不当攀附"清泉纯水"市场知名度、进行不正当竞争的主观恶意。

目前市场中存在的多个纯净水商品上也含有"清泉"文字的注册商标,如"清泉乐水""清泉湖"等,但"清泉乐水""清泉湖"是作为商标注册使用,且其注册时间是在 2009 年,晚于 A 公司使用"清泉纯水"的时间。商标权利与知名商品特有名称是两种不同的权利,不能简单地以在后含有"清泉"

字样的注册商标权利来对抗在先知名商品的特有名称权利。另外，饮用纯净水的生产、销售具有地域性，跨区域销售较少，A公司在本案中也只是主张"清泉纯水"在启东这一特定区域的知名度，故含有"清泉"字样的注册商标的存在不会影响本案"清泉纯水"的知名度和该商品名称的特有性。

综上，C公司作为同业竞争者，在生产、销售的产品上使用与A公司知名商品特有名称的近似名称"清泉宝露"，并使用标注"清泉纯水"的水桶，该行为足以引起市场的混淆，主观上具有搭便车、获取不正当利益的故意，其行为构成了我国反不正当竞争法所禁止的擅自使用他人知名商品特有名称的不正当竞争行为。

（二）法院不应判决C公司、B公司停止收购和使用清泉纯水专用桶，并且销毁C公司已收购的清泉纯水专用桶

A公司要求C公司立即停止收购标注"清泉纯水专用桶"的水桶。C公司为生产"清泉宝露"纯净水收购该种水桶，并继续使用水桶上的"清泉纯水"名称生产、销售自己的产品，该行为构成侵权，应予以禁止。但是，在市场流通过程中，该种水桶的所有权可以通过销售或押金的形式转移至消费者，消费者对其享有所有权的水桶有处分权，因此A公司要求停止收购该种水桶的请求不能成立，法院不予支持。虽然法院对收购该种水桶的行为不予禁止，但是，法院还需提醒同业竞争者在收购该种水桶后，应当采取合理措施以避免侵犯A公司的相应权利。

由于法院判决C公司和B公司停止侵权，包含责令后者在经营过程中不能在产品中或以其他方式使用"清泉纯水"或"清泉宝露"名称，故而不需再另行判决C公司、B公司销毁其已收购的"清泉纯水专用桶"。

四、参考意见

1. "清泉纯水"在启东这一特定地域的饮用纯净水市场上享有较高知名度，属于知名商品。本身显著性不强的"清泉纯水"经过A公司的多年使用、媒体的广泛宣传和报道，依靠质量优良的商品赢得了消费者的欢迎和信赖，其已具有了区别于其他品牌纯净水来源的显著的区别性特征，使得"清泉纯水"这一名称在广大消费者心中与A公司的知名商品产生了特定的联系，成为A公司知名商品的特有名称。而且，"清泉宝露"饮用纯净水与"清泉纯

水"构成近似名称,足以使消费者产生误认。C 公司和 B 公司使用其收购的清泉纯水专用桶对外销售"清泉宝露",易使消费者将"清泉宝露"饮用纯净水的来源误认为是 A 公司,或与 A 公司产生关联。综上,C 公司和 B 公司的行为构成我国反不正当竞争法所禁止的擅自使用他人知名商品的特有名称的不正当竞争行为。

2. 在市场流通过程中,该种水桶的所有权可以通过销售或押金的形式转移至消费者,消费者对其享有所有权的水桶有处分权,因此 A 公司要求停止收购该种水桶的请求不能成立。法院判决 C 公司和 B 公司停止侵权,包含责令后者在经营过程中不能在产品中或以其他方式使用"清泉纯水"或"清泉宝露"名称,不需再另行判决 C 公司、B 公司销毁其已收购的"清泉纯水专用桶"。

案例二:A 公司与 B 公司、C 公司侵害商标权纠纷案[1]

一、基本案情

A 公司原名为广东蒙娜丽莎陶瓷有限公司,2011 年 5 月 6 日变更名称为广东蒙娜丽莎新型材料集团有限公司,2015 年 8 月 12 日又变更企业名称为现名。

A 公司系核定使用商品为第 19 类的"M+蒙娜丽莎+MONALISA"图文组合商标、"蒙娜丽莎头像"图形商标、"蒙娜丽莎"文字商标的注册人。其中,"M+蒙娜丽莎+MONALISA"图文组合商标在 2006 年 10 月被商标局认定为中国驰名商标,而这三项商标也在 2006 年、2014 年被广东省佛山市中级人民法院和广东省高级人民法院认定为驰名商标。广东省名牌战略推进委员会于 2002 年 9 月、2008 年 10 月、2011 年 12 月先后授予 A 公司生产的"蒙娜丽莎牌地砖产品"为"广东省名牌产品",有效期均为 3 年。国家质量监督检验检疫总局于 2002 年 9 月授予 A 公司生产的"蒙娜丽莎牌建筑陶瓷"为"中国名牌产品"。A 公司在 2010~2013 年通过电视宣传、报纸杂志、户外路牌广告、网络宣传、广告宣传册、展会展览等渠道进行商标宣传、维护所投

---

[1] 参见:上海知识产权法院(2015)沪知民初字第 167 号民事判决书。

入的费用总计达到了 9600 余万元。

A 公司发现，B 公司生产、销售"蒙娜丽莎"填缝剂产品，在其宣传网站上、产品包装上使用蒙娜丽莎头像以及"蒙娜丽莎"中文字样。C 公司经营"淘宝网"店铺"千居美家居馆"销售上述产品，产品上注明 B 公司为生产商。在有关商品包装上，印有与上述三项商标相同或者近似的标识。

A 公司以 B 公司和 C 公司为被告向上海知识产权法院提起诉讼，请求法院在本案中认定三项注册商标为驰名商标，并请求法院判令 B 公司和 C 公司停止侵权、登报消除影响、共同赔偿经济损失及合理费用。

二、法律问题

1. A 公司的三项注册商标是否应当在本案中被认定为驰名商标？
2. B 公司和 C 公司的行为是否构成对 A 公司注册商标专用权的侵犯？

三、法理分析

（一）A 公司的三项注册商标不应在本案中被认定为驰名商标

1. 驰名商标"被动认定、个案认定、按需认定"的原则。《商标法》第 14 条第 1 款规定，"驰名商标应当根据当事人的请求，作为处理涉及商标案件需要认定的事实进行认定"。《最高人民法院关于审理商标民事纠纷案件适用法律若干问题的解释》第 1 条第 2 项规定，复制、摹仿、翻译他人注册的驰名商标或其主要部分在不相同或者不相类似商品上作为商标使用，误导公众，致使该驰名商标注册人的利益可能受到损害的，属于《商标法》第 57 条第 7 项给他人注册商标专用权造成其他损害的侵犯注册商标专用权行为。根据上述规定，驰名商标的认定采取的是"个案认定、被动保护"原则，在商标侵权案件审理过程中，如果在同一种商品或类似商品上使用与原告注册商标相同或近似的商标，原告可以依据《商标法》第 57 条第 1 项、第 2 项和第 3 项的规定寻求保护，因此被控侵权商品与涉案商标核定使用的商品是否相同或类似，是判断个案中是否需要将驰名商标认定作为处理该案需要认定之事实的主要考虑因素。

2. 被控侵权商品与涉案商标核定使用的商品相同或类似，不涉及跨类保护问题，故而驰名商标认定不是处理本案需要认定的事实。《最高人民法院关于审理商标民事纠纷案件适用法律若干问题的解释》第 11 条第 1 款规定，类似商品是指在功能、用途、生产部门、销售渠道、消费对象等方面相同，或者相关公众一般认为其存在特定联系、容易造成混淆的商品。第 12 条规定，认定商品或者服务是否类似，应当以相关公众对商品或者服务的一般认识综合判断。

具体到本案，A 公司的"M+蒙娜丽莎+MONALISA"图文组合商标、"蒙娜丽莎头像"图形商标、"蒙娜丽莎"文字商标核定使用在第 19 类商品上，其中"M+蒙娜丽莎+MONALISA"图文组合商标和"蒙娜丽莎头像"图形商标核定使用的商品均包括瓷砖商品，"蒙娜丽莎头像"图形商标和"蒙娜丽莎"文字商标核定使用的商品均包括石料粘合剂等商品，被控侵权商品为瓷砖填缝剂。就瓷砖与瓷砖填缝剂而言，两者属于搭配使用的关联商品，系厨卫墙面或地面装修用的主料和辅料，两者关联程度极为紧密，且消费者在建材商城可以同时购买到该两种商品，可见，两者在使用场所、销售渠道、消费对象等方面存在重合之处，相关公众一般认为其存在特定联系，故本院认定瓷砖与瓷砖填缝剂为类似商品。就石料粘合剂与瓷砖填缝剂而言，两者皆用于石料的接缝处，其生产部门、销售渠道、消费对象等亦基本相同，属于易使相关公众造成混淆的商品，故亦应认定为类似商品。

鉴于以上分析，尽管从商标使用持续时间、广告宣传投入程度、涉案商标作为驰名商标的受保护记录、"蒙娜丽莎"品牌的获奖情况来看，A 公司的涉案商标在相关公众中具有较高的知名度，但在本案中因不涉及跨类保护问题，故不需要认定其为驰名商标，即不具有认定涉案商标为驰名商标的必要性。

（二）B 公司和 C 公司的行为构成对 A 公司注册商标专用权的侵犯

根据《最高人民法院关于审理商标民事纠纷案件适用法律若干问题的解释》第 9 条、第 10 条的规定，商标相同是指被控侵权标识与原告的注册商标相比较，二者在视觉上基本无差别；而认定被控侵权标识与原告的注册商标是否近似，应当视请求保护之注册商标的显著性和知名度，以相关公众的一般注意力为标准，在考虑文字的字形、读音、含义或者图形的构图及颜色，或者其各要素组合后的整体结构等基础上，对其整体或者主要部分是否易使相关公众对商品的来源产生误认或者认为其来源与原告注册商标的商品有特定的联系进行综合分析判断。

本案中，A 公司享有商标专用权的三项商标使用时间长、知名度高，其中"蒙娜丽莎头像"商标是图形商标，"蒙娜丽莎"商标是文字商标，"M+蒙娜丽莎+MONALISA+图形"商标是图文组合商标。对于我国相关公众来说，认知习惯、呼叫习惯及最容易识记的部分是该商标中的"蒙娜丽莎"四个汉字，故该四个汉字属于涉案"蒙娜丽莎"商标的主要部分。B 公司生产和销售、C 公司销售的被控侵权填缝剂外包装纸盒和塑料袋上印制的"蒙娜丽莎"标识与涉案"蒙娜丽莎"商标相比，除字体有别外，文字内容完全相同，与涉案"M+蒙娜丽莎+MONALISA+图形"注册商标相比，被控侵权标识与该商标的主要部分相同且易使相关公众对商品的来源产生误认或者认为其来源与该注册商标的商品有特定的联系，故两者构成近似；被控侵权填缝剂外包装纸盒和塑料袋上印制的"蒙娜丽莎头像"图形与涉案"蒙娜丽莎头像"注册商标相比较，前者图形的主要部分与后者图形的构图及颜色基本相同，构成近似。

综上分析，B 公司在其生产、销售的填缝剂包装上以及在网站产品宣传中使用了与 A 公司注册商标相同或近似的标识，其行为属于《商标法》第 57 条第 2 项、第 3 项规定的未经商标注册人许可，在类似商品上使用与注册商标相同或者近似商标，容易导致混淆的商标侵权行为，以及销售侵犯注册商标专用权商品的商标侵权行为；C 公司销售了 B 公司生产的上述填缝剂，其行为属于《商标法》第 57 条第 3 项规定的销售侵犯注册商标专用权商品的商标侵权行为。

四、参考意见

1. 驰名商标的认定采取的是"个案认定、被动保护"原则，在商标侵权案件审理过程中，如果在同一种商品或类似商品上使用与商标权人注册商标相同或近似的商标，商标权人可以依据《商标法》第 57 条第 1 项、第 2 项和第 3 项的规定寻求保护。本案中，A 公司的"M+蒙娜丽莎+MONALISA"图文组合商标和"蒙娜丽莎头像"图形商标核定使用的商品均包括瓷砖商品，"蒙娜丽莎头像"图形商标和"蒙娜丽莎"文字商标核定使用的商品均包括石料粘合剂等商品，被控侵权商品为瓷砖填缝剂。瓷砖、石料粘合剂与瓷砖填缝剂在生产部门、使用场所、销售渠道、消费对象等方面基本重合或者相同，故它们属于类似商品。因此，本案中因不涉及跨类保护问题，不具有认定涉案商标为驰名商标的必要性。

2. "蒙娜丽莎"这四个汉字是 A 公司的三项商标的主要部分。B 公司生产和销售、C 公司销售的被控侵权填缝剂外包装纸盒和塑料袋上印制的"蒙娜丽莎"标识和"蒙娜丽莎头像"图形分别与 A 公司的"蒙娜丽莎"文字商标、"M + 蒙娜丽莎 + MONALISA"图文组合商标和"蒙娜丽莎头像"图形商标构成近似的商标。因此，B 公司在其生产的填缝剂包装上以及在网站产品宣传中使用了与 A 公司注册商标相同或近似的标识，其行为属于《商标法》第 57 条第 2 项规定的未经商标注册人许可，在类似商品上使用与注册商标相同或者近似的商标，容易导致混淆的商标侵权行为。B 公司和 C 公司销售有关填缝剂的行为，属于《商标法》第 57 条第 3 项规定的销售侵犯注册商标专用权商品的商标侵权行为。

拓展案例

案例一：A 公司诉 B 公司、原国家工商行政管理总局商标评审委员会商标异议复审纠纷案[1]

一、基本案情

C 公司成立于 1996 年 7 月 24 日，A 公司成立于 1997 年 9 月 10 日，两公司的法定代表人均为穆某。2000 年 2 月~2001 年 10 月，A 公司分别成立了北京鸭王建国门分店、北京鸭王广安门分店、北京鸭王乌鲁木齐分店、北京新大都鸭王烤鸭店有限公司、北京鸭王大北窑烤鸭店有限公司。

2000 年 12 月 21 日，A 公司在第 33 类、第 42 类商品上向商标局提出"鸭王"商标的注册申请。其在第 33 类商品上的"鸭王"商标申请于 2002 年 2 月 7 日获准注册，注册号为 1711298，核定使用商品为葡萄酒等。在第 42 类

---

[1] 参见：北京市第一中级人民法院（2007）一中行初字第 966 号行政判决书，北京市高级人民法院（2008）高行终字第 19 号行政判决书，最高人民检察院行抗（2009）1 号行政抗诉书，最高人民法院（2009）行抗字第 1 号行政裁定书，北京市高级人民法院（2010）高行再终字第 53 号行政判决书，最高人民法院（2012）知行字第 9 号行政裁定书。

商品上的"鸭王"商标申请于 2001 年 7 月 30 日被商标局以商标直接表示了服务的内容及特点为由予以驳回。A 公司未申请复审。

2000～2001 年期间，A 公司在北京至上海的日航班机宣传册上刊登含有企业名称及"鸭王"字样的广告；2000 年 7 月～2001 年 9 月，A 公司在《环球企业家》《北京晚报》《北京青年报》等刊物上十余次刊登文章或广告，介绍 A 公司的创业过程、质量管理体系以及对"鸭王""鸭王烤鸭"的广告宣传等。2001 年 3 月～2001 年 12 月，A 公司委托其他公司在北辰购物中心、华联商厦超市等地发布超市媒体广告，在《每日财经》栏目播出 A 公司广告，建立 A 公司的网站，在北京电视台 BTV-5 频道播出 16 次广告。

B 公司的前身是 D 公司，后者成立于 1998 年 9 月 11 日，股东分别为北京市东宫门招待所、修某，法定代表人为范某。1998 年 8 月 21 日，D 公司向中国北京全聚德烤鸭集团公司支付 10 万元加盟金。2010 年 3 月 10 日，D 公司名称变更为 B 公司。

2000 年 9 月 8 日，范某、修某向上海市工商行政管理局申请预先核准"上海鸭王餐饮经营管理有限公司（E 公司）"的企业名称。2000 年 9 月 15 日，上海市工商行政管理局同意预先核准该企业名称。

E 公司成立于 2002 年 6 月 20 日，法定代表人为范某某。E 公司范某与范某某为同胞兄弟。2006 年 10 月 12 日，国家工商行政管理总局核准 E 公司变更名称为"鸭王餐饮集团有限公司"的申请，2008 年 6 月 23 日，鸭王餐饮集团有限公司正式成立。

自 2002 年 6 月 E 公司成立后至 2007 年 6 月间，E 公司即在餐馆服务中使用"鸭王"商标，并以"鸭王"作为餐馆服务商标进行了广告投入和宣传。2004 年 7 月至 2006 年 8 月期间，E 公司相继成立了上海虹桥鸭王餐饮管理有限公司、上海杨浦环岛鸭王餐饮管理有限公司、上海江宁鸭王餐饮管理有限公司等六家公司。自 2003 年 5 月起，E 公司成为上海市烹饪协会、中国饭店协会会员。自 2002 年，E 公司获得了中国十大餐饮品牌企业、中国餐饮行业十大影响力品牌等多种奖项。此外，E 公司还在报纸（《新民晚报》《解放日报》《人民日报》等）、刊物（《台商杂志》等）、黄页（中国电信上海黄页等）、互联网、广播电台等载体上投入了大量的广告宣传。

诉争商标系"鸭王"商标，由 D 公司于 2002 年 1 月 29 日向商标局申请注册，申请号为第 3083416 号，指定使用服务项目为第 43 类餐馆、快餐馆、餐厅等服务。

2002 年 12 月 24 日，商标局以诉争商标仅直接表示了服务的内容、特点为由予以驳回。2003 年 1 月 8 日，D 公司向商标评审委员会申请复审。2005 年，商标评审委员会作出决定，决定诉争商标可以初步审定公告。

在初审公告异议期内，A 公司于 2005 年 5 月 31 日提出异议。商标局于 2006 年 5 月 15 日作出裁定，裁定诉争商标不予核准注册。

D 公司不服商标局的异议裁定，于 2006 年 6 月 1 日向商标评审委员会申请复审。2007 年 6 月 18 日，商标评审委员会作出第 2831 号裁定，裁定诉争商标予以核准注册。

A 公司不服该裁定，向北京市第一中级人民法院提起诉讼。法院认为：D 公司申请注册诉争商标的行为违反了 2001 年《商标法》第 31 条规定，应当不予以核准注册。

D 公司不服一审判决，向北京市高级人民法院提起上诉。法院判决维持一审判决。

D 公司不服二审判决，向检察机关申请监督。最高人民检察院向最高人民法院提出抗诉。最高人民法院裁定指令北京市高级人民法院再审本案。

北京市高级人民法院再审判决撤销一审判决和二审判决，维持商标评审委员会第 2831 号裁定。法院认为：①在诉争商标申请注册日之前，A 公司在相关公众中已具有一定的知名度，其所形成的在先权益应该得到维护。②B 公司形成了相应的消费者群体，使相关消费者能够将 B 公司与 A 公司餐饮服务区别开来。根据我国《商标法》的立法精神，不宜将诉争商标予以撤销。

A 公司不服再审判决，向最高人民法院申请再审称：B 公司申请注册诉争商标的行为，是以不正当手段抢先注册他人已经使用并有一定影响的商标。

B 公司提交意见认为：①诉争商标申请注册时，A 公司的鸭王商标不构成"有一定影响的商标"。②B 公司对"鸭王"商标进行了精心的培育和建设，使其获得了很高的市场知名度和美誉度，原再审判决依据《商标法》的立法精神作出不宜将诉争商标予以撤销的认定，符合法律规定。

二、法律问题

1. "鸭王"商标是否属于 A 公司的"有一定影响的商标"？

2. 诉争商标的申请注册是否构成"以不正当手段抢先注册他人已经使用并有一定影响的商标"？

三、重点提示

1. 虽然"鸭王"作为商标的独创性较弱，但经过 A 公司的长期使用，具有了较强的显著特征。在诉争商标申请日之前，A 公司已成立 5 年，在北京地区有四五家分店，并进行过一些媒体宣传和报道，其在北京地区已经有了一定的知名度和影响力。因此，"鸭王"商标系 A 公司的"有一定影响的商标"。

2. 根据我国《商标法》的立法精神，从维护企业的经营和市场秩序、保护市场生产力的角度来说，对于使用时间较长、已建立较高市场声誉和形成相关公众群体的诉争商标，应将保护在先商业标志权益与维护市场秩序结合起来，充分尊重相关公众已在客观上将相关商业标志区别开来的市场实际情况，注重维护已经形成和稳定的市场秩序。2001 年《商标法》第 31 条所指的"不正当手段抢先注册"，是指在后的商标申请人明知或者应知该在先商标，而且具有从该商标声誉中获利的恶意。通常情况下，如果在先使用商标已经具有一定影响，而在后商标申请人明知或应知该商标而将其申请注册，即可推定其具有占用他人商标声誉的意图，即二者一般是重合的。但不排除在特殊情况下，虽然在先商标已经具有一定影响，但在后的商标申请人（使用人）并不具有恶意，从而不构成该条所称的"不正当手段抢先注册"。

本案中，商标局驳回了 A 公司提出的在第 42 类中餐厅等服务上的"鸭王"商标注册申请后，A 公司未申请复审。之后 D 公司在商标局驳回诉争商标注册申请后，申请商标评审委员会复审，并提交了其使用诉争商标的证据而获得初审公告。A 公司未获得注册商标有在先不同行政程序的原因，亦印证了 D 公司申请注册诉争商标并非以不正当手段抢先注册。此外，自诉争商标申请注册至今，B 公司（D 公司）及其关联企业在上海地区对诉争商标进行了广泛的使用和宣传，形成了自己的声誉和品牌影响力，亦形成了相应的消费者群体，使相关消费者能够将 B 公司与 A 公司餐饮服务区别开来，这是其依靠自身努力经营取得的成果，而非搭 A 公司便车的结果。综上，诉争商标的申请注册不构成"以不正当手段抢先注册他人已经使用并有一定影响的商标"。

案例二：A 酒厂与 B 酒厂商标权侵权、不正当竞争纠纷案[1]

一、基本案情

A 酒厂原为贵州青溪酒厂，成立于 1955 年，系国有企业。2000 年通过企业改制，成立了贵州青酒集团有限责任公司，贵州青溪酒厂更名为现名，为集团公司核心企业。

A 酒厂于 1999 年取得第 1262052 号"青及图"商标注册证，2004 年取得第 3367909 号"青"（青）商标注册证，2009 年取得第 4425174 号"洞藏青酒"商标注册证。上述商标均处于商标存续时间范围内，商标注册人均为 A 酒厂，商标核定使用商品范围均为第 33 类，主要范围为除啤酒外的酒精饮料。此外，A 酒厂还注册了 1567743"青及图"、3327671"金青"、4425174"洞藏青酒"、1522776"古青及图"、1522777"豪华青及图"、1522779"老青及图"、1522781"金樱青及图"、1522782"铜青及图"、1522783"贵青"、1522788"黔青及注音"、1563679"银青及图"、1623525"精英青及注音"、1623524"西部青王及注音"、4555307"长年青"等商标，均为核定使用商品第 33 类的有效存续商标，其中"豪华青""金樱青""铜青""贵青""黔青及注音"等商标的字体较其他商标中的字体有明显变化。

A 酒厂于 1997 年推出青酒系列产品，并投入大量资金进行宣传，例如，聘请香港著名影星刘某某作为产品形象代言人；在中央电视台、香港凤凰卫视、贵州卫视等主流媒体进行广告宣传，且广告播出时间多为黄金时间；在贵阳高速广告、贵阳公交广告、天津公交广告等媒介上投放平面广告。青酒系列产品已问世十余年，一直保持良好的产品声誉及较大宣传力度，青酒系列产品在消费者中已树立良好的产品形象，具有一定知名度。

B 酒厂原为个体工商户，2010 年 5 月成立，后于 2015 年 3 月 25 日注册为个人独资企业，经营范围为白酒类生产、销售。2014 年 12 月 9 日，彭某将自己注册的 4514309"金莊青"商标转让于 B 酒厂，商标局于 2015 年 11 月 27

---

[1] 参见：贵州省贵阳市中级人民法院（2015）筑知民初字第 28 号民事判决书，贵州省高级人民法院（2016）黔民终 201 号民事判决书。

日发出第 1481 期商标转让公告，核准该商标转让。

2014 年 12 月，A 酒厂经公证先后购买了涉案金莊青牌金莊青酒（喜结良缘）和金莊青酒头曲。

2015 年 7 月，安顺市工商行政管理局下达行政处罚决定书，认为 B 酒厂在其 6 款系列商品中将"金莊青酒"作为商品名称使用时突出标识了"青"字，且该字与 A 酒厂注册商标第 3367909 号"青"商标字体近似，且其生产销售的"金莊青酒头曲"包装盒与 A 酒厂生产的"青酒特曲"包装盒在规格、图形、颜色、文字排列、字体上近似，故认定 B 酒厂构成不正当竞争，责令其停止违法行为并规范使用"金莊青"注册商标，没收违法所得 3398 元。

B 酒厂接到处罚后，除标注使用"金莊青"商标外，仍在酒瓶瓶身及外包装盒的中间位置显著使用"金莊青酒"作为商品名称。涉案金莊青酒产品名称采用与"青"商标相近的字体，并以放大加粗的方式突出使用"青"字。涉案金莊青酒头曲在外包装的显著位置标注了产品名称"金莊青酒"，其中"金莊青"三字字体与"青"商标相近，"金莊青"三字与"酒"字字体不同、字号并无较大差别。

A 酒厂以 B 酒厂侵害其注册商标专用权、实施了仿冒知名商品特有的名称及包装的不正当竞争、侵害其企业名称权为由，向贵州省贵阳市中级人民法院提起诉讼。A 酒厂诉称：B 酒厂生产、销售的"金莊青酒"商标和产品名称与 A 酒厂的"青"商标等近似，侵犯了 A 酒厂对第 3367909 号"青"商标的注册商标专用权；且"青酒"为 A 酒厂生产的知名商品特有的名称，亦为 A 酒厂企业名称中的字号，故 B 酒厂的行为同时构成不正当竞争。

贵阳市中级人民法院认为：①B 酒厂在其生产、销售的涉案"金莊青酒""金莊青酒特曲"产品上使用与 A 酒厂"青"注册商标相同的标识，且在使用中加以区别突出，足以使一般消费者对商品来源产生误认和混淆，故可认定构成商标侵权。②B 酒厂未经许可使用"青酒"的名称，构成仿冒知名商品特有名称的不正当竞争行为。③B 酒厂的主要行为目的并非利用原告企业名称中"青酒"字号进行市场混淆，B 酒厂实施的违法行为是直接攀附知名商品"青酒"的名称而非 A 酒厂的企业字号，因此其行为并不属于擅自使用他人企业名称。

B酒厂不服一审判决,向贵州省高级人民法院提起上诉称:一审认定上诉人仿冒知名商品特有名称实属错误,对注册商标的合法使用进行了过度干涉。

A酒厂答辩称:①B酒厂变造使用商标标识、突出使用"青"字构成商标侵权;②B酒厂即使使用了与其注册商标"金莊青"一致的产品名称,也会对消费者造成误导,构成不正当竞争,合法取得的注册商标可以作为商标使用,但不得用于产品名称。

二、法律问题

1. B酒厂生产、销售涉案"金莊青酒""金莊青酒特曲"产品的行为,是否构成商标侵权?

2. B酒厂使用"金莊青酒"作为产品名称,是否侵犯了A酒厂对知名商品特有名称或企业名称(字号)享有的权益?

三、重点提示

1. 涉案"金莊青酒(富贵百年)"在产品外包装显著位置以加大字号的方式突出使用了"青"字,且"金莊青酒"四字字体与贵州青酒厂第3367909号"青"注册商标的字体基本相同,与该商标构成近似,使用在相同的白酒类商品上,足以使相关公众对商品来源产生混淆。涉案金莊青酒头曲中的"金莊青"三字虽未突出使用"青"字,但其使用了A酒厂第3367909号"青"注册商标所采用的独特字体,而A酒厂对采用该特殊字体的"青"注册商标投入了大量宣传,该独特书法字体更能赋予该商标以显著识别力,为相关公众所辨识和记忆。故B酒厂在涉案"金莊青酒头曲"产品中使用"金莊青"的行为,会使相关公众对商品的来源产生误认,或者认为该商品与A酒厂存在特定联系。综上,B酒厂生产、销售涉案"金莊青酒""金莊青酒特曲"产品的行为,构成《商标法》第57条第2项所指的商标侵权。

2. 在A酒厂享有第3367909号"青"注册商标专用权时,不应另行主张其对青酒享有知名商品特有名称或企业字号等权益。其一,当商品采用注册商标或"注册商标+通用名称"形式作为其名称时,该名称具有识别力的部分,也可以说是其"特有"的来源,在于注册商标。在此情况下,注册商标和商品特有名称以及企业字号等标识中所蕴含的商誉是混同的、难以区分的,也可以说两者根本没有严格的界限。因此,在法律已对注册商标提供专门保护,尤其是足以规制他人采用"注册商标+通用名称"方式侵权的情况下,再要求对该类品名另行提供保护是不合理的,这也是对法律资源的浪费。其二,2013年修正的《商标法》第48条加入了对"商标的使用"的定义,这一定义的外延是很广泛的,完全可以涵盖在商品名称、包装、装潢乃至所有商业活动中使用注册商标的行为,此时就需要考虑商标法的强保护与反不正当竞争法的补充性、兜底性,处理二者间的优先适用问题。反不正当竞争法主要是为未注册的商业标识提供保护,防止攀附、仿冒;而对已经注册的商标,一般情况下在商标法之外不再给予反不正当竞争法的重合保护。这既是保护注册商标特别法的应有之意,也是防止损害商标注册制度基本价值的必然要求。其三,以"注册商标+通用名称"作为商品名称既是行业惯例,也是日常生活中一般消费者通常采用的方式,因此在权利人的注册商标合法有效的前提下,不应禁止其采用这一命名方式,实际上消费者的这一呼叫习惯也是任何强制命令都难以改变的。其四,《商标法》对注册商标设立的异议期间意在保护已建立固定联系的消费者,也为避免权利长期处于不确定状态,维护市场经济秩序的稳定,如果认为当事人在该异议期间经过后,仍可基于这一通常命名方式主张知名商品特有名称或企业字号权益,则有架空《商标法》规定的危险。

案例三:A公司与原国家工商行政管理总局商标评审委员会、B公司商标争议行政纠纷再审案[1]

一、基本案情

1992年11月1日,圣象品牌的创始人彭某某成立了C公司,经营地板业务。1996年10月31日,彭某某和刘某某等成立了D公司,经营地板的生产

---

[1] 参见:北京市第一中级人民法院(2009)一中知行初字第2473号行政判决书,北京市高级人民法院(2010)高行终字第478号行政判决书,最高人民法院(2013)行提字第24号行政判决书。

和销售。1997年翁某某、刘某某、彭某某作为股东，共同成立了E公司。翁某某、刘某某、彭某某三人于1999年在香港成立F公司，该公司于1999年在新加坡上市。2000年，F公司在深圳成立了G公司。2001年3月19日，翁某某作为法定代表人设立了H公司。2002年，I公司、G公司作为股东成立了A公司。

诉争商标系"圣象及图"商标（　），其由中文"圣象"及一个站立大象的写实图形构成，由B公司于2001年10月8日向商标局提出注册申请，申请号为第1989239号，经核准注册使用在第1902~1904、1913类的石膏、石膏板等商品上。

引证商标系"圣象及图"商标（　），申请号为第1002957号，由C公司于1995年10月23日向商标局提出注册申请，于1997年5月14日获得核准，核定使用在第1901、1907、1909类的地板等商品上，并先后于1999年8月19日转让给E公司，于2001年1月20日转让给D公司，于2002年10月11日转让给G公司，于2004年12月21日转让给A公司。

2000年，D公司出资1429万余元，于2001年3、4、7、8、11、12月在中央电视台一套播出圣象系列广告；2001年8月H公司出资118万元在中央电视台一套、二套世界杯十强赛通过"赛前倒三位置"播出12场精品套装广告；2000年11月，D公司在中央电视台A特段广告时段发布广告，宣传圣象系列产品；2000年12月~2001年4月，圣象集团前身K公司与中国足协联合举办"圣象杯2000中国足球龙之队评选活动"。

国家统计局中国行业企业信息发布的"统计信息认证证明"表明，圣象集团"圣象牌"地板自1998~2001年连续4年荣获全国市场同类产品销量第一名；该中心于2011年3月发布的"统计信息认证证明"表明，圣象牌强化木地板自1996~2010年度连续15年荣列全国市场同类产品销量第一名；南方日报数字报—南方报网也报道，A公司的圣象地板从1996~2010年连续15年销量第一。1996~2002年，中国有多家期刊对"圣象"品牌地板产品进行了报道。2000~2001年（截止到诉争商标申请日2001年10月8日），中国有70多家报纸、杂志对"圣象"品牌地板产品进行了报道。北京市地方税务局纳税清算申报表表明，2001年度H公司的圣象地板在全国市场同类产品销量第一。2001年2月14日，引证商标被北京市工商局认定为著名商标。

另外，中国建材工业出版社于2000年5月出版了彭某某所著的《中国木地板实用指南》，中国经济出版社于2000年5月出版了彭某某所著的《圣象·德国造——虚拟经营的理论和实践》，中国三峡出版社于2000年3月出版了叶某某所著的《圣象品牌整合策划纪实》。

2002年3月20日，G公司的"强化木地板"获得由建设部住宅产业化促进中心颁发的"国家康居示范工程选用部品与产品证书"。同时，国家质量监督检验检疫总局向A公司颁发了"产品质量国家免检"证书，对圣象系列（圣象、爱家、波瑞、康树、康林）产品在2002~2005年免检。2005年12月11日，商标局认定引证商标为驰名商标。2002年之后，A公司陆续获得了中国名牌产品证书、最具价值的品牌证书、中国环保产品认证证书、中国环境标志产品认证证书等荣誉。

2006年2月21日，A公司向商标评审委员会提出撤销注册申请。A公司认为：诉争商标是对A公司驰名商标的摹仿和抄袭，违反了2001年《商标法》第13条。2009年8月31日，商标评审委员会作出第23269号裁定：诉争商标予以维持。

A公司不服该裁定，向北京市第一中级人民法院提起诉讼。法院认为，诉争商标的注册违反了2001年《商标法》第13条的规定，第23269号裁定的主要证据不足，依法应予撤销。

商标评审委员会和B公司不服一审判决，向北京市高级人民法院提起上诉。法院认为，A公司提供的证据不足以证明引证商标在诉争商标申请日之前构成驰名商标，一审判决认定事实不清，适用法律不当，应予纠正。

A公司不服二审判决，向最高人民法院申请再审。A公司主张：①其提供的证据足以证明引证商标在诉争商标申请日之前已经构成驰名商标。②B公司恶意复制、摹仿圣象集团的驰名商标，误导公众。③B公司申请注册诉争商标具有很强的主观恶意。

B公司提交意见认为：①诉争商标与引证商标不发生权利冲突。②诉争商标与引证商标的并存没有造成消费者的混淆误认，市场相关公众实际已在客观上将两商标区别开来。③A公司引证商标目前声誉不佳，不符合驰名商标的要求。

二、法律问题

1. 引证商标在诉争商标申请注册之前是否已构成驰名商标？
2. 诉争商标的注册是否违反 2001 年《商标法》第 13 条第 2 款？

三、重点提示

1.《商标法》第 14 条规定，认定驰名商标应当考虑下列因素：①相关公众对该商标的知晓程度；②该商标使用的持续时间；③该商标的任何宣传工作的持续时间、程度和地理范围；④该商标作为驰名商标受保护的记录；⑤该商标驰名的其他因素。本案中，A 公司的"圣象及图"商标自 1997 年核准注册以来至诉争商标申请日时，A 公司、C 公司、E 公司、D 公司等相关关联公司对其已经进行了 5 年的持续使用，国家统计局中国行业企业信息发布中心"统计信息认证证明"载明"圣象牌"地板自 1998～2001 年连续 4 年荣获全国市场同类产品销量第一名。根据 A 公司在商标评审阶段和一审、二审以及再审期间提交的证据，考虑到相关公众对 A 公司"圣象及图"商标的知晓程度、A 公司及其关联公司对该商标的持续使用情况及宣传情况、相关媒体对 A 公司及"圣象及图"的宣传报道情况，A 公司"圣象及图"商标已经达到驰名的程度。

2. 2001 年《商标法》第 13 条第 2 款（现行《商标法》第 13 条第 3 款）规定，"就不相同或者不相类似商品申请注册的商标是复制、摹仿或者翻译他人已经在中国注册的驰名商标，误导公众，致使该驰名商标注册人的利益可能受到损害的，不予注册并禁止使用"。本案中，诉争商标和引证商标均由"圣象"文字及站立大象图形构成，其文字均位于商标图形下方，整体视觉基本无差异。由于诉争商标核定使用的石膏等商品和引证商标核定使用的商品木地板均为建筑材料，B 公司作为建筑材料的生产企业，应知该引证商标的知名度，仍然将与该引证商标极为近似的标识申请为商标，系对 A 公司引证商标的摹仿，违反了 2001 年《商标法》第 13 条第 2 款的规定。

案例四：A 公司与 B 公司侵害商标权及不正当竞争纠纷案[1]

一、基本案情

自 1957 年至今，A 公司连续出版《新华字典》通行版本至第 11 版。2010~2015 年，A 公司出版的《新华字典》在字典类图书市场的平均占有率超过 50%。截至 2016 年，A 公司出版的《新华字典》全球发行量超过 5.67 亿册，获得"最受欢迎的字典"吉尼斯世界纪录及"最畅销的书（定期修订）"吉尼斯世界纪录等多项荣誉。

A 公司诉称：B 公司生产、销售"新华字典"辞书的行为侵害了 A 公司"新华字典"未注册驰名商标，且 B 公司使用 A 公司《新华字典》A 公司（第 11 版）知名商品特有包装装潢的行为已构成不正当竞争，请求法院判令其立即停止侵害商标权及不正当竞争行为、消除影响并赔偿经济损失。

二、法律问题

1. B 公司生产、销售"新华字典"辞书的行为，是否侵害了 A 公司"新华字典"未注册驰名商标？

2. B 公司使用 A 公司《新华字典》（第 11 版）知名商品特有包装装潢的行为，是否构成不正当竞争？

三、重点提示

1. "新华字典"具有特定的历史起源、发展过程和长期唯一的提供主体以及客观的市场格局，保持着产品和品牌混合属性的商品名称，已经在相关消费者中形成了稳定的认知联系，具有指示商品来源的意义和作用，具备商标的显著特征。"新华字典"已经在全国范围内被相关公众广为知晓，已经获得较大的影响力和较高的知名度，可以认定"新华字典"为未注册驰名商标。B 公司在字典上使用"新华字典"的行为构成复制他人未注册驰名商标的侵权行为。

2. 《新华字典》（第 11 版）使用的装潢所体现的文字、图案、色彩及其

---

[1] 参见：北京知识产权法院（2016）京 73 民初 277 号民事判决书。

排列组合具有识别和区分商品来源的作用,具备特有性。B公司辞典商品上使用相近似的装潢设计,足以使相关公众对商品来源产生混淆、误认,构成1993年《反不正当竞争法》第5条第2项规定的不正当竞争行为。

> 拓展资料

4-5【拓展阅读案例】

4-6【拓展阅读资料】

| 第五章 |

反不正当竞争法与反垄断法专题

专题一 反不正当竞争法

知识概要

最高人民法院发布的《民事案件案由规定》中,将知识产权类纠纷、不正当竞争类纠纷以及垄断类案例纠纷都归到了"知识产权与竞争纠纷"中,在实践诉讼中,反不正当竞争类的诉讼案件,除了根据《最高人民法院关于审理不正当竞争民事案件应用法律若干问题的解释》所列的由中级人民法院受理以外,其中一部分也是可以由知识产权法院进行审理的。同时可以看到在知识产权法的相关教科书中,几乎都会设专章对于反不正当竞争法和反垄断法的原理与司法实践进行介绍,可以说反不正当竞争法和反垄断法与知识产权法的本体内容密不可分。

新修订的《反不正当竞争法》已于2018年1月1日开始实施,[1]其中一条瞩目的修改即在于第12条的规定,即所谓"互联网专条"。在此之前,司法实践中大多都是适用《反不正当竞争法》第2条"诚信原则"作为法律依据解决纠纷。而"互联网条款"的增加显然对于网络世界中类似的知识产权与竞争纠纷的解决提供了更明确的指引。本章将以案例出发,详细讲解"互联网条款"应当如何适用、反不正当竞争法的一般条款是否具有可诉性,以

---

[1] 2019年4月23日对其中涉及商业利益行为的条款再次修改(新修订的条款自发布之日起施行)。

及如何判断经营者的法律保护利益和分析不正当行为的违法性。

经典案例

案例一：A公司诉B公司等不正当竞争纠纷案[1]

一、基本案情[2]

本案共两审。原告（即二审被上诉人）为A公司，被告（即二审上诉人）为B公司，另有C公司（即二审上诉人），第三人则为D公司。A公司是优某网的实际经营者。C公司则是"猎某浏览器"官方发布平台的经营人，B公司是"猎某浏览器"的开发者、版权人。

本案中，猎某浏览器可以通过技术措施向终端用户提供"广告过滤"功能，当用户使用该功能访问优某网站时，A公司在优某网站所有视频中投放的广告就会被过滤。据此，A公司认为前述三公司通过猎某浏览器所实施的行为构成不正当竞争，故将三公司诉至法院。

A公司原审诉称：该公司是优某网的合法经营者，面向行业广告客户提供在线网络视频的广告制作和发布服务，同时也面向终端用户提供在线网络视频点播服务。对用户所点播的网络视频合法且适当投放广告，用户可以通过购买会员服务而享有跳过广告的服务。然而，经A公司核实，由B公司开发的猎某安全浏览器通过一系列技术措施，主动向终端用户提供"页面广告过滤"功能（且将该功能作为猎某浏览器的重要宣传卖点）。当终端用户使用该功能访问优某网时，A公司原本合法投放的视频广告就会被过滤。A公司在调查发现后已采取书面方式要求猎某浏览器停止其行为，但协商未果。

根据《反不正当竞争法》第2条规定，上述三被告共同通过猎某浏览器所实施的行为已构成不正当竞争行为，客观上对A公司造成严重的损害后果。据此，A公司请求法院判令三被告：①立即停止针对A公司的不正当竞争行为；②公开发表声明，承诺不再以类似方式侵害A公司的合法权利，并为其

---

[1] 参见：北京市海淀区人民法院（2013）海民初字第13155号民事裁定书，北京市第一中级人民法院（2014）一中民终字第3283号民事判决书。
[2] 本案为"2014年中国法院50件典型知识产权案例"之一。

消除影响；③赔偿 A 公司经济损失及合理开支 500 万元。

被告 B 公司及 C 公司则在原审共同辩称：B 公司与 C 公司，二者所开发的猎某浏览器与猎某网站无关，不应承担法律责任。其中，B 公司原审辩称：①B 公司与 A 公司不存在竞争关系；②浏览器具备过滤网络广告的功能属于行业惯例，国内外主要的浏览器都具备广告过滤功能；③A 公司的网络环境中还存在其他相关软件，该软件同样具有视频广告过滤的功能，A 公司所主张的视频广告被过滤的效果不排除为该软件作用的结果，此外，该效果亦可能是因优某网视频播放器的记忆播放功能或刷新网页所致；④猎某浏览器的广告过滤功能默认关闭，需要用户主动开启才能发生作用。且依据《互联网终端软件服务行业自律公约》（简称《互联网自律公约》），用户享有知情权、选择权，用户可以选择不看视频广告，优某网提供不可关闭的视频广告属于强制交易。猎某浏览器仅是提供给用户使用的工具，具有技术中立特点，并没有代替用户选择过滤广告；⑤A 公司并未因视频广告被过滤而受到任何损失，相反在 A 公司公证期间，其收入不断上涨。具备视频广告过滤功能的猎某浏览器存在时间非常短，对 A 公司的影响很小。据此，B 公司不同意 A 公司的诉讼请求。

一审法院经审理判决：①A 公司在经营优某网的活动中享有合法权益，有权单独作为原告提起本案诉讼，为适格原告；②被告不正当竞争行为成立，自判决生效之日起应立即停止涉案不正当竞争行为；③自判决生效之日起 30 日内，被告在猎某网首页连续 24 小时刊登声明，就本案不正当竞争行为为原告消除影响；④自判决生效之日起 10 日内，被告向原告赔偿经济损失及合理开支共计 20 万元；⑤驳回原告其他诉讼请求。

二、法律问题

1. 反不正当竞争法的一般条款是否具备可诉性？
2. 反不正当竞争纠纷中的原告资格如何认定？
3. 反不正当竞争法中的竞争关系如何判定？
4. 反不正当竞争的具体行为如何认定（过滤视频广告的行为是否具有不正当性）？其违法性判断标准是什么？
5. 《反不正当竞争法》修订后"互联网相关条款"如何适用？

三、法理分析

（一）A 公司对其经营的网站所提供的"广告加免费视频"的商业模式是否具有可受法律保护的利益

这实际上是要回答"反不正当竞争法保护的客体是什么"这个问题。我国反不正当竞争法立法较晚，1993 年颁布的《反不正当竞争法》适用了二十余年，直到 2017 年才进行第一次修改，修订后的法律已于 2018 年 1 月正式实施。本次修改增加了监督检查部门的职权，并且对于反不正当竞争法的目的和功能作出了进一步明确，增加了一些不正当竞争行为的表述，并且增加了"互联网专项条款"。尤其是对于原第 2 条的修改，关于基本原则的规定中，将原来的"经营者在市场交易中"应遵循的原则，修改为"经营者在生产经营活动中"应遵循的原则。并且将不正当竞争行为的概念由原来的"经营者违反本法规定，损害其他经营者的合法权益，扰乱社会经济秩序的行为"修改为"经营者在生产经营活动中，违反本法规定，扰乱市场竞争秩序，损害其他经营者或者消费者的合法权益的行为"。在对经营者的概念进行界定时，将原来的"从事商品经营或者营利性服务的法人、其他经济组织和个人"修改为"从事商品生产、经营或者提供服务的自然人、法人和非法人组织"。

通过以上这些修改可以看出，新法对于不正当竞争行为的概念界定顺应了新的经济发展形势，明确了不正当竞争行为是经营者在生产经营活动中的行为，不正当竞争行为的后果是扰乱市场竞争秩序、损害其他经营者或者消费者的合法权益。并且增加了"消费者"的利益，体现出我国的反不正当竞争法从传统的经营者保护发展到现代的经营者、消费者、公共利益"三叠加"保护的职能。由此可见，新的反不正当竞争法所保护的利益，不再只是诞生之初的"经营者"，而进一步扩大到了社会公益。

实际上，无论是第一次的立法，还是本次的修改，都围绕着反不正当竞争法究竟是一部什么样的法，其目的和宗旨究竟是什么，地位和功能如何，其如何在实践中发挥作用等问题，而上述疑惑在法学界与实务部门均存在很多不同认识。对于这些不同观点和认识，新修订的反不正当竞争法的颁布并不会产生一锤定音的作用，争论仍然会在很长时间内存在并持续下去，并且有可能在一定程度上影响到执法机关、司法机关的实践。反不正当竞争法的目的与宗旨、功能与定位、本质与特征，这些看似抽象的问题，对于该法的运用与实践，却发挥着根本性、指导性的作用。对上述问题的正确认识，有利于真正了解反不正当竞争法的本质，适当地厘清该法与知识产权法、消费者权益保护法等相关法律部门的关系，从而真正发挥好该法的作用。

在本案中，A 公司通过支付相应成本提供加载广告的各类免费视频节目吸引用户访问，再从广告主处取得收益，广告与视频节目的结合提供使网络经营者、网络用户与广告主之间各取所需，形成有序的利益分配与循环。这种环环相扣的商业模式也为市场普遍接受，属于正当的商业模式，并且已被视频网站行业广泛采用。在此种经营模式下的广告不同于被行业惯常认定的恶意广告或骚扰广告，其本身就是固定商业模式组成的一部分。同时，目前尚没有明确权威的法律法规认定恶意公告的内涵和外延，在司法实践中，通常指的是具有破坏网站信息完整性、不恰当地干扰用户正常浏览网页等特点的一类广告。B 公司仅从不可关闭的特点即得出优某网视频广告为恶意广告的结论不够准确，也缺乏必要的法理支持。

同时，A 公司作为优某网站的经营者，向用户提供免费视频服务的同时，即在用户协议中与终端用户达成了"会同时提供相应视频广告"的合议，用户在注册观看的时候已经默认了这种"附加"服务，可以视为享受免费视频的一种合理对价，如果有用户不想观看这些广告，也可以通过购买进一步的"VIP 服务"来进行筛选广告，购买的费用以及广告本身的收益都归提供免费视频的优某网站所有，毕竟 A 公司的正常经营活动需要一定的成本维持，尤其是他们向用户提供的视频中有相当比例需要支付版权费用购买（影视剧资源更是如此）。因此，A 公司显然没有义务在用户不支付任何对价的情况下向其提供免费视频。A 公司在向用户提供免费视频的同时附之以相应视频广告，既未违反现有相关法律规定，亦未违反商业道德以及诚实信用原则，属于合法经营活动，应受到反不正当竞争法的保护。这既符合反不正当竞争法的立法宗旨，属于反不正当竞争法需要保护的直接客体，同时也是符合《反不正当竞争法》第 2 条"诚信经营原则"的。

（二）使用猎某浏览器过滤视频广告的行为是否为不正当竞争行为

我国《反不正当竞争法》第 2 条对于不正当竞争行为作出了概括性的规

定,并在第 6~12 条中分别进行了具体行为的列举,是典型的一般条款加具体列举的立法模式。而判断是否有不正当竞争行为的前提首先是判断两个经营者之间是否有竞争关系。这里需要区别狭义的竞争关系与广义的竞争关系。反不正当竞争法与反垄断法同属于竞争法的组成部分,二者的调整对象都可以称为"竞争关系",但是二者对于"竞争关系"的认定标准是有很大区别的。在反垄断法中,这种判断需要进行相关市场的分析,即两个经营者必须处于同一竞争市场领域,包括地域市场与产品市场都必须具备相关的竞争关系,可以说是要求非常严格的狭义竞争关系;而在反不正当竞争法领域,只要求经营者有相关的经营利益即可。只要具备广义竞争关系的经营者,就有可能存在不正当竞争行为。

1. A 公司与 B 公司等是否具有竞争关系? 如前所述,竞争关系的存在是判断不正当竞争行为的前提条件。但是对竞争关系的理解并不应当限制于特定具体领域的同业竞争关系,而应着重从是否存在相关的经营利益角度进行考察。

经营利益主要体现为对客户群体、交易机会等市场资源的争夺中所存在的利益。竞争关系的构成也不取决于经营者之间是否属于同业竞争关系,亦不取决于是否属于现实存在的竞争,而应取决于经营者的经营行为是否具有"损人利己的可能性"。具体而言,取决于以下两个条件:该经营者的行为是否具有损害其他经营者利益的可能性(即是否具有损人的可能性);该经营者是否会基于这一行为而获取现实或潜在的经营利益(即是否具有利己的可能性)。也就是说,如果经营者的行为不仅具有对其他经营者的利益造成损害的可能性,且该经营者同时基于这一行为而获得现实或潜在的经营利益,则可认定二者具有竞争关系。

具体到本案,虽然 A 公司从事视频网站的经营行为,而 B 公司从事被诉猎某浏览器的开发及提供等经营行为,就经营内容而言二者并非同业竞争者。但因竞争关系的认定并不以是否为同业竞争者为判断依据,而被诉猎某浏览器所具有的视频广告过滤功能不仅可能对 A 公司的免费视频加广告这一经营活动及其所带来的经营利益造成损害,同时也可能会使 B 公司由此获得更多用户从而获利,因此 B 公司实施的被诉行为具有损人利己的可能性,A 公司与 B 公司具有竞争关系。

2. 猎某浏览器视频广告过滤功能的启用需用户主动选择不能成为其属于中立技术的理由。通常认为,"技术中立"原则有两种含义,一种是指"非歧视"原则,即政府在制定各种规则或标准时,应对各种技术同等对待,给予各种技术以公平竞争的机会;另一种含义则是用来指代美国知识产权法中的"实质性非侵权用途"规则,这一规则实质上是一项责任抗辩事由。在美国侵权法中,明知或应知他人实施侵权行为而给予帮助的人也要承担侵权责任。如果某类物品既可以被用于合法的用途,也可被用于侵权用途,那么,不能仅仅因为该类物品有可能被他人用于侵权用途而推定提供者"应当知道"他人侵权,更不能以此为由被要求承担帮助责任或替代责任,这就是"实质性非侵权用途"规则的含义。"实质性非侵权用途"规则的目的在于将帮助侵权的责任限制在一个合理的范围内,在保护知识产权人的利益同时,不至于妨碍技术的进步,但这并不意味着只要物品或技术的提供者能够证明该物品或技术存在一项合法用途,就可以主张免责。因为,几乎对于任何物品或技术而言,人们都可以赋予其一项合法用途,如果"实质性非侵权用途"规则被无限制地适用,那么帮助侵权的责任规则就会被彻底否定。

同时,技术作为工具手段本应当具有价值中立性。由于技术不是自然物,而是人类利用自然规律的成果,一定程度上受到技术开发者和提供者意志的控制和影响,并反映和体现着技术开发者和提供者的行为与目的。在对待技术中立原则问题上,既不能把技术所带来的侵权后果无条件地归责于技术提供者,窒息技术创新和发展;也不能将技术中立绝对化,简单地把技术中立作为免除法律责任的挡箭牌,而应考虑具体案情及特定相关市场进行判断。认定某项技术符合价值中立性要求,需要考察技术提供者不存在损害他人合法权益的主观过错。

具体到本案中,根据现有证据,猎某浏览器具备的过滤优某网视频广告的功能,系B公司对猎某浏览器进行针对性开发配置的可能性较大。在此情形下,两公司应当知道会对优某网正常的商业模式造成损害。因此,根据优势证据原则认定两公司存在破坏优某网正常经营模式进行不正当竞争的主观过错,故猎某浏览器过滤视频广告的软件不具备价值中立性。并且由于软件本身不具有价值中立性,其设置让用户主动选择启用的方式不能改变该软件本身的性质。

技术中立原则虽非法定原则，但因该原则有其合理性，故应予适当考虑。对于技术中立原则的正确理解，其核心在于区分"技术本身"与对技术的"使用行为"。具体而言，技术中立原则的中立指的是"技术本身"的中立，而非对技术的"使用行为"的中立。也就是说，依据技术中立原则，仅仅是不能认定某个特定的技术本身属于违法技术，但对于该技术的使用行为则不受此限。这也就意味着，如果该使用行为违反了相关法律规定，则其依然可能构成侵权或不正当竞争行为。鉴于对同一项技术可能会有多种使用行为，而对于侵权或不正当竞争行为的认定只是针对其中某一特定的使用行为，并不会影响对该技术的其他合法使用行为，因此对该特定行为的侵权或不正当竞争的认定不会阻碍技术的发展。

而在本案中，具有中立性的是被诉猎某浏览器为达到视频广告过滤功能而采用的具体技术手段（即用以拦截或屏蔽相关信息的技术手段，如B公司的专家辅助人所提出的广告过滤所采用的URL地址过滤、使用插件、底层扩展过滤技术），而非对使用上述技术的被诉猎某浏览器的开发及提供行为。依据技术中立原则，仅是无法认定上述技术具有违法性，却并不妨碍对使用上述技术手段的被诉浏览器的开发及提供行为是否违法性予以认定。根据本案的认定，被诉浏览器中所使用的过滤技术虽然用以过滤视频广告构成不正当竞争，但其仍然具有其他的合法使用方式，因此对于本案被诉行为构成不正当竞争的认定并不违反技术中立原则。

3. 浏览器过滤广告的行为是否违反诚信义务？根据《反不正当竞争法》第2条，违反诚实信用原则的行为包括两类：①破坏其他经营者正当经营活动的行为；②不正当利用其他经营者经营利益的行为。具体到本案，B公司开发并向用户提供具有视频广告过滤功能的猎某浏览器的行为同时符合这两类行为的要求，有违诚实信用原则。因此：

（1）被诉行为属于破坏A公司正常经营活动的行为。如前所述，A公司在免费视频中投放广告属于合法经营活动。被诉猎某浏览器中的视频广告过滤功能使得投放的广告不能正常播放，影响了A公司的广告收益，破坏了其正常的经营活动。虽然直接对优某网视频广告进行过滤的是使用被诉猎某浏览器的用户，但浏览器所具有的视频过滤功能显然是这一过滤后果的直接诱因；被诉浏览器的视频广告过滤功能需要用户主动开启，但基于用户的现有使用习惯，相当比例的该浏览器用户会选择使用这一功能。因此，被诉浏览器的提供客观上造成了破坏 A 公司正常经营活动的后果。此外，作为互联网从业者，B 公司对于用户选择被诉浏览器过滤功能的可能性以及该过滤后果可能对 A 公司经营利益所造成的损害显然明确知晓。在此情况下，其却依然开发并向用户提供被诉猎某浏览器，可见 B 公司主观上亦有破坏 A 公司正当经营活动的故意。结合 B 公司的主观故意与客观后果，其行为构成对 A 公司正常经营活动的破坏。

（2）被诉行为属于不当利用 A 公司经营利益的行为。A 公司所经营的优某网的用户量在同类网站中位居前列。鉴于网络用户显然更希望其所观看的视频不附着任何广告，故被诉猎某浏览器所具有的视频广告过滤的功能会使得相当比例的优某用户选择使用被诉猎某浏览器。这一选择意味着相当比例的优某用户会同时成为猎某浏览器的用户，从而使得猎某浏览器的用户量相应增加。B 公司作为互联网从业者对这一情形显然知晓，在此情况下其仍向用户提供具有视频广告过滤功能的猎某浏览器，显然具有利用 A 公司经营利益的主观意图。故此，B 公司对被诉浏览器的开发及提供行为显然属于不当利用 A 公司经营利益的行为。

（三）浏览器过滤视频广告的行为是否是行业惯例，行业惯例是否为合理抗辩理由

"行业惯例"这个概念并没有专门的法律界定，一般可以认为是某行业通行的业内默认或明示的经营习惯或经营模式，这种惯例既可以是不成文的行为模式、业内规则，也可以是各个行业协会发布的成文准则，但是这种成文准则显然只对其内部成员具有一定约束力，而且不论默示习惯还是明示规则，都不能违法违规。至于行业惯例的法律效力，我们可以将其视为反不正当竞争法一般条款的具体化标准，换句话说，当此行业惯例顺应一般条款如诚信原则时，可以作为诚信原则的具体量化规则；但是如果该行业惯例本身是违反一般条款的，自然也失去了约束力，更难以成为抗辩理由。举例而言，许多行业规则本身就是"陋习"甚至"垄断协议"，那么不仅不能用"业内通行惯例"作为抗辩理由，其行为本身更可能违反了反不正当竞争法或反垄断法。

在本案中，B 公司提交的公证书虽然能证明其他市面通行的浏览器均具

有广告过滤功能，但该公证书中涉及多份有关如何过滤广告的文章也只是多次提及过滤恶意广告、弹窗广告等信息，却无法证实其中提及的网络广告与本案涉及的视频广告属于同种概念，因此，就涉案证据而言无法证明实际存在视频广告过滤的行业惯例，所以 B 公司无法以此作为合理的抗辩理由。同时，即便该过滤视频广告的行为是业内通行的做法，但是已经违反了诚信原则，同样会被纳入反不正当竞争法进行调整。

综上而言，B 公司对具备过滤优某网视频广告功能的猎某浏览器软件进行开发并经营的行为，不仅并非技术上无法避免，反而是 B 公司作为宣传亮点为吸引更多用户使用猎某浏览器而刻意为之的"卖点"，主观过错明显，其行为破坏了优某网完整的视频服务，对 A 公司构成不正当竞争。

(四) B 公司辩称恶意广告的主张能否成立

本案中，B 公司主张，因 A 公司网络中片头广告的时间过长且无法关闭，属于消费者无法接受的恶意广告，故被诉猎某浏览器对该广告进行过滤具有合理性，这种过滤属于为保护消费者利益的"义举"，对此，法院不予支持，我们也不认为该主张可以成立。具体分析如下：

1. B 公司并无足够证据能够证明优某网片头视频广告符合恶意广告的法定含义或约定俗成的含义。B 公司虽然提交了《互联网自律公约》作为其主张的法律依据，该公约中虽然对恶意广告做出了相关规定，但该公约仅是部分互联网企业间签署的横向协议，无法据此认定该约定符合同行业对恶意广告的一般认知。

2. 一般而言，恶意广告指的是"互联网上用流氓软件感染用户电脑的广告"，具体常见的主要有两种：①合法广告，即行为人通过放置一系列合法广告并将它们保留一段时间吸引到足够用户后，再在广告中植入恶意负载，在短时间内尽可能多地感染机器，接着消失。这种行为是典型的欺诈行为，常出现在运行第三方广告的网站中。②弹窗广告，这种广告可以在访问者打开屏幕的瞬间传播恶意负载。在某些情况中，当访问者点击关闭按钮来关闭弹窗时就会误操作导致流氓软件执行。那么本案中，B 公司仅以广告时间长短以及是否可以关闭就判断该广告为恶意广告，显然有失偏颇。广告时长的设定以及广告是否可以关闭只是 A 公司自我选择的商业模式而已，只要其所加载的广告未违反法律规定或商业道德，那么就难以认定其属于恶意广告。当然，用户可能不愿意接受时间较长且无法关闭的广告，但用户的接受程度亦与广告是否属于恶意广告并无必然联系。用户如果无法接受时间较长且无法关闭的广告，也并非毫无选择权，比如用户可以切换其他页面浏览、做其他事情等待或开通进一步的服务跳过广告，在传统的电视播放领域，电视台播放广告的时长与内容同样是观看者无法选择的，所以仅仅因为广告时间较长且无法关闭就认定该广告是恶意广告显然是不合理的。

（五）B公司有关公共利益的主张能否成立

保护公共利益显然是反不正当竞争法的最终诉求，同时也在第1条和第2条中有明文规定，既然反不正当竞争法所追求的合法有序的竞争秩序最终必然有利于公共利益，因此是否有利于公共利益会在一定程度上影响对具体经营行为合法性的判断。如果竞争者的行为是为了公共利益出发，那么自然可以成为合法的抗辩理由。

然而在本案中，B公司开发并提供被诉浏览器的行为本身并非基于公益目的，而是为了获得竞争优势。被诉浏览器的视频广告过滤功能虽然满足了部分用户需求，但在客观上对于社会公共利益不仅毫无促进，反而会使用户付出更高的代价，影响视频网站行业的良性发展。

1. 就短期来看，视频网站的主要商业模式可能因此而产生变化，从而对用户利益产生影响。如前所述，目前，视频网站的商业模式主要包括两种：一是免费视频加广告模式；二是收费模式。其中，免费视频加广告的模式是视频网站最为主要的商业模式。在这一模式下，用户需要支付一定时间成本观看广告，但无需支付经济成本，视频网站正是通过用户付出的这些时间播放广告来获得广告收入，以此获利并维护其日常运营。如果法院对于提供具有视频广告过滤功能的猎某浏览器的行为予以合法性确定，那么就可能导致视频行业的相关网站无法获得广告收入，从而迫使其将免费视频加广告的运营模式转变为全网收费模式。这一变化将使得用户观看视频所支付的对价由原来的可选择性地支付时间成本或经济成本变为只能支付经济成本，这种迫使消费者别无选择的模式改变显然对于社会公益是弊大于利的。

2. 长此以往会导致视频网站丧失生存空间。在市场经济中，经营者对于其商业模式的选择不能脱离消费者的接受程度，消费者难以接受的商业模式很难使得经营者的经营活动得以维系。对于视频网站而言，虽然免费视频加广告的商业模式并非视频网站可以采用的唯一方式,但就目前情形看,消费者对于收费模式的接受程度相当有限。如果视频网站无法使用免费视频加广告这一模式,而网络用户又较难接受收费模式,则在未来一段时间内,将很可能出现整个视频网站行业难以维系的局面。虽然用户在互联网上获得视频的渠道不仅仅来源于视频网站,但这一情形出现必然会使得用户在互联网上获得视频内容的机会大大减少,从而客观上导致用户的利益受到损害。

四、参考意见

(一)反不正当竞争法的一般条款是否具备可诉性

反不正当竞争法的一般条款的"一般"是相对于具体条款而言的,指的是反不正当竞争法中设立的包含了不正当竞争行为构成要件的概括性规范。

我们之前所讨论的一般条款即指《反不正当竞争法》(1993 年)第 2 条:"经营者在市场交易中,应当遵循自愿、平等、公平、诚实信用的原则,遵守公认的商业道德。本法所称的不正当竞争,是指经营者违反本法规定,损害其他经营者合法权益,扰乱社会经济秩序的行为。"

一般条款从理论上来说应当具有可诉性,在《不正当竞争司法案例类型化研究》中,谢晓尧教授认为,一般条款的可诉性可以从以下几个方面来理解:

1. 为法律补"漏洞",为司法"开口子"。[1]对于法律的一般条款而言,判断其合法性的基础来自于自然法,也即"商业竞争中行为必须遵守诚实、道德原则",因此理所应当地带有应然的色彩,进一步说,一般条款在整个不正当竞争法中处于核心和基础地位。

2. 一般条款可以成为法律适用的大前提。如前所述,一般条款所代表的经济交往中的隐形规则,可以借助法律解释等司法方法和技巧来实现其可诉性。

3. 一般条款本身是具备确定性和可预期性的。虽然乍看之下,一般条款貌似过于宽泛,但是谢晓尧指出:"其实一般条款和具体条款一样都表现出一

---

[1] 谢晓尧:《在经验与制度之间:不正当竞争司法案例类型化研究》,法律出版社 2010 年版,第 124 页。

定的确定性，因为法官之判决往往能符合人们的一定预期，而人们在行事时对自己行为的价值评判也并不以对法律文本的了解为前提。"[1]因而一般条款不仅不会造成实践中无所适从的情况，更能保留对于现实市场的灵活反应。而我国司法实践中一般条款的可诉性也毋庸置疑，整体上按照《反不正当竞争法》第2条判案是一种比较普遍的做法，"达到将近35%左右"。[2]

（二）反不正当竞争法中的竞争关系如何判定

由反不正当竞争法的相关规定可以看出，其目的在于保护经营者的正当经营活动不受到损害，因为只有具有竞争关系的经营者的竞争行为才可能会对其他经营者经营活动造成损害。因此，竞争关系的存在是判断不正当竞争行为的前提条件。虽然对于何为竞争关系，反不正当竞争法中并无明确规定，但通过对反不正当竞争法相关规定进行分析可以看出，反不正当竞争法所调整的竞争关系，不以同业竞争为限，亦不以现实存在的竞争为限，而应取决于以下两个条件：该经营者的行为是否具有损害其他经营者经营利益的可能性；该经营者是否会基于这一行为而获得现实或潜在的竞争利益。也就是说，只要经营者的行为具有对其他经营者的经营利益造成损害的可能性，且该经营者会基于这一行为而获得现实或潜在的竞争利益，则可以认定二者具有竞争关系，至于其是同业经营者还是非同业经营者，其是现实的经营者还是潜在经营者，均在所不论。

反不正当竞争法中的竞争关系之所以需要符合上述要求，并具有如此宽泛的外延，主要基于以下考虑：

1. 反不正当竞争法的立法目的在于维护合法有序的竞争秩序，而维护竞争秩序的基本要求在于使每个经营者合法的经营活动以及经营利益在竞争环境下不受损害。因对于经营活动以及经营利益造成损害的行为既可能来源于同业经营者，亦可能来源于非同业经营者，且既可能来源于现实经营者，亦可能来源于潜在经营者。因此，如果仅将竞争关系界定为同业经营者或现实经营者之间的竞争行为，必然会使得一些情况下经营者的经营利益无法得到

---

[1] 谢晓尧：《在经验与制度之间：不正当竞争司法案例类型化研究》，法律出版社2010年版，第125页。

[2] 谢晓尧：《在经验与制度之间：不正当竞争司法案例类型化研究》，法律出版社2010年版，第126页。

保护，从而最终对整体竞争秩序的维护造成损害。由此可知，是否具有损害可能性应作为判断竞争关系的要素之一。

2. 追求利益是竞争行为的基本特性，这一特性必然导致经营者的经营行为具有营利目的。这也就意味着，经营者所实施的损害其他经营者经营利益的行为，其最终目的并非仅仅在于对其他经营者造成损害，而是在于为自己带来现实或可预期的利益。如果某一行为虽对经营者的经营造成损害，却对行为人并无任何利益，则通常无法认定二者具有竞争关系，即便是同业经营者亦然。

具体到本案，虽然 A 公司实际从事的是视频网站的经营，而 B 公司所经营的是被诉猎某浏览器，就经营内容而言二者并非同业竞争者。但由前文分析可知，竞争关系的认定并不以是否为同业竞争者为判断依据，而应以是否具有损害可能性为依据。因被诉猎某浏览器所具有的视频广告过滤的功能不仅可能对 A 公司的免费视频加广告这一经营活动及其所带来的经营利益造成损害，同时亦会使 B 公司通过获得更多用户从而获利，因此，法院认为 A 公司与 B 公司具有竞争关系。

（三）反不正当竞争的行为如何认定，其违法性判断标准是怎样认定的

反不正当竞争的行为，既可以通过一般条款即诚信原则来判断，也可以依据第 6~12 条列举的具体行为来认定。

依据《反不正当竞争法》第 2 条的规定可知，经营者在进行其经营活动时，应符合商业道德，并遵守诚实信用原则。虽然对于何为诚实信用原则，《反不正当竞争法》中未进行明确限定，但因《反不正当竞争法》中所规定的各种具体不正当竞争行为均是违反诚实信用原则的具体体现，因此，通过对上述条款的分析可以看出，满足以下两条件的行为应被认定违反诚实信用原则：

1. 就行为本身而言，其构成对其他经营者的正当经营活动的破坏。之所以要求经营者不得破坏其他经营者的正当经营活动，是因为反不正当竞争法旨在维护合法有序的竞争秩序，因竞争秩序并非抽象概念，其是由各个经营者的具体经营活动所组成，因此，竞争秩序的有序有赖于每个经营者经营活动的正当合法。而每个经营者不以自己的行为破坏他人的经营活动（这一破坏行为既可能通过言语，亦可能通过技术手段或其他行为）显然是对于经营

活动正当合法性的基本要求。如果合法的经营活动可以被其他经营者随意破坏，却无法得到救济，则必将使得经营者对自己的经营活动无法预期，并进而导致合法有序的市场竞争秩序无法形成与维护。据此，反不正当竞争法所鼓励的竞争应是经营者通过对自身经营活动的改善创新而进行的竞争，而非通过破坏其他经营者的经营活动而进行的竞争。

2. 就行为效果而言，其不正当利用了其他经营者的竞争利益。由反不正当竞争法的相关规定可以看出，反不正当竞争法所保护的是经营者通过自身诚实经营而获得的竞争利益，这也就意味着，不当利用其他经营者竞争利益的行为应属于反不正当竞争法所禁止的行为。

《反不正当竞争法》（1993 年）其他条款对此也有所体现。如第 5 条规定，经营者不得采用下列不正当手段从事市场交易，损害竞争对手：①假冒他人的注册商标；②擅自使用知名商品特有的名称、包装、装潢，或者使用与知名商品近似的名称、包装、装潢，造成和他人的知名商品相混淆，使购买者误认为是该知名商品；③擅自使用他人的企业名称或者姓名，引人误认为是他人的商品。该条款所禁止经营者不当利用的是其他经营者通过诚实经营对其商标、商品名称等所获得的竞争利益。此外，《反不正当竞争法》第 9 条中有关未经许可使用经营者商业秘密的行为，亦属于此种情形，该条款所禁止经营者不当利用的是其他经营者对其商业秘密所享有的竞争利益。由此可见，经营者不得不当利用其他经营者的竞争利益亦是反不正当竞争法对经营者所提出的法定要求。

正是将上述要求适用于本案，法院认为 B 公司向用户提供具有视频广告过滤功能的猎某浏览器的行为未符合上述要求，有违诚实信用原则。具体理由如下：

（1）被诉行为属于对被上诉人 A 公司正常经营活动的破坏。A 公司作为优某网站的经营者，其并无义务向用户提供免费视频，在此情况下，其在向用户免费提供视频服务的同时，添加相应视频广告，该行为既未违反现有相关法律规定，亦未违反商业道德以及诚实信用原则，因此其属于受反不正当竞争法保护的经营活动。

被诉猎某浏览器具有视频广告过滤功能，虽然该功能需要用户主动开启，但因基于用户的现有使用习惯，相当比例的该浏览器用户会选择这一功能，因此，这一浏览器的使用会使得 A 公司优某网中正常播放的视频片头广告有相当比例会被过滤。鉴于在免费视频加广告的经营模式下，A 公司的收入来源于广告商的投入，而在用户使用被诉浏览器将其片头视频广告过滤后，A 公司的广告收入必然会受到实质影响，故这一过滤后果显然会对 A 公司的经营活动造成直接影响。

虽然直接对优某网广告进行过滤的是被诉猎某浏览器的用户，而非浏览器的提供者，但因该浏览器所具有的视频过滤功能显然是这一过滤后果的直接诱因（即便该功能需由用户选择方能起作用亦不能影响这一认定），因此，B 公司对被诉猎某浏览器的提供行为与该过滤后果具有直接关联关系。

作为互联网从业者，B 公司对于用户选择被诉浏览器过滤功能的可能性，以及该过滤后果可能对 A 公司经营利益所造成的损害显然均有认知，在此情况下，其却依然向用户提供被诉猎某浏览器，可见，该提供行为已构成对 A 公司正当经营活动的破坏。

当然，法院这一认定并非意味着 A 公司的经营活动以及其所采用的免费视频加广告这一商业模式不得受到任何冲击或影响，法院要强调的仅仅是 A 公司的经营活动及其商业模式是否变化以及如何变化不应受制于其他经营者的破坏行为。

在良性有序的市场竞争中，经营者对其经营活动及商业模式的改变或改善，应来源于其他经营者经营活动的"影响"，而非"破坏"。所谓影响，是指经营者通过发展并改善自己的经营活动从而客观上对于其他经营者的经营活动产生影响。相比"同业经营者"，这一原则对于"非同业经营者"更为重要。对于同业经营者而言，经营者虽亦有破坏其他经营者经营活动的可能性，但因该经营者自身亦需要在这一行业中生存，故即便其经营活动会对其他经营者现有商业模式造成破坏，但通常亦会有可替换的商业模式产生。如果经营者在破坏现有商业模式的情况下却并不代之以新的商业模式，则势必使得其自身的经营活动亦无法存续，这种行为显然是经营者所不会选择的，由此可知，通常情况下同业经营者的破坏行为对整个行业的生存不会产生影响。

但对于"非同业经营者"而言，情形则完全不同。在非同业竞争中，因其他行业的经营情形对该经营者所处行业以及该经营者自身利益通常并不会产生实质性影响（例如，即便整个视频网站行业均难以维系，对于浏览器经营者亦不会产生影响），因此，该经营者在实施破坏行为时通常不会考虑同时代之以可替换的商业模式，这也就意味着，这一破坏行为很可能会对另一行业的生存造成致命影响。这一情形说明对非同业经营者的破坏行为予以禁止具有更为重要的意义。

相比传统竞争环境的非同业竞争，这一情形在互联网环境下更为突出。互联网所具有的虚拟性以及互联网技术的交叉性，使得互联网各行业之间相互干扰相互破坏更为便利，这也就意味着，如对此类行为不加禁止，其对互联网各行业造成破坏的可能性将会明显大于传统行业，从而将会对互联网的整体发展造成阻碍。

（2）被诉行为属于不当利用被上诉人A公司竞争利益的行为。本案双方当事人均为互联网企业，其经营行为必然具有互联网经济的特点。在互联网经济中，因用户量具有至关重要的意义，故B公司如欲使被诉猎某浏览器取得更好的直接或间接经济利益，获得更多的用户量是其经营活动的重要目标。而在此方面，A公司所经营的优某网具有显而易见的优势，该网站的用户量在同类网站中位居前列。鉴于网络用户显然更希望其所观看的视频不附着任何广告，故被诉猎某浏览器所具有的视频广告过滤的功能会使得相当比例的优某网用户选择使用被诉猎某浏览器，这一选择意味着相当比例的优某网用户会同时成为猎某浏览器的用户，从而使得猎某浏览器的用户量相应增加。B公司作为互联网从业者对这一情形显然知晓，在此情况下，其仍向用户提供具有视频广告过滤功能的猎某浏览器，显然具有利用A公司竞争利益的主观意图。综上可知，B公司对被诉浏览器的提供行为显然属于不当利用被上诉人A公司竞争利益的行为。

综上，本书认为，如果经营者的一行为，既构成对其他经营者正常经营活动的破坏，亦属于不当利用对方经营者竞争利益的行为，该行为即可视为不正当的竞争行为。

（四）反不正当竞争纠纷中的原告资格如何认定

本案法院认为，B公司在经营猎某浏览器的活动中享有合法权益，是二审案件的适格原告，那么就引出了一个基础性问题，即对反不正当竞争法的适用而言，什么是适格原告？如何理解其中的"经营者"？此处的"经营者"

是否与反垄断法上的经营者有所不同?

按照《反不正当竞争法》第 2 条第 3 款规定:"本法所称的经营者,是指从事商品生产、经营或者提供服务(以下所称商品包括服务)的自然人、法人和非法人组织",仅对本条进行字面解释,可以作出如下解读:①从主体资格而言,经营者应当是具备"从事商品生产、经营或者提供服务"的权利能力的人,其他没有这种主体资格的人即便从事了"商品生产、经营或者提供服务",也不是经营者。也就是说,只有依法核准登记领取相关营业执照、具有从事经营活动资格的单位和个人,才会成为经营者。②从行为性质而言,不论是否具备主体资格,只要行为人从事了经营性质的行为并可以从中获益,那么就可以被认定为经营者,也可以被认定为反不正当竞争法的法律适用相关人。

然而如果只按照主体资格来判断,那么就可能出现一些司法适用困境,比如如果没有经营资格的主体(如无照营业的个人或单位企业职工)从事了经营行为或其他不正当竞争行为(如侵害商业秘密),事实上也损害了该竞争关系中的竞争利益,并且对其他经营者造成了损害,那么过于严格的主体资格角度就会使得上述行为人无法受到反不正当竞争法的调整。好在我国现行的一些行政规章已经对此作出了突破性的明确规定,以打破司法适用的僵局。如国家工商行政管理局《关于禁止侵害商业秘密行为的若干规定》第 3 条第 1 款第 4 项即将"权利人的职工违反合同约定或违反权利人保守商业秘密的要求,披露、使用或允许他人使用其所掌握的权利人的商业秘密"规定为侵害商业秘密的一种形式,而将职工直接纳入到经营者的范畴。

所以本书认为,从主体资格限定"经营者"过于严苛与狭窄,不利于反不正当竞争法的适用,而应当从行为性质的角度来对经营者定性,即只要从事或参与了市场行为,不论其是否具有法定的经营主体资格,都应当属于反不正当竞争法上的经营者。

(五)《反不正当竞争法》修订实施后"互联网条款"如何适用

本案判决时候,新修订的《反不正当竞争法》还没有正式实施,所以法院援引的主要是第 2 条"诚信原则"作为一般条款进行判决。2018 年 1 月 1 日实施的《反不正当竞争法》,其中最瞩目的一部分修改,就是增加了与互联网技术相关的许多内容,尤其是第 12 条增加了一些对于互联网环境中不正当竞争行为的具体规定，被称作"互联网专条"。此次修改应运而生于互联网繁荣发展的背景之下，有多处涉及互联网领域的内容。互联网领域的这些不正当竞争行为，一部分属于传统不正当竞争行为在互联网环境中的延伸，一部分则属于互联网环境中特有的、利用技术手段进行的不正当竞争行为。对于前者，新修订的《反不正当竞争法》也在相应条款中增加了新情况，对于后者，就要靠"互联网专条"来进行规制了。

1. 传统不正当竞争行为在互联网环境中的新发展。

（1）禁止互联网环境中的仿冒混淆行为。仿冒混淆行为是常见的不正当竞争手段之一，原法于第 5 条规定了这种具体的不正当竞争行为，修订后的《反不正当竞争法》则于第 6 条第 3 款增加了不得"擅自使用他人有一定影响的域名主体部分、网站名称、网页等"的规定，据此，擅自使用他人有一定影响的域名主体部分、网站名称、网页等，引人误认为是他人商品或者与他人存在特定联系的，依法构成商业混淆的不正当竞争行为。

（2）禁止互联网环境中的虚假宣传行为。修订后的《反不正当竞争法》第 8 条规定，经营者不得对其商品的"销售状况""用户评价"等作虚假或者引人误解的商业宣传，欺骗、误导消费者。经营者也不得通过组织虚假交易等方式，帮助其他经营者进行虚假或者引人误解的商业宣传。本次修订新增的"销售状况""用户评价"直指虚假宣传泛滥的电子商务领域。消费者在网络购物中做出选择的重要依据是商家的销售量和购买者的评价。而电子商务平台的不少经营者线下"雇水军"、线上"刷单、刷评价"，不但使自己迅速提升所谓的商业信誉，还使消费者在接收错误信息的情况下做出交易选择，更使其竞争对手在按销售量、评分等排序时靠后，损失大量的交易机会。

2. 互联网专条——禁止互联网领域中的新型不正当竞争行为。修订后的《反不正当竞争法》第 12 条对利用技术手段在互联网领域从事妨碍、破坏其他经营者合法提供的网络产品或者服务正常运行的不正当竞争行为作了列举性规定，被称为"互联网专条"。在此之前，对于互联网领域内新型的不正当竞争行为，司法实践中只能通过第 2 条"诚信原则"这个一般条款进行规制。而互联网领域技术快速革新更迭，商业模式更新快，相关经营者难以预见其利用新技术进行的竞争行为是否构成违法。对一般条款的过度适用、对商业道德解释的任意性，都不利于维护竞争秩序与市场规则。而本条的规定，则通过具体的描述"经营者利用网络从事生产经营活动，应当遵守本法的各项规定。经营者不得利用技术手段，通过影响用户选择或者其他方式，实施下列妨碍、破坏其他经营者合法提供的网络产品或者服务正常运行的行为"，通过概括规定加具体列举尽可能全面的囊括了互联网领域特有的不正当竞争行为，主要包括：①未经其他经营者同意，在其合法提供的网络产品或者服务中，插入链接、强制进行目标跳转等流量劫持行为；②误导、欺骗、强迫用户修改、关闭、卸载其他经营者合法提供的网络产品或者服务等不当干扰行为；③恶意对其他经营者合法提供的网络产品或者服务实施不兼容行为。这些不正当竞争行为的类型都是从个案中归纳提炼而得。

此外，该条还设置了兜底条款"其他妨碍、破坏其他经营者合法提供的网络产品或者服务正常运行的行为"，力求穷尽规制和应对未来出现的新类型互联网不正当竞争行为。

拓展案例

案例一：A公司诉B公司、余某某侵害商标权及不正当竞争纠纷案[1]

一、基本案情

原告（反诉被告）A公司诉称，A公司为"同某福TONGMUFU及图"商标权人，余某某先后成立的个体工商户和B公司，在其字号及生产的桃片外包装上突出使用了"同某福"，侵害了原告享有的"同某福TONGMUFU及图"注册商标专用权并构成不正当竞争。请求法院判令B公司、余某某停止使用并注销含有"同某福"字号的企业名称；停止侵犯原告商标专用权的行为，登报赔礼道歉、消除影响，赔偿原告经济、商誉损失50万元及合理开支5066.4元。

被告（反诉原告）B公司、余某某共同答辩并反诉称，B公司的前身为始创于1898年的同某福斋铺，虽然同某福斋铺因公私合营而停止生产，但未中断独特技艺的代代相传。"同某福"第四代传人余某某继承祖业先后注册了

---

[1] 参见：(2013)渝一中法民初字第00273号民事判决书，(2013)渝高法民终字第00292号民事判决书，(2013)知行字第80号民事判决书。

个体工商户和公司，规范使用其企业名称及字号，B 公司、余某某的注册行为是善意的，不构成侵权。A 公司与老字号"同某福"并没有直接的历史渊源，但其将"同某福"商标与老字号"同某福"进行关联的宣传，属于虚假宣传。而且，A 公司擅自使用"同某福"知名商品名称，构成不正当竞争。请求法院判令 A 公司停止虚假宣传，在全国性报纸上登报消除影响；停止对"同某福"知名商品特有名称的侵权行为。

法院经审理查明：开业于 1898 年的同某福斋铺，在 1916～1956 年期间，先后由余某春、余某光、余某祚三代人经营。在 20 世纪 20～50 年代期间，"同某福"商号享有较高知名度。1956 年，由于公私合营，同某福斋铺停止经营。1998 年，合川市某桃片厂获准注册了第 1215206 号"同某福 TONGMU-FU 及图"商标，核定使用范围为第 30 类，即糕点、桃片（糕点）、可可产品、人造咖啡。2000 年 11 月 7 日，前述商标的注册人名义经核准变更为 A 公司。A 公司的多种产品外包装使用了"老字号""百年老牌""'同某福牌'桃片简介：'同某福牌'桃片创制于清乾隆年间（或 1840 年），有着悠久的历史文化"等字样。A 公司网站中"公司简介"页面将《合川文史资料选辑（第二辑）》中关于同某福斋铺的历史用于其"同某福"牌合川桃片的宣传。

2002 年 1 月 4 日，余某祚之子余某某注册个体工商户，字号名称为合川市老字号同某福桃片厂，经营范围为桃片、小食品自产自销。2007 年，其字号名称变更为重庆市合川区同某福桃片厂，后注销。2011 年 5 月 6 日，B 公司成立，法定代表人为余某某，经营范围为糕点（烘烤类糕点、熟粉类糕点）生产，该公司是第 6626473 号"余某光 1898"图文商标、第 7587928 号"余某某"图文商标的注册商标专用权人。B 公司的多种产品外包装使用了"老字号【同某福】商号，始创于清光绪二十三年（1898 年）历史悠久"等介绍同某福斋铺历史及获奖情况的内容，部分产品在该段文字后注明"以上文字内容摘自《合川县志》""【同某福】颂：同某福，在合川，驰名远，开百年，做桃片，四代传，品质高，价亦廉，讲诚信，无欺言，买卖公，热情谈""合川桃片""重庆市合川区同某福桃片有限公司"等字样。

二、法律问题

1. 与"老字号"无历史渊源的个人或企业将"老字号"或与其近似的字

号注册为商标后,并以"老字号"的历史进行宣传的,是否应当被认定为虚假宣传?

2. 与"老字号"具有历史渊源的个人或企业在未违反诚实信用原则的前提下,将"老字号"注册为个体工商户字号或企业名称,未引人误认且未突出使用该字号的,是否构成不正当竞争或侵犯注册商标专用权?

三、重点提示

1.《反不正当竞争法》第二章规定了反不正当竞争行为的几种表现。
2.《反不正当竞争法》第二章与第四章规定了不正当竞争行为的违法性判断标准。

案例二:A 公司与 B 公司不正当竞争纠纷上诉案[1]

一、基本案情

A 公司系我国台湾地区公司法人,成立于1981年,经营范围包括词、曲之著作业务,各种唱片、录音带之发行、出版及买卖业务等。其在中国大陆地区授权出版发行的音乐专辑上,标注有"A 音乐股份有限公司""授权原版引进"的字样。B 公司成立于2000年的武汉,经营范围包括歌舞表演、卡拉OK、音乐厅、酒吧等。A 公司认为 B 公司基于傍名牌、搭便车的目的,将其原公司名字中的"滚石"字样作为其企业名称在武汉注册,以达到使消费者误以为与 A 公司之间存在关联关系,从而达到不正当竞争目的,请求法院判令 B 公司:①其企业名称对 A 公司"滚石"知名商号构成不正当竞争;②停止使用"滚石"作为字号并变更企业名称;③赔礼道歉;④赔偿经济损失50万元。

湖北省武汉市中级人民法院一审认为:B 公司在其公司经营场所及电子屏幕中使用了"汉口滚石音乐台""武昌滚石音乐台"字样,在其滚石糖果音乐会所登记的字号使用了"滚石"字样以及在其网站上标注有"滚石国际"等字样,并上传 A 公司演唱会视频的行为对 A 公司企业名称构成不正当

---

[1] 参见:湖北省高级人民法院 (2013) 鄂民三终字第395号民事判决书民事判决书。

竞争行为,判决 B 公司立即停止使用"滚石"字号并办理企业名称变更登记手续、赔偿 A 公司经济损失 200 000 元和合理费用 52 533 元。宣判后,A 公司因赔偿数额过低提出上诉;B 公司认为其不构成不正当竞争,且本案与另一侵害商标权案均判赔,属于一事两罚,亦提出上诉。湖北省高级人民法院二审驳回上诉,维持原判。

二、法律问题

(一)不正当竞争行为的认定

B 公司是否构成不正当竞争行为应从三方面分析:①根据《企业名称登记管理规定》第 7 条规定,企业名称由字号(或者商号,下同)、行业或者经营特点、组织形式组成。A 公司的全称为"A 音乐股份有限公司",其中"股份有限公司"表明的是其组织形式,"音乐"表明的是其行业,"国际"二字本身不具有表明出处的作用,故"滚石"可认定为 A 公司的商号。②在 A 公司企业名称变更过程中,一直沿用了"滚石"商号。而且 A 公司自 1993 年在中国大陆地区授权出版发行音乐专辑以来,均标注有"A 公司""授权原版引进"字样。B 公司成立之前,A 公司已享有较高知名度。根据《最高人民法院关于审理不正当竞争民事案件应用法律若干问题的解释》第 6 条规定,社会公众已经将"滚石"和 A 公司建立了稳定的关联关系。"滚石"应当视为《反不正当竞争法》(1993 年)第 5 条第 3 项规定企业名称加以保护。③A 公司的"滚石"无论作为注册商标,还是企业商号,都早于 B 公司成立时间。B 公司虽与 A 公司经营的唱片等有所不同,但是与后者同属娱乐行业,在经营上存在特定的联系。B 公司登记使用"滚石"作为企业商号具有明显攀附 A 公司声誉的主观意图,其在经营中使用"滚石"作为企业商号足以误导相关公众发生混淆。B 公司在其网站使用"滚石国际"等字样、将 A 举办演唱会的视频上传网站作为其自身介绍,明显有误导消费者的故意。综上,B 公司的上述行为构成不正当竞争。

(二)"一事两罚"的问题

A 公司以其拥有的第 746428 号"滚石"和第 776724 号"滚石"商标专用权在另一侵害商标权案中对 B 公司提出诉讼。B 公司认为其只存在一种行为,不应作为商标侵权和不正当竞争行为两次判罚。分析 B 公司的行为可知,

B公司的涉案侵权行为不是一种行为，而是多种行为。B公司使用的被控侵权标识与其商号并非完全相同，其在"滚石音乐台"外墙、门票、玩具手柄上印有"滚石"标识，在经营场所内电子屏幕上显示有"滚石"标识，实际上起到了标示服务来源的功能，应认定为商标法意义上的商标使用行为。前已分析B公司登记"滚石"商号作为其企业名称，使用"滚石国际"字样、上传A公司演唱会视频等行为构成不正当竞争，这与前述认定的对"滚石"标识的使用构成商标使用行为并不完全相同。

企业名称权和商标专用权各自有其权利范围，分别受商标法律、法规和企业名称登记管理法律、法规的调整和保护。商标是区别不同商品或服务来源的标志，企业名称是区别不同市场主体的标志，而商号是区别不同企业的主要标志。"滚石"二字既是A公司的商号，又是其文字图形组合商标之主要部分。因而在A公司享有注册商标专用权的情况下，并不影响其以企业名称主张其相应的权益。B公司涉案存在的商标侵权与不正当竞争行为，应分别受到商标法、反不正当竞争法的规制和调整。法院基于A公司的不同诉请，根据B公司的涉案商标侵权与不正当竞争行为的不同性质、损害后果等具体情形，分别酌定相应的赔偿数额，并不存在"一事两罚"的问题。

三、重点提示

1. 《反不正当竞争法》第二章列举的不正当竞争行为表现与构成要件。
2. 企业名称权与商标专用权的关系。

案例三：A公司与B公司其他不正当竞争纠纷上诉案[1]

一、基本案情

原告A公司系国内知名视频内容提供商，通过其视频网站、官方电脑客户端、安卓、苹果等移动平台客户端，向网络用户提供视频播放服务。其主要经营模式为在视频内容播放前播放广告以收取广告费，在网站及客户端上为客户投放广告，或者向用户提供付费会员服务，会员可观看无片前广告的视频内容，

---

[1] 参见：上海知识产权法院（2015）沪知民终字第728号民事判决书民事判决书。

通过这些收入再支付视频版权、带宽、推广等支出,以维持其正常运营。

被告 B 公司开发并运营"VST 全聚合"软件,该软件可以安装于安卓平台的 PAD、手机和电视机顶盒,其网站首页左上端写有"VST 全聚合",根据网站的表述"VST 全聚合是一套全新的全媒体聚合客户端软件(启动器)……VST 全聚合是华人用户数最多的聚合平台软件……VST 聚合了国内主流的十八个视频网站的内容,是目前聚合软件中内容最多的聚合软件……VST 聚合了 600 多个网络直播频道,并且有专人不间断维护,通过软件全国分布式系统检测,提高用户体验……"

原告 A 公司通过公证形式,在智能电视、手机上安装使用"VST 全聚合"应用在线搜索播放了多部影视剧的视频。在播放影视剧视频正片前,缓存时显示"A 公司(超清)"或"A 公司(高清)"字样,视频播放时右上角带有 A 公司水印,但播放这些视频时没有片前广告。

原告 A 公司认为被告开发运营的"VST 全聚合"软件具有"视频广告过滤功能",用户在网络机顶盒、安卓智能电视、安卓手机、安卓平板中安装该软件后,可以直接通过该软件观看"A 公司"平台的视频内容,而不再需要观看视频广告,这一行为降低了广告主在原告处投放广告的曝光率,导致原告网站访问量以及原告播放器客户端下载量的下降,被告却无需支付高昂的视频作品版权许可费。被告的行为严重破坏了正常商业秩序,侵害了原告的正当权益,故请求判令:①被告立即停止不正当竞争行为,立即停止在"VST 全聚合"中播放来源于原告经营网站的视频内容,立即停止在"VST 全聚合"中播放来源于原告经营网站的视频内容时屏蔽视频广告。②被告赔偿原告经济损失 992 000 元、律师费 50 000 元、公证费 14 250 元。③被告就其不正当竞争行为在其官方网站首页上端连续 72 小时刊登声明,消除影响。

被告 B 公司辩称:①原、被告不处于同一行业,不存在竞争关系。②被告没有实施原告所主张的不正当竞争行为。被告并没有通过技术手段屏蔽原告视频前广告。用户在使用涉案软件观看视频时,能清楚地知道观看的视频来源于 A 公司,并不会造成公众的误解,不构成不正当竞争。③被告免费向用户提供涉案软件,并没有从中获利。④被告使用的技术本身是创新、中立的,不应限制这种技术的发展,也不应剥夺用户享受新技术的权利。⑤原告主张的经济损失和合理费用没有事实和法律的依据。⑥被告的行为并没有损害原告在公众中的形象，不应当承担消除影响的责任。

上海市杨浦区人民法院于 2015 年 10 月 14 日作出（2015）杨民三（知）初字第 1 号民事判决：①被告 B 公司于本判决生效之日起 10 日内赔偿原告 A 公司经济损失人民币 300 000 元及合理费用人民币 60 000 元；②被告 B 公司就其实施的不正当竞争行为在其官方网站首页上端连续 72 小时刊登声明，消除影响（内容需经法院审核）。一审宣判后，B 公司不服，向上海知识产权法院提出上诉，上海知识产权法院于 2016 年 4 月 26 日作出（2015）沪知民终字第 728 号民事判决：驳回上诉，维持原判。

二、法律问题

本案涉及《反不正当竞争法》第 2 条的适用。行为人开发并运营相关软件，实现无需观看片前广告即可直接观看其他网络视频平台视频的功能，该行为违背了诚实信用原则，损害了其他网络视频平台依托其正当商业模式获取商业利益的合法权益，构成不正当竞争。

三、重点提示

1. 《反不正当竞争法》新法实施后，"互联网条款"应该如何适用于本类案件。

2. 竞争关系中如何确定相关市场。

5-1【拓展阅读案例】

5-2【拓展阅读资料】

专题二 反垄断法

知识概要

反垄断法作为一种规制经营者行为的法律，其目的在于通过调整经营者越界的"垄断"行为，来维护正常的市场竞争秩序。这其中，界定相关市场则是所有反垄断分析的起点和开端。传统的反垄断法三大规制手段"禁止垄断协议""禁止支配地位滥用"以及"禁止经营者集中"，首先都需要通过界定相关市场来界定真正的相关经营者，进一步判断"垄断事实"的成立。然而并非所有的"垄断"都需要进行调整，只有那些进行效率分析、判定的确损害竞争的行为才需要纳入反垄断法的调整。传统支配地位的获得主要是通过占有市场份额，但在知识产权占主导地位的新兴产业中，显然技术优势、专利的持有更容易为企业带来优势地位。所以传统的反垄断分析方法必然受到挑战，因此本章会集中于这些变化进行分析。

经典案例

案例一：A 公司诉 B 公司案（标准必要专利许可费用纠纷以及知识产权领域对于支配地位的滥用）[1]

一、基本案情

B 公司是在美国注册的企业法人，该公司参与了全球各类无线通信国际标准制定，拥有一系列无线通信基本技术相关的专利，堪称全球通信标准专利巨头。

而 A 公司则是世界通信终端生产的最主要、最重要公司之一，其与 B 公司之间的恩怨也正是源于这一系列无线通信专利。A 公司作为全球重要的电信设备提供商，主要依靠销售终端通信设备为生；而 B 公司则是一家不进行任何实质性生产、仅以专利许可作为经营模式的公司。在 B 公司 2010 年的年报中自称，截至 2010 年底已持有 18 500 项专利和待批的专利申请。且 B 公司目前还通过其全资子公司持有无线通信基本技术相关的专利组合。在 B 公司的专利组合中，有许多专利和专利申请，已经成为或可能成为蜂窝以及其他

---

[1] 参见：广东省深圳市中级人民法院（2011）深中法知民初字第 858 号一审民事裁决书，广东省高级人民法院（2013）粤高法民三终字第 306 号民事判决书。本案是我国首例因标准必要专利许可引发的纠纷，被舆论称为中国标准必要专利反垄断纠纷第一案，属于互联网新技术条件下的重大疑难复杂案件，既引起了世界各国尤其是通信业的高度关注，也为知识产权与反垄断的一个重要交叉领域"标准必要专利"提供了一个绝佳"交战"机会。

无线标准（包括 2G、3G、4G 和 IEEE802 系列标准）的必要专利。其他公司（包括所有主要的移动手持设备制造商）制造、使用或销售基于这些标准的产品需要得到其必要专利的许可，或需要获得其待批专利申请中必要专利的许可。B 公司的大部分收入来自该公司专利组合中的专利许可。A 公司为了维护自己的权益，给 B 公司以反击而将其告上中国法院。

2008 年 11 月开始，A 公司与 B 公司就多项标准必要专利的许可使用费进行了多次谈判。但无论是以一次性支付专利许可使用费为标准，还是以专利许可使用费率为标准，B 公司拟授权给 A 公司的专利许可费均远远高于其他同等经营类型的公司。双方一直未能就许可费用达成一致。

2011 年 7 月，B 公司将 A 公司起诉至美国特拉华州法院，并向美国国际贸易委员会（ITC）起诉，称 A 公司涉嫌侵犯其在美国享有的 7 项标准必要专利，请求对 A 公司启动"337 调查"，并禁止 A 公司制造、销售、进口相关产品。

2011 年 12 月，A 公司将 B 公司诉至中国深圳市中级人民法院，认为 B 公司违背了其承诺的义务，请求法院判令其按照"公平、合理、无歧视"（FRAND）原则确定 B 公司就其标准必要专利许可 A 公司的许可费率或费率范围。在此之前，B 公司于 2009 年 9 月加入欧洲电信标准化协会（ETSI），并声明承诺给予其标准必要专利实施人以公平、合理、无歧视条件的授权许可。

深圳中院经审理认为，B 公司是中国电信领域（移动终端和基础设施）技术标准的必要专利权人。根据我国法律，B 公司应将其标准必要专利以公平、合理、无歧视的原则授权给 A 公司使用。2013 年 2 月，深圳中院做出一审判决，确定根据"公平、合理、无歧视"原则，标准必要专利许可使用费率应为 0.019%。同时，深圳市中级人民法院一审判决判定 B 公司因实施了垄断行为，赔偿 A 公司人民币 2000 万元，但同时驳回了 A 公司提出的关于 B 公司对必要专利一揽子许可构成捆绑搭售行为的诉求。[1]一审过后，双方当事人均提起上诉。

2013 年 10 月 28 日，广东省高级人民法院终审判定维持了深圳市中院的

---

〔1〕 参见：广东省深圳市中级人民法院（2011）深中法知民初字第 858 号一审民事裁决书。

一审判决，判定 B 公司因实施了垄断行为，赔偿 A 公司人民币 2000 万元，不予认可 A 公司提出的关于 B 公司对必要专利一揽子许可构成捆绑搭售行为的诉求。

二、法律问题

1. 什么是标准？什么是标准必要专利？
2. 什么是相关市场？如何判定标准必要专利中的相关市场？
3. 什么是市场支配地位？如何判定支配地位以及滥用支配地位的行为违法性？
4. 什么是 FRAND 原则？审判实务中如何适用 FRAND 原则？
5. 如何确定标准必要专利中的相关费率？

三、法理分析

（一）A 公司诉 B 公司案中的相关市场是什么

"相关市场"这一概念是所有涉及反垄断案件法律分析的起点。可以说，如果相关市场界定错误，那么就无法判定正确的相关竞争者，那么对于之后的垄断行为判断则无从谈起。"相关市场（Relevant Market）"这一概念，最早始于经济学的理论，由美国反托拉斯法的判例法发展而来，1948 年被引入反垄断法领域。之后美国最高法院于 1962 年在布朗鞋一案中对相关市场的界定作出了经典的界定，该案例对各国反垄断法的理论和实践均有着重要的指导意义。

"相关市场"指的是经营者在一定时期内就相关商品（包括产品及服务）进行竞争的商品范围和地域范围，也就是固定的发生竞争作用的领域；而"相关市场的界定"就是指通过特定的方法、用特定的标准对这个发生竞争的领域进行确定的过程。"相关市场的界定"本身并不是反垄断法中的一项独立制度，甚至不是一项独立的法律制度，但它是建立和开展反垄断法各主要制度的基础，更是反垄断法实施中的一个基础性问题。在已建立起反垄断法基本制度的国家和地区，相关市场的界定常常成为反垄断法实施中的一个非常关键的问题。因为在反垄断法中，大多数情况下对于涉嫌垄断行为是通过分析其是否对竞争造成损害来确定其违法性的，这就必然涉及发生竞争的领域。

而相关市场的界定就是要划定这种竞争领域范围的大小。只有通过相关市场的界定，才可知晓在一个市场上到底有多少竞争者，他们各自的市场份额有多大，进而才能判断涉嫌违法企业究竟能在多大程度上正在行使或者将来可能行使其市场支配力（Market Power）[1]，从而使其行为具有或者产生限制竞争的违法性效果。

国务院《关于相关市场的界定指南》第3条指出："相关市场……通常需要界定相关商品市场和相关地域市场。相关商品市场，是根据商品的特性、用途及价格等因素，由需求者认为具有较为紧密替代关系的一组或一类商品所构成的市场。这些商品表现出较强的竞争关系，在反垄断执法中可以作为经营者进行竞争的商品范围。相关地域市场，是指需求者获取具有较为紧密替代关系的商品的地理区域。这些地域表现出较强的竞争关系，在反垄断执法中可以作为经营者进行竞争的地域范围。当生产周期、使用期限、季节性、流行时尚性或知识产权保护期限等已构成商品不可忽视的特征时，界定相关市场还应考虑时间性。在技术贸易、许可协议等涉及知识产权的反垄断执法工作中，可能还需要界定相关技术市场，考虑知识产权、创新等因素的影响。"

为了提高执法透明度和执法的确定性，有些国家或地区还设立了反垄断执法机关关于界定相关市场的程序以及界定相关市场的标准和证据，如欧共体委员会1997年12月发布了欧共体竞争法中界定相关市场的通告，该通告指出，"提高透明度有助于企业更好地预见委员会在具体案件中关注竞争问题的可能性"，[2]从而当他们在准备企业并购、建立合营企业或订立某种协议时，可以考虑这种可能性。并且为了使市场界定规范化、科学化和客观化，欧共体委员会在这个通告中还提出了界定相关市场的具体方法，并提出要使用经济学和计量经济学来界定产品市场和地域市场，就此明确地将经济分析法引入了欧共体的竞争法。

同时，欧盟委员会1997年《关于界定欧共体竞争法意义上的相关市场的

---

[1] 市场支配力，指的是"不考虑竞争者与消费者的反应提升价格的能力"。理论上，市场力是能够测量、能够计算的，但迄今没有哪一个国家的反垄断法对测量、计算市场力的方法作出明确规定。

[2] 王晓晔："举足轻重的前提——反垄断法中相关市场的界定"，载《国际贸易》2004年第2期。

委员会通告》第 2 段规定:"市场界定是一种识别和限定企业间竞争界限的工具,这种工具为委员会适用竞争政策确定了一种框架。市场界定的主要目的,是系统地去识别所涉企业受到了哪些竞争约束。从商品和地域范围两方面来对市场进行界定,其目的是确定相关企业的实际竞争者,这些实际竞争者能对其行为进行约束,防止其超越有效的竞争压力而为所欲为,从这个角度看,界定了相关市场,才能计算市场份额,市场份额往往传递着关于市场力量的重要信息,而评价支配地位或适用第 81 条,都需要对市场力量进行分析。"[1]

美国作为反垄断法立法和实施最早并且制度设置最为完善的国家,早在 20 世纪五六十年代的一系列案件中,各法院就经常使用各种方法来界定相关市场,其中需要替代性分析成为反垄断执法中界定相关市场的传统方法。1968 年,美国司法部反托拉斯局颁布了《合并指南》,对经营者集中审查的实践进行了指导。美国反托拉斯法早期实行结构主义的规制方针,直到 20 世纪 70 年代以后,芝加哥学派的行为主义规制理论逐渐成为反托拉斯执法的指导思想。1982 年美国司法部颁布了新的《横向合并指南》(简称《1982 合并指南》),反映了美国在反托拉斯执法立场上的这种转变。

《1982 合并指南》运用"假定垄断者测试"(Hypothetical Monopolist Test)进行相关市场的界定。该方法的基本原理是先确定一个候选市场,假设该市场中某垄断者进行一个"不大但是明显的非临时性涨价"(SSNIP),然后观察该候选市场上其他相邻产品的反映,最终确定一个相对固定的相关商品市场或相关地域市场。由此引出了"相关产品市场"和"相关地域市场"的概念。在《1982 合并指南》的基础上,美国司法部和联邦贸易委员会于 1992 年和 1997 年再次对指南内容进行修订(简称《1997 合并指南》),在此导入了对于合并的协调效应和单边效应进行分析的经济学方法。[2]《1997 合并指南》不仅对美国反垄断执法起着重要的实务指导作用,对联邦各地方法院的经营者集中审查也具有一定的影响力。《1997 合并指南》确立的相关市场界定方

---

[1] 许光耀:《欧共体竞争法研究》,法律出版社 2002 年版,第 138 页。
[2] 所谓协调效应,是指"合并可使相关市场上的企业取得成功且全面地进行危害消费者的相互协调,从而达到减少竞争的目的或效果"。单边效应是指"合并即便没有能够成功提高企业相互协调的可能性,但是由于竞争对手的减少以及产品的差异性等因素,使得合并后的企业能够进行单方面涨价或减少产量的效果"。参见戴龙:"反垄断法中的相关市场界定及我国的取向",载《北京工商大学学报(社会科学版)》2012 年第 1 期。

法也被其他国家所借鉴,例如,欧盟、日本、加拿大、英国、澳大利亚、新西兰等国在其反垄断执法中都采用了和美国相似的做法。

在欧盟,欧盟委员会于1997年12月公布了《欧共体竞争法中界定相关市场的通告》,全面阐明了欧盟委员会在界定相关市场时的基本立场。和美国相比,欧盟委员会所确立的界定相关市场的方法并不局限于经营者集中规制,而是适用于欧盟竞争法全体。由于欧盟竞争法的制度特征体现在对滥用市场支配地位的规制上,因此对于欧盟竞争法的来说,界定相关市场具有不可替代的重要作用。

2008年上台的奥巴马政府从一开始就推出了与前任政府不同的反垄断执法理念,强调要加强反托拉斯法的执法。2010年8月,美国司法部(DOJ)和联邦贸易委员会(FTC)共同颁布了新的《横向合并指南》(简称《2010合并指南》),体现了美国政府对于相关市场界定的最新立场。《2010合并指南》对经营者集中审查的相关市场界定进行了重新定位,认为相关市场的界定并不是集中审查的目的,只是反托拉斯当局评价集中可能产生竞争限制效果的一个工具。反托拉斯当局对经营者集中进行审查时并不需要从界定市场开始,评价集中产生的限制竞争效果也不完全依赖于相关市场的界定。

《2010合并指南》对于反托拉斯当局这种认识转变的理由进行了阐释,认为在进行集中审查前进行相关市场界定具有一定的局限性。其认为界定相关市场有两个作用:①"市场界定使得执法机构能够去确认市场参与者,并测量市场份额以及市场集中度",[1]即确定相关市场上都有哪些竞争者,然后才能计算市场份额,而市场集中度的计算应当以全体竞争者的市场份额为依据。②"帮助具体确认所发生的竞争问题的商业边界以及地域范围",[2]即要考察当事人的行为究竟产生什么影响,也必须以独立的相关市场为考察范围,其中包括了相关商品市场与相关地域市场。美国这一指南的文字相比于前述欧盟的就明显简练精炼了许多,但二者的内容大致还是相同的,基本都是为了强调相关市场的界定的直接目标在于识别具体的竞争者。其中,需要进一步明确的是:

---

[1]《2010合并指南》第四章第1段。
[2]《2010合并指南》第四章第1段。

总之，只要需要计算市场份额，就需要对相关市场进行比较精确的界定，因为市场份额的计算方法是将涉嫌当事人的销售额除以相关市场上全体竞争者（包括涉嫌当事人自身）的总销售额，如果有所遗漏，则市场份额的计算就会出现误差。然而在不需要精确计算市场份额的情况下，市场界定可以不那么精确，但是即便是不精确的市场界定仍然是市场界定，仍然要采用同样的标准与方法，也同样有着相同的目标——识别竞争者，精确预防的差异仅在于识别的范围不同而已。因此相关市场的界定是反垄断法上的基本问题，是审理反垄断案件的第一个步骤，正如经合组织（OECD）所说："任何类型的竞争分析的出发点都是'相关市场'的界定。"[1]

2008年中国颁布实施了《反垄断法》，其中第12条第2款明确规定："本法所称相关市场，是指经营者在一定时期内就特定商品或者服务进行竞争的商品范围和地域范围。"该条款既是《反垄断法》对于相关市场概念的明确定义，同时也为我国反垄断执法机关进行相关市场界定确立了指导原则。根据该规定，我国《反垄断法》将相关市场分为相关商品市场和相关地域市场，分别代表了经营者就特定商品和服务进行竞争的商品范围和地理范围。《反垄断法》还规定所指的商品市场和地域市场都是在"一定时间范围内"，即所谓"相关时间市场"。但是，"由于经营者展开竞争的时间范围在很多情况下可以融入相关商品市场的界定之中，实践中并不将'相关时间市场'作为一个单独问题对待。"[2]

同时，为增强反垄断法的明确性，为其顺利实施提供有效指导，我国国务院反垄断委员会于2009年发布《关于相关市场界定的指南》，这是我国最早的反垄断配套立法，可见其重要性。其第2条第2款对界定相关市场的作用作出了如下规定："科学合理地界定相关市场，对识别竞争者和潜在竞争者、判定经营者市场份额和市场集中度、认定经营者的市场地位、分析经营者的行为对市场竞争的影响、判断经营者行为是否违法以及在违法情况下需承担的法律责任等关键问题，具有重要的作用。因此，相关市场的界定通常

---

[1] OECD, *Glossary of Industrial Organization Economics and Competition Law*, p.54. 转引自孔祥俊：《反垄断法原理》，中国法制出版社2001年版，第279页。

[2] 戴龙："反垄断法中的相关市场界定及我国的取向"，载《北京工商大学学报（社会科学版）》2012年第1期。

是对竞争行为进行分析的起点,是反垄断执法工作的重要步骤。"[1]与美国、欧盟的上述立法相比,我国的这一规定虽然制定较晚,而且很简短,但是明显要全面得多。该条第1款就明确指出,在垄断协议案件、支配地位滥用行为案件、经营者集中案件中,"均可能涉及相关市场的界定问题"。因此根据上述分析,所有反垄断案件中"都会涉及"界定相关市场,而不是"可能涉及"。

《关于相关市场界定的指南》还规定,界定相关市场主要基于商品的特征、用途、价格等因素进行需求替代性分析,必要时进行供给替代分析。在经营者竞争的市场范围不够清晰或者不易确定时,可以按照"假定垄断者测试"的分析思路。从需求者的角度看,商品之间的替代程度越高,竞争关系就越强,就越可能属于同一相关市场。从供给替代的角度来看,其他经营者对生产设施进行改造的投入越少,承担的额外风险越小,提供紧密替代商品越迅速,则供给替代程度就越高。在运用"假定垄断者"(SSNIP)测试时,《关于相关市场界定的指南》规定以5%~10%的涨价幅度为准,这和欧盟委员会的做法相同。原则上,使用SSNIP测试法所采用的价格必须是竞争性的市场价格,在存在滥用市场支配地位、价格卡特尔和已经存在共谋行为的经营者集中案件中,反垄断执法机构应该对当前价格进行调整,使用更具竞争性的市场价格。

反垄断法的立法目的在于及时发现与禁止实质减少、排除、限制竞争的行为。相关市场界定就是实现立法目的的一种手段,其基本作用是作为一种证据而存在,旨在帮助反垄断执法机关、司法机关发现某些客观事实。不过,相关市场界定与反垄断案件的结果具有非常紧密的关系:相关市场界定得越宽,涉案行为违法的可能性就越小,反之就越大。因此如何确定一个具体可量化可推广的界定标准就显得尤为重要。

一般而言,之前公认的界定相关市场方法有三种,即需求替代分析、供给替代分析和假定垄断者测试分析(SSNIP测试法)。事实上这三种分析从经济学而言并无本质区别,需求替代分析和供给替代分析是从一个交易行为的

---

[1] 参见国务院反垄断法委员会网站,《关于相关市场界定的指南》,http://www.gov.cn/zwhd/2009-07/07/content_1355288.htm,最后访问日期:2018年3月15日。

两个面向进行分析,通常在需求替代不能准确界定相关市场时才使用供给替代性分析,而SSNIP测试法则是在上述两者基础上通过具象化的步骤进行判定。但是从反垄断法的角度而言,本书认为需求替代性分析其实并不是界定相关市场的具体方法,而应是界定相关市场的基本标准,而供给替代性分析和假定垄断者测试法SSNIP才是运用这一标准进行具体分析的工具与操作方法。

相关市场的界定标准就是需求替代性。不过这种需求替代性的判断是立足于消费者整体的。在不同消费者眼里,商品间的替代性程度不同。因此,相关市场概念的完整含义应当是"能够满足同样的消费者需求,而又能阻止当事人提高价格的替低性商品的总体"。[1]

国务院反垄断委员会《关于相关市场界定的指南》第5条第1款规定:"需求替代是根据需求者对商品功能用途的需求、质量的认可、价格的接受以及获取的难易程度等因素,从需求者的角度确定不同商品之间的替代程度。"[2] 第2款又补充规定,"原则上,从需求者角度来看,商品之间的替代程度越高,竞争关系就越强,就越可能属于同一相关市场。"[3] 由此可见,该指南里把"替代性"的判断问题与"相关市场"的界定问题分成了两个独立的步骤:①第1款先判断两种商品之间有无替代性,这时只需要单纯考察消费者的选择而不必考虑其他因素,但构成替代性的商品并不一定属于同一个独立的相关市场。②考察互具替代性的各种商品间的关联远近程度。替代程度高的商品则构成同一相关市场,而替代性较弱的则有可能分属不同的市场。这种区分虽然在字面表达上更为清晰,但"需求替代性"一词尚不足以涵盖相关市场界定标准的全部含义,此种语义上的无法周延还需要之后的相关立法予以修正。

综上而言,作为界定相关市场的标准,运用需求替代性划分相关市场时,产品的替代程度越高、竞争关系越强,那么属于同一相关市场的可能性就越

---

[1] 许光耀:"界定相关市场的目的与标准研究",载《价格理论与实践》2016年第11期。
[2] 参见国务院反垄断法委员会网站,《关于相关市场界定的指南》,http://www.gov.cn/zwhd/2009-07/07/content_1355288.htm,最后访问日期:2018年3月15日。
[3] 参见国务院反垄断法委员会网站,《关于相关市场界定的指南》,http://www.gov.cn/zwhd/2009-07/07/content_1355288.htm,最后访问日期:2018年3月15日。

大。在进行需求替代分析时,产品之间若具有合理需求替代性,则往往会存在相同或相似的功能和价格,所以重点关注的是产品功能和价格两大因素。

具体到本案,A 公司认为,本案相关商品市场为 B 公司在 3G 无线通信技术中的 WCDMA、CDMA2000、TD—SCDMA 标准下的每一个必要专利许可市场构成的集合束,相关地域市场为全球必要专利许可市场中的中国市场和美国市场。然而,B 公司认为仅凭某一必要专利的许可无法制造出完整产品,并且 A 公司的产品遍及全球,因此涉案相关商品市场应被定义为某特定通信标准的所有标准必要专利集合的许可市场,而相关地域市场应当是全球市场。法院最终认定:B 公司在中国的 3G 无线通信技术标准中的每一个必要专利许可市场,以及在美国的 3G 无线通信技术标准中的每一个必要专利许可市场,均构成一个独立的相关市场,本案的相关市场是该一个个独立相关市场的集合。

(二)本案中如何判定支配地位

我国《反垄断法》第 17 条第 2 款规定:"本法所称市场支配地位,是指经营者在相关市场内具有能够控制商品价格、数量或者其他交易条件,或者能够阻碍、影响其他经营者进入相关市场能力的市场地位。"这一规定借鉴了欧盟竞争法的经验。欧盟委员会在其 1972 年大陆罐(Continental Can)一案的决定中指出:"一个企业如果有能力独立地进行经济决策,即决策时不必考虑竞争者、买方和供货方的情况,它就是一个处于市场支配地位的企业。如果一个企业通过与市场份额相关的因素如技术秘密、取得原材料和资金的渠道以及其他重大优势如商标权,能够决定相关市场一个重大部分的价格,或者能够控制它们生产和销售,这就存在着市场支配地位。"

市场支配地位不是说这个势力必然剥夺市场上全体参与者的经营自由,而是强大到总体上可保证这个企业市场行为的独立性,即便这个势力对市场不同部分有着强度不同的影响。以上说明,市场支配地位反映了企业与市场竞争的关系,即拥有这种地位的企业可以不受竞争的制约。市场支配地位企业对市场的支配权,主要表现为它们对产品的定价权。经济学的基本原理是,当企业在市场上占据过大份额的时候,它就有能力抬高产品的价格;而且为了维持产品的高价,它也会减少对市场的供给。美国司法部和联邦贸易委员会 1992 年《横向合并指南》指出,当企业的市场份额达到 35%,它就有能力在对产品进行涨价的同时降低产量。因为在这种情况下，企业因减少市场销售而受到的损失可以通过对产品的涨价得到弥补。这说明，垄断和竞争的最大区别是，在垄断或市场存在支配地位的情况下，产品的价格大大高于边际成本。当然，市场支配地位也会影响企业的创新，这是因为企业的创新必须与竞争相联系。在市场不存在竞争或者没有实质性竞争的条件下，企业一方面不能感受市场竞争的压力，从而会失去为不断适应市场而开发新技术、改善产品质量、增加产品品种的积极性；另一方面，这些企业既然可以通过涨价和限制生产数量而轻易获取高额利润，它们也就失去了改善经营管理和降低生产成本的动力。

除了上述两个方面，占市场支配地位的企业还非常可能滥用其市场势力，排除限制竞争，如不合理地强制交易、拒绝交易、搭售、对条件相同的交易相对人在交易价格等交易条件上实施差别待遇，等等。以上说明，即便企业是以合法的方式取得了市场支配地位，拥有这种地位的企业对市场竞争也存在潜在的威胁，即它们有可能实施某些在有效竞争市场条件下不可能实施的行为。因此，反垄断法的核心内容之一就是禁止滥用市场支配地位，其目的就是通过对占市场支配地位企业的监督来代替市场上缺少了的竞争机制。

我国《反垄断法》第18条规定："认定经营者具有市场支配地位，应当依据下列因素：①该经营者在相关市场的市场份额，以及相关市场的竞争状况；②该经营者控制销售市场或者原材料采购市场的能力；③该经营者的财力和技术条件；④其他经营者对该经营者在交易上的依赖程度；⑤其他经营者进入相关市场的难易程度；⑥与认定该经营者市场支配地位有关的其他因素。"《反垄断法》第19条中规定，当一个经营者在相关市场的份额达到1/2时，可以推定其具有市场支配地位，除非它能够举证自己不占市场支配地位。

要认定市场支配地位必须要界定相关市场，本案中的相关市场必须考虑B公司所拥有的与3G无线通信标准相关的必要专利。我国现行3G无线通信设备有三种标准：CDMA2000、WCDMA和TD-SCDMA。它们都是工业和信息化产业部参照3GPP和3GPP2等国际标准而制定的国家行业标准。中国移动、中国联通、中国电信等电信运营商采购设备时都要求产品符合上述标准。美国的3G无线通信标准CDMA2000和WCDM也是采用了3GPP和3GPP2的标准。这就是说，A公司作为在中国销售和向美国出口3G无线通信设备的生产商，它的产品必须遵照 3GPP 和 3GPP2 国际标准，才能在中国和美国的市场上进行销售。众所周知，作为 3GPP 和 3GPP2 无线通信国际标准的核心要素是标准必要专利，它们由多个专利权人分别持有，这些专利相互间不可替代，而且市场上也没有替代性的技术。因为这些标准必要专利的功能具有差异性，无线设备生产商要生产符合标准的产品，就需要与不同的专利所有权人进行谈判，取得这些专利使用的许可。

这种情况下，每一个标准必要专利都可以构成一个相关商品市场。因为本案原告 A 公司与被告 B 公司的争议源于 B 公司在 3GPP 和 3GPP2 国际标准中所拥有的必要专利，对 A 公司来说，市场上不存在对 B 公司在 3GPP 和 3GPP2 国际标准所拥有的必要专利的可替代技术，本案的相关商品就是 B 公司在 3GPP 和 3GPP2 国际标准中所拥有的一件件必要专利。B 公司作为这些必要专利的所有权人，毫无疑问在这些相关市场上占百分之百的份额，是一个垄断性的企业。B 公司自己也承认，"世界上每一个蜂窝无线通信设备都运用了本公司的技术"。这里还需要强调的是，一般来说，同类技术产品的生产商都会有一些必要专利，即它们为了减少专利纠纷和专利诉讼，降低产品成本，通常会相互达成合理的专利交叉许可。然而，本案中的 B 公司仅是以专利许可作为其经营模式，根本不从事实质性的生产活动，这种情况下它就可以不受其他无线通信设备生产商的制约。也就是说，处于 3GPP 和 3GPP2 技术市场下游的无线通信设备生产商都得依赖 B 公司的单方许可，屈从于它的单方定价和单方提出的交易条件，B 公司则可以通过不公平的交易条件从中获取不合理的垄断利润。

四、参考意见

（一）什么是标准，什么是标准必要专利（Standards-Essential Patents，SEP）

现行通信领域技术标准有 2G、3G、4G。在世界范围内大约有百余个行业标准化组织。其中，电信领域影响较大的有欧洲电信标准化协会（ETSI）、美国电信工业协会（TIA）等。如，2G 标准包括 GSM 和 CDMA 标准，GSM 由 ETSI 组织制定在欧洲推行，CDMA 由 TIA 组织制定在美国使用，而我国则是两种标准并存，分别由中国移动、联通、电信运营。而 3G 标准则包括 WCDMA、CDMA2000、TD-SCDMA 三种标准，由 ETSI、TIA 创立的第三代合作伙伴组织制定，使用地区包括欧洲、中国、美国等，不同国家生产的通信产品要想实现在出口国的"跨国"销售和正常使用，就必须符合该国的采用标准来进行制造，如果不符合当地标准，我们所持的"国内"手机，即便型号和品牌相同，也无法办理"漫游"套餐。

但是通信领域技术标准的制定与通信企业巨头的积极参与和推动是分不开的，更与他们的通信专利密不可分。每一个新标准的出现都代表了更高的科技水平，必须采用更前沿的技术，而更前沿的技术又受更多的专利保护。所以通信业界会有默认的鄙视链，"三流的企业卖产品，二流的企业卖专利，一流的企业卖标准"。可以说，如果一个企业有权制定标准，基本是得标准者得天下（市场）了。尽管A公司及部分经营同类产品的中国企业也参与了4G标准的制定，但是由于我国通信领域自主研发起步较晚，在2G、3G标准制定中几乎没有话语权。B公司则是2G、3G标准的大赢家，其直接参与了标准制定，并将自己的专利融入标准。因此，A公司想要生产3G手机就必须得用到B公司的专利，否则将寸步难行。所以，标准必要专利指的就是一种规范性的专利技术，如果该技术标准的实施必须以侵害专利权为前提，则即使存在其他可以被纳入标准的技术，该专利对相关技术标准而言，就是必要的专利。标准则指的是"为在一定范围内获得最佳秩序，经协商一致制定并由公认机构批准，共同使用的和重复使用的一种规范性文件"。[1]

而标准必要专利中一个核心的博弈问题即在于"许可费用"。按理来说，没有资格制定标准的企业只要缴纳费用使用该专利即可，但是专利的标准化虽然可以促进创新、增进效率、减少消费者的适应成本、消除国际贸易障碍，但也极大增强了标准化组织参与者在专利许可使用谈判中的地位，导致其向标准使用者即专利被许可使用人索要不公平、不合理和歧视性的专利许可使用费。这种利用自己的市场优势地位（垄断地位）所实施的不公平竞争行为，就是我们常说的滥用支配地位。

（二）如何判定标准必要专利中的相关市场

如前所述，在进行相关市场的界定时，商品和地域是两个主要的考量维

---

[1] 电子知识产权编辑部："2012电子知识产权年度新闻盘点：国际篇"，载《电子知识产权》2013年第1、2合期。

度,即需要分别界定相关商品市场与相关地域市场。界定相关商品市场指的是需要明确有哪些商品之间发生竞争,比如食品与饰品之间就不会发生竞争,因为根本不是同一商品市场;然后还要从地理范围层次明确这些商品是在何地发生竞争,比如饰品可以向全国销售所以会有全国性的市场;而食品如果具备时令性以及生鲜运输的限制,则其地域可能会受到限制。然而虽然《指南》的规定将这两个维度并列而言,但在实际操作中,这两个维度的界定应当是有先后顺序的:首先应确定哪些商品之间存在竞争,再考察这些商品之间在哪个地域范围内发生竞争——只有在这一地域范围内生产该种商品的生产商之间(即同时具备两个维度)才互为竞争者。这里需要再一次回顾之前所强调的要点:界定相关市场的最直接目的,就是对竞争者进行识别。

要识别竞争者,首先要识别哪些商品在相互竞争。相关商品市场包括所有互相具有替代性的商品,而不限于相同的商品。美国对相关商品市场的定义是:"……当局将把商品市场定为一个或一组商品,并假定一个追求利润最大化的作为这些商品现在和将来的唯一卖主(即垄断者)可以进行一个'幅度不大但却明显的持久涨价'。"[1]这里"可以进行一个……涨价"的意思是,涨价能够使其利润增加。这一定义着眼于描述其考察对象的外观表现与后果,而不探究其成因,因此很难反映出本质。一种或若干种商品构成相关商品市场,不是由于一个假定垄断者可以进行"幅度不大但却明显的持久涨价",恰恰相反,之所以可以进行这样的涨价,是由于这些互具替代性的商品全都属于同一个相关商品市场,而这个市场上只有垄断者这一个经营者。因此界定相关商品市场的方法是考察商品间的替代性状况,而不是看它涨价的状况。

《关于相关市场界定的指南》第 3 条指出:"相关商品市场,是根据商品的特性、用途及价格等因素,由需求者认为具有较为紧密替代关系的一组或一类商品所构成的市场。这些商品表现出较强的竞争关系,在反垄断执法中可以作为经营者进行竞争的商品范围。"中国的这一定义提到了"较为紧密"替代关系,并认为较为紧密的替代关系会存在较强的竞争关系,这种描述有失妥帖的地方在于:何为较为紧密?何为较强?都没有作出一个量化的规定。

---

[1] 《2010 合并指南》第 4.1 节。

欧盟的定义则相对而言较为明确："相关产品市场是指根据商品特性、价格及用途，而被消费者视为可互换或可相互替代的所有产品或服务。"[1]不过根据前文的分析可以知道，这一定义忽略了对"替代性"的限定或解释，所以是不全面的。事实上只有那些有可能阻止当事人提高价格的替代性商品才应纳入相关商品市场。也就是说，相关商品市场应当包括所有互相具有替代性的商品，而不限于外观表现相同的商品。

《关于相关市场界定的指南》第8条规定："从需求替代角度界定相关商品市场，可以考虑的因素包括但不限于以下各方面：①需求者因商品价格或其他竞争因素变化，转向或考虑转向购买其他商品的证据。②商品的外形、特性、质量和技术特点等总体特征和用途。商品可能在特征上表现出某些差异，但需求者仍可以基于商品相同或相似的用途将其视为紧密替代品。③商品之间的价格差异。通常情况下，替代性较强的商品价格比较接近，而且在价格变化时表现出同向变化趋势。在分析价格时，应排除与竞争无关的因素引起价格变化的情况。④商品的销售渠道。销售渠道不同的商品面对的需求者可能不同，相互之间难以构成竞争关系，则成为相关商品的可能性较小。⑤其他重要因素。如，需求者偏好或需求者对商品的依赖程度；可能阻碍大量需求者转向某些紧密替代商品的障碍、风险和成本；是否存在区别定价等"，并且其在之后作出了补充性的说明："从供给角度界定相关商品市场，一般考虑的因素包括：其他经营者对商品价格等竞争因素的变化做出反应的证据；其他经营者的生产流程和工艺，转产的难易程度，转产需要的时间，转产的额外费用和风险，转产后所提供商品的市场竞争力，营销渠道等。""任何因素在界定相关商品市场时的作用都不是绝对的，可以根据案件的不同情况有所侧重。"

而欧盟竞争法则规定："相关产品市场是指根据商品特性、价格及用途，而被消费者视为可互换或可相互替代的所有产品和/或服务。"[2]同时欧盟判例法上又有进一步发展。欧盟初审法院（现称欧盟一般法院）认为："要构成独立市场，必须有可能根据其特性，将所涉产品、服务与其他产品、服务区

---

[1] 欧盟委员会1997年《关于界定欧共体竞争法意义上的相关市场的委员会通告》第7段。
[2] 欧盟委员会1997年《关于界定欧共体竞争法意义上的相关市场的委员会通告》第7段。

分开来,它们与后者不具有可替代性,并且后者与其不存在显著的竞争。可替换程度必须根据产品的客观特性,以及市场的供需结构和竞争条件来评价。"[1] 欧盟委员会对产品市场的定义是:"产品市场包括全部这样的产品(或服务),即,由于其特性,特别适于持续的需求,且只在有限程度上与其他产品在价格、用途、消费者偏爱方面可相互替换。只考察相关产品的客观特性是不够的,还必须考虑该市场的竞争条件和供需结构。"[2]

美国对此的规定则是通过判例法来确定。例如,在美国微软垄断案中,美国联邦地区法院法官杰克逊在1999年11月5日的事实认定中指出:当前没有什么商品,而且在可预见的将来也不会有什么商品,可以付出巨大成本而替代英特尔兼容个人电脑操作系统在全球范围的大比例的客户群。更进一步,当前不生产个人电脑操作系统的公司也不可能从现在开始,能够在较短的一段时间内为相当大一部分英特尔兼容个人电脑用户提供有竞争力的可替代的操作系统。由此可以推断,如果一家公司控制了英特尔兼容个人电脑操作系统在全球范围内的许可证,它就可以将它的操作系统的许可价格定得远远高于竞争市场价格条件下的价格,并保持在相当长的时间内不会失去顾客而变得无利可图。因此,在确定微软市场支配力的水平时,将相关市场界定为全球范围内英特尔兼容个人电脑操作系统的许可证市场。

从美国的"假定垄断者测试法"中去除"假定垄断者"因素即可:先以涉嫌当事人的涉嫌商品为基础,识别出一个初始市场,然后根据进一步的信息,考虑再将哪种商品加进来。

界定相关市场时需要大量的市场信息,竞争主管机构需要向当事人及其所在行业的消费者与竞争者以及该行业的行业协会尽可能地了解更多的情况,询问它们对于如何界定相关市场的态度与观点。就美国与欧盟的实践来看,这种调查的主要内容就是价格变化引起的供求反应。此外,竞争主管机构也可以与上述经营者的经营管理人员直接交流,以更清楚地了解交易过程是如何进行的,在交易过程中,交易双方的地位与关系如何。

此外,竞争主管机构还要考察当事人所在市场的历史演进情况。如果在

---

[1] Deutsche Bahn v. Commission [1997] ECR II – 1689 at 1713。

[2] OJ 1997 C372/5, para 7.

近期内，该市场上两种商品之间曾发生过替代关系，则只要该市场没有发生实质改变，则可直接认定它们构成同一商品市场，而不需要再进行更复杂的调查。

但如果所涉商品是一般消费品，由于消费者数量太大，竞争主管机关很难全面收集其直接看法，则只能采用其他相关资料作为证据，比如各行业协会的年度市场分析报告。有些经营者在进行定价及其他行为的决策时，往往委托咨询公司等为其进行市场调查，此类调查报告也可用作界定相关商品市场的依据。当事人及其竞争者提供的其他市场调研报告，以及零售商、消费者的观点，也应予以考虑，从而更准确地反映出消费者的看法。但这些资料一般只有参考价值，执法机构或法院最终仍然需要根据商品的功能、用途、价格、消费者偏好等因素作出自己的判断。

由此案判决以及之后的"高通案"[1]中，似乎可以推导出我国反垄断工作中倾向于认定每一个标准必要专利分别独立构成一个相关市场。值得注意的是，欧盟委员会在其关于谷歌并购摩托罗拉移动一案的决定中也采取了这样的思路，"标准必要专利的特殊性在于，要符合某一标准就必须实施这一标准下的必要专利，无法去进行设计规避。也就是说，标准必要专利的定义决定了每一个必要专利都没有替代物。因此，每一标准必要专利都构成一个单独的相关技术市场"。[2]如果按此思路界定相关市场，每一个标准必要专利权人均在该相关市场上占有100%的市场份额，那么一旦拥有标准必要专利，标准必要专利权人便当然拥有了市场支配地位。

本书认为这种观点过于片面，与早期认为拥有知识产权就拥有一定市场支配地位的思路无异。界定相关市场主要是为了考虑与案件相关的竞争行为所处的环境，标准必要专利对于实施某一标准而言必不可少，然而这并不代表其对于"需求者"而言就是唯一的、不可替代的。

再者，技术标准体系下各技术标准之间也存在着竞争性，比如在本章的经典案件中，B公司上诉认为，"2G、4G标准可以替换3G标准，故而应将其标准技术均纳入相关市场中"。再比如3G无线通信技术标准体系下WCDMA、

---

〔1〕 参见：国家发展和改革委员会行政处罚决定书〔2015〕1号。
〔2〕 参见 Case No COMP/M. 6381 – GOOGLE/ MOTOROLA MOBILITY, Commission decision of 13/02/2012, §54, 61.175.

CDMA2000、TD-SCDMA 三种标准就构成了竞争,在我国也分别由联通、电信、移动三家公司运营,这三种技术标准下存在共同的"基础性"专利,也存在很多完全不同的专利,那些更加"基础"的技术通常会被多个相竞争的技术标准所覆盖,此时这几个技术标准之间的竞争关系对该技术的知识产权人不会造成影响,反之如果仅能对应其中一项技术标准,那么就需要考虑技术体系下各标准的竞争关系,进而分析该技术的需求性与替代性。[1]

在 A 公司诉 B 公司案中,法院并没有深入分析涉案专利所在标准,而是仅凭 B 公司未进行举证其并非唯一性的和不可替代性的而径行作出判断,"对于标准必要专利人 B 公司亦未举证证明,A 公司如果不使用这些 3G 标准必要专利,其能够从其他人处获取替代技术或其他专利技术",这样的做法确实有失妥当。

关于相关市场界定这一复杂而重要的问题,我国在吸收、借鉴欧美立法、司法、执法的基础上,逐渐形成了一套传统的界定方法。然而在知识产权相关市场界定的问题上,尤其是在技术标准的背景下,由于技术标准的特性使得相关市场的界定更加复杂,尽管规定的出台和相关案件的实践都提供了一定的思路,但仍然缺乏明确的分析指导。本书认为在界定标准必要专利相关市场的问题上,应沿着知识产权相关市场的分析思路,综合运用替代性分析法和假定垄断者测试法,以相关产品市场和相关技术市场两个独立的维度来考察,结合标准的替代性,适当考虑时间、地域、创新的因素进行个案分析。

(三) 如何判定支配地位以及滥用支配地位的行为违法性

对滥用市场支配地位的规制是当代反垄断法的三大支柱制度之一,也是我国《反垄断法》第三章中第 17、18 和 19 条规定的内容。与垄断协议不同,前者可被认为是从经营者个体出发,对经营者个体行为的规制,而对于市场支配地位滥用的调整,则显然是反垄断法从宏观角度出发,对于市场秩序进行结构性、规模性的调整。

市场支配地位本身并不违法,而唯有滥用才为反垄断法所关注并禁止,

---

[1] 郑伦幸:"标准必要专利反垄断纠纷中相关市场的界定——兼评华为公司诉美国 IDC 公司案",载《南京理工大学学报(社会科学版)》2015 年第 3 期。

第五章 反不正当竞争法与反垄断法专题

因为反垄断法作为行为主义的立法，其根本关注的要点在于某一行为是否影响了相关市场的竞争秩序，而非这种支配力量的来源，因此，我们首先要对经营者的支配地位本身进行认定，因为只有具备支配地位的企业所实施的相关行为才是反垄断法应当关注的对象。如前所述，对于支配地位的认定是支配地位经营者涉嫌垄断行为违法性判断的第一个步骤，而支配地位认定的关键与起点是相关市场的界定。市场支配地位的认定，第一个步骤显然应当是对于"支配"或者称之为"垄断事实"的认定。通常而言，经营者实现利润最大化的方式主要有两种：一是扩大产出，二是提高价格。但一旦提高价格后，就可能会导致消费者去购买其他具有需求替代性的商品，所以如何能够控制消费者不另投他家便成为问题的关键。

纵观各国的反垄断法理论分析，可以认为市场力量的形成途径主要有三种：①一家经营者拥有支配市场的力量，其所面对的竞争压力不足以对其提高价格构成阻碍；②若干家经营者达成垄断协议，消除彼此间的竞争，而外围竞争者的力量不足以阻止其提高价格；③若干家经营者进行合并，或通过彼此控制形成同一个竞争实体，从而消除彼此间的竞争并共同构成其他人的竞争压力。这三种形成市场力量的方式就成为反垄断法的三类主要调整行为对象。而前文中我们也提到，本质上实施涉嫌垄断的行为方式其实只有两种，即支配地位滥用行为和垄断协议行为。经营者集中其本质不是一种独立的行为而是一种现象，即经营者通过主体的合并，占有市场支配地位或通过协议的联合而达成某种共谋，所以本书并不对经营者集中这种现象再展开进行反垄断法的分析，是为说明。

而市场支配地位（market dominant position），指的是企业的一种状态，一般是指"企业在特定市场上所具有的某种程度的支配或者控制力量，即在相关的产品市场、地域市场和时间市场上，拥有决定产品产量、价格和销售等各方面的控制能力"。[1] 在这种状态下，拥有市场支配地位的企业可以不受有效竞争的约束，会对市场运行产生严重的负面影响。拥有市场支配地位的企业可以通过多种方式运用其市场力量，如限制产量或者提高价格损害消费者，或者通过搭售等方式将其支配地位扩展到另一个市场，长久维持其地位。因

---

[1] 尚明：《对企业滥用市场支配地位的反垄断法规制》，法律出版社2007年版，第69页。

此，对具有支配性的企业及其行为的规制、管制或者控制也就成为反垄断法的核心内容之一。

在认定企业是否具有市场支配地位时,"各法域的认定标准一般考虑企业本身的市场地位、竞争者的市场地位、潜在竞争者的进入壁垒等"。[1]其中企业本身的市场地位的重要衡量指标是市场份额,各国一般都对市场份额作出了规定,低于一定市场份额的企业一般不认为其具有市场支配地位。我国《反垄断法》第19条规定,"有下列情形之一的,可以推定经营者具有市场支配地位:①一个经营者在相关市场的市场份额达到1/2的;②两个经营者在相关市场的市场份额合计达到2/3的;③三个经营者在相关市场的市场份额合计达到3/4的。有前款第2项、第3项规定的情形,其中有的经营者市场份额不足1/10的,不应当推定该经营者具有市场支配地位。被推定具有市场支配地位的经营者,有证据证明不具有市场支配地位的,不应当认定其具有市场支配地位"。

虽然学理上对于市场支配地位这一概念没有严格统一的定义,对于市场支配地位认定中市场份额具体达到多少可以认定为具有市场支配地位也没有统一的标准。但是从包括我国在内的各地立法、司法实践中来看,市场份额较高是不可忽视的判断标准之一。这种结构性的判断标准在适用于互联网经济时,由于其双边市场的特性,则需要作出一定的调整。

具体到本案中,我国《反垄断法》第18条规定:"认定经营者具有市场支配地位,应当依据下列因素:①该经营者在相关市场的市场份额,以及相关市场的竞争状况;②该经营者控制销售市场或者原材料采购市场的能力;③该经营者的财力和技术条件;④其他经营者对该经营者在交易上的依赖程度;⑤其他经营者进入相关市场的难易程度;⑥与认定该经营者市场支配地位有关的其他因素。"《反垄断法》第19条中规定,当一个经营者在相关市场的份额达到1/2时,可以推定其具有市场支配地位,除非它能够举证自己不占市场支配地位。

(四)什么是FRAND原则,审判实务中如何适用FRAND原则

FRAND原则来源于标准化组织的知识产权政策,意指标准必要专利权人"公平、合理、无歧视"地将自己所属的必要专利授权给所有技术标准的其他

---

[1] 许光耀:《欧共体竞争法通论》,武汉大学出版社2006年版,第377页。

专利权人和实施方。[1]然而，由于FRAND原则自身语言的模糊性和概括性以及为"中立地位"[2]所限的标准化组织在FRAND原则解释与判断方面的"不作为"，法院不得不成为FRAND原则解释和使用的主要平台。美国、欧洲主要国家的法院通过一系列有关技术标准中许可费/专利侵权案件，以本国法律为基础，对FRAND原则的理解与适用进行解读。随着本案中深圳中院及广东高院针对A公司与B公司之间就技术标准必要专利许可费案件确定作出一、二审判决，如何在中国法下适用FRAND原则确定标准必要专利许可费有了一个相对清晰的导向。

对标准必要专利权人的合理限制作为FRAND原则的核心，在各国法院适用FRAND原则对标准必要专利权人与标准实施人的权利义务进行解读，以及对标准必要专利权使用费确定的具体计算方法进行设计的过程中都起着重要的指引作用。"A公司诉B公司案"的审理法院在对FRAND原则进行释明的过程中，首先也是明确了FRAND原则的核心是对标准必要专利权人的合理限制，具体而言，"落实公平、合理、无歧视原则应平衡标准必要专利相关当事人之间的利益，既保证专利权人能够从技术创新中获得足够的回报，同时也避免标准必要专利权人借助标准所形成的强势地位索取高额许可费率或附加不合理条件"。[3]法院的上述认定与标准组织以及欧美法院对于FRAND原则本质的理解一致。[4]然而，通过对中国法院审理的涉及技术标准的专利案件的回顾，我们可以发现，中国法院对标准必要专利权的立场经历了一个从绝

---

〔1〕 FRAND条款是国际标准化组织专利政策中的一个条款，即公平合理无歧视条款（Fair, Reasonable and Non-Discriminatory），也有称为RAND（Reasonable and Non-Discriminatory）。

〔2〕 很多标准化组织，譬如电气电子工程师学会（Institute of Electrical and Electronics Engineers，简称IEEE）多次在其许可政策中重申其在专利问题上的中立地位，即"不负责对标准文本可能涉及的专利进行检索，不负责确认需要授权的权利要求，不对权利要求的有效性和有效范围负责，也不负责确认某项许可条款是否符合RAND原则"。IEEE: IEEE-SAStandards Board Bylaws，资料来源：http://standards.ieee.org/develop/policies/bylaws/sect6-7.html#loa，最后访问日期：2018年6月15日。

〔3〕 参见：广东省高级人民法院（2013）粤高法民三终字第305号。

〔4〕 在Microsoft Corp. v. Motorola, Inc. 案中，法院认定，根据FRAND原则，专利权人因为标准必要专利而获得的许可费"应仅限于专利技术本身的价值，而不包括因为该专利技术与技术标准结合而带来的利益"。See Microsoft Corp. v. Motorola, Inc., No. C10-1823JLR, 2013 U. S. Dist. LEXIS 60233, at *37-38（W. D. Wash. Apr. 25, 2013）。在In re Innovatio IP Ventures, L. L. C. 案中，法院认定，"依FRAND原则确定的许可费必须要高到确保发明人在以后有足够的动机继续进行发明创造，并在标准制定过程中将其发明创造贡献出来"。In re Innovatio IP Ventures, L. L. C., MDL Docket No. 2303, Case No. 11 C 9308, 2013 U. S. Dist. LEXIS 144061, at p. 70（N. D. Ill. Sept. 27, 2013）。

对限制到合理限制的变化。

2008年以后,由于受到美国法院为首的国外法院对于涉及技术标准专利的侵权案件的司法审判经验以及标准化组织对技术标准与必要专利之间的关系厘清的影响,中国技术标准界对于上述"绝对限制"的立场进行了不断的反思,"片面强调标准实施人的权利保护,却忽略标准必要专利权人权利的保护"的观点也屡遭质疑。最终,最高人民法院的"衡水子牙河建筑工程有限公司与张晶廷等侵犯发明专利权纠纷一案"[1]中采取了"合理限制"的立场。该案中,法院认定:"实施该标准,[2]应当取得专利权人的许可,根据公平、合理、无歧视的原则,支付许可费。在未经专利权人许可使用,拒绝支付许可费的情况下,原则上,专利侵权救济不应当受到限制。"据此,未经标准必要专利权人许可使用,拒绝支付许可费的情况的,原则上,应当认定侵权成立,而不是视为"默示许可";[3]许可费则是根据公平、合理、无歧视的原则进行确定,而不再是简单地认为"应当明显低于正常的许可使用费"。

而在A公司诉B公司案中,中国的法院引领而非跟随了反垄断法的发展趋势。本案一审判决后,美国的Microsoft vs. Motorola(Microsoft Corp. v. Motorola, Inc., 854 F. Supp. 2d 993 (W. D. Wash. 2012))对于相似问题也给出了相同的法律结果,即,禁令对于基础专利不合适,许可价格过高要承担赔偿责任。虽然美国案件所利用的是合同法而非反垄断法,但法律后果趋同,对于商业上的意义大同小异。此外,欧盟对三星的反垄断调查也遵循了同样的法律逻辑。虽然中国法院审理案件并不多,但结果确实是符合国际反垄断发展潮流和方向的。

(五) 如何合理确定标准必要专利中的相关费率

如前所述,标准必要专利的核心问题即在于许可费的计算。B公司的专利既然都是合法取得的,专利权天然就具有一定的垄断性,那么凭借这种技

---

[1] 参见:最高人民法院(2012)民提字第125号。
[2] 即本案所涉及的河北省建设厅于2006年3月7日发布、2006年4月1日实施的河北省工程建设标准《CL结构设计规程》,DB13(J) 43-2006。
[3] 本案中,二审法院简单适用2008年复函,认定子牙河公司不构成对张晶廷专利权的侵害,并根据最高人民法院2008年复函的精神(即"应明显低于正常的许可使用费"),酌情确定子牙河公司应支付给张晶廷专利使用费10万元。最高人民法院对此认定:"二审法院简单适用上述复函,进而认定本案不构成侵权,适用法律存在错误,应予纠正。"

术垄断为企业获利到底有没有错？是否应当受到法律规制？所有问题的核心还是这个绕不过去的高价许可费。

在反垄断法上，"利用垄断地位不公平地高价销售产品"是规制打击的重点对象。然而，判断一个公司构不构成垄断，首先必须确定相关市场，包括商品市场和地域市场。尽管 B 公司辩称应当将 2G、3G、4G 视为同一商品市场，将地域市场界定为全球。然而，法官对此并不赞同，通信标准之间代表着不同技术发展阶段，具有不可替代性。作为标准的制定者之一，标准一旦确定下来，就具有了封锁效应，它与专利自身具有的法定垄断属性相结合，使得该专利成为唯一且必须使用的技术。故 B 公司无论是在中国还是美国的 3G 标准中的每一个必要专利许可市场都具有"仅此一家、别无他选"的 100% 份额，具备了垄断地位。

A 公司认为，B 公司正是利用这种垄断地位实施了一系列的滥用行为，如歧视性定价、拒绝交易以及一揽子搭售等，使得自己别无选择，只有状告 B 公司垄断才能打破市场僵局。反垄断法作为一种行为主义的法律，本身是不反对企业取得支配地位（这种客观状态）的，其规制的是滥用这种地位的行为。针对本案，A 公司指控 B 公司构成垄断的最关键依据就是在许可费用上不公平的高定价以及要求"打包"许可。最终，法院支持了 A 公司对不公平定价的"指控"。依据主要有：B 公司对 A 公司的 4 次报价均明显高于对其他公司的许可，甚至高达百倍；针对全球手机销量远不如同类型经营公司的 A 公司索要高价明显缺乏正当性、合理性；为迫使 A 公司免费许可其名下所有专利给 B 公司使用，反而提起 337 调查和诉讼，强迫给予免费交叉许可。法院确认，B 公司实施了不公平地高价销售行为，构成垄断侵权行为。

案例二：再审申请人吴某某与被申请人陕西 A 传媒集团股份有限公司捆绑交易案[1]

一、基本案情

原告吴某某诉称：2012 年 5 月 10 日，其前往陕西 A 传媒公司缴纳数字电

---

[1] 参见：陕西省西安市中级人民法院（2012）西民四初字第 438 号民事判决书，陕西省高级人民法院（2013）陕民三终字第 38 号民事判决书，最高人民法院（2016）最高法民再 98 号民事判决书。

视基本收视维护费得知,该项费用由每月25元调至30元,吴某某遂缴纳了3个月费用90元,其中数字电视基本收视维护费75元、数字电视节目费15元。之后,吴某某获悉数字电视节目应由用户自由选择,自愿订购。吴某某认为,陕西A传媒公司属于公用企业,在数字电视市场内具有支配地位,其收取数字电视节目费的行为剥夺了自己的自主选择权,构成搭售,故诉至法院,请求判令:确认被告2012年5月10日收取其数字电视节目费15元的行为无效,被告返还原告15元。

陕西A传媒公司辩称:陕西A传媒公司作为陕西省内唯一电视节目集中播控者,向选择收看基本收视节目之外的消费者收取费用,不违反相关法律的规定;陕西A传媒公司具备陕西省有线电视市场支配地位,鼓励用户选择有线电视套餐,但并未滥用市场支配地位,强行规定用户在基本收视业务之外必须消费的服务项目,用户有自主选择权;垄断行为的认定属于行政权力,而不是司法权力,原告没有请求认定垄断行为无效的权利;陕西A传媒公司虽然推出了一系列满足用户进行个性化选择的电视套餐,但从没有进行强制搭售的行为,保证了绝大多数群众收看更多电视节目的选择权利。故请求驳回原告要求确认陕西A传媒公司增加节目并收取费用无效的请求;愿意积极解决吴某某的第二项诉讼请求。

法院经审理查明:2012年5月10日,吴某某前往陕西A传媒公司缴纳数字电视基本收视维护费时获悉,数字电视基本收视维护费每月最低标准由25元上调至30元。吴某某缴纳了2012年5月10日~8月9日的数字电视基本收视维护费90元。陕西A传媒公司向吴某某出具的收费专用发票载明:数字电视基本收视维护费75元及数字电视节目费15元。之后,吴某某通过陕西A传媒公司客户服务中心的服务电话咨询,陕西A传媒公司节目升级增加了不同的收费节目,有不同的套餐,其中最低套餐基本收视费每年360元,用户每次最少应缴纳3个月费用。陕西A传媒公司是经陕西省政府批准,陕西境内唯一合法经营有线电视传输业务的经营者和唯一电视节目集中播控者。陕西A传媒公司承认其在有线电视传输业务中在陕西省占有支配地位。

另查,2004年12月2日国家发展改革委、国家广电总局印发的《有线电视基本收视维护费管理暂行办法》规定:有线电视基本收视维护费实行政府定价，收费标准由价格主管部门制定。2005 年 7 月 11 日国家广电总局关于印发《推进试点单位有线电视数字化整体转换的若干意见（试行）》的通知规定，各试点单位在推进整体转换过程中，要重视付费频道等新业务的推广，供用户自由选择，自愿订购。陕西省物价局于 2006 年 5 月 29 日出台的《关于全省数字电视基本收视维护费标准的通知》规定：数字电视基本收视维护费收费标准为：以居民用户收看一台电视机使用一个接收终端为计费单位。全省县城以上城市居民用户每主终端每月 25 元；有线数字电视用户可根据实际情况自愿选择按月、按季或按年度缴纳基本收视维护费。国家发展改革委、国家广电总局于 2009 年 8 月 25 日出台的《关于加强有线电视收费管理等有关问题的通知》指出：有线电视基本收视维护费实行政府定价；有线电视增值业务服务和数字电视付费节目收费，由有线电视运营机构自行确定。

二审中，陕西 A 传媒公司提供了四份收费专用发票复印件，证明在 5 月 10 日前后，陕西 A 传媒公司的营业厅收取过 25 元的月服务费，因无原件，吴某某不予质证。庭后，陕西 A 传媒公司提供了其中三张的原件，双方进行了核对与质证。该票据上均显示一年交费金额为 300 元，即每月 25 元。陕西 A 传媒公司提供了五张票据的原件，包括一审提供过原件的三张，交易地点均为咸阳市。由此证明陕西 A 传媒公司在 5 月 10 日前后，提供过每月 25 元的收费服务。

再审中，陕西 A 传媒公司提交了其 2016 年网站收费套餐截图、《2016 年大众业务实施办法（试行）的通知》、2016 年部分客户收费发票。

陕西省西安市中级人民法院于 2013 年 1 月 5 日作出（2012）西民四初字第 438 号民事判决：①确认陕西 A 传媒公司 2012 年 5 月 10 日收取原告吴某某数字电视节目费 15 元的行为无效；②陕西 A 传媒公司于本判决生效之日起 10 日内返还吴某某 15 元。陕西 A 传媒公司提起上诉，陕西省高级人民法院于 2013 年 9 月 12 日作出（2013）陕民三终字第 38 号民事判决：①撤销一审判决；②驳回吴某某的诉讼请求。吴某某不服二审判决，向最高人民法院提出再审申请。最高人民法院于 2016 年 5 月 31 日作出（2016）最高法民再 98 号民事判决：①撤销陕西省高级人民法院（2013）陕民三终字第 38 号民事判决；②维持陕西省西安市中级人民法院（2012）西民四初字第 438 号民事判决。

二、法律问题

1. 经营者支配地位如何判断？在知识产权新兴行业的判断方法是否有所变化？

2. 何为搭售行为？是否所有的搭售行为都需要受到规制？搭售行为的违法性判断是如何进行的？

三、法理分析

（一）如何认定经营者的市场支配地位

如前所述，界定企业市场支配地位的标准，传统市场以市场份额为主并参考其他因素。但在互联网环境下，尤其在软件等新兴产业，市场份额在市场认定中的重要性有所减弱，同时出现一些新的现象，构成市场力量认定过程中的关键因素。这主要体现为所谓"网络效果"与"锁定效果"，这种互联网经济的特点会在互联网产业中构成新的市场力量来源。与搜集企业财务信息、评估企业创新能力、考察企业产品边际成本以及考察市场动态竞争等相关信息并不容易相比，市场份额标准相对而言则操作简单，有关数据较易获得，但由于互联网企业的正外部性和单边免费性使市场份额的重要性被降低，市场份额衡量标准的作用不再明显，因此界定互联网企业市场支配地位不应再以其为主要标准。同时，我国反垄断法对市场份额还采用了推定标准，也缘于上述原因，推定标准应当被限制使用。

一般来说，"所谓竞争压力，主要来自于价格上涨所引起的需求转向，即甲企业价格上涨时，消费者会转而购买竞争者的替代性产品，而竞争者则将扩大产出以填补这一空间，如果后者扩张能力很强，则能充分满足消费者的需求转向，从而使前者的涨价行为得不偿失。多数情况下，竞争者的生产能力与其市场份额成正对应关系，因而考察企业间的相对力量时，可以将市场份额作为最主要的指标。而新经济产业中，企业的成本主要是开发成本，生产成本则很小"。[1]但在新兴经济中，由于其自身的特点，创新是其第一生产

---

[1] 许光耀、肖静：《〈谢尔曼法〉第2条意义上的'垄断'》，载《时代法学》2010年第8卷第5期。

力，任何企业或个人无法保证可以控制科技的发展和突破，任何一点技术上的突破都可能带来对垄断的巨大冲击，想阻止别人对替代性产品的开发几乎是不可能的。

此外，传统产业中支配企业一般是通过提高价格来获得高额的垄断利润，提高价格意味着产出减少。在互联网经济产业却不完全是这样。由于付出了大量研发成本，因而企业在投产后，需要尽可能扩大产量以分摊成本、收回此前的研发投入，这一方面会导致市场份额增加，一方面意味着价格降低。"因此，对于新经济产业，市场份额所代表的负面因素减少，而转化为积极因素的可能性增大，大型企业对市场的控制能力削弱。"[1]

中国以欧盟竞争法为主要借鉴对象，但由于后起优势，避免了欧盟第102条在文字表达上的主要缺陷，其中第17条第1款规定："禁止具有市场支配地位的经营者从事下列滥用市场支配地位的行为：①以不公平的高价销售商品或者以不公平的低价购买商品；②没有正当理由，以低于成本的价格销售商品；③没有正当理由，拒绝与交易相对人进行交易；④没有正当理由，限定交易相对人只能与其进行交易或者只能与其指定的经营者进行交易；⑤没有正当理由搭售商品，或者在交易时附加其他不合理的交易条件；⑥没有正当理由，对条件相同的交易相对人在交易价格等交易条件上实行差别待遇；⑦国务院反垄断执法机构认定的其他滥用市场支配地位的行为。本法所称市场支配地位，是指经营者在相关市场内具有能够控制商品价格、数量或者其他交易条件，或者能够阻碍、影响其他经营者进入相关市场能力的市场地位。"[2]

与欧盟法相比，该条对各种排斥性行为均增加了"正当理由"这一条件，虽然没有对其作出进一步说明，但实践中可以参考欧盟所规定的那些抗辩理由。对第1项所针对的过高定价行为没有施加这一限制，但该项本身即含有"不公平"的要件，同样可以容纳对抗辩理由的考察。

因此我国反垄断法对支配地位滥用行为的分析方法同样分为三个基本步骤：①先判断当事人是否具有一定的支配地位；②认定当事人的行为对竞争产生排除限制（负面影响、消极效果）；③考察当事人的抗辩理由是否成立

---

[1] 许光耀、肖静："《谢尔曼法》第2条意义上的'垄断'"，载《时代法学》2010年第8卷第5期。

[2] 参见我国《反垄断法》第17、18条。

（正面影响、积极效果）。每种滥用行为类型对竞争产生的积极效果与消极效果不同，学术研究必须进行系统的梳理，以便为执法与司法实践提供具体的指引。

搭售是经营者滥用市场支配地位中比较常见的一种。在互联网经济中，则体现得更为典型。微软公司在美国以及欧盟屡遭诉讼就是一个最好的体现，也使我们重新考虑是不是一直以来的传统分析方法出现了问题。

美国反托拉斯法上曾经长期对搭售适用本身违法规则来进行违法性的判断，然而由于芝加哥学派学说的普及，人们对搭售的看法不再像从前那样，但依然将其视为一种违法行为进行规制，希望可以兼顾效率与公平。随着技术日新月异的发展，传统的搭售模式越来越不适应这种发展的要求，在美国搭售行为本身的性质也出现了转化，不再被视为一种彻底的违法行为。

本案中，作为特定区域内唯一合法经营有线电视传输业务的经营者及电视节目集中播控者，在市场准入、市场份额、经营地位、经营规模等各要素上均具有优势，可以认定该经营者占有市场支配地位。

（二）如何判定经营者构成搭售行为

在经营者滥用市场支配地位的各种具体行为类型中，搭售是其中最典型的一种，传统的搭售行为与互联网经济中的搭售行为本质的区别即在于：所搭售的商品在互联网经济中并非真的支付对价取得，而是用户免费取得，这依然是由于互联网经济中双边市场的特性所致。微软公司在美国以及欧盟屡遭诉讼就是一个最好的体现，也促使人们对调整此类行为的传统反垄断分析方法进行深刻反思。

美国反托拉斯法上曾经长期对搭售适用本身违法规则来进行违法性的判断，然而由于芝加哥学派学说的普及，人们已认识到搭售也有可能产生许多的积极效果，但司法上仍长期在本身违法规则的框架内进行修补，以求在把效率因素考虑进来的同时又不动摇传统的范式；随着互联网产业、新经济形态的发展，人们对反垄断法在搭售领域适用的传统模式进行了更彻底的检讨，越来越发现传统范式的勉强与缺失，因而美国关于搭售行为的调整方法开始从本身违法规则向合理规则转变。

我国《反垄断法》第17条第5款在对具有市场支配地位的经营者进行规制时提出"没有正当理由搭售商品或者附加其他不合理的交易条件"，体现了上述思想的改变，但是在司法实践的适用中还需要进一步的细化。

"所谓搭售（tie-in），简单地说是指卖方销售某种产品、服务时，须以买方接受第二种产品、服务为条件，其中前一种产品称为'结卖品'，后一种产品称为'搭卖品'。"[1]由此可见，在外观上，搭售是卖方对买方所施加的条件，不一定符合买方的意愿，在卖方拥有支配地位的情况下，有可能存在支配地位滥用行为问题；同时，搭售又是卖方与买方之间的纵向协议，如果有不止一个卖方对自己的买方从事搭售行为，则可能共同对第三人产生排斥，因而这些卖方之间有可能存在垄断协议问题。因此在美国法上，搭售行为有可能违反《谢尔曼法》第1条、第2条；而在欧盟竞争法方面，搭售行为可能违反《欧盟运行条约》第101条、第102条的规定。总体说来，搭售行为与其他纵向协议关系一样，只有当构成支配地位滥用行为，或充当横向垄断协议的手段时，反垄断法才予以禁止。

对比美国与欧盟法律对此的规定，可以发现二者对于搭售行为的反垄断调整有明显不同：

第一，违法性判断原则不同。在美国，搭售行为的滥用只有在同时具有排挤竞争和减少消费者福利的后果时才构成违法，而且必须对市场竞争有实质上的不利影响，具有主观性。而欧盟委员会在认定滥用搭售时，认为损害了竞争就必然会产生对竞争者和消费者的损害，并且其所要求的损害程度也较低，在有些情况下，仅有一个竞争厂商受影响即可成立指控。

第二，规范搭售行为的基本原则不同。美国的反托拉斯法对搭售行为的态度经历了一个长久的历程，自海德案以来，其规范搭售行为的原则趋于缓和，甚至在一些案件中开始适用合理原则。相反，在欧洲，古典理论仍起着很大的作用，尽管欧盟竞争法偶尔也会穿上后芝加哥学派的外衣，但欧共体条约规范搭售行为的基本原则，仍以当然违法原则为主，并未趋于缓和。

第三，诉讼方面。在美国，法院所起的作用是主要的，而欧盟则把调查、研究搭售行为违法的权力，适用法律的决定权力等都交给了欧盟委员会。可见区别于欧盟的行政机构诉讼活动，就搭售问题私人反托拉斯诉讼是美国的特点。

---

[1] 许光耀："搭售行为的反垄断法分析"，载《电子知识产权》2011年第11期。

鉴此,分析和研究欧美反垄断法规制搭售行为的立法及其实践的经验教训,对于我国相关反垄断立法的完善大有裨益。

我国《反垄断法》第 17 条第 5 项也禁止支配企业"没有正当理由搭售商品或者附加其他不合理的交易条件",其中"正当理由"一词表明,该项规定汲取了他国的经验,其适用中将广泛地进行效率分析,而且"正当理由"的考察与"搭售"行为的认定是两个独立的环节,从而避免了美国"新产品"分析的弊端。

同时,2010 年国家工商行政管理总局发布的《工商行政管理机关禁止滥用市场支配地位行为的规定》中,试图对搭售行为的反垄断分析方法进行细化,但这一努力不是很成功。相关的条文有两个:

1. 第 6 条规定:"禁止具有市场支配地位的经营者没有正当理由搭售商品,或者在交易时附加其他不合理的交易条件:①违背交易惯例、消费习惯等或者无视商品的功能,将不同商品强制捆绑销售或者组合销售;②对合同期限、支付方式、商品的运输及交付方式或者服务的提供方式等附加不合理的限制;③对商品的销售地域、销售对象、售后服务等附加不合理的限制;④附加与交易标的无关的交易条件。"[1]然而这一条文并没有阐明对搭售行为的一般分析方法、步骤及其要点,并且后半句主要限于提示"强制"要件的存在,没有做进一步展示。"捆绑"与"组合"都是搭售的方式,前者大约主要是指物理或技术上直接结成一体,"组合"则似乎是以物理上的可分割为前提的,这种区别不具有本质性的意义。一般说来,在被告的行为被认定构成搭售后,则应当由原告证明这一行为能够产生反竞争效果,被告才有义务以"正当理由"来抗辩,本项则没有要求前者,这似乎是认定搭售行为天然具有反竞争效果,而没有注意到欧盟微软案所呈现的新特点。

2. 第 8 条规定:在搭售行为的反垄断法分析框架上,第 6 条应当与第 8 条结合起来理解,后者规定:"工商行政管理机关认定本规定第 4 条至第 7 条所称的正当理由,应当综合考虑下列因素:①有关行为是否为经营者基于自

---

[1] 参见《工商行政管理机关禁止滥用市场支配地位行为的规定》第 6 条,http://www.gov.cn/flfg/2011-01/07/content_1779980.htm,最后访问日期:2018 年 3 月 15 日。

身正常经营活动及正常效益而采取;②有关行为对经济运行效率、社会公共利益及经济发展的影响。"[1]所有垄断行为的根本考察标准是其正负效果的比较,第6条所禁止的搭售行为如果能够产生积极效果,而且无法采用限制性更少的方法来实现这些效果,则是可以允许的。第8条第2项可以视为对积极效果的概括,包括经济效率,也包括对公共利益的增进,但第1项所说的情况有些让人不明其所指,也没有明确用来判断"自身"的"正常经营活动和正常效益"的根据。

国家发改委2011年发布的《反价格垄断规定》中,没有关于搭售的内容。其第15条外观上有些相像,但本质上不是:"具有市场支配地位的经营者不得在交易时在价格之外附加不合理的费用。"这可以视为过高定价的表现形式,并不因为含有"附加"两个字而成为搭售。

具体到本案中,经营者利用市场支配地位,将数字电视基本收视维护费和数字电视付费节目费捆绑在一起向消费者收取,侵害了消费者的消费选择权,不利于其他服务提供者进入数字电视服务市场。经营者即使存在两项服务分别收费的例外情形,也不足以否认其构成反垄断法所禁止的搭售。

四、参考意见

(一)经营者支配地位如何判断,在知识产权新兴行业的判断方法是否有所变化

依据我国《反垄断法》第17条规定"本法所称市场支配地位,是指经营者在相关市场内具有能够控制商品价格、数量或者其他交易条件,或者能够阻碍、影响其他经营者进入相关市场能力的市场地位",这一条可以说为"支配地位"提供了法律定义以及认定标准。而接下来的第18条则明确了认定支配地位的具体因素,第19条的规定则进一步规定了"推定成立",即"有下列情形之一的,可以推定经营者具有市场支配地位:①一个经营者在相关市场的市场份额达到1/2的;②两个经营者在相关市场的市场份额合计达到2/3的;③三个经营者在相关市场的市场份额合计达到3/4的。有前款第2项、

---

[1] 参见《工商行政管理机关禁止滥用市场支配地位行为的规定》第8条,http://www.gov.cn/flfg/2011-01/07/content_ 1779980.htm,最后访问日期:2018年3月15日。

第 3 项规定的情形,其中有的经营者市场份额不足 1/10 的,不应当推定该经营者具有市场支配地位。被推定具有市场支配地位的经营者,有证据证明不具有市场支配地位的,不应当认定其具有市场支配地位"。由此可以认为应当综合考察经营者的以下因素以讨论其是否具备支配地位:

(1) 该经营者在相关市场的市场份额以及相关市场的竞争状况,即市场竞争是否充分。

(2) 该经营者控制销售市场或者原材料采购市场的能力,即该经营者对于上下游市场的实际控制能力。

(3) 该经营者的财力和技术条件,即该经营者当前的经营状况。此处应当注意的是,对于知识产权密集的产业,经营者的创新和研发能力本身即是构成市场支配力量的重要来源;尤其对于互联网高科技产业,由于"网络效应"与"双边市场"的存在,仅仅考察其"免费"业务市场显然是不准确的,应当全面考察其相关市场以及潜在的研发能力。

(4) 其他经营者对该经营者在交易上的依赖程度,此处的"其他经营者",指的是涉嫌当事人的交易相对人。

(5) 其他经营者进入相关市场的难易程度,即市场壁垒状况,以判明潜在竞争者能否进入市场——其进入的结果,同样是增加相关市场上的总产出。

(二) 何为搭售行为,是否所有的搭售行为都需要受到规制?搭售行为的违法性判断是如何进行的

我国《反垄断法》第 17 条第 5 项禁止具有市场支配地位的经营者在交易时,"没有正当理由搭售商品或者附加其他不合理的交易条件",这一规则的适用中也要考虑到上述进展并加以必要的借鉴,是我国目前对于搭售行为的具体规定。同时,国家工商行政管理总局于 2010 年发布开始实施的《工商行政管理机关禁止滥用市场支配地位行为的规定》对此也作出了进一步细化规定,其中相关的条文有两个:

(1) 第 6 条规定:"禁止具有市场支配地位的经营者没有正当理由搭售商品,或者在交易时附加其他不合理的交易条件:①违背交易惯例、消费习惯等或者无视商品的功能,将不同商品强制捆绑销售或者组合销售;②对合同期限、支付方式、商品的运输及交付方式或者服务的提供方式等附加不合理的限制;③对商品的销售地域、销售对象、售后服务等附加不合理的限制;

④附加与交易标的无关的交易条件。"

（2）第 8 条规定："工商行政管理机关认定本规定第 4 条至第 7 条所称的正当理由，应当综合考虑下列因素：①有关行为是否为经营者基于自身正常经营活动及正常效益而采取；②有关行为对经济运行效率、社会公共利益及经济发展的影响。"

综合第 6 条和第 8 条来看，我国也是认为"并非所有的搭售行为都要受到规制"，而应当进行正负效果的分析。其中第 6 条所禁止的搭售行为如果能够产生积极效果，而且无法采用限制性更少的方法来实现这些效果，则是可以允许的。第 8 条第 2 项可以视为对积极效果的概括，包括经济效率，也包括对公共利益的增进，但第 1 项所说的情况有些让人不明其所指，也没有明确用来判断"自身"的"正常经营活动和正常效益"的根据。

而国家发改委 2011 年发布的《反价格垄断规定》中，也有类似的关于搭售行为的规定，即第 15 条："具有市场支配地位的经营者不得在交易时在价格之外附加不合理的费用"。这一条既可以被视为对于"过高定价"行为的细化规定，也可以视为对于"搭售行为"的进一步细化规定。

拓展案例

案例一：娄某某与北京市水产批发行业协会垄断纠纷上诉案[1]

一、基本案情

原告娄某某起诉称：其为海鲜行个体工商户，与妻子刘某某在北京市丰台区京深海鲜批发市场共同销售海鲜产品，主要经营大连獐子岛集团股份有限公司（简称獐子岛公司）生产的扇贝（简称獐子岛扇贝）。娄某某加入水产批发协会并委托刘某某代为处理与水产批发协会有关的一切事务。北京市水产批发协会颁发的《北京市水产批发行业协会手册》中的"奖罚规定"部分变更和固定了獐子岛扇贝的销售价格，并禁止水产批发协会会员向其会员所在市场的非会员销售整件獐子岛扇贝，如果协会会员违反规定，将被以各

---

[1] 参见：北京市第二中级人民法院（2013）二中民初字第 02269 号民事判决书，北京高级人民法院（2013）高民终字第 4325 号民事判决书。

种理由处以罚款,甚至停供獐子岛扇贝。娄某某于2011年12月退出水产批发协会,至今无法获得獐子岛扇贝供货渠道,无法销售獐子岛扇贝。娄某某认为水产批发协会的上述行为侵害其合法权益并造成其较大经济损失,故诉至法院,请求:①确认《北京市水产批发行业协会手册》中"奖罚规定"部分第1条、第2条规定无效;②判令水产批发协会停止继续实施已经组织会员达成的固定和变更商品价格协议的垄断民事侵权行为,即停止变更和固定獐子岛扇贝的销售价格;③判令水产批发协会停止继续实施已经组织会员达成的限制商品销售数量协议的垄断民事侵权行为,即停止禁止水产批发协会会员向其会员所在市场的非会员销售整件獐子岛扇贝;④判令水产批发协会赔偿娄某某各项经济损失772 512元。

被告北京市水产批发协会答辩称:①原被告主体均不适格,娄某某系水产批发协会的会员,其主张与自身法律地位矛盾,不具有本案原告的诉讼主体资格;水产批发协会系社会团体法人,不属于反垄断法所规定的经营者,与大连獐子岛渔业集团股份有限公司北京销售组合(简称獐子岛北京销售组合)非同一主体;獐子岛北京销售组合的行为系销售代理行为,行为结果应由组合成员共同承担。②水产批发协会未实施娄某某所诉的垄断行为,《北京市水产批发行业协会手册》"奖罚规定"第1、2条规定系重申獐子岛公司的要求,水产批发协会组织会员达成的价格仅是执行獐子岛公司的定价和调价决定,獐子岛北京销售组合成员可以在最低限价基础上自由定价,水产批发协会组织会员达成"禁止向有会员的市场销售整件扇贝"的协议系为防止串货而采取的措施,而且水产批发协会组织会员达成的协议不具有排除或限制市场竞争的效果,獐子岛扇贝除由獐子岛北京销售组合销售外,还有其他獐子岛公司的直营店销售,京深海鲜批发市场的扇贝除大连外,还有山东、辽宁等来源地,扇贝与海螺、角螺类产品具有可替代性,故扇贝、海螺、角螺类产品的北京市场竞争充分。③娄某某所谓的经济损失与涉案被诉行为无关,系娄某某未与獐子岛公司建立经销关系所致,实际上娄某某一直在销售獐子岛公司的产品。④原告未尽到举证义务证明其诉讼主张,应承担举证不能的不利后果。故请求驳回原告的全部诉讼请求。

法院经审理查明:娄某某系"北京京深渔隆海鲜行"个体工商户业主,其妻子刘某某系北京万鲜隆海产品商行的个体工商户经营者。水产批发协会于 2011 年 9 月 29 日获得《社会团体法人登记证书》，业务范围是开展水产批发行业的政策宣传、行业自律、行业协调等。娄某某以京深渔隆海鲜行业主的身份加入了水产批发协会，作为其单位会员。

水产批发协会向其会员发放了《北京市水产批发行业协会手册》，该手册的"奖罚规定"部分第 1 条规定："禁止会员不正当竞争，不按协会规定的销售价格折价销售扇贝的，经督查发现，一次罚款 1 万元，奖励给举报者 5000 元"，第 2 条规定："禁止会员向本协会会员所在的市场向非会员销售整件扇贝，发现串货的，一次罚款 1 万元，奖励给举报者 5000 元"。《北京市水产批发行业协会手册》自 2011 年 6 月 1 日起施行。

双方在本案审理期间均提交了 2009～2012 年的会议记录，会议记录依次取名为"北京贝类商会会议记录""北京小双赢组合会议""小双赢组合会议""X 市水产批发行业协会会议""协会会议""协会负责人会议""公司负责人会议""组合会议""组合负责人会议"等。其中 2010 年 11 月 16 日～2012 年 1 月 4 日会议记录名称为"北京市水产批发行业协会会议"，记录了协会筹备工作、揭牌准备工作、扇贝销售价格的商讨过程和决定、防止串货的措施以及惩罚措施的商讨过程和决定等。

2011 年 11 月 3 日，名称为"协会负责人会议"的会议记录记载："专题会议：关于 11 月份扇贝销售价格，争取销售额超过 800 万元，经研究，11 月份扇贝销售价格：大贝售价每斤 19 元，收价 18.6 元，中贝售价每斤 17 元，收价 16.6 元，小贝售价每斤 13 元，收价 13.6 元，扣贝售价每斤 11 元，收价 11.6 元，上述扇贝协会每斤返还给会员 1 元，从 11 月 1 日起。"此次会议上确定的獐子岛扇贝价格与 2011 年 11 月 1 日水产批发协会以传真形式发出的通知内容一致。2011 年 11 月 30 日，名称为"协会负责人会议"的会议记录记载："经研究，獐子岛贝大贝销价 21 元，中贝 19 元，小贝 16 元，扣贝 14 元，从 12 月 1 日起执行。"2011 年 12 月 30 日，名称为"协会负责人会议"的会议记录记载："獐子岛扇贝自 2012 年元月 1 日起每斤上涨 1 元，销售价格每斤提高 1 元。即大贝 22 元，中贝 20 元，小贝 17 元，扣贝 15 元。"

2011 年 12 月 25 日，名称为"协会会议"的会议记录记载："关于会员串货、折价问题，怎么杜绝此类事情的发生，经研究：按原来规定，不准整件向有会员的市场销售,发现一次罚款1万元,大家举手一致同意通过。"

北京市第二中级人民法院于2013年9月18日作出(2013)二中民初字第02269号民事判决:①确认涉案《北京市水产批发行业协会手册》中"奖罚规定"第1条、第2条规定无效;②自本判决生效之日起,北京市水产批发行业协会停止组织会员达成涉案变更和固定獐子岛扇贝价格的垄断协议的行为;③驳回娄某某的其他诉讼请求。宣判后,水产批发协会不服,向北京市高级人民法院提起上诉。北京市高级人民法院判决:驳回上诉,维持原判。

二、法律问题

1. 如何对垄断协议进行违法性判断?
2. 行业协会的决议是垄断协议吗?
3. 什么是固定价格的垄断行为?

三、重点提示

1. 垄断协议的定义与表现方式。参考《反垄断法》第3条、第13条及第14条。
2. 行业协会的决议。参考《反垄断法》第16条。
3. 固定价格的垄断行为。
4. 法律责任。参考《反垄断法》第50条以及《最高人民法院关于审理因垄断行为引发的民事纠纷案件应用法律若干问题的规定》第1条(本规定所称因垄断行为引发的民事纠纷案件,是指因垄断行为受到损失以及因合同内容、行业协会的章程等违反反垄断法而发生争议的自然人、法人或者其他组织,向人民法院提起的民事诉讼案件)、第14条(被告实施垄断行为,给原告造成损失的,根据原告的诉讼请求和查明的事实,人民法院可以依法判令被告承担停止侵害、赔偿损失等民事责任。根据原告的请求,人民法院可以将原告因调查、制止垄断行为所支付的合理开支计入损失赔偿范围)、第15条(被诉合同内容、行业协会的章程等违反反垄断法或者其他法律、行政法规的强制性规定的,人民法院应当依法认定其无效)。

案例二：李某某与A分公司、B分公司垄断定价及捆绑交易纠纷案[1]

一、基本案情

2008年12月B分公司为李某某在纬二十九街小区的住宅办理了固话、宽带业务，后李某某以资费过高为由办理了拆机业务。

2011年9月李某某为其纬二十九街小区的住宅开通了长城宽带网络服务有限公司提供的宽带网络服务，缴纳了网络使用费850元。2012年12月23日李某某为其位于银河坊小区的住宅安装了电信宽带，缴纳入网设备费300元，宽带开户费80元，B分公司收取费用未向李某某出具定价依据。李某某经在西安各电信设备商城了解，得知该货物全部被A分公司、B分公司垄断及其购买的光纤猫零售价为200元。李某某认为A分公司、B分公司利用垄断地位超收暴利100元，高于全国各省市平均电信设备价格，故诉至法院，请求判令A分公司、B分公司退还设备费人民币100元。淘宝网销售的可用于电信宽带的光纤猫有多个替代品牌与型号，其中李某某在A分公司、B分公司购买的同类型光纤猫售价265元、135元、514元不等，且有卖家愿以888元收购该型号光纤猫。李某某申请法院前往该光纤猫生产的C公司调取该型号光纤猫的生产数量、批发价格、销售价格等；调取B分公司购买该型号光纤猫的销售发票。C公司以每台431元向B分公司出售该型号光纤猫4000台。李某某称A分公司、B分公司占有市场支配地位是众所周知的事实，其在本案中所诉的垄断行为是A分公司、B分公司高于市场价格销售、搭售光纤猫。A分公司、B分公司称其不具有市场支配地位，未强制消费者使用其提供的该型号光纤猫，消费者可选择其他光纤猫。

西安市中级人民法院审理认为，李某某应对B分公司在相关市场具有市场支配地位承担举证责任，但其以B分公司在西安地区的宽带入网市场占有支配地位是众所周知的事实为由，举证不足。考虑到B分公司在相关市场内是否具有能够控制提供入网宽带的价格、数量或者其他交易条件，或者能够阻碍、影响其他经营者进入相关市场能力的市场地位，并无充分证据证明，故无法认定B分公司在西安地区互联网接入服务市场内具有支配地位。至此，本应对A分公司、B分公司销售光纤猫是否构成垄断行为不再论述，不过在

---

[1] 参见：陕西省西安市中级人民法院（2015）西中民四初字第261号民事判决书。

被诉经营者是否具有市场支配地位不甚明确时，分析被诉垄断行为对竞争的影响效果，可以对该行为是否具备合法性作出判断。因李某某对 A 分公司、B 分公司在搭售产品市场上具有支配地位及搭售者对其实施了某种强制，使其不得不接受被搭售产品的主张未能提供证据；同时李某某曾将在 B 分公司办理的宽带业务，更换为其他可替代的宽带网络服务有限公司提供的宽带网络服务，并提交了淘宝网销售的同型号光纤猫的价格单，故李某某认为 A 分公司、B 分公司违背交易人意愿强制搭售光纤猫及以不公平高价销售商品的主张，事实依据不足。至于李某某申请调取所使用光纤猫的销售证据，与 A 分公司、B 分公司是否构成垄断行为没有直接的因果关系，故李某某的申请，依法不予支持。判决：驳回原告李某某的诉讼请求。

本案宣判后，当事人均未提出上诉，该案已经发生法律效力。

二、法律问题

本案的意义在于被诉垄断行为属于滥用市场支配地位，原告应对被告在相关市场内具有支配地位和其滥用市场支配地位承担举证责任；公用企业是否在相关市场内具有支配地位，应根据事实与法律进行判定；原告若无证据证明被控垄断者以不公平的高价销售商品或者以不公平的低价购买商品，损害交易对方的利益，应承担败诉的风险；当事人申请调取证据与被控垄断者是否构成垄断行为没有直接的因果关系，人民法院不予准许。

三、重点提示

1. 公用企业在市场行为中具备优势地位的情况下，能否受《反垄断法》规制？应当适用第 17 条滥用支配地位的规定还是行政垄断的相关规定？
2. 价格歧视行为的表现与违法性分析。
3. 《反垄断法》第 50 条的适用。

5-3【拓展阅读案例】

5-4【拓展阅读资料】

| 第六章 |

网络知识产权专题

专题一　网络知识产权新型问题研究

知识概要

域名是一个企业或机构在国际互联网上表达的名称，是网络用户进入门户网站的一种便捷途径，是吸引网络用户进入其网站的窗口。域名与商标不同，域名保护范围不存在商标所具有的地域限制特征。网络域名注册人注册了域名后，该域名将不能再被全球其他人申请注册并使用，因此网络域名具有专属性、唯一性、全球性特征。网络域名属于稀缺资源，权利人可以对域名进行处分，包括转让、注销等。随着互联网的日益繁荣发展，域名的商业价值越来越大，因域名注册、使用等行为产生的纠纷也随之增多。

我国《民法总则》第127条规定："法律对数据、网络虚拟财产保护有规定的，依照其规定。"这一规定表达了一个重要的立场和判断，那就是当人类进入21世纪的第二个10年，数据和网络虚拟财产是越来越重要、越来越具有符号价值的两种财产类型，[1]彰显了《民法总则》的时代特征。目前数据和虚拟财产的定位和定性尚未研究清楚，无法达成共识，且数据、虚拟财产与网络法密切相关，其具体的内涵、外延等可能会随着网络法的发展而不断变化。因此，《民法总则》仅提出数据、网络虚拟财产的概念，两者具体的权

---

〔1〕 王轶："得数据者得天下！数据和网络虚拟财产是越来越重要的财产类型"，载《民商事裁判规则》微信公众号。

利义务由其他法律予以规定,以保持相关制度的与时俱进。

经典案例

案例一:广州A信息技术有限公司与北京B信息技术有限公司网络域名纠纷案[1]

一、基本案情

2005年5月9日,北京B信息技术有限公司(简称北京B公司)的原法定代表人庄某超注册了域名qunar.com,并创建了"去哪儿"网,后转让给北京B公司。经过多年使用,"去哪儿""去哪儿网""qunar.com"等服务标识成为知名服务的特有名称。2006年,北京B公司获得电信与信息服务业务经营许可证,业务种类为因特网信息服务业务,网站名称为B旅游搜索引擎,网址www.qunar.com。2011年10月7日,北京B公司获得在第38类(通讯类)服务、第39类(旅游类)服务上注册的"Qunar.Com+骆驼图形""去哪儿+Qunar.Com+骆驼图形"商标。

广州A信息技术有限公司(简称广州A公司)前身为C公司,成立于2003年12月10日,后于2009年5月26日名称变更为"广州A信息技术有限公司",经营范围与北京B公司接近。2009年7月3日,广州A公司经受让取得他人于2003年6月6日登记注册的quna.com域名,随后A公司注册了"123quna.com""mquna.com"域名,并使用"去哪""去哪儿""去哪网""quna.com"名义对外宣传和经营。2014年5月28日,广州A公司名称变更为广州市到哪信息技术有限公司,主营项目类别由"商务服务业"变更为"研究和试验发展",经营范围变更为:网络技术的研究、开发;计算机技术开发、技术服务;向游客提供旅游、交通、住宿、餐饮等代理服务(不涉及旅行社业务);旅客票务代理;航空旅客运输;增值电信服务。

2011年4月25日,北京B公司以广州A公司构成不正当竞争为由,向广州市中级人民法院提起诉讼,请求法院判令广州A公司立即停止使用与"去

---

[1] 参见:广东省高级人民法院(2013)粤高法民三终字第565号民事判决书,最高人民法院(2014)民申字第1414号民事判决书。

哪儿""qunar.com"相同或近似的服务名称及企业名称，立即停止使用与"去哪儿"网相似或近似的网页版式；判令广州A公司立即注销涉案域名或由北京B公司注册使用涉案域名；判令广州A公司向北京B公司赔礼道歉、消除影响，并赔偿经济损失及诉讼合理费用。

二、法律问题

1. 域名侵权需要哪些构成要件？
2. 广州A公司使用"quna.com""123quna.com""mquna.com"域名的行为是否构成侵权或者不正当竞争？

三、法理分析

（一）域名侵权的构成要件

本案中，广州A公司使用"去哪""去哪儿""去哪网""quna.com"服务标记的行为构成对北京B公司知名服务特有名称的侵害，广州A公司在其企业字号中使用"去哪"字样的行为构成不正当竞争。法院对涉及服务标记和字号的上述侵权行为认定一致。

广州A公司使用"quna.com""123quna.com""mquna.com"域名的行为是否构成对北京B公司域名权益的侵害，这是案件争执的焦点问题，涉及对域名侵权的认定。

域名侵权通常发生在涉及网络域名的纠纷中，多是因网络域名与已有的商标权、商号权、著作权发生冲突而引发的侵权或不正当竞争纠纷案件。比如把他人知名的商号或商标注册为域名，再卖给他人趁机谋利；或者注册使用域名，以假冒、淡化他人注册商标或商号。

发生域名纠纷后，主要通过三种方式予以解决：①当事人自行协商解决。②通过第三方非诉争议解决机制，由CNNIC机构解决涉外域名争议，其中CNNIC授权中国国际经济贸易仲裁委员会（CIETAC）域名争议解决中心，作为其指定的域名争议解决机构，受理其负责管理的CN/中文域名争议。③司法诉讼解决方式，由我国法院审理域名纠纷案件，包括所有涉及计算机网络域名注册、使用行为产生的民事纠纷，比如域名与域名之间，域名与驰名商标、普通注册商标、商号、知名商品特有名称、姓名等权利之间的纠纷案件。

其中，涉外域名纠纷也包括在内。

2001年7月24日起施行的《最高人民法院关于审理涉及计算机网络域名民事纠纷案件适用法律若干问题的解释》是法院裁判域名纠纷案件的主要法律依据，其第4条规定，人民法院审理域名纠纷案件，对符合以下各项条件的，应当认定被告注册、使用域名等行为构成侵权或者不正当竞争：①原告请求保护的民事权益合法有效；②被告域名或其主要部分构成对原告驰名商标的复制、模仿、翻译或音译；或者与原告的注册商标、域名等相同或近似，足以造成相关公众的误认；③被告对该域名或其主要部分不享有权益，也无注册、使用该域名的正当理由；④被告对该域名的注册、使用具有恶意。在上述构成条件中，域名的注册和使用是否构成恶意，是相对较难判断的问题，也是需要法官通过自由裁量来进行主观状态认定。为了将主观状态认定客观化，《最高人民法院关于审理涉及计算机网络域名民事纠纷案件适用法律若干问题的解释》第5条规定了可以认定具有恶意的五种情形，提高了操作性。

（二）广州A公司注册和使用域名行为的认定

根据《最高人民法院关于审理涉及计算机网络域名民事纠纷案件适用法律若干问题的解释》，结合本案的事实情况，对本案涉及的域名侵权综合分析如下：

1. 原告请求保护的民事权益合法有效，这是原告主张权利的基础。一般的民事权益指公民或者法人在民事活动中享有的权利和利益，包括生命权、健康权、姓名权、名誉权、荣誉权、肖像权、隐私权、婚姻自主权、监护权、所有权、用益物权、担保物权、著作权、专利权、商标权、股权、继承权等人身、财产权益。而在域名侵权纠纷中所涉及的民事权益主要包括著作权、商标权、商号、域名。

本案中，2003年6月6日，"quna.com"域名初次登记注册，广州A公司于2009年7月3日经受让取得该域名；2005年5月9日，"qunar.com"域名被注册并创建网站，北京B公司于2006年3月17日成立后经受让取得该域名，北京B公司请求保护的域名权益合法有效。

2. 被告域名或其主要部分构成对原告驰名商标的复制、模仿、翻译或音译；或者与原告的注册商标、域名等相同或近似，足以造成相关公众的误认。认定与注册商标近似通常以"相关公众的一般注意力"为标准。

广州A公司域名"quna.com"与北京B公司域名"qunar.com"仅相差一个字母"r",二者构成近似,此等差异普通消费者难以辨别,在实际使用中可能会产生混淆,因此满足"被告与原告的域名近似,足以造成相关公众的误认"这一条件。

3. 被告对该域名或其主要部分不享有权益,也无注册、使用该域名的正当理由。一审法院经审理认为:广州A公司无证据显示其在受让该域名之前对该域名的主要部分"quna"进行过实质性的使用或者对其进行商标注册等,即广州A公司对"quna"并不享有权益,也没有使用该域名的正当理由。但二审法院认为:广州A公司的域名"quna.com"注册在先,对域名"quna.com"享有合法权益,使用该域名有正当理由,因此不符合上述第三个要件,广州A公司不构成不正当竞争行为。广州A公司后来注册的"123quna.com""mquna.com"域名因与在先注册、自己持有的"quna.com"域名相似,注册行为也具有正当理由。最高人民法院则肯定了二审法院的意见。

我们认为,《最高人民法院关于审理涉及计算机网络域名民事纠纷案件适用法律若干问题的解释》规定之目的主要在于保护在先权利。一般情况下,被告注册域名的行为被认定为侵权或者不正当竞争的前提是被告的域名晚于原告的域名、商标注册。本案中,涉案域名"quna.com"初次登记注册时间是2003年6月6日,广州A公司于2009年7月3日经受让取得该域名,而北京B公司持有的近似域名"qunar.com"的注册时间是2005年5月9日,较涉案域名"quna.com"的注册时间晚了近两年,涉案域名的在先注册、使用行为应推定具有正当理由,从而注册人享有域名权益。

4. 被告对该域名的注册、使用具有恶意。《最高人民法院关于审理涉及计算机网络域名民事纠纷案件适用法律若干问题的解释》第5条对于恶意的认定采取了正面非穷尽列举、反面否定的方式。列举的五种恶意情形包括:①为商业目的将他人驰名商标注册为域名的;②为商业目的注册、使用与原告的注册商标、域名等相同或近似的域名,故意造成与原告提供的产品、服务或者原告网站的混淆,误导网络用户访问其网站或其他在线站点的;③曾要约高价出售、出租或者以其他方式转让该域名获取不正当利益的;④注册域名后自己并不使用也未准备使用,而有意阻止权利人注册该域名的;⑤具有其他恶意情形的。反面否定的方式是指，被告举证证明在纠纷发生前其所持有的域名已经获得一定的知名度，且能与原告的注册商标、域名等相区别，或者具有其他情形足以证明其不具有恶意的，人民法院可以不认定被告具有恶意。其中，正面列举的第一、三、四种情形是恶意状态的客观标准，相对容易认定，但本案事实均不存在这三种情形。第二种情形是主观标准，需要存在"故意"，即主观上积极实施、有意为之。通常本条关于善意或恶意的认定会与上一条注册、使用的正当性结合在一起，两个构成条件相互交织、相互影响。

广州 A 公司对争议域名"quna.com"的受让和使用是否存在恶意，判断该问题的核心在于，域名的转让是否视为新的注册行为，即判断主观恶意的时间点是域名注册时，还是域名转让时。

广州 A 公司认为，"quna.com"域名先于"qunar.com"域名注册，广州 A 公司合法受让"quna.com"并无过错，至于后来注册的"123quna.com""mquna.com"，是"quna.com"的保护性域名，广州 A 公司作为上述域名的合法拥有者，对上述域名的使用是正当和善意的。

北京 B 公司则认为，域名的转让应视为新的注册行为，判断主观恶意的时间点应当是受让或使用争议域名时，而非该争议域名最初注册时。

一审法院支持了原告的主张，理由如下：虽然涉案域名"quna.com"的登记注册时间为 2003 年 6 月 6 日，但广州 A 公司受让涉案域名的时间是 2009 年 7 月 3 日，而此时北京 B 公司的"qunar.com"域名作为服务名称使用已经具有一定的市场知名度。广州 A 公司作为同行业者应当熟悉北京 B 公司"qunar.com"名称的知名度，但广州 A 公司仍然受让"quna.com"域名并经营与北京 B 公司构成竞争关系的旅游业网络搜索服务，应当认定广州 A 公司受让该域名时，意在借北京 B 公司服务特有名称的知名度，误导并吸引互联网用户访问其以该域名开通的网站，有侵害北京 B 公司合法权益的主观恶意。

二审法院和最高人民法院对一审法院的裁判意见进行了调整，均认为"quna.com"域名的在先注册具有正当性，广州 A 公司合法受让该在先注册的涉案域名本身并无过错，有权继续使用该域名，广州 A 公司使用上述域名的行为不构成不正当竞争。因为"123quna.com""mquna.com"虽为广州 A 公司后来登记注册并使用的域名，晚于北京 B 公司"qunar.com"域名的注册时间，但是相较北京 B 公司"qunar.com"域名而言，广州 A 公司后来注册的

"123quna.com""mquna.com"域名与其在先注册、使用的"quna.com"域名更为近似,因此,其随后注册和使用"123quna.com""mquna.com"域名的行为便同样具有正当理由,广州 A 公司有权继续使用上述域名。

而最高人民法院在作出上述结论时也强调,由于广州 A 公司域名"quna.com"与北京 B 公司域名"qunar.com"仅相差一个字母"r",二者构成近似,在实际使用中可能会产生混淆,北京 B 公司使用的"去哪儿""去哪儿网""qunar.com"已构成知名服务的特有名称,因此,广州 A 公司在使用"quna.com""123quna.com""mquna.com"域名时,不得恶意攀附北京 B 公司的商誉以谋取不正当的商业利益,其有义务在与域名相关的搜索链接及网站上加注区别性标识,以使消费者将上述涉案域名与北京 B 公司"去哪儿""去哪儿网""qunar.com"等知名服务特有名称相区分。当然,北京 B 公司对广州 A 公司使用"quna.com""123quna.com""mquna.com"域名的行为也应给予合理容忍和尊重。

也就是说,最高人民法院的裁判意见和逻辑是:广州 A 公司享有的涉案域名注册在先,注册、使用有正当理由,有权继续使用,北京 B 公司对广州 A 公司的正当使用行为不应干预;与此同时,广州 A 公司有义务采取合理避让,更不得恶意攀附,以避免消费者误认。如果故意混淆,或者客观上导致混淆,则存在或者推定存在恶意,其使用行为也很难认定为正当。

四、参考意见

实践中,域名注册人复制、模仿他人在先注册的商标、域名等,从而产生冲突,这种纠纷较为常见。在处理此类纠纷案件的过程中,因商标注册在前、域名注册在后,侵权行为相对容易认定,考虑到域名注册人在后的模仿、混淆、误导等,本身就带有一定的恶意因素,因此主要是对域名和他人驰名商标的近似性作出判断。

但本案的情况要复杂得多。本案中,被告享有的域名注册在先且注册合法合规,注册本身的正当性无异议,注册本身也不存在恶意。而域名注册人将域名转让给被告,也是其正当行使域名权的行为,即使在域名转让之时,原告所享有的域名、商标等已经拥有一定的知名度,也不能推定转让或受让行为是恶意的,更不能将域名的转让视为新的注册行为。否则,域名原始注册人将失去在先注册这一行为带来的商业价值或者商业收益。而被告将在先注册的域名购买之后，其可以在多大的范围或者界限内行使域名权利，与在后的知名商标、域名权利人发生冲突时，是倾向保护在先注册域名的权利人，还是倾向保护已经将域名或者近似商标、商号等标识做成知名品牌、具有较高知名度的在后权利人，这就需要裁判者作出利益平衡。一审法院、二审法院和最高人民法院的判决体现了这种平衡的差异化判断。

一审法院经审理认为，被告享有的涉案域名与原告享有的"qunar.com"域名近似，容易引起互联网用户的混淆，为了更好地保护原告知名服务的特有名称和网络域名，判决涉案域名直接归原告较为适宜。也就是说，被告对涉案域名不再有任何权益。

二审法院则认为，原告的"qunar.com"域名与被告的"quna.com"域名因仅相差一个字母"r"，构成近似，在使用过程中难免会产生混淆，双方对此均有容忍的义务。如果以两个域名在使用过程中产生混淆的结果，反推被告使用"quna.com"域名存在恶意，进而推定被告取得"quna.com"域名没有正当理由，因此构成不正当竞争行为，这并不符合推理逻辑。二审法院的态度隐含着，在先注册域名的持有人并没有主动避让的义务，只要不主动采取引发混淆的恶意行为即可。

最高人民法院则明确，本案双方当事人均享有来源合法的域名权益，双方需要彼此容忍，互相尊重，长期共存。一方不能因为在经营过程中知名度提升，就剥夺另一方的生存空间；另一方也不能恶意攀附知名度较高一方的商誉，以谋取不正当的商业利益。据此，被告虽然有权继续使用涉案域名，但是也有义务在与域名相关的搜索链接及网站上加注区别性标识，以使消费者将上述域名与原告"去哪儿""去哪儿网""qunar.com"等知名服务特有名称相区分。也就是说，知名度弱的有义务且需要主动采取避让措施。可以说，最高人民法院的判决既认可和保护在先注册人的权益，又对知名度弱者一方的使用行为施加主动避让的义务，从而保护知名度高的一方的利益不受侵犯，此种利益平衡更加周全和客观。

结合最高人民法院对该案的裁判意见，可以对《最高人民法院关于审理涉及计算机网络域名民事纠纷案件适用法律若干问题的解释》第5条规定的恶意认定标准进行扩充和完善。原规定：为商业目的注册、使用与原告的注册商标、域名等相同或近似的域名，故意造成与原告提供的产品、服务或者原告网站的混淆，误导网络用户访问其网站或其他在线站点的。建议在此基础上增加一个条款：明知或应知与原告提供的具有一定知名度的产品、服务或者原告网站产生混淆，误导网络用户访问其网站或其他在线站点，而未主动采取区分措施的。

另外，2010年8月27日，北京B公司曾就广州A公司的"quna.com"域名向亚洲域名争议解决中心提交投诉书，请求移转广州A公司名下的上述域名给北京B公司。专家组认为，投诉人不能同时满足相关《统一域名争议解决政策》规定的三个条件，从而缺乏支持"裁决被投诉人将争议域名转移给投诉人"请求的理由，这与最高人民法院的裁判结果基本一致。但是，在腾讯控股有限公司和李明的weixin.com域名纠纷中，weixin.com域名注册的时间为2000年11月21日，2015年转移到李明名下，腾讯公司2011年10月25日才注册包含"weixin""微信"的商标，腾讯公司于2015年向亚洲域名争议解决中心就weixin.com域名提起投诉，专家组裁定将weixin.com转移给腾讯公司，理由是：域名转让应被视为"新注册"。[1]亚洲域名争议解决中心对该微信域名纠纷的认定和裁决结果引发了很多争议。域名转让是否应被视为"新注册"，最高人民法院在quna.com域名案件中的裁判意见和利益平衡考虑因素可作为参考。

案例二：广州A公司与贾某某网络侵权责任纠纷[2]

一、基本案情

贾某某于2009年注册成为A公司游戏《梦幻西游2》平台用户，游戏账号为jt1283517092gzj，2009年再次注册，游戏账号为jt1283517092whf。贾某某在淘宝上购买点卡，商家直接充入其游戏账户，再进入游戏里面设置在线寄售人寄售点卡，将卖出的点卡换成游戏币，通过藏宝阁出售游戏币换取人

---

〔1〕 亚洲域名争议解决中心作出裁决后，李明向北京市海淀区人民法院起诉腾讯公司，要求确认原告对争议的域名享有合法权益，有权继续持有并使用争议域名，最终双方达成和解。

〔2〕 参见：山西省洪洞县人民法院（2016）晋1024民初388号民事判决书，临汾市中级人民法院（2016）晋10民终2192号民事判决书。

民币，藏宝阁收取贾某某5%的手续费，最后通过网易宝提现。藏宝阁是A公司设置的交易平台。贾某某进入游戏后，只要在线，A公司便扣去贾某某游戏账户点数，一个小时6角钱左右。A公司在游戏中设立了每个月的积分抽奖活动，寄售的点卡越多，积分越高，抽奖次数越多。

贾某某名下所拥有的jt1283517092gzj@163.com账号一共建立了97个游戏角色，jt1283517092whf@163.com账号一共建立了133个游戏角色。贾某某jt1283517092gzj@163.com账号下8个涉案游戏角色在2015年1~7月间共进行了13 040次游戏币寄售交易，获利人民币1 598 650.22元，平均每个游戏角色获利199 831.28元。jt1283517092whf@163.com账号下24个涉案角色在2015年1~7月间共进行了11 097次游戏币寄售交易，获利人民币1 363 254.26元，平均每个游戏角色获利56 802.26元。

2015年6月，A公司以贾某某的行为不属于正常的娱乐互动为由，对贾某某上述游戏账号采取隔离游戏角色，并暂扣其游戏币。其中账号jt1283517092gzj被隔离游戏角色8个，账号jt1283517092whf被隔离游戏角色13个。同时，贾某某账号jt1283517092gzj网易宝交易记录显示，A公司扣除贾某某款项2553元，账号jt1283517092whf网易宝交易记录显示，A公司扣除贾某某款项4304元，共计6857元。

贾某某认为，其在A公司游戏平台《梦幻西游2》中注册游戏账号，成为游戏用户，A公司在无任何证据，且不与贾某某协商的前提下，强行中止服务，扣减贾某某账号下的游戏币及交易款项的行为已构成侵权。

A公司则称，其对贾某某采取的暂扣游戏币、隔离人物角色等措施是在其与贾某某签订的网络服务合同中有约定的，是按照合同约定进行的，不存在侵权事实。

二、法律问题

1. A公司与贾某某构成何种法律关系？
2. A公司是否构成侵权？

三、法理分析

（一）网络服务合同的认定

网络用户为接受服务而与网络服务提供者之间通过网络订立的合同为网

络服务合同。本案中，A公司依据网络服务合同的约定向贾某某提供有偿网络游戏服务，贾某某支付费用。但是，在网络服务合同的签署过程中，网络用户必须先注册成为平台用户，并与网络游戏平台公司签署格式合同，该格式合同会对双方的权利义务进行约定，而格式合同中所约定的合同条款的认定受到格式条款效力认定规则、格式条款解释规则等制度的约束。

本案中，A公司是否有权采取强行中止服务、扣减贾某某账号下的游戏币及交易款项、隔离人物角色等措施，双方存在争议。这就需要分析贾某某与A公司签订的网络服务合同的相关内容。

《〈梦幻西游2〉服务条款》第7条第10款约定，游戏玩家同意并理解其只能通过《梦幻西游2》的产品和服务进行正常的娱乐互动，以及基于该娱乐互动的需要而于A公司提供或认可的交易平台上交易游戏道具，除上述情形之外的游戏道具交易或其他任何谋利情形将被视为谋取不正当利益，包括但不限于用户利用多个游戏角色以营利为目的交易游戏道具、充当游戏道具交易中介收取中介费等。另根据《〈梦幻西游2〉藏宝阁网上交易平台服务条款》第1条第5款和第8条第2款明确约定的考察期，A公司在该期限内有权复核藏宝阁的每一笔交易，如果违反了该合同的约定，A公司有权采取相应措施。

因此什么是正常的娱乐互动、服务条款对娱乐互动的界定是否明确清晰，是双方争执的焦点。

A公司认为，《网易通行证服务条款》和《〈梦幻西游2〉服务条款》对正常的娱乐互动有进一步的明确界定，该用语不是模糊用语。贾某某账号下游戏角色众多，根据A公司在游戏内的统计，同账号下游戏角色大于50个的账号仅占账号总体数量的0.006%，属于极其异常的情况。贾某某拥有的涉案24个游戏角色所穿戴的游戏装备等级、人物技能等级与人物角色等级之间的差距较大，这些人物角色既没有任何与其他玩家之间的帮会、结婚、好友、发言等娱乐互动的系统记录，也没有捉鬼、运镖、封娇、鬼王等副本记录。其行为模式单一，缺少任何互动娱乐体验，只在游戏中谋取不正当利益。因此，贾某某的行为不属于正常的娱乐互动，而是合同禁止的利用多个角色以营利为目的交易游戏道具行为，A公司有权依据双方的网络服务合同约定，对贾某某进行处罚。

贾某某则辩称，A公司对正常娱乐互动约定不明，每个玩家参与特定游戏动机和获取娱乐体验都是个性化的，A公司只能对娱乐形式进行设置，客观上不能规定游戏玩家获得的游戏体验。按照A公司设定的游戏规则，存在玩家通过其提供的藏宝阁交易平台、交易游戏道具获利的可能性，这种交易也属于娱乐形式的一种，贾某某作为玩家有权选择该种娱乐形式。同时，A公司主张贾某某的游戏账号数量、行为模式及营利目的不属于正常玩家，属于不正当利益，但其未对正常娱乐活动互动及不正当利益的标准进行事先约定。即使是根据游戏账号的数量、行为模式、谋取数额进行判断，A公司亦未告知贾某某其判断标准。另外，根据本案已查明的事实，贾某某进行游戏中设定的寄售人、寄售点卡通过藏宝阁出售游戏币，均是按照A公司设定的平台及程序进行，处于A公司监控之下，并向A公司交纳消费点卡及支付居间费用，每笔费用5%。贾某某的每笔交易均是在A公司同意并且知情的情况下才能进行，不存在A公司所称交易数额巨大、技术手段限制无法及时预判的问题。

一审法院基本支持了原告的观点，认为A公司没有对正常的娱乐互动进行明确界定。《〈梦幻西游2〉服务条款》第7条规定，除上述情形之外的游戏道具交易或其他任何牟利情形将被视为牟取不正当利益，包括但不限于用户利用多个游戏角色以营利为目的的交易游戏道具、充当游戏道具交易中介收取中介费等。从上述规定的表面意思看，不是以娱乐互动为目的而是以赚取中间交易费为目的属于合同约定的谋取不正当利益的行为。但是A公司在游戏运行过程中，设立了每个月的积分抽奖活动，寄售的点卡越多，积分越高，抽奖次数越多，A公司会从寄售行为中获得一定的居间费。根据这一积分奖励政策，隐含着鼓励和认可寄售行为的意思。该积分奖励政策模糊了合同当事人的真实意思以及对上述谋取不正当利益行为的范围。根据《合同法》第41条的规定，对格式条款的理解发生争议的，应当按照通常理解予以解释。对格式条款有两种以上解释的，应当作出不利于提供格式条款一方的解释。格式条款和非格式条款不一致的，应当采用非格式条款。因此，在格式条款存在不同解释的情况下，法院作出不利于A公司的判决，亦属合理。

（二）虚拟财产的保护

网络游戏的装备、级别具有财产价值，属于虚拟财产。对网络虚拟财产的权利主体，存在两种意见：一种认为，网络虚拟财产归属于网络用户；另一种认为，网络虚拟财产归属于网络服务提供者，而网络用户仅享有对网络虚拟财产的使用权。现在主流观点认为，网络虚拟财产的使用价值和交换价值都属于网络用户。本案中，贾某某账号下的游戏币、交易款项、人物角色等属于贾某某本人享有，A公司擅自采取强行中止服务、扣减贾某某账号下的游戏币和交易款项、隔离人物角色等措施，从而使贾某某丧失对网络虚拟财产的控制，A公司的行为构成了侵权。

另外，在此类虚拟财产侵权案件中，地域管辖也是当事人争议的问题之一。在对计算机网络虚拟财产权侵权案件的地域管辖没有专门司法解释的情况下，应当适用《民事诉讼法》第28条"因侵权行为提起的诉讼，由侵权行为地或者被告住所地人民法院管辖"。另根据《最高人民法院关于适用〈中华人民共和国民事诉讼法〉的解释》第24条的规定，民事诉讼法第28条规定的侵权行为地，包括侵权行为实施地、侵权结果发生地。结合本案，A公司通过其服务器对贾某某的游戏账号中止服务，而贾某某对这些网络虚拟财产的感知和控制是通过其使用的电脑终端来进行的，网络游戏服务器和用户电脑通过计算机网络连成整体，贾某某发现游戏账号被封号的计算机终端所在地可以视为侵权结果发生地。

四、参考意见

在网络游戏的运行过程中，网络服务运营商提供游戏平台，游戏玩家注册账号，并根据游戏平台的程序取得了虚拟财产，其取得虚拟财产的方式应属于原始取得。而网络服务运营商是网络虚拟财产的中介、通道，是网络虚拟财产的保管者。

对于该虚拟财产的原始取得和使用、收益、处分，网络服务运营商通过其与游戏用户的服务合同进行约定和限制。这些服务合同属于格式合同，其中的合同条款如果不存在合同法规定的无效情形，游戏用户应该遵守，违反服务合同的行为属于违约行为。如果不存在违约行为，游戏用户原始取得的虚拟财产应获得法律的充分保护，网络服务运营商擅自剥夺该虚拟财产，或者限制游戏用户权利的行使，将可能被认定为侵权行为。因此，在类似案件中，焦点就是要判断网络服务运营商的行为，是基于游戏用户违约所采取的保护措施，还是构成侵权。

在网络游戏操作过程中所产生的虚拟财产具有类物权属性，可以对抗第三人。当第三人侵害虚拟财产时，游戏用户应当获得类似于物权保护的救济途径，包括物权请求权和损害赔偿请求权。

拓展案例

朱某与 A 公司商标权、域名权纠纷案[1]

一、基本案情

朱某注册、囤积了包括涉案域名在内的大量域名，通过域名买卖获得大量经济利益，并在互联网行业内因域名投资而具有较大影响。其曾经被评为第五届四川互联网大会四川十大年度人物，相关说明为："国内著名的域名投资商，案例：D.CN 卖给当乐网，qieke.com 卖给盛大网络，fangyou.com 卖给新浪等，拥有两万多个域名"。

A 公司享有驰名商标第 854402 号商标"山宝 SHANBAO 及图"，并在先注册、使用 www.shanbao-china.com 域名；之后朱某注册了涉案域名 shanbao.com；再后，A 公司注册了域名 shanbao.com.cn 和 shanbao.mobi，其注册时间晚于朱某注册的涉案域名 shanbao.com。

A 公司提交的证据显示，涉案域名 shanbao.com 上显示"related searches 双辊破碎机、破碎设备、破碎机、大型破碎机、破碎机公司"等内容，其旁边有"域名经济服务"字样。在名商网上，有涉案域名"申请委托购买"字样，以及相关的域名经济人信息和联系方式。

A 公司尝试向朱某购买其持有的涉案域名 shanbao.com。在 A 公司员工魏某某联系购买涉案域名时，朱某报出 52 万元的高价，意图高价出售涉案域名。在 A 公司员工魏某某购买涉案域名失败、涉案域名争议发生前后，朱某通过与案外人签订合作协议、注册成立闪爆公司等形式，试图证明其就涉案域名享有合法权益。

A 公司主张：①涉案域名 shanbao.com 与 A 公司的驰名商标第 854402 号商标"山宝 SHANBAO 及图"相同或近似，且涉案域名上发布大量有关破碎

---

〔1〕 参见：四川省高级人民法院（2014）川民终字第 242 号民事判决书，最高人民法院（2014）民申字第 1419 号民事判决书。

机的广告，相关公众已将第 854402 号商标和涉案域名对应，形成误认。②朱某对涉案域名主要部分不享有权益，也没有注册、使用涉案域名的正当理由。③朱某对涉案域名的注册、使用具有恶意。

朱某则抗辩称：①涉案域名 www.shanbao.com 与被申请人商标的文字完全不同，不会导致公众误认。②涉案域名在争议发生前已实际投入使用，朱某对涉案域名享有合法权益。③涉案域名的网站内容与被申请人商标核定使用的商品种类不相同或类似。④涉案域名早已投入使用，并具有较好的访问量和网站排名。

二、法律问题

批量注册域名并获取域名投资收益，注册和使用的合理性、恶意因素该如何判断？

三、重点提示

域名的注册遵循"先注先得"原则。而域名是网络用户的一个身份符号，关于域名的组成较少体现出创意和创新，其不同于著作权所保护的作品。因此，对于单纯利用注册域名获利的行为，法律一般持否定态度。比如《最高人民法院关于审理涉及计算机网络域名民事纠纷案件适用法律若干问题的解释》第 5 条规定，曾要约高价出售、出租或者以其他方式转让该域名获取不正当利益的，可证明恶意情形。就本案来说，具体分析如下：

1. 本案中，在涉案域名注册、使用之前，A 公司的第 854402 号商标已被评为驰名商标。A 公司亦已注册并使用 www.shanbao-china.com 域名（简称在先域名），对其依法享有在先权益，应受法律保护。

2. 涉案域名中的"shanbao"是第 854402 号商标标识中"山宝"的音译，并且与标识中的"SHANBAO"拼写相同，涉案域名构成对第 854402 号商标的复制、模仿、翻译或音译。涉案域名与 A 公司的在先域名的主要部分均为 shanbao，二者近似程度足以造成相关公众误认。而且被告不仅在涉案域名上大量发布与 A 公司主要产品破碎机相关的信息，还标注"域名经济""domainbrokerage"等字样。

3. 朱某对涉案域名的注册、使用具有恶意。朱某将 A 公司驰名的第

854402号商标和在先域名的主要部分注册为涉案域名,涉案域名注册后长时间未予使用。在涉案域名争议发生之前,朱某已经与A公司员工魏某某以邮件方式,多次沟通购买涉案域名相关事宜。朱某意图高价出售涉案域名获取不正当利益,且在购买涉案域名商谈未成、涉案域名争议发生前后,朱某才通过与案外人签订合作协议、注册成立闪爆公司等形式,试图证明其就涉案域名享有合法权益。

因此,朱某长期从事域名投资活动,并且从其注册、使用涉案域名的整个过程来看,主观恶意明显,朱某注册、使用涉案域名的行为侵犯了A公司第854402号商标权和对在先域名享有的合法权益。

另外,针对涉案域名,亚洲域名争议解决中心专家组裁决(CN-1200580)记载,2012年7月10日收到投诉书,7月13日向域名注册商传送信息确认函,8月7日,中心北京秘书处以电子邮件向被投诉人传送程序开始通知。专家组认为:"被投诉人利用域名获利的行为,绝非一个健康、正常的市场所应当鼓励的行为,这种行为是有恶意的。"因此,专家组也裁定将涉案域名转让给A公司。

拓展资料

6-1【拓展阅读案例】

6-2【拓展阅读资料】

专题二 网络知识产权延伸问题研究

知识概要

在网络环境下,传统的知识产权融入了新的意义。知识产权本身是无形财产,其在传统和虚拟环境中有不同表现形式和存在形式,网络知识产权具有权利对象多样化、权利技术性更强等特点,这也使得网络知识产权侵权行为具有一些不同的特征：

网络知识产权侵权行为具有普发性。网络是无形的虚拟空间，看不见摸不着。在互联网空间中，人们可以隐藏自己的真实面貌、身份标志等自然体征来进行虚拟实践活动，这使得虚拟实践者有可能不遵守现实社会的伦理道德、社会准则甚至法律规范来相对自由地组织他们的网络生活。[1]而且，网络操作方便，侵权成本也很低，行为人只需要进行一些简单的上传、下载、复制、粘贴等操作行为即可完成侵权行为。因此网络知识产权侵权行为呈现出多发性、普遍性的特征。

网络知识产权侵权行为所侵犯的权益类型范围广。信息在网络中传播离不开网络服务提供者和网络用户的参与，网络服务提供者提供的服务类型多、范围广、影响力大，使得"一原告多被告"或"多原告一被告"的现象比较普遍。[2]一个网络侵权行为可能构成对若干个知识产权的侵犯，比如一个简单的播放行为，既可构成对多媒体中文字作品的侵权，也可构成对音像作品或影视作品的侵权，同时还可能构成对商标权的侵权。而网络空间的广泛辐射性、超地域性，使得侵权行为涉及的传播范围、地域范围更为广泛。传统的知识产权，比如商标、专利等，知识产权享有者可以通过对其处分获取收益，没有经过权利人允许，其他人不得擅自使用，如果擅自使用就可能构成侵权行为。但是在网络这一虚拟环境下，行为的区域界限变得模糊不清，难以进行限制和管束。知识产权一旦在网上受到侵犯，其扩散范围不可预计，会导致侵权信息等在世界范围内高速、大范围传播。

网络知识产权侵权行为举证难。在传统物理环境下，智力成果与载体结合。在网络环境下，智力成果用数字云储存，表现为数字化信息，由二进制代码组成离散信号，并在虚拟空间进行传播，使得智力成果和载体本身都存在虚拟性。而且，数字信息具有不连续性，人为修改或删除后难以被发现。再者，网络知识产权侵权行为人与权利人之间不存在直接接触。因此导致网络知识产权侵权行为更为复杂、隐蔽，很难举证证明侵权主体、侵权程度、侵权损失等。

---

[1] 白淑英："网络自由及其限制"，载《哈尔滨工业大学学报（社会科学版）》2014年第1期。
[2] 蒋志培："网络知识产权司法保护与研究动向"，载《北京邮电大学学报（社会科学版）》2010年第1期。

综合上述网络知识产权侵权行为的特点，本专题将通过典型案例对网络知识产权侵权判定的标准和方法进行分析。

经典案例

广州A计算机系统有限公司与广州B网络科技有限公司"梦幻西游"网络直播侵权案[1]

一、基本案情

2004年5月25日，广州A计算机系统有限公司（简称A公司）在国家版权局作了计算机软件著作权登记，软件名称为"梦幻西游软件online"，权利取得方式为原始取得，权利范围为全部权利，首次发表日期为2003年12月18日。

2009年，A公司对文字作品《"梦幻西游"门派技能法术装备特技介绍》以及"梦幻西游"游戏中的角色和场景《地藏王府》《大雁塔》等多幅美术作品向国家版权局申请著作权登记。

《梦幻西游》游戏是一款在线的、多人参与的网络游戏。在被用户操作时，该电子游戏呈现为一系列有伴音的画面，立体感较强，以文学作品《西游记》情节梗概和角色为引，展示"人""仙""魔"三大种族之间发生的"门派学艺""斩妖除魔"等情节和角色、场景，用户登入后可按照游戏规则支配其中的角色参与互动游戏。

互联网网站http://www.yy.com和http://yy.tv（简称YY直播）以及http://www.huya.com（简称虎牙直播）由广州B网络科技有限公司（简称B公司）所经营。YY直播网站和YY语音客户端上提供《梦幻西游》游戏内容直播、录播或者转播服务。B公司召集、签约大量的游戏主播，并提供注入游戏客户端的代码程序或者动态屏幕截取的工具给这些游戏主播，供其抓取游戏内容；同时提供YY直播网站和YY语音客户端平台，供这些游戏主播在该平台上以直播、录播或者转播的方式传播该款游戏内容，还通过出售虚拟道

---

[1] 参见：广东省广州市天河区人民法院（2014）穗天法知民初字第788号民事判决书，广州知识产权法院（2015）粤知法著民初字第16号民事判决书。

具、发布广告等方式牟取利益。

A公司认为，B公司提供游戏直播的工具和平台，以利益分成的方式召集、签约主播进行该款游戏内容直播，并以此牟利，侵害了A公司的著作权。B公司在得知无权使用该款软件后，仍然继续使用，利用A公司关于该款游戏的市场竞争优势为其带来利益，同时构成不正当竞争。

A公司认为，A公司只能针对发现直播的主播，采取让其无法使用正在进行直播的游戏账号进入游戏的措施。B公司的主播在直播过程中，大多数选择部分截屏方式，不截取显示游戏账号部分，不显示玩家信息。在这种情况下，A公司无法了解主播人员所使用的游戏账号，故而无法对其采取措施使其无法进行游戏内容直播。实际上，有经验的主播人员还会注册购买多个游戏账号，在一个账号被处罚后更换另一账号进行直播。而且，A公司尊重他人的隐私权，包括游戏用户的IP地址，不违法通过第三方软件之技术手段截取所有用户的IP信息从而监控所有用户的直播行为。

二、法律问题

1. A公司是否是权利人，享有哪些权利？
2. 游戏直播行为如何定性？是否属于合理使用、法定许可？
3. 游戏直播行为侵犯的是著作权中的有名权利还是无名权利？
4. B公司是否构成直接侵权？
5. 此种网络侵权行为怎样计算赔偿数额？

三、法理分析

（一）关于保护对象和权利归属

大型网络游戏需要投入大量的人力、物力、财力进行研发，如果不进行保护将不利于激励创新。《梦幻西游》是A公司一款超过10年创作才完成的游戏。作为"综合体"的涉案电子游戏，其存在的基本形式是计算机软件，A公司拥有该款游戏的计算机软件著作权。该款游戏中全部人物、场景、道具形象属美术作品，游戏过程中的音乐属音乐作品，游戏的剧情设计、解读说明、活动方案属文字作品，A公司同样享有上述作品权利。

而关于游戏整体的作品属性，存在一些争议。涉案电子游戏是一款多人参与互动的在线网络游戏，用户登入后可按照游戏规则支配其中的角色参与互动，游戏过程具有互动性、对抗性。这种游戏的核心内容可分为游戏引擎和游戏资源库，前者是由指令序列组成的计算机软件程序，后者是各种素材片段组成的资料库，含有各种音频、视频、图片、文字等文件，整个游戏可以视为程序、音频、视频、图片、文档等的综合体。涉案电子游戏由用户在终端设备上登入、操作后，游戏引擎系统自动或应用户请求，调用资源库的素材在终端设备上呈现，产生了一系列有伴音或无伴音的连续画面。就其整体而言，这些画面以文学作品《西游记》中的情节梗概和角色为引，展示"人""仙""魔"三大种族之间发生的"门派学艺""斩妖除魔"等情节、角色、场景，具有丰富的故事情节、鲜明的人物形象和独特的作品风格，表达了创作者独特的思想个性，且能以有形形式复制。这种游戏的创作过程，是在游戏策划人员对故事情节、游戏规则等进行整体设计，以及美工对游戏原画、场景、角色等素材进行设计后，程序员根据需要实现的功能进行具体代码编写后形成的。此创作过程综合了角色、剧本、美工、音乐、服装设计、道具等多种手段，与"摄制电影"的方法类似。因此，涉案电子游戏在终端设备上运行呈现的连续画面通常认定为以类似摄制电影的方法创作的作品（简称类电影作品）。

需要指出的是，涉案电子游戏在用户登入运行过程中呈现的连续画面，与传统电影作品或者类电影作品也存在一些差异，前者具有双向互动性，不同玩家（用户）操控涉案电子游戏或者同一玩家以不同玩法操控游戏，会呈现不同的动态画面，尤其是多人参与的情况下，呈现结果往往难以穷尽。然而，尽管存在上述不同，因著作权法中对类电影作品的认定要件并没有限定为连续画面的单向性，而游戏系统的开发者已预设了游戏的角色、场景、人物、音乐及其不同组合，包括人物之间的关系、情节推演关系。不同的动态画面只是不同用户在预设系统中的不同操作产生的不同操作/选择之呈现结果，用户在动态画面的形成过程中并无著作权法意义上的创作劳动。并且在预设的游戏系统中，通过视觉感受机械对比后得出的画面不同，如具体的场景或人物动作的变化等，并不妨碍游戏任务主线和整体画面呈现的一致性。因此，即使游戏连续画面是用户参与互动的呈现结果，但仍可将其整体画面认定为类电影作品。

基于此，涉案电子游戏运行呈现画面形成的类电影作品之著作权应为 A 公司所享有。作为著作权人，A 公司对涉案电子游戏及其呈现画面的播放享有许可或者不许可的权利，其已在涉案电子游戏登入的入口进行了权利宣告，在《玩家守则》中明确告知这种行为须经事先书面许可。

(二) 游戏直播的定性

在 B 公司游戏直播过程中，显示了游戏画面、操作画面、功能画面和直播画面。根据证据资料，"小伊""景颜""小夕"等主播人员在 YY 直播网站的 5905 频道上直播其与其他玩家同时在线操作电子游戏《梦幻西游》过程的呈现画面，所呈现的画面为全屏的、动态的游戏画面，涉案电子游戏在被用户操作、运行过程中呈现的连续画面被通过信息网络实时播放出来，为网页上的观看者所感知。游戏直播过程部分有伴音，部分无伴音。其中，部分主播在直播画面上方显示了其在游戏中的 ID 账户。

A 公司认为，游戏画面的播放，是用户登入后操作的显示结果，作为一款多人在线参与的游戏，其运行本身需要信息网络的环境，网络环境确能提供条件促进不同用户的在线交流。对于用户（玩家）和观看者而言，其体验可能来自感知连续画面以及追求游戏中预设的"过关"或者"升级"等操作结果这两方面。在后者体验活动中，游戏画面的存在价值似乎发生转换，但是，即使在这种情况下，游戏画面的播放是作为前提的存在，是不可避免的；"过关"或者"升级"的操作结果可以视为游戏呈现画面基础上的递进追求，其与呈现画面共同体现了电子游戏的多元价值。因此，即使游戏画面被作为游戏工具进行使用，仍是关注、分析角度不同使然，并不因此导致游戏画面价值的丧失，B 公司的游戏直播行为应构成侵权行为。

而 B 公司抗辩称：用户非营利性地直播《梦幻西游》的行为属于著作权法中的个人合理使用行为。《梦幻西游》是一款以社交性为主的网络游戏，由于其运营时间较长、知名度较高，用户对其有较强依赖性。游戏玩家在直播时通常仅展现游戏作品的片段，并配上大量其对游戏的观点、看法，以此促进与其他人的交流。故游戏直播属于在网络环境下个人学习、研究和欣赏的方式，也属于为了介绍、评论该游戏而展示游戏的行为。网络游戏观众主要观看的并非游戏本身，该直播行为可以促进现有游戏玩家延长游戏时间，吸引新玩家参与游戏，有的游戏公司付费要求直播厂商直播，可见直播行为没有影响权利人的利益，反而促进了权利人的利益。网游直播无需授权，不存在游戏直播的许可市场，包括A公司在内的所有公司直播他人游戏都没有获得游戏厂商的授权；直播游戏和游戏本身不具有替代性，根据相关司法政策，直播行为应被认定为合理使用。网络游戏吸引用户并非在于其画面，而在于玩法、荣耀体系等非著作权法保护的内容，网络游戏直播不可能构成对任何作品著作权的侵犯。

为了平衡权利人和社会公众的利益，我国《著作权法》规定了合理使用和法定许可制度。B公司是否可以以合理使用、法定许可作为抗辩理由呢？合理使用的制度目的之一就是从个人使用的角度出发，满足使用者个人对于文化产品的需求，允许其小范围的使用他人作品。《著作权法》列举了12种合理使用的情况，大部分为非商业性使用。网络平台通过网络游戏直播获取经济利益，为商业性使用，且不符合《著作权法》列举的12种具体情形，不能利用合理使用免责。另从设定目的看，法定许可是为了简化著作权许可手续，为促进作品广泛而迅速的传播而设定的制度。目前法定许可的形态是相对确定的，适用于对出版者、表演者、录音录像制作者、广播电台、电视台的权利限制，这主要是考虑到相关著作权所涉及范围的广泛性、大众性，以及对用户广泛的积极意义。而网络游戏作为独特的著作权类型，并不具有广泛性和大众性，不符合法定许可的要求，被告也不能利用法定许可制度获得免责。

（三）直播行为所侵害的权利

本案中，游戏直播行为存在侵权行为，且不符合合理使用、法定许可等法定的免责条件。那么具体侵犯的是复制权、信息网络传播权，还是其他权利，就这一问题也存在不同理解。

《著作权法》规定了著作权包含的复制权、发行权等共17项权利。具体而言，与网络游戏直播可能存在关联的是放映权、广播权和信息网络传播权。

本案中，网络游戏直播行为是用户在线参与游戏系统操作后呈现画面的传播，不属于通过放映机、幻灯机等技术设备公开再现类电影作品范畴，故不属于放映权调整的范围。网络游戏直播行为是通过信息网络实时传播，不属于以无线方式公开广播或传播、以有线传播或转播方式向公众传播广播、以扩音器或类似工具向公众传播广播，也不属于广播权调整的范围。网络游戏直播行为通过实时的信息流传播作品，公众无法在其个人任意选定的时间获得作品范畴，亦不属于信息网络传播权调整的范围。因此，涉案的侵权行为难以归入现行《著作权法》所列举的"有名"侵权行为中，可归入"其他侵犯著作权的行为"中。

（四）B 公司的侵权行为

B 公司主张：假设网络游戏可以整体视为作品，A 公司可以极低成本有效地防止侵权行为发生。B 公司对直播用户的授权情形不知情，在权利人没有追究直播用户的情况下，B 公司亦不应当对被诉侵权行为承担法律责任。同时，B 公司作为技术平台，无法以合理成本有效阻却侵权行为发生，对侵权行为不具有过错，也不应承担法律责任。A 公司有技术能力监控他人直播该款游戏，可通过封号或者断线处罚等方式在短时间内禁绝其他平台的直播行为，但 A 公司长期默许其用户在直播平台上直播游戏。鉴于直播网络游戏在通常情况下会直接促进网络运营商的利益，B 公司有理由相信 A 公司与其用户之间存在默示许可或者其他形式的授权，在直播用户没有被起诉的情况下，B 公司不应对被诉行为承担法律责任。B 公司不提供直播内容，仅提供相应技术平台软件。B 公司提供的直播软件属桌面截屏直播，即无论用户的桌面展现何种内容，皆可在网络上予以直播，没有注入代码程序。由于使用 B 公司软件有 10 亿用户，B 公司无法在海量信息中过滤出潜在的涉嫌侵权的直播行为。因此，涉案直播行为是 A 公司纵容、默许或者放任导致的结果，B 公司认为不构成侵权行为。

通常在游戏直播中会涉及软件游戏开发者、直播平台、游戏玩家、网络主播四方，游戏市场的核心服务提供者是游戏开发者，而游戏直播市场核心服务的提供者是游戏玩家。本案中，B 公司作为直播平台实际上控制了直播行为：B 公司选择、审核、组织直播人员，决定主播人员的利益分成，并对《梦幻西游》游戏主播人员名气和收入采取排行、点评、推荐、奖励等行为；B 公司对于直播节目进行预告和广告，组织开业大典。而且，B 公司从游戏直播中直接获取巨额经济利益。因此，B 公司把游戏玩家集合在一起，实现了自己的商业利益，并非是单纯提供中介、通道等服务的网络平台，而是直接提供了网络内容，应该对侵权行为承担直接侵权责任。

(五) 关于赔偿数额

关于赔偿数额，主要是 A 公司的损失或者 B 公司的获益。在此类案件中，原告的损失较难确定，主要从获益的角度综合考虑赔偿数额。法院在裁判的过程中，主要考虑了如下因素：

1. 对 B 公司游戏直播业务获益的估算。业务获益主要以 B 公司年度财务报表公开的毛利润为计算基础。本案于 2014 年底成诉，以此时间之前的两年即 2013~2014 年作为计算赔偿数额的估算期间。根据 B 公司关联企业欢聚时代公司被美国证券交易委员会公开的 2012~2014 年财务年度报告记载，2013 年，"其他互联网增值服务"项目营业收入为 20 521 万元。该项收入主要包括"会员订阅费"和"游戏直播"，毛利润率为 51.6%。2014 年，"其他互联网增值服务"项目营业收入为 60 982 万元，净经营收入为 367 837 万元，毛利润为 182 922 万元，毛利润率为 49.7%。游戏直播业务营业收入占公司净经营收入 4.2%，经营业收入计算为 367 837×4.2% = 15 449 万元（运算结果精确至万元，四舍五入，下同），毛利润计算为 15 449×49.7% = 7678 万元。同时，游戏直播业务营业收入在"其他互联网增值服务"中的占比，计算为 15 449÷60 982 = 25%。以此比例计算，2013 年度游戏直播业务营业收入计算为 20 521×25% = 5130 万元，按当年毛利润率，毛利润计算为 5130×51.6% = 2647 万元。综上，两年期间，游戏直播业务毛利润合计为 7678+2647 = 10 325 万元。

2. 对涉案电子游戏播放热度的估算。B 公司直播获益所利用的游戏不仅有梦幻西游，还有其他多种游戏，因此要对利润进行区分。根据 B 公司的"官方资讯"，2014 年 B 公司直播平台上直播的游戏类别包括 DNF、LOL、炉石传说、剑灵、梦幻西游、新游等。2013 年，白金公会排行榜点评特点是：①英雄联盟霸占前排；②梦幻西游纷争波澜再起；③传统电子竞技直播媒体回归；④DOTA2 来袭；⑤平分天下 LOL 和 DOTA2 齐飞；⑥DNP 纷纷浮出水面；⑦起凡三国名人入驻。总点评是：①英雄联盟依然人气最旺，无敌于游戏直播；②梦幻西游竞争激烈，众多梦幻大佬加入直播竞争；③传统电子竞技直播媒体回归。根据以上评论，从获益角度来看，该直播平台上播放热度最高的应为英雄联盟，其次为梦幻西游，再次有传统电子竞技以及 DOTA2、DNP、起凡三国等。从该平台 2013 年 5~10 月连续评选梦幻西游十大主播,也可印证梦幻西游具有相当高的播放热度。综合上述情况,再结合新闻报道中关于梦幻西游流行情况的内容,可将梦幻西游在该平台的获益占比估算为1/3。结合华多公司承认的给主播人员的分成比例45%,两年期间,B公司因组织播放梦幻西游的获利估算:10 325×1/3×(1-45%)=1893万元。

3. 对估算结果的进一步验证。主播人员赵某在B公司从事游戏直播期间为2012年11月~2014年10月,基本与以上计算赔偿数额的估算期间吻合,可以其获益估算直播平台的获益。该主播人员既是主播人员,有主播提成收入,同时是频道(公会)管理人员,有管理提成收入。从B公司网站多次公布的梦幻西游十大主播人员看,其以"冥想"的名字多次名列其中,故其收入具有样本意义。从其以主播账户 yuanwei_sb 登录查询的佣金收入看,其累计收入为2 160 978.4元,以此推算10名"十大王播"的累计收入为216×10=2160万元,按主播人员的分成比例推算平台获益为2160÷45%×55%=2640万元。根据经验法则,游戏对玩家在某个具体时间段有较强的黏着效应;且作为十大主播,其直播时间被具体游戏如梦幻西游所占有,可知在同期直播其他游戏的时间较少,忽略不计。该核算方法还未加入赵某作为频道管理人员的管理性提成收入以及十大主播以外的其他主播人员的获益,属保守估算。尽管如此,该核算结果与上述估算结果(1893万元)比较接近,故上述估算结果可以作为酌情确定赔偿数额的基础。应当指出的是,B公司2014年10月11日的《致梦幻西游玩家的一封公开信》中提到,涉案电子游戏"从最初的冥想一人,经过三年的共同努力,做到了最高在线10万人"。该内容描述的事实进一步表明涉案电子游戏在B公司直播平台的播放热度;而且,以该在线人数按照不同人群买道具、送礼物等消费习惯也可进一步验证上述估算结果。

4. B公司提交的相关财务资料的证明力。B公司提交了2012年11月24日~2014年11月24日期间321个主播人员分成收入清单和专项审计报告等证据材料。经审查,B公司提交的收入清单缺乏相应的旁证予以佐证;审计报告据以得出结论的资料也可能存在资料不全面的问题;而且此两者关于经营获益的结论与上述估算结果存在很大差异。而上述估算结果所依据的是B公司的关联企业欢聚时代公司非因本案纠纷主动公布的财务报表,其证明力显然大大强于 B 公司在本案中提交的相关财务资料。因此，法院对上述财务资料不予采信。

综上所述，法院以上述估算结果 1893 万元为基础，再考虑涉案作品类型、权利种类、B 公司持续侵权的情节、规模和主观故意，以及 A 公司的合理维权支出等因素，酌情确定 B 公司赔偿 A 公司经济损失 2000 万元。而 B 公司的侵权行为并不导致作为涉案计算机软件权利人之人身权利的减损，A 公司提出的赔礼道歉之请求于法无据，不予支持。

四、参考意见

随着网络游戏的广泛推广，网络游戏的作品属性、网络游戏直播行为的侵权认定为当前讨论的热点问题，也存在较多争议。

作品是指文学、艺术和科学领域内具有独创性并能以某种有形形式复制的智力成果。网络游戏的作品属性需要考虑作品的独创性、可复制性双重要件。目前，对于剧情类的网络游戏，大部分认为其整体和构成要素均应构成作品，对于网络游戏的整体，以类电影作品进行保护。不同意见主要在于，《著作权法实施条例》以"摄制"一词从制作方法的角度进行定义，将类电作品限制在用摄影机、录像机等器材记录人、物形象的制作方式上，这样网络游戏难以归入其中。但是考虑到《著作权法实施条例》与《伯尔尼公约》相比，后者更加突出外在表现而非制作方法，且《著作权法第三次修订（草案送审稿）》也将电影与类电作品改为视听作品，删除了"摄制"的制作方法要求，表现出使类电作品的内涵和外延更加丰富和灵活的立法初衷。因此，在司法层面，将网络游戏界定为类电作品，是在法律文字与实际需求、法律精神相脱节情况下的一种过渡和衔接。

网络游戏直播，是指将游戏玩家操作各类电子游戏的过程通过电视或互联网等媒体向公众进行同步传播，使公众实时地了解该玩家运行游戏的过程，从而了解该玩家使用的游戏策略和在游戏中的进展。[1]网络游戏市场和游戏直播市场是相对独立的市场，给用户带来了不同体验。网络游戏直播通过平台、玩家主播的介入，提供了网络游戏竞技观赏空间。从一定角度来说，网

---

〔1〕 王迁："电子游戏直播的著作权问题研究"，载《电子知识产权》2016 年第 2 期。

络游戏直播是网络游戏的衍生品。

而网络游戏直播行为是否构成侵权、是否承担侵权责任，很难一概而论，要基于作品的属性、网络游戏的个性特点、网络游戏直播对网络游戏的使用范围和程度、网络游戏和游戏直播的社会发展趋势等因素进行综合考虑。核心是要判断游戏直播是否构成合理使用，即主要从三步检验标准进行考虑：对著作权的限制和例外只能在特殊情况下作出、与作品的正常利用不相冲突、没有不合理地损害权利人合法利益。

对于有丰富剧情的网络游戏，其将预先设计好的情节、场景、人物、道具等多种元素进行组合，从而向玩家展现，由玩家操作。玩家在操作过程中，一般会动态展示基于游戏本身预设、玩家选择的游戏画面内容，玩家的游戏行为很难体现出独创性。因网络游戏直播是对网络游戏画面的连续、动态展示，直播观众通过观看直播也能感受和体会到亲自操作网络游戏的感觉。因此，游戏直播对网络游戏的正常利用有一定的冲突，也能在一定程度上影响网络游戏开发者的权益，此种情形下并不构成合理使用。比如上述《梦幻西游》即为此种剧情类游戏，B公司不应构成合理使用。

而对于一些简单的网络游戏，比如绘画类游戏和纯竞技类游戏，这类游戏整体的作品属性弱化，并不构成类电影作品，仅就游戏软件、游戏元素等享有著作权，而这些游戏玩家在操作游戏过程中，添加了更多独创性表达，相对于网络游戏本身而言，通过游戏玩家的操作给游戏直播带来更多的增值和衍生内容，玩家操作成为游戏直播的核心和骨架。此种模式下，网络游戏自身对观众和玩家的吸引力不大，但是游戏直播却能够增加这种吸引力，从而增加关注和游戏玩家。可以认为，游戏直播与网络游戏不构成冲突，游戏直播并没有不合理的损害权利人的利益，因此，我们认为可以构成合理使用。

在根据上述判断因素认定构成侵权行为后，需要进一步认定赔偿数额。在判断赔偿数额时，除了传统的损失、获益因素外，还可以考虑：网络游戏是否本身有直播平台，从而存在直接竞争；网络直播平台是否与游戏开发者就相关授权进行过一定程度的磋商，从而付出一定的交易成本和侵权预防成本；网络游戏开发者提出的交易成本是否明显过高，从而在一定程度上给创新设置障碍，或者对权利进行控制。

拓展案例

北京 A 网络技术有限公司与 B 股份有限公司、天津 C 信息技术有限公司侵害发明专利权纠纷案[1]

一、基本案情

北京 A 网络技术有限公司（简称 A 公司）享有涉案专利，专利名称为"远程软件服务系统"ZL200410080100.6 号发明专利，其申请日为 2004 年 9 月 24 日，授权公告日为 2009 年 2 月 4 日。

2014 年 6 月 4 日，A 公司公证购买涉案软件，该软件包装上记载有网址 www.qhelp.cn、"零时空"图文商标。A 公司提交网站备案信息查询，该证据显示 B 股份有限公司（简称 B 公司）系涉案网站的主办单位。A 公司提交涉案网站网页打印件，该证据显示涉案网站中关于 C 公司的产品介绍，网页显示版权人为天津 C 信息技术有限公司（简称 C 公司）。A 公司提交商标查询信息，该证据显示"零时空"图文商标的申请人为 B 公司。

2015 年 6 月 4 日，C 公司针对涉案专利向国家知识产权局专利复审委员会提出无效宣告请求。专利复审委员会于 2015 年 12 月 18 日作出第 27943 号无效宣告请求审查决定（简称第 27943 号决定），该决定维持涉案专利权有效。

A 公司起诉 B 公司、C 公司，主张被告生产销售的远程服务软件及其提供的服务侵害其"远程软件服务系统"的发明专利权，并索赔 600 万元。

二、法律问题

1. 被告服务器中记载的销售数量、被告宣称的销售记录能否采信？
2. 突破法定赔偿的条件、裁量性赔偿的考虑因素有哪些？

三、重点提示

（一）被告服务器记载的销售数量、被告宣称的销售记录的证明力

本案中，C 公司网站的服务器记载涉案软件的线上销售数量为零。因该

---

[1] 参见：北京市第一中级人民法院（2014）一中民（知）初字第 6912 号民事判决书，北京市高级人民法院（2017）京民终 206 号民事判决书。

服务器受 C 公司操作和控制，不能排除被 C 公司修改、删除的可能性。而且作为一款提供远程支持和救援服务的软件，线上下载、安装、销售方便易行，线上销售数量为零的数据有违商业常理。因此，C 公司网站的服务器记载的销售数量不予采信。

同时，C 公司网站对外宣称的涉案软件线上销售记录为：分享版服务套装 99 元 × 31 233 套；无忧版 149 元 × 54 326 套。对于该销售记录如何认定是双方争议的焦点。B 方公司和 C 公司认为网站对外宣称的销售记录并非真实的销售数量，不能作为赔偿依据。根据《最高人民法院关于民事诉讼证据的若干规定》，自认是一方当事人对另一方当事人陈述的案件事实的承认，发生在诉讼过程中，且是明确表示的。C 公司网站对外宣称的涉案软件线上销售记录也不属于自认的范畴，但是考虑到：线上销售记录来源于被告面向不特定公众的官方网站，该数据信息由被告自身控制，被告并没有相反的有利证据对官方网站信息予以推翻，也没有对其声称的对外宣传并非真实事项的情况作出合理解释。因此，C 公司网站对外宣称的涉案软件线上销售记录在很大程度上反映了真实的销售情况，可以成为法院酌定赔偿数额的一项参考因素。

（二）关于裁量性赔偿

我国《专利法》规定的法定赔偿范围是 1 万～100 万元。但是如果现有证据足以认定被告侵权获利明显超出 100 万元的法定赔偿上限，从而适用法定赔偿将导致显失公平时，应当在法定赔偿限额之上确定赔偿数额，司法实践中通常称为"裁量性赔偿"。突破上限并不意味着全额支持原告的诉讼请求，裁量性赔偿通常要考虑专利的价值、侵权产品的销量、价格、利润率、专利贡献度等因素，以期最大程度的实现公平。[1]

本案中，C 公司网站对外宣称的销售记录是酌定赔偿数额的一项参考因素。被控侵权软件除在线上销售外，还通过国美电器、苏宁电器进行线下销售。其中仅通过苏宁电器销售渠道销售所得即达 3 101 024 元。因此，现有证据可以认定 B 公司、C 公司侵权获利较大，明显超出 100 万元的法定赔偿上限。为有效保护专利权，实现公平正义，应当在法定赔偿限额之上确定赔偿

---

〔1〕 蒋强："突破专利侵权法定赔偿的考虑因素"，载 www.zhichanli.cn。

数额。

另鉴于被控侵权产品是远程服务软件,B 公司、C 公司除开发涉案软件之外,还需要雇佣工程师提供人工服务。因此,不宜将涉案软件的销售收入全部视为因侵权行为获得的利益。综合考虑涉案专利权的价值、涉案专利对被控侵权软件的贡献度、B 公司和 C 公司的侵权情节等因素,北京市高级人民法院改判 B 公司、C 公司赔偿 300 万元。

拓展资料

6-3【拓展阅读案例】

6-4【拓展阅读资料】

专题三 网络服务提供者法律责任判定

知识概要

网络服务提供者是指通过信息网络向用户提供网络信息或者为用户获取网络信息等目的提供服务的机构。网络服务提供者既可以提供作品、信息、视频等网络内容,也可以作为中介、通道、平台、工具等角色仅提供自动输入、自动传输、信息存储、信息搜索、网页链接、文件分享等网络服务。"中间平台出现之后,网络上发生的各种争议和权利冲突,都与互联网服务提供商的责任相关。开放、共享、互联的平台,必然也是旋涡的中心和矛盾纠纷的汇合点。"[1]

如果网络服务提供者直接提供作品等网络内容,有时也被称为"网络内容提供者"。网络服务提供者直接提供网络内容,或者作为网络内容提供者的身份存在时,可以根据传统的侵权责任法、知识产权法等部门法对其所应承

---

[1] 周汉华:"论互联网法",载《网络信息法学研究》2017 年第 1 期。

担的法律责任进行认定。而当网络服务提供者仅作为中介角色提供网络服务时，对其相关法律责任的认定，既需要考虑传统的法律规定，也需要依据专门的网络法制度进行判断。考虑到本专题中的网络法定位和特点，之后将主要针对网络服务提供者作为中介角色时的法律责任问题进行研究。

美国的《千禧年数字版权法》着重保护以网络服务提供者为代表的创新资源，从而影响了世界各国的网络立法。中国的网络立法同样考虑了这种创新性需求，在参照美国的网络立法及多个不同国家的法律基础上，规定了自己的避风港规则，并在司法实践层面得到广泛适用。避风港规则，有时也被称为通知—删除规则、通知—移除规则、通知—取下规则等，后者的一系列称谓是对避风港规则的现实操作程序的提炼。但从避风港规则的内容来看，这并不仅仅是通知后删除的程序操作，更包含了知晓认定、过错认定等制度内容，因此，本书仍然沿用"避风港规则"的称谓。

经典案例

案例一：周某某与广州A计算机系统有限公司著作权权属侵权纠纷[1]

一、基本案情

2010年3月19日，中国国家版权局出具一份编号为00024946号的《著作权登记证书》，其中载明："申请者周某某（中国）提交的文件符合规定要求，对其于2010年1月18日创作完成，并于2010年2月4日在北京首次发表的作品《中国元素图片库》，申请者以作者身份依法享有著作权。经中国版权保护中心审核，对该作品的著作权予以登记。登记号为2010-L-024946。"

之后，中国电子音像出版社出版了《中国元素图片库》，书号为ISBN978-7-900155-61-0/J·01，封面标注"周某某著"。该光盘封套上印有作者简介、内容介绍和版权声明，其中作者简介为"周某某，山东青岛人，生于1970年1月21日，专职摄影师，中国长城学会会员，摄影家协会会员"；内容介绍为"中国元素图片库收录了近2000张高质量图片，内容涉及名胜古

---

[1] 参见：广州市天河区人民法院（2014）穗天法知民初字第181号民事判决书，广州知识产权法院（2015）粤知法著民终字第122号民事判决书。

迹、城市风光、自然风光……";版权声明为"中国元素图片库的所有摄影作品均为作者周某某拍摄,周某某是著作权人。本图片库供读者为个人学习、研究或者欣赏使用,不包含商业授权,如擅自使用,将会承担法律责任。除法律规定读者对出版物的合理使用外,未经作者书面许可,不得将摄影作品的整体或者局部进行修改、复制、转载、刊载、摘编、引用;不得将摄影作品的整体或者局部用于广告、报刊配图、产品包装、产品说明、宣传册、展览展示、网站、信息网络以及其他商业用途"。光盘上印有"本图片库仅供读者为个人学习、研究或者欣赏使用,不包含商业授权,未经作者书面许可,不得擅自使用,否则将承担法律责任"的文字,并加盖中华人民共和国国家版权局作品自愿登记证专用章。

2013年4月27日,河北省保定市古城公证处出具(2013)保古证经字第0297号《公证书》,载明于2013年4月17日,该公证处工作人员操作该处的计算机,通过搜狗公司高速浏览器的搜索引擎打开谷歌页面,在该页面搜索栏输入"【F团】【阳光旅程,齐齐乐翻天!】【金马国旅】广州—深圳快线一日往"搜索,并点击搜索结果中"【阳光旅程,齐齐乐翻天!】仅43元抢购原价150元【金马国旅】广州……" "tuan.163.com/tuan/productDetail.……"网页。该网页左上角显示"网易团长网易旗下精品团购导航"字样,网页中显示"【F团】【阳光旅程,齐齐乐翻天!】""【金马国旅】—广深快线""小编推荐"等文字内容,并有以香港景点为内容的图片多幅,每幅图片下附有相应的经典文字介绍,网页底部标有"增值电信业务经营许可证:浙B-20110418""网易公司版权所有""1997~2013"等内容,公证处工作人员对网页内容进行实时打印并与公证书相粘连。经比对,公证保全网页使用的图片中有一副以赛马场入口处为内容的图片,除下方略有裁剪外,该图片的取景角度、景物内容(包括建筑物文字及广告招牌等)、光线、阴影等与《中国元素图片库》中编号为A1763、名称为"香港赛马场"的图片均一致。

网站首页网址 www.163.com 的主办单位系广州A计算机系统有限公司(简称A公司),网站名称为"网易",网站备案/许可证号为粤B2-20090191-18。A公司系有限责任公司,注册资本2000万元,经营范围包括:电子计算机软、硬件,电子产品的销售、开发、技术服务,计算机互联网技术服务,信息服务业务等。

周某某以 A 公司未经许可使用涉案图片，侵害其信息网络传播权及署名权为由，向法院起诉请求判令：①A 公司的行为构成侵权行为；②A 公司在全国范围内公开赔礼道歉；③A 公司赔偿周某某经济损失；④A 公司赔偿周某某为制止侵权已支付的合理费用。

二、法律问题

1. A 公司是否是"网易团长"网站的所有者和经营者？
2. A 公司作为网络服务提供者是否涉及直接侵权？
3. 周某某是否享有涉案摄影作品 A1763 香港赛马场的著作权？
4. A 公司是否构成侵权行为？

三、法理分析

（一）网站所有者和经营者的识别

A 公司认为：①周某某所称侵权网页为"网易团长"网站，其所有人及经营主体是 B 电子商务有限公司；②涉案图片均链接自北京 C 科技有限公司（简称 C 公司）运营的 F 团网站并保存在其服务器中，"网易团长"仅提供涉案图片的链接，明确标明信息来源属于网络服务提供商，且已断开链接，不应承担责任；③周某某没有证据表明其是涉案图片的著作权人；④周某某已就涉案图片与 C 公司达成调解协议并获得赔偿，A 公司作为网络服务提供者，没有直接侵权，不能在 C 公司不担责的情况下直接担责；⑤周某某不能证明涉案图片与《中国元素图片库》中的图片同一；⑥本案没有涉及著作人身权，周某某主张赔礼道歉没有依据，且其主张经济赔偿及合理开支过高。

我们认为，涉案网站首页网址 www.163.com 的 ICP 备案网站信息查询结果显示，该网站的主办单位为 A 公司，侵权图片登载的网易团长网站中，明确标注了"网易团长"及"网易旗下精品团购导航"字样，网页底部标注"A 公司版权所有 1997~2013"字样，上述信息及标识可以证明"网易团长"网站由 A 公司主办。因此，A 公司是该网站的所有者和经营者，应当对相关的网站及网页内容对外承担法律责任。

（二）A 公司所提供网络行为的识别

A 公司辩称，"网易团长"网站通过两种方式链接"F 团"网站发布的团购商品信息：一是"F团"网页链接，点击"网易团长"页面上的"查看"，即可跳转到"F团"相应网页；二是涉案图片链接，"网易团长"页面上显示的包括涉案图片在内的所有团购商品配图，均链接自"F团"，保存在"F团"服务器上，并未保存在"网易团长"网站的服务器上，查看"网易团长"页面上包括涉案图片在内的所有团购商品配图的属性，地址均为"F团"网址，且"网易团长"网站已明确标明团购商品信息来源于"F团"。故主张，"网易团长"网站仅提供涉案图片的链接服务，且明确标注链接图片的来源网站，其应为网络服务提供者，应当适用避风港原则。

而法院经审理认为，即使涉案图片确实链接自其他网站，并非保存在"网易团长"的网站服务器上，但是网页显示的是连同文字及图片组成的旅游产品，由于被控侵权图片被使用在A公司涉案公证网页上"商品详情"部分，是作为"网易团长"网站内的商品进行展示。该部分的网页浏览者不能感觉到被控侵权图片是链接到C公司"F团"的服务器上，且这一链接并非经网页浏览者在网页上进行搜索而出现的可供选择点击的链接，而是不能由网页浏览者选择的、直接唯一指向C公司服务器上存放涉案图片的地址的链接，该链接是由A公司设置和控制的，A公司在这一设置和控制过程中采取了主动设置、主动选择的行为。其主动选择链接其他服务器上存放涉案图片的地址，以显示被控侵权图片，目的是配合该部分的文字内容使之更直观地介绍相关旅游产品、增强该旅游产品的吸引力，而该部分的文字内容是直接载于A公司服务器上的。故可以认为上述图片是由A公司在其网站上作为一个整体使用来介绍相关旅游产品，且其作为一个经营性网站可以通过介绍该旅游产品获得一定经济利益。因此，前述旅游产品的内容直接作为"网易团长"网页整体的一部分，"网易团长"有意识、有目的地选择图片用于经营活动，但没有审核是否侵犯了著作权人的权利，违反了审查注意义务，主观上具有过错，需要对著作权人承担民事赔偿责任。

在A公司网页上显示涉案图片这一问题的界定上，涉及A公司行为的认定，是单纯地提供网络服务，还是直接提供了网络内容从而涉嫌直接侵权。A公司和法院分歧的焦点在于：是否应以上传到网络服务提供者的服务器、是否以存在链接作为认定其直接侵权还是间接侵权的依据。在《最高人民法院关于审理侵害信息网络传播权民事纠纷案件适用法律若干问题的规定》中，并未以上传到服务器作为直接侵权的要件，也并未以存在链接行为作为否定直接侵权的依据。而根据《最高人民法院关于审理侵害信息网络传播权民事纠纷案件适用法律若干问题的规定》第 5 条的规定，网络服务提供者以提供网页快照、缩略图等方式实质替代其他网络服务提供者向公众提供相关作品的，人民法院应当认定其构成提供行为。也就是说，判断类似行为是否构成直接侵权，主要是看网络服务提供者通过网页提供作品的行为是否达到一定程度，使得公众已经不需要再通过其他的链接或网页查看作品。本案中，A 公司虽然存在链接行为，但其本身也通过网页快照的方式提供了涉案图片，并在配以文字后形成独立的商品进行推广宣传，起到了实质的宣传效果，可以在一定程度上实质替代被链接方。因此，A 公司实际上也直接提供了网络内容，不再是单纯地作为通道的网络服务提供者角色，符合关于直接侵权的主体身份认定。

（三）涉案摄影作品 A1763 香港赛马场的权属

我国司法实践中，当事人提供的涉及著作权的底稿、原件、合法出版物、著作权登记证书、认证机构出具的证明、取得权利的合同等，可以作为认定著作权主体的初步证据。电子出版物《中国元素图片库》显示的作者姓名、出生时间以及户籍省市，均与周某某的相关信息相同，结合周某某提供的《著作权登记证书》，可以认定周某某系《中国元素图片库》相关图片的著作权人。虽然有很多以香港赛马场为题材的摄影图片，但是每幅独立创作的图片，其取景角度、光线、阴影以及图中某个细节等要素均具有唯一性。虽然公证书打印的涉案图片是黑白色，但足可以与《中国元素图片库》中相关图片进行比对。被控侵权图片与《中国元素图片库》中编号为 A1763、名称为"香港赛马场"的图片除构图下方侧略有裁剪外，两幅图片的取景角度、景物内容（包括建筑物文字及广告招牌等）、光线、阴影等均一致，可以认定该两幅图片为同一图片。因此，周某某是涉案被诉侵权图片的著作权人。

（四）A 公司的行为定性

既然编号为 A1763、名称为"香港赛马场"图片的著作权人为周某某，A 公司未经周某某的许可，直接在其经营的网站上使用了该涉案图片，A 公司的这一使用行为侵犯了周某某对该摄影作品享有的署名权和信息网络传播权，应承担停止侵权、赔偿损失的民事责任。因 A 公司的涉案侵权行为未对周某某的精神和名誉造成实际损害,未达到需公开赔礼道歉的程度,故原审法院对周某某提出判令 A 公司向其公开赔礼道歉的诉讼请求不予支持。

关于赔偿经济损失数额问题,鉴于现有证据并不足以证实周某某因 A 公司的侵权行为受到的实际损失,其违法所得亦无法确定,且周某某主张的赔偿损失数额相对于本案所涉侵权事实而言,明显过高,法院综合考虑周某某的作品类型、A 公司经营网站的性质、规模、主观过错程度及其使用涉案图片的方式等因素,酌情确定赔偿数额。

四、参考意见

对于网络服务提供者的侵权责任,我国相关法律法规、司法解释等作出了明确规定。我国《侵权责任法》第 36 条规定,网络用户、网络服务提供者利用网络侵害他人民事权益的,应当承担侵权责任。网络用户利用网络服务实施侵权行为的,被侵权人有权通知网络服务提供者采取删除、屏蔽、断开链接等必要措施。网络服务提供者接到通知后未及时采取必要措施的,对损害的扩大部分与该网络用户承担连带责任。网络服务提供者知道网络用户利用其网络服务侵害他人民事权益,未采取必要措施的,与该网络用户承担连带责任。该条第 1 款实际规定的是直接侵权,第 2 款和第 3 款规定的是间接侵权,第 3 款的"知道"包括明知和应知两种主观状态。[1]同时,《侵权责任法》也规定了通知—移除程序规则和知晓标准。

2013 年 3 月 1 日起施行的《信息网络传播权保护条例》,参考了美国《千禧年数字版权法》,明确列举了信息存储、搜索、链接等服务模式,并进一步详细规定了通知—移除—恢复的防侵权措施。

而自 2013 年 1 月 1 日起施行的《最高人民法院关于审理侵害信息网络传播权民事纠纷案件适用法律若干问题的规定》,内容最为清楚和丰富,其规定了网络服务提供者提供作品等网络内容时的直接侵权、分工合作时的共同侵权、仅仅提供网络服务时的教唆和帮助侵权,并重点对帮助侵权的行为表现、主观状态、过错标准、应知标准等进行了详尽规定,为法院裁判信息网络传播权纠纷提供了依据,也为处理涉及网络服务提供者的类似纠纷提供了参照

---

[1] 参见王胜明主编:《中华人民共和国侵权责任法释义》,法律出版社 2010 年版,第 195 页。

因素。

具体到本案，关于网络服务提供者涉及的知识产权侵权问题，首先要判断网站的权属，根据网站页面标注权利人信息、ICP 备案网站信息等综合判断网站的所有权人和经营者；其次，在确定了网络服务提供者对该网站的权属后，再进一步考虑该网络服务提供者涉诉行为的性质，其是单纯地作为通道角色提供网络服务，还是也直接提供了网络内容，即判断网络服务提供者是否构成直接侵权行为。如果构成了直接侵权行为，则不需要再根据避风港规则判断其是否免责，因为避风港规则只是适用于第三人实施了直接侵权行为、网络服务提供者仅仅作为通道角色实施了间接侵权行为的情形；如果网络服务提供者没有实施直接侵权行为，才可根据避风港规则判断网络服务提供者是否符合规定的免责条件，从而免于承担赔偿责任。

案例二：A 公司与北京 B 文化有限责任公司侵害作品信息网络传播权纠纷案[1]

一、基本案情

A 公司应用程序在线商店中含有第三方开发商 C 有限责任公司（简称 C 公司）提供的"卧底夜场的'天上人间'——绝色倾城"应用程序。该应用程序使用了涉案作品《绝色倾城》的主要内容。《绝色倾城》是马某某享有著作权的作品。马某某与北京 B 文化有限责任公司（简称 B 公司）签订了《著作权许可使用合同》，将《绝色倾城》的信息网络传播权的专有使用权许可给 B 公司，故 B 公司依合同关系取得涉案作品《绝色倾城》的信息网络传播权的专有使用权。

而 A 公司与第三方应用程序开发商按照如下方式操作：①双方同意并签署《已注册的 APPLE 开发商协议》，A 公司根据协议的约定向应用程序开发商提供操作系统及程序开发环境；②应用程序开发商签署《已注册的 APPLE 开发商协议》并注册成功后，获得开发者账号，该账号可以用于进一步开发

---

[1] 参见：北京市高级人民法院（2014）高民终字第 1320 号民事判决书，最高人民法院（2015）民申字第 1853 号民事裁定书。

A 公司旗下的 iOS 系统、Mac 系统等操作系统中的应用程序；③为取得开发 iOS 系统下应用程序的资格，应用程序开发商还须使用上述账号同意并签署《iOS 开发商计划许可协议（包括附表 1）》《iOS 开发商计划许可协议（附录 2）》，在支付 99 美元后，方可获得开发并发布 iOS 应用程序的权限，可以使用 iOS 开发工具。

《iOS 开发商计划许可协议（附录 2）》中记载，"获许可应用程序"一词包括利用 In App Purchase API 在某一获许可应用程序中出售的其他任何获许可的功能、内容或服务，而"最终用户"既包括获许可应用程序的实际最终用户，亦包括可为最终用户购买获许可应用程序的授权机构客户（例如经 Apple 关联公司批准的教育机构）。"3.4A 关联公司有权收取以下佣金，作为其在本附录 2 项下为阁下提供代理/居间服务的对价：（a） 就向本附录 2 附文 B 第 1 条（经 iTunesConnect 网站不时更新）所列国家地区的最终用户销售获许可应用程序，A 关联公司有权收取相当于每位最终用户应付价款百分之三十（30%）的佣金。"

A 公司在其官方网站（网址为 http://www.apple.com）上发布的《AppStore 审核指南》中记载：1.1 作为一个应用商城的应用开发者，你要受你和'APPLE'之间的该计划许可协议、用户界面规约和其他许可或者合同的条款的规约。11.11 "通常你的应用越贵，我们就会审核的更彻底"。11.12 "提供订阅的 APP 应用程序必须使用 IAP，如同前述《开发者计划许可协议》中规定的一样，'APPLE'将和开发者按照 3：7 的比例分享此类商品的订阅收入"。

B 公司主张：A 公司作为综合性的网络服务平台应用程序商店 AppStore 的运营者，对应用程序商店 AppStore 网络服务平台具有很强的控制力和管理能力，其通过应用程序商店 AppStore 网络服务平台对第三方开发商上传的应用程序加以商业上的筛选和分销，并通过收费下载业务获取直接经济利益。故 A 公司对于应用程序商店 AppStore 网络服务平台提供下载的应用程序，应负有较高的注意义务，应承担相应的侵权责任。

A 公司认为：在 B 公司未尽通知义务的情况下，应用程序在线商店 AppStore 不应对第三方开发商的侵权行为承担责任，要求网络服务提供商防止网络平台上出现任何由第三方开发商上传的侵权内容，对网络服务提供商强加了过度的义务，并未兼顾权利人、网络服务提供者和社会公众的利益。

二、法律问题

1. 如何认定帮助侵权行为？
2. A 公司是否应负有较高的注意义务，对于第三方侵权行为是否属于应知？

三、法理分析

（一）帮助侵权行为的认定

本案中，当事人双方对 A 公司是单纯的网络服务提供者身份没有争议。作为单纯提供服务的网络服务提供者，A 公司在本案中是否应该承担赔偿责任，应适用我国的避风港规则进行判断。

《最高人民法院关于审理侵害信息网络传播权民事纠纷案件适用法律若干问题的规定》第 7、8、9 条以及第 11 条规定，人民法院应当根据网络服务提供者的过错，确定其是否承担教唆、帮助侵权责任。过错包括明知或者应知。网络服务提供者明知或者应知网络用户利用网络服务侵害信息网络传播权，未采取删除、屏蔽、断开链接等必要措施，或者提供技术支持等帮助行为的，人民法院应当认定其构成帮助侵权行为。网络服务提供者的"应知"是对主观状态的客观化判断标准，一般情形下的应知标准，通常要低于直接侵权中的一般过失水平，因此网络服务提供者承担帮助侵权责任的可能性较小，较容易免责。一般应知标准通常包括：①基于网络服务提供者提供服务的性质、方式及其引发侵权的可能性大小，应当具备的管理信息的能力；②传播的作品、表演、录音录像制品的类型、知名度及侵权信息的明显程度；③网络服务提供者是否主动对作品、表演、录音录像制品进行了选择、编辑、修改、推荐等；④网络服务提供者是否积极采取了预防侵权的合理措施；⑤网络服务提供者是否设置便捷程序接收侵权通知并及时对侵权通知作出合理的反应；⑥网络服务提供者是否针对同一网络用户的重复侵权行为采取了相应的合理措施以及其他相关因素。

除了上述认定"应知"的一般标准外，在特定的情况下，比如网络服务提供者对热播影视作品进行了推荐、置顶、编选，或者从侵权行为中直接获得经济利益等，则要负有较高的注意义务，网络服务提供者没有尽到较高的注意义务，则存在过错。

"应知"标准，在美国也称为"红旗"标准，对理性人而言是否能够认识到特定侵权事实的客观标准，需要结合现实的技术可能性和采取安全措施的成本因素进行综合考虑，并由法院进行不同程度地自由裁量。

（二）A公司的侵权责任认定

根据上述信息网络传播权司法解释的规定，A公司和B公司争议之处是，对于第三方的侵权行为，A公司是否具有过错？因帮助侵权中的过错包括明知和应知，在没有证据证明A公司在主观上构成明知的情况下，对于A公司主观过错的认定就转化为A公司对第三方的侵权行为是否构成"应知"的判断。

本案中，一审、二审法院认定，A公司程序商店"是一个以收费下载为主的网络服务平台"，A公司就应用程序的开发和使用收取固定的开发费（99美元），并按照比例与开发者分享一定比例的订阅收入，而且A公司对在应用程序商店上发布的应用程序采取了符合其自身政策需求的挑选，无需受到第三方开发者的限制，具有很强的控制力和管理能力，与一般的信息存储空间网络服务存在差别。根据《最高人民法院关于审理侵害信息网络传播权民事纠纷案件适用法律若干问题的规定》第11条的规定，A公司应负有较高的注意义务，A公司在可以明显感知涉案应用程序为应用程序开发商未经许可提供的情况下，仍未采取合理措施，故可以认定A公司并未尽到上述注意义务，具有主观过错，进而认定应用程序在线商店AppStore应对第三方开发商的侵权行为承担责任。

那么，较高的注意义务如何判断？应注意到何种程度？哪些情况下可以认为是未尽到注意义务？明显感知如何判断？这是双方核心争议点。A公司认为，"较高的注意义务"无法得出网络服务提供商"应知"或明显感知侵权行为的结论，即使认为程序商店对第三方开发人上传、传播涉案应用程序的行为应承担较高的注意义务，程序商店也已经适当履行了该注意义务，并不"应知"被诉侵权行为的存在。对于这一核心问题，《最高人民法院关于审理侵害信息网络传播权民事纠纷案件适用法律若干问题的规定》没有给出明确答案，法院也并未作出进一步的阐释。我们认为，"应知"是一种主观状态认定上的客观标准，是理性人标准，即根据周边存在的客观事实和情况，一个处于该特定环境、特定业务、特定身份的理性人能够感知到侵权事实的存在，通常要结合立法目的、平衡各方利益，并结合现实的技术可能性和采取安全措施的成本因素进行综合考虑。

四、参考意见

美国的侵权责任分为直接侵权和间接侵权，因美国《千禧年数字版权法》的广泛影响和广泛借鉴，虽然我国法律条文中没有明确规定直接或间接侵权，但是在法律条文的框架结构和逻辑关系上考虑了这样的区分，并在实际裁判过程中注重区别运用。美国的间接侵权制度，包括帮助侵权和替代侵权，而我国避风港规则主要选择了帮助侵权，对替代侵权没有涉及。实际上，替代侵权也是很重要的侵权方式，其采取严格责任的认定方式，有别于过错责任的帮助侵权。"严格责任的第一功能在于风险分配，但也具有损害预防的功能。公平合理的方案是让获利的人对损害负责，即使他安排别人而不是亲自从事预期会造成损害的行为。作为平衡，商业组织者必须对被组织者的侵权损害承担起弥补的责任来。"[1]

在我国没有规定替代侵权的情况下，根据不同的实际情况，比如是否获取经济利益等来实行多样化的过错门槛，或者设定不同程度的应知认定标准，从而将帮助侵权的范围扩大，在一定程度上实现替代侵权制度的功能。但是，帮助侵权毕竟是过错责任，法院在引用帮助侵权制度时，还需要从主观状态上认定网络服务提供者的过错，包括明知和应知，而这种主观状态在千变万化的网络环境中实难把握，也存在过多的主观裁量空间，因此容易产生较大争议。上述案件中，关于主观状态的认定恰恰也是A公司所极力抗辩的，是否要承担较高的注意义务、怎样才算是尽到了较高的注意义务，双方分歧很大。

实际上，如果规定了替代侵权责任，按照替代侵权责任来判断该案件，在法理上会更有说服力，因为美国的替代侵权责任是严格责任，并不以网络服务提供者存在过错或者知晓为前提，并不过多考虑网络服务提供者的主观

---

[1] 参见刘文杰：《从责任避风港到安全保障义务——网络服务提供者的中介人责任研究》，中国社会科学出版社2016年版，第65~67页。

状态,而是考虑两个核心要素:一是网络服务提供者能够有权利和能力对侵权人进行控制或者能够施加实质性影响或实质性参与,"基于控制关系的存在,一方成为另一方的执行者,成为其延长的四肢,从而控制者应为被控制者的行为负责"[1]。二是网络服务提供者从侵权行为中获得了直接经济利益,或者与侵权人存在特定的利益关系,或者网络服务提供者从侵权行为中获得了直接好处。如果仅仅是对所有侵权或不侵权的人收取了入门费、开通费等一次性费用,不属于获取直接的经济利益,而应是获利(不论多少)与侵权行为存在一定的因果关系或者存在一定的利润分成等。本案中的开发即存在上述情况,A公司确定了开发要求,签署了开发协议,提供了操作系统、开发环境、开发工具,对应用程序进行测试、审核和运行,并进行一定的分销控制,故有权利也有能力控制开发商。同时,对于应用程序的实际使用和订阅,A公司按照一定比例分享收益,能够从侵权行为中直接获益。因此,A公司应用程序的开发符合替代侵权的两个构成要件,应该承担侵权责任。后续我国立法可以在此替代侵权的制度上予以增加和优化。

拓展案例

王某某与深圳A计算机系统有限公司、 北京B信息服务有限公司侵害著作权纠纷[2]

一、基本案情

王某某自称于2011年1月23日上传了涉案文章,后该文章被网络用户上传到搜狗公司问问网站。

2013年9月之前,涉案北京B信息服务有限公司(简称B公司)问问网站由深圳A计算机系统有限公司(简称A公司)经营,搜狗公司问问网站于2013年9月由A公司转让给B公司经营。

王某某认为,搜狗公司问问网站上发布的涉案文章,没有为王某某署名,

---

[1] 刘文杰:《从责任避风港到安全保障义务——网络服务提供者的中介人责任研究》,中国社会科学出版社2016年版,第65~67页。

[2] 参见:北京市海淀区人民法院(2015)海民(知)初字第31518号民事判决书,北京知识产权法院(2016)京73民终79号民事判决书,北京市高级人民法院(2016)京民申4459号民事判决书。

构成实质性损害，属于明显侵权行为，A公司和B公司对此存在过错，应当承担侵权责任。根据王某某提交的证据，公证机关根据其申请，于2015年7月29日对涉案网站上刊载涉案文章的相关网页进行了证据保全公证，相关页面上显示侵权文章的发布时间为2011年1月23日。由此可见，王某某进行公证取证的时间系在A公司将涉案网站转让给B公司之后。

二、法律问题

1. 网页显示的发布时间是否可以作为真实的发布时间？
2. B公司、A公司作为信息存储空间服务提供者是否存在过错？

三、重点提示

公证机关于2015年7月29日对涉案网站上刊载涉案文章的相关网页进行了证据保全公证，相关页面上显示侵权文章的发布时间为2011年1月23日。如果认可网页显示发布时间是真实的发布时间，那么该发布时间点上，A公司尚未将涉案网站转让给B公司，涉案行为一直持续到B公司受让该网站后，因此，A公司和B公司均与被控侵权行为存在关联。法院认为，由于电子数据证据具有易篡改、不稳定等特点，相关内容由网络用户自行编辑，在无相应证据相互印证的情况下，难以确认网页上显示的发布时间2011年1月23日即为真实的发布时间。因此一、二审判决均认定现有证据无法证明A公司与被控侵权行为存在关联，并据此未支持王某某关于A公司应对涉案网站转让前的侵权行为承担责任的主张。在此关于举证责任的分配上，有待商榷。本书认为，相关内容虽由网络用户自行编辑，但是并非由王某某编辑，在王某某已经提供了网页显示时间这一初步证据的情况下，如果A公司否认网页上显示的发布时间为真实的发布时间，A公司可以提供有效的证据加以抗辩。

B公司、A公司作为信息存储空间服务提供者可以适用避风港规则。本案中，虽然搜狗公司问问网站存在问题分类、积分规则和广告内容等情形，但不足以证明B公司对侵犯涉案文章著作权的回答内容进行了选择、编辑，亦不足以证明B公司鼓励、帮助网络用户侵权或从中直接获得了经济利益。王某某未能举证证明网络用户在搜狗公司问问网站上传播涉案文章的侵权事实达到了明显程度，使得B公司可以明显感知该文章系未经权利人许可提供的侵权文章，并且 B 公司在诉讼发生后及时删除了侵权内容，尽到了合理的注意义务。因此，网络服务提供者不存在过错，不承担相关的侵权责任。

拓展资料

6-5【拓展阅读案例】

6-6【拓展阅读资料】

第七章

知识产权国际保护专题

专题一 著作权国际保护

知识概要

知识产权的国际保护，因知识产权的地域性，比知识产权的国内保护难度更高。对于著作权的国际保护，《伯尔尼公约》中规定作者依"国民待遇原则"在其他同盟成员国享有和行使其作品著作权，而且不需要履行任何手续。这样的规定看似将知识产权的地域性所带来的保护困难予以抵消，但是《伯尔尼公约》规定的另一项"自动保护原则"却使著作权的国际保护变得更加困难。根据《伯尔尼公约》第5条第2项，公约国或者成员国的作者在作品的创作完成时即享有对该作品的著作权，并且不需要履行任何的登记手续。也就是说，著作权的获得并不以登记公告为前提。那么，作者获得著作权的时间起算点就不易确定，再加上涉外著作权纠纷都是跨两个以上国家的法域，发生纠纷时便更加难以在法院地国确定作者取得著作权的时间起算点。此外，知识产权具有法定性，仅在一项客体得到该国的法律承认的前提下才能得到保护。例如，电脑游戏的人物形象是否受到著作权的保护，有的国家将其纳入著作权保护范围，而有的国家则没有对其提供著作权保护。

同时，网络技术的发展也给著作权的国际保护带来了挑战。网络打破了地域上国界的限制，公众足不出户就可以在网上接触到全世界不同国家的作品。而网络用户的匿名性和网络信息的海量性也使得侵犯著作权的行为更加多发易发。当侵犯著作权的情形发生,往往能追溯到的只是网络上虚拟的账号和 IP 地址,网络侵权证据的保存和固定具有一定的难度,依靠有限的证据确定侵权行为的主体非常困难,并且网络上著作权侵权行为传播快,侵权范围广。所以,面对新的网络环境,在考虑著作权固有特点的同时,著作权的国际保护亟需建立更有效、更适合的规则。

经典案例

A 公司诉 B 公司侵害计算机软件著作权纠纷案[1]

一、基本案情

A 公司系住所地在美国威斯康辛州的企业。美国版权局版权登记文件显示,"Serv-U"计算机软件第六版注册号 TX7-558-280,首次发表于 2004 年 12 月 7 日,首次发表国家为美国,作者 A 公司。涉案计算机软件为"Serv-UFTPServerv6.0"版本,系用于设立、运行和管理文件传输协议的服务器(FTPSERVERS)软件,通过客户端和服务器端的 FTP 应用程序实现远程文件传送。A 公司经公证后检索到主办单位为江苏 B 公司的 www.lzsy.com 网站运行 220Serv-UFTPServerv6.4forWinSockready…软件,且 A 公司销售系统上无 B 公司购买该软件的记录。A 公司认为 B 公司系擅自复制、安装及商业使用上述软件,侵害了其著作权。B 公司答辩称其已将网站的运营交由 C 公司,其并未在网站上安装涉案软件,并未实施侵权行为。一审法院认为,网站的托管行为并不影响 B 公司网站实际控制者身份的认定,所以对于 B 公司没有在网站上安装涉案软件的事实,一审法院不予认可。一审法院认为,B 公司侵犯了 A 公司的计算机软件著作权。二审过程中,B 公司提交经公证的证据证明在服务器安装其他 FTP 软件的情况下,可以定制包含有"Serv-U"文字的欢迎词信息,使用 Telnet 命令后服务器回复信息就会显示有"Serv-U",且经法庭现场勘验确认涉案服务器系统中 Filezilla 软件的安装时间为 2012 年 12 月 23 日。所以 B 公司并未实施侵犯 A 公司计算机软件著作权的行为,故二审法

---

〔1〕 参见:江苏省无锡市中级人民法院(2015)锡知民初字第 4 号民事判决书,江苏省高级人民法院(2015)苏知民终字第 00300 号二审判决书。

院判决驳回 A 公司全部诉讼请求。

二、法律问题

（一）telnet 远程取证结果是否具有证明效力

通过 telnet 远程取证方式检测目标服务器的相应端口，其反馈信息具有较高的确定性，已经可以达到民事诉讼证据高度盖然性的标准。认可 telnet 远程取证的有效性，仅是指认可当事人通过 telnet 远程取证的合法性、关联性和高度盖然性，但是并不表示只要 telnet 取证得到了相应的反馈信息，其诉讼主张就绝对成立。还需要在具体的个案中结合被告的抗辩事由和案件具体情况作出判断。如果一方抗辩称使用的软件为试用版或者使用的是其他软件，则应由提出抗辩的一方提交服务器日志等相关证据进行证明。简单否认而并无其他证据证明，则不能视为完成举证责任，抗辩不能成立，应由其承担不利后果。

（二）对于其所有的网站上装有侵权软件，是否可以据此认定网站所有者实施了侵害计算机软件著作权的行为并承担侵权责任

一个公司在因特网中发布自己公司网站主要有两种模式：第一种模式，是公司购买一台服务器，将服务器置于自己公司机房或者托管到电信机房接入因特网。在这种模式下，服务器的所有权属于公司所有，公司对服务器享有完整的控制权，可以随意在服务器中安装软件、更改配置。因此，如果服务器中安装有侵权软件，则相应的侵权责任应由该公司负担。第二种模式，是公司到网络空间服务商处购买服务器空间，网络空间服务商负责相关服务器的连接入网以及系统软件的维护、设置，并负责将客户空间中的网站内容以 WEB 方式发布。一台服务器中的空间可以被划分为若干份分配给若干个公司。在这种模式下，购买空间的公司对服务器没有控制权，仅对自己购买空间中的数据有上传、下载、删除等有限的操作权限。其不能在服务器中复制、安装系统软件，复制被控侵权软件的行为不可能由网络空间购买者实施。故在空间使用者没有过错的情形下，侵权责任一般应由服务器的实际管理者和控制者承担。

本案中，通过相关证据可以认定 B 公司购买了 C 公司的服务器空间用以发布其公司网站。同时，A 公司在另外两个案件中起诉的被告服务器 IP 地址

与本案被控侵权服务器 IP 地址均是 222.186.37.11。而因特网中的一个 IP 地址仅能对应一台服务器。由此可见，B 公司仅租用了 C 公司服务器中的部分空间，还有许多别的公司也通过该服务器发布自己的公司网站。在此情形下，B 公司不是涉案服务器的实际管理者，也无权在该服务器中安装涉案软件。另外，A 公司亦无证据证明 B 公司与 C 公司有实施共同侵权的故意与行为，故二审法院认为，B 公司并未侵犯 A 公司的计算机软件著作权，改判驳回 A 公司的全部诉讼请求。

三、法理分析

托管行为涉及侵权责任的承担问题。

计算机软件著作权侵权案件中，需要厘清"网站"和"服务器"的概念区别，不能简单地认为网站的所有者就是网站所在服务器的管理者，进而推导出网站所有者需要对网站所在服务器中的侵权行为承担侵权责任的结论。实践中，"网站"的发布主要有两种模式，第一种模式是网站所有者拥有服务器的所有权和管理权；第二种模式是网站所有者并非服务器的所有者和管理者，也就是网站所有者将网站的日常管理工作进行了托管，本案被告 B 公司仅租用了 C 公司服务器中的部分空间用以发布网站内容，还有许多别的公司也通过该服务器发布自己的公司网站。在此情形下，B 公司不是涉案服务器的实际管理者，也无权在该服务器中安装涉案软件。在无其他证据证明 B 公司与服务器的管理者有实施共同侵权的故意与行为的情况下，B 公司无需承担侵权责任。对于网站所有者并非服务器的管理者，且无证据证明网站所有者与服务器管理者共同实施侵权行为的，网站所有者无需对服务器中的侵权行为承担责任。

四、参考意见

计算机软件著作权侵权案件中，需要厘清"网站"与"服务器"的关系，不应简单认定网站的所有者就是网站所在服务器的所有者或管理者，进而推导出网站所有者需要对网站所在服务器中的所有侵权行为承担责任的结论。对于网站所有者仅是租用了网站所在服务器的一部分空间，而并非服务器的所有者或管理者，且无其他证据证明网站所有者与服务器所有者共同实施侵权行为的，网站所有者无需对服务器中的侵权行为承担责任。

拓展案例

美国石油学会诉陈某某、吴国某、吴必某、A公司侵害作品信息网络传播权纠纷案[1]

一、基本案情

美国石油学会成立于1919年3月20日。美国石油学会制定并发布了一系列api标准等31件作品,上列作品均在美国版权办公室/美国国会图书馆进行了著作权登记,且均在作品中作出了关于著作权权属的声明。根据上述登记证明,上列作品首次发表至本案起诉之日均未超过50年。美国石油协会经公证,发现在www.toolsbooks.com、www.standardsbox.com、www.codeoffer.com 和www.standardsebooks.com 四个网站上均显示有许诺销售api标准作品及其单价。经过对网址IP以及银行账户等相关信息进行查找,确定四个网站的实质控制人为陈某某、吴国某、吴必某、A公司。故美国石油学会认为陈某某等侵犯其著作权,要求其停止侵害,并主张根据陈某某等人因侵权所获利润作为承担民事赔偿的计算方式。一审法院经审理认为,美国石油学会发布的api标准构成作品,受我国著作权法的保护,且四个网站确系实行了侵害美国石油协会著作权的行为。但由于现有证据只可以证明陈某某等三人实施了侵权行为,而不足以证明A公司系四个网站的实际控制人并实施了侵权行为,故判决陈某某等三人停止侵权,赔偿美国石油协会30万元人民币。二审法院经审理认为,确认了陈某某等人的实际控制人身份,并认为判赔数额并无不妥,故维持了一审判决。

二、法律问题

如何在网络技术的环境下判定侵权行为的主体?

一审法院经审理后认为,根据案中相关证据,"Luckywu"指向吴国某,"simonchen"指向陈某某。idear4business.com 与idear4business.net 两网站注册人信息显示控制人为luckywu和simonchen,即吴国某和陈某某。www.tools-

---

[1] 参见:广东省佛山市顺德区人民法院(2014)佛顺法知民初字第281号民事判决书,广东省佛山市中级人民法院(2015)佛中法知民终第27号民事判决书。

books.com 的 WHOIS 信息和 RIPE 信息与 idear4business.com、idear4business 和 idear4business.net 等网站的信息基本相同,指向共同的实际控制人,故被控出售侵权作品的四个网站与 idear4business.com、idear4business 和 idear4business.net、hostingarmy.com 等网站均指向共同的实际控制人、管理人,即本案陈某某、吴国某。因陈某某、吴国某是上述四个网站的实际控制人,其行为构成侵权,应承担停止侵害、赔偿损失的民事责任。吴必某提供银行账户收取作品销售款项,实施了帮助侵权行为,应承担连带赔偿责任。一审法院遂判令陈某某、吴国某承担停止侵权、赔偿损失的民事责任。

二审法院经审理后认为,其一,www.idear4business.com 是佛山市 A 公司的官网,陈某某和吴国某是 A 公司仅有的两个投资人,综合该网的 WHOIS 信息等证据可认定陈某某、吴国某是 www.idear4business.com 的实际控制人。其二,由于 www.idear4business.net 与 www.idear4business.com 二者的域名主体、WHOIS 查询信息显示的网站注册人、管理员地址、RIPE 信息显示的注册人、网络名称、单位描述、组织机构、投诉邮箱等均相同,在无相反证据的情况下,可认定 www.idear4business.net 与 www.idear4business.com 是由相同控制人控制的网站,故陈某某、吴国某 www.idear4business.net 的实际控制人。其三,被诉侵权的 www.toolsbooks.com、www.standardsbox.com 网站的 RIPE 信息显示的投诉邮箱 abuses@idear4business.net 所指向的是陈某某、吴国某实际控制的 www.idear4business.net 的网站邮箱,表明陈某某与吴国某负责 www.toolsbooks.com、www.standardsbox.com 所在 IP 地址段的相关管理工作。同时,www.toolsbooks.com、www.standardsbox.com 的 RIPE 信息显示注册人为 luckywu,指向吴国某,表明吴国某负责 www.toolsbooks.com、www.standardsbox.com 所在 IP 地址段的注册工作。因此,上述事实可以认定陈某某、吴国某负责 www.toolsbooks.com、www.standardsbox.com 所在 IP 地址段的注册或管理工作。同时,www.toolsbooks.com、www.standardsbox.com 的 RIPE 信息与陈某某、吴国某所实际控制的 www.idear4business.net 和 www.idear4business.com 的 WHOIS 信息和 RIPE 信息存在多处相同之处,故综合上述事实表明,www.toolsbooks.com、www.standardsbox.com 与 www.idear4business.net、www.idear4business.com 指向控制人是相同的,即陈某某和吴国某。法院还考虑到陈某某、吴国某所控制的 A 公司在 www.idear4business.com 上曾宣称其所申请的 IP 属于无国籍 IP、高匿

IP、机房的位置无法查到，表明陈某某、吴国某具有隐匿网站信息、躲避追查的主观故意和技术能力，其控制的网站具有较高的隐蔽性。吴国某、陈某某负责 www.toolsbooks.com、www.standarsbox.com 所在 IP 地址段的注册、管理工作，若其认为 www.toolsbooks.com、www.standarsbox.com 并非其管理或控制，应负举证证明责任。因陈某某、吴国某未提交证据予以反驳，故综合本案证据判断，二审法院认定陈某某、吴国某是 www.toolsbooks.com、www.standars-box.com 的实际控制人。其四，由于另外两个被诉侵权网站 www.codeoffer.com、www.standarsebooks.com 与前述的两个被诉侵权网站 www.toolsbooks.com、www.standarsbox.com 在网站信息、内容等存在相同之处，故法院认定涉案四个网站的实际控制人相同，即陈某某、吴国某。二审法院遂驳回上诉，维持原判。

三、重点提示

互联网技术不断发展，部分侵权人利用网络技术隐藏其主体信息，实施侵权行为的现象时有发生，为案件事实的查明带来不少困难。对此类案件，应合理分配举证证明责任，并根据案中证据之间的关联性确定侵权主体。该案中被诉侵权网站隐藏了网站经营主体的信息，但是如果根据现有证据，被诉侵权网站的 RIPE、WHOIS 信息能与被诉侵权人控制的其他网站的 RIPE、WHOIS 信息相互印证，能显示二者指向相同的控制人的，可以认定被诉侵权人是被诉侵权网站的实际控制人。本案虽然没有直接证据证明被控侵权网站的实际控制人是何人，但法院考虑到网络侵权行为的隐藏性，通过深入分析比较多个关联网站之间的信息，确定被控侵权网站的实际控制人，从而确定侵权行为实施者，并判令其承担相应的民事责任。本案对网站实际控制人的审查认定，对于在涉及互联网案件中对网站实际控制人的认定具有较高的参考价值。

拓展资料

7-1【拓展阅读资料】

专题二　商标权国际保护

知识概要

一个商标想在不同国家、多个法域获得法律保护，必须首先在每个法域进行申请和登记，然后再根据每个法域的商标法分别进行保护。这种跨国的商标权保护，尤其是一项客体在多个国家取得商标权并进行相应的保护，就是商标权国际保护的基本内涵。由于商标权的地域性，商标必须在本法域之外的其他国家法域取得知识产权，才能在该法域获得知识产权保护。在这过程中必然会产生诸如该法域是否会给予保护，是否授予商标权的标准等一系列问题，这是国际保护与国内保护的区别。

对于商标来说，大多数国家的法律都规定依申请注册才能获得商标权。在法律实践中会出现以下的情况："某 A 国的商标权人在 B 国并没有就所持有的商标申请注册商标，那么他的商标权在 B 国就得不到保护。"虽然针对未注册的驰名商标，我国法律有比其他未注册商标更特别的保护政策，以及根据诚实信用原则，恶意抢注的行为是不被允许的。但是商标权的国际保护由于知识产权的地域性纷繁复杂，厘清各国商标法的授权标准与权利边界是商标法国际保护的基础。

经典案例

案例一：A 公司诉 B 公司等申请诉前保全案[1]

一、基本案情

"The Voice of…"节目系 C 公司独创开发的以歌唱比赛为内容的真人选秀节目。D 公司在中国注册有 G1098388、G1089326 商标。B 公司在 C 公司的授权下，于 2012～2015 年期间制作和播出了第 1~4 季"中国好声音"。2016 年 1 月 28 日，E 公司和 F 公司与 A 公司签署了节目模式许可合同。2016 年 5 月

---

[1] 参见：北京知识产权法院（2016）京 73 行保 1 号行政裁定书。

10日，D公司和F公司共同向A公司出具授权书，授权A公司获得5年期限内在中国区域（含港澳台地区）内独家开发、制作、宣传和播出第5~8季"中国好声音"节目的独家授权，并行使与"中国好声音"节目相关知识产权的独占使用许可。同时，D公司和F公司明确授权申请人在许可期限内，针对其他人的侵权行为可以申请人名义采取相应的法律行动。

B公司、G公司在没有授权的情况下，宣传、推广和制作第5季"中国好声音"（后更名为"2016中国好声音"）节目。被申请人B公司是该涉案节目的制作方，在其微信公众号上宣传和推广使用"中国好声音"名称的涉案节目，并使用包含"中国好声音"文字的标识。H公司协助B公司进行涉案节目的推广和组织海选，在其设立的网站上宣传和推广使用"中国好声音"名称的涉案节目以及使用包含"中国好声音"文字的标识，并为参赛选手提供网络海选平台。G公司协助B公司和H公司组织和主办涉案节目的全国校园海选。

A公司认为在涉案节目的宣传推广、海选和广告招商的阶段，B公司和G公司未经授权使用"中国好声音"节目名称和有关标识的行为，涉嫌侵犯A公司的正当权利，造成相关公众的混淆误认，构成对A公司享有的驰名商标权和知名服务特有名称权的侵犯。故向法院申请诉前保全。

法院经审理查明：

2012年4月3日，C公司与I公司签订《电视节目授权协议"THE VOICE OF CHINA"》，授权制作第1季"中国好声音"，并约定"原名称和约定名称"等均为C公司的独家财产。

2013年5月28日，C公司与J公司签订《节目模式许可协议"THE VOICE OF CHINA"系列》（简称《模式许可协议》），该协议约定了第2、3、4季本地系列节目，其中约定：当地节目名称为"'The Voice Of China'——Zhong Guo Hao Sheng Yin"；包括节目模式、制作宝典、当地系列节目名称、节目标识以及当地节目标识，已经制作完成的节目、当地系列节目等均归属于C公司。

2013年11月29日，C公司与J公司和H公司签订《"THE VOICE OF CHINA"——多季节目模式许可协议附录》，该协议为C公司与J公司签订《模式许可协议》的补充协议。

2016年1月8日，C公司向J公司和H公司等发出《"中国好声音"——终止通知》。

2016年1月22日，香港高等法院就C公司的申请对J公司和H公司作出禁令。

2016年1月28日，C公司与A公司签署《"……好声音"协议用于Talpa节目模板"……好声音"的独家管理、许可和应用》；2016年5月10日，C公司出具《授权书及确认函》。

2016年2月5日，C公司针对J公司和H公司向香港国际仲裁中心提出仲裁申请；2016年5月6日，C公司对该两公司向香港国际仲裁中心提出请求确认权属和临时禁令的申请。

2016年6月22日，香港国际仲裁中心就C公司对J公司、H公司提出的有关仲裁申请作出《关于权利宣告救济的部分最终裁决和关于临时措施的裁决》，其中记载："C公司对于'当地节目名称'，即'The Voice of China'——Zhong Guo Hao Sheng Yin，享有独占的、基于合同的权利。……"

另，C公司拥有的第G1098388号、第G1089326号国际注册商标在中国取得领土延伸保护，上述两商标处于有效期。A公司提交了多份公证书，用以证明J公司制作的"2016中国好声音"节目将于6月录像、7月播出，校园海选活动的主办方为G公司；还提交了国家图书馆出具的有关检索目录、检索报告及有关网络媒体报道，用以证明"中国好声音""the Voice of China"已经在中国相关公众中建立起极高知名度；还提交了部分媒体报道，用以证明B公司制作的"2016中国好声音"在北京市开展校园海选，并在北京召开宣传片发布会。

2016年6月25日，浙江卫视向法院出具《关于"中国好声音"节目名称合法权益的声明》。

法院经审理认为：本案属于法院主管且内地法院对本案具有管辖权。A公司作为C公司相关知识产权的独占被许可人，有权提出本案保全申请。B公司存在使用第G1098388号、第G1089326号注册商标及构成侵权的可能性；"中国好声音"和"The Voice of China"被认定为电视文娱节目及其制作服务类的知名服务特有名称，C公司拥有有关节目名称权益，以及B公司和G公司构成不正当竞争，均亦存在较大可能性。鉴于涉案被控侵权节目马上将进行录制和播出,故本案具有紧迫性。本案采取保全措施,符合损害平衡性,且没有证据证明责令停止涉案行为将会损害社会公共利益,A公司也提交了相应担保。综上,该案满足采取诉前行为保全的构成要件,法院支持了A公司的诉前保全请求。

二、法律问题

商标权侵权案件诉前保全的法定条件。

三、法理分析

中国好声音系列节目是一档优秀的歌曲选秀节目,选拔出了很多优秀的音乐人才,同时也为广大观众提供了一场视听盛宴。此次商标之争,显示出中国的电视节目制作者对于知识产权相关权利的愈发重视。法院在裁定的过程中,明确了在此类影响范围大的商标侵权案件中进行诉前保全需要考虑的因素,提供了一种切实可行的分析思路。本案中,关于A公司所提诉前保全请求是否成立,审查是否应当责令B公司等停止相关行为,主要考虑以下因素:申请人是否是权利人或利害关系人;申请人在本案中是否有胜诉可能性;是否具有紧迫性,以及不立即采取措施是否可能使申请人的合法权益受到难以弥补的损害;损害平衡性,即不责令被申请人停止相关行为对申请人造成的损害是否大于责令被申请人停止相关行为对被申请人造成的损害;责令被申请人停止相关行为是否损害社会公共利益;申请人是否提供了相应的担保。由于A公司系相关商标权利的独占许可使用者,B公司存在未经授权使用相关标识的行为,考虑到电视节目的制作与播出涉及非常大的利益,在A公司已经提供担保的情况下,法院最终支持了A公司的请求。

四、参考意见

被申请人主张有关争议应由香港仲裁庭裁决,内地法院无管辖权。无论是香港高等法院作出的临时禁令,还是香港仲裁庭裁决对C公司提出的临时措施申请的处理,以及法院所采取的保全措施,均是为保障当事人实体权益的最终实现而采取的一种从属于仲裁或诉讼的程序性措施,并非仲裁及侵权诉讼案件的最终审理结论,且各自具有较强的独立性。也即香港仲裁庭裁决中所作出的最终权利宣告裁决,对 C 公司提出的临时措施申请的处理,以及香港高等法院根据香港仲裁庭裁决对其作出的临时禁令所可能作出的调整,均不必然影响内地法院对是否采取诉前行为保全措施的判断和实施。

案例二:A 公司、B 公司诉 C 公司等侵害商标权纠纷案[1]

一、基本案情

A 公司成立于 2004 年 7 月 20 日,注册资本 50 万元,经营范围包括:展览活动策划、设计、室内装饰设计、文化交流活动策划、展具租赁、电脑平面设计、批发和零售贸易。B 公司成立于 2005 年 4 月 27 日,注册资本 50 万元,经营范围包括:企业管理咨询、企业形象设计、商标代理、展览策划、商品信息咨询、投资咨询、财务咨询、货物进出口。该公司股东为林某某、黄某某。两公司系第 10619071 号"ULTRA LIGHT DOWN"注册商标的共有人。该注册商标的核定使用商品为第 25 类,包括:游泳衣、足球鞋、鞋、童装、帽、袜、服装、皮带(服饰用)、婚纱、领带。商标注册有效期自 2013 年 6 月 21 日至 2023 年 6 月 20 日止。

C 公司成立于 2010 年 3 月 30 日,其股东为 D 公司,注册资本为 3 000 万美元,从事服装、配件、装饰品等的经营。E 公司成立于 2013 年 4 月 25 日,系 C 公司的分公司。该店正门上方、收银台上方、购物篮均使用"UNIQLO"商标。C 公司与案外人 F 公司,共同经营"优衣库"品牌。两者均采用 SPA(自有品牌服饰专业零售商)的经营模式,分别在中国各地设有专营店。

2014 年 1 月 13 日,A 公司、B 公司委托代理人与公证员一同前往被告 E 公司购买高级轻型羽绒背心、女装高级轻型羽绒夹克各一件。上述公证所得服装在衣领标签、成分标签、在品名、价格吊牌上均有"UNIQLO"商标,该吊牌背面记载经销商为案外人 F 公司;在一塑料透明标牌上同时标有"UNIQLO"商标及"ULTRA LIGHT DOWN"标识,其中"UNIQLO"商标明显小于"ULTRA LIGHT DOWN"标识;在纸质吊牌上标有"ULTRA LIGHT DOWN"标识,且该标识下方有关于衣服面料、特点等中文说明。

---

[1] 参见:上海市第一中级人民法院(2014)沪一中民五(知)初字第 114 号民事判决书,上海市高级人民法院(2015)沪高民三(知)终字第 97 号民事判决书。

人人网"UNIQLO 优衣库——公共主页"上名为"UNIQLO［优衣库］发布最新高级轻型羽绒系列"的文章中显示有高级轻型便携式羽绒夹克、高级轻型便携式羽绒背心、高级轻型羽绒背心（印花）的商品价格，相关收纳袋上印有"U"标识。

A 公司及 B 公司诉称，E 公司系被告 C 公司的分公司，二者未经许可，在相同商品上及相关网络推广宣传中使用与涉案注册商标相同的标识，侵犯了其享有的注册商标专用权，请求法院判令 C 公司等赔礼道歉、消除影响、赔偿损失。并且 A 公司及 B 公司已就基本相同的事实向全国各地法院提起诉讼 42 件。

一审法院经审理认为，C 公司使用"U"的行为构成商标性使用，并且与 A 公司、B 公司持有"U"商标构成近似，故 C 公司未经许可使用"U"的行为构成对于 A 公司、B 公司商标注册权的侵害。但由于 A 公司、B 公司并未在实际生产经营活动中使用"U"商标，所以 C 公司等的行为并未给其带来实际经济损失和妨碍，也并未给其带来商业信誉的影响，故判决 C 公司等停止侵权行为，A 公司与 B 公司两原告并无实际使用涉案商标的意图，而是欲通过诉讼达到将涉案商标转让给"优衣库"经营者的目的，从而获取巨额赔偿或商标转让费用。上述诉讼行为，明显不符合鼓励商标使用、激活商标资源的原则，而是属于利用注册商标不正当地投机取巧、将注册商标作为索赔的工具的行为。法院判决驳回 A 公司、B 公司的其他诉讼请求。二审法院维持一审判决。

二、法律问题

C 公司、E 公司使用"U"标识的行为是否对"U"注册商标专用权构成侵害？

三、法理分析

C 公司等使用"U"标识的行为是否对"U"注册商标专用权构成侵害的问题，包括优衣库是否对"U"进行商标性使用以及"U"与"U"是否构成近似商标两个问题。其一，商标的使用是指商标用于商品、商品包装或者容器以及商品交易文书上，或者将商标用于广告宣传、展览以及其他商业活动中,用于识别商品来源的商标使用行为。因此,应根据主客观表现形态来判断 C 公司、E 公司是否属于商标性使用被控侵权标识。从客观角度而言,虽然 C 公司、E 公司称一直整体使用"UL"标识,但由于该标识中"UL"文字系突出独立使用,足以使相关消费者将"UL"标识与所售服装类商品产生密切联系,从而在客观上起到指示、识别商品来源的商标作用。因此,本案中 C 公司、E 公司对"UL"标识的使用系单独作为商标使用且并非对商品特性的描述性使用。从主观意图角度来分析,"UL"标识已被 C 公司、E 公司出于商业目的广泛标附于各类涉案商品及相关广告宣传中,且 C 公司、E 公司的母公司 D 公司意图在中国注册"UL"标识作为商标,从上述客观行为可推定 C 公司、E 公司在使用"UL"标识时亦存在将"UL"标识作为商标使用的主观意图。故,对于"UL"构成商标性使用。其二,根据《商标法》等法律规定,认定商标相同或者近似的比对原则是以相关公众的一般注意力为标准,既要对商标的整体进行比对,又要对商标主要部分进行比对,比对应当在比对对象隔离的状态下分别进行。C 公司、E 公司所使用的"UL"标识与涉案"UL"注册商标相比,除字体略有粗细差别外,文字、结构均相同。两者在隔离状态下,以注册商标核定使用第 25 类服装商品的相关消费者的一般注意力为标准,整体视觉效果基本无差别。因此,两商标近似,容易导致公众混淆。综上,C 公司等的确实施了侵害注册商标专用权的行为。

最后,C 公司等的责任承担问题。A 公司、B 公司提供的有关其实际使用行为的证据材料均未被法院所采信,无法证明被控侵权行为发生前 A 公司、B 公司具有使用注册商标的真实意图以及该商标已被实际使用之事实。故 C 公司等虽然实施了侵害注册商标专用权的行为,但并未造成 A 公司与 B 公司实际损失与妨碍,也未对其商誉造成任何不良的影响,故除停止侵权行为外,C 公司等不承担其他民事责任。

四、参考意见

关于商标性使用的判断标准。财产意义上的商标权本质上并非源于注册,而是来源于商标实际使用中积累起来的商业信誉;没有实际使用的商标只能基于我国的注册制度获得绝对权意义上的救济,即被告必须停止使用;而若要获得赔偿,原告必须证明其商标已经投入实际使用中去,否则便不存在损失的可能性,也就失去了获得赔偿的正当性基础。法院对于此类专业商标公司所提交的商标使用证据,要注意加强审核。

拓展案例

A 公司诉 B 公司、C 公司侵害商标专用权纠纷案[1]

一、基本案情

A 公司拥有"🐫(第 3596417 号)""🐫(第 101337 号)""**骆 驼**(第 3515856 号)""CAMEL 骆驼(第 3993666 号)""🐫(第 4919880 号)"注册商标,核定使用商品为第 25 类的鞋、靴等。经过 A 公司的多年致力打造,"骆驼"品牌获得了较高的知名度和美誉度。B 公司经营范围包括销售鞋服及自营和代理各类商品和技术的进出口业务,在京东商城开设了台湾骆驼专卖店,并售卖了带有"🐫"标识的鞋子。A 公司主张 B 公司的行为构成商标侵权行为,向法院提起诉讼。B 公司称其所使用的是在台湾地区注册的商标,具有合法来源。

一审法院经审理认为,被诉侵权鞋子及 B 公司鞋靴专卖店使用的被控侵权标识易使相关公众误认为该商品来源于 A 公司,或与 A 公司存在联系,B 公司的销售行为侵犯了 A 公司的注册商标专用权。虽然被诉侵权鞋子上使用的商标系台湾地区的注册商标,但 B 公司作为一家自营和代理各类商品、技术进出口业务的商贸公司,理应知晓商标具有地域性,明知即使在台湾地区合法注册的商标,在大陆也不享有商标专用权,故 B 公司主观上存在过错,未尽到合理注意义务,其合法来源抗辩不成立。一审法院判决 B 公司停止侵权并赔偿损失。

B 公司以商标不构成近似、其所使用的是台湾地区注册商标不构成侵权、其具有合法来源为由提出上诉。

二审法院经审理后认为,商标权作为一种专有权,受到地域性的限制,

---

[1] 参见:广东省佛山市南海区人民法院(2015)佛南法民四字第 343 号民事判决书,广东省佛山市中级人民法院(2016)粤 06 民终 1966 号民事判决书。

按照台湾地区法律注册的商标权不能对抗 A 公司在大陆依法注册取得的商标专用权。虽然 B 公司提交了其与惠安沙洲贸易有限公司签订的代理合同书说明其销售的鞋子来自于惠安沙洲贸易有限公司。但该代理合同书的内容仅能反映惠安沙洲贸易有限公司授权 B 公司为代理商，但 B 公司未提交相关进货单据与结算有关的商业发票、经营记录等用以证明其确实从惠安沙洲贸易有限公司购入了被诉侵权商品，B 公司并未尽到其在合法来源抗辩客观方面的举证责任。作为专业的销售和代理各类商品和技术进出口业务的企业，B 公司对其所销售的商品和代理的业务是否存在侵犯知识产权情况负有相应的审查义务。A 公司涉案系列注册商标的显著性和知名度均较高，B 公司应当知道其所销售的被诉侵权商品存在侵犯 A 公司涉案系列注册商标权的可能性，B 公司仍予以销售，故其主观上难谓善意。因此，综合主客观方面因素，B 公司所提出的合法来源抗辩不成立。二审最终判决驳回上诉，维持原判。

二、法律问题

按照我国台湾地区法律注册的商标权能否对抗在大陆依法注册取得的商标专用权？商标的合法来源抗辩如何成立？

三、重点提示

商标权具有地域性，按照我国台湾地区法律注册的商标权不能对抗在大陆依法注册取得的商标专用权。对合法来源抗辩是否成立的审查，应从客观和主观两方面进行。在客观方面，行为人仅证明其与案外人存在代理销售被控侵权产品的关系，但未提交证据证明其实际从案外人处购入被控侵权产品，不能视为其已完成合法来源的举证责任。在主观方面，行为人在应当知道其所销售的被诉侵权商品存在侵犯他人注册商标权的可能性的情况下仍销售被控侵权产品，其主观不能认定为善意。

在国际贸易不断发展的环境下，从国（境）外进口商品在国（境）内市场进行销售的行为相当普遍，实践中对于进口商和代理商进口并销售商品时是否负有知识产权审查义务以及如何界定其审查义务的内涵存在争议。本案判决根据商标权受到地域性限制的基本特点，认定进口商或者代理商在销售相关商品时，即使该商品使用了在国（境）外注册的商标，其也应当审查该商品使用的该境外注册商标是否存在侵犯国（境）内商标权人的注册商标专用权的可能，若其未尽合理审查义务的，应承担相应的侵权责任。同时，本案判决对于商标侵权案件中合法来源的认定从主客观方面作出了充分阐述。

拓展资料

7-2【拓展阅读资料】

专题三　专利权国际保护

知识概要

知识产权保护具有地域性的特点，但随着科技进步和经济发展，国际贸易与文化交流逐渐增多，知识产权的地域限制与知识产品的国际交流之间的巨大矛盾，产生了对知识产权进行国际保护的迫切需求。[1]有学者将国际层面的知识产权保护分为三个阶段，即国内阶段、国际化阶段和全球化阶段。国际化阶段从《巴黎公约》和《伯尔尼公约》开始；全球化阶段则从《TRIPs协议》开始，原因是其将贸易与知识产权关联起来。[2]知识产权国际保护的主要途径包括单方保护、互惠保护、双边协定保护和缔结国际条约保护，主要组织是世界知识产权组织（WIPO）和世界贸易组织（WTO）。早期知识产权的国际保护主要由西方发达国家探索和推动，原因在于其经济、科技、文化都处于领先地位；后来随着国际条约的签订、国际组织的成立，国际社会在知识产权国际保护中发挥越来越重要的作用。

---

〔1〕张玉敏：《知识产权法学》，法律出版社2016年版，第470页。

〔2〕Peter Drahos, "The Universality of Intellectual Property Rights: Origins and Development". 转引自崔国斌：《专利法：原理与案例》，北京大学出版社2016年版，第38页。

专利权的国际保护始于1883年签订的《巴黎公约》，其核心内容是规定各国在制定本国专利法时应遵守的最低标准，为外国国民提供取得权利并获得保护的主体资格，打破了原有地域性的法律保护。[1]《巴黎公约》第1条第2款定义工业产权的保护对象，内容比较广泛，包括专利、实用新型、工业品外观设计、商标、服务标记、厂商名称、货源标记或原产地名称和制止不正当竞争。在专利保护领域，《巴黎公约》统一了专利国际申请和保护的基本原则与规则，但由于专利的地域性，同一发明要在多个国家获得专利权仍需面临繁琐的申请手续。为避免这种繁琐程序，寻求通过一项国际申请而在多国获得专利保护的可能性，在美国的倡导下，1970年在华盛顿缔结了《专利合作条约》，对专利申请案的申请和受理程序作出国际统一规定。[2]此外，《TRIPs协议》也对专利保护提出要求，其代表着国际专利保护的最高水平，但没有对专利的客体范围、专利授权的实质性条件、专利侵权的认定标准等实质性问题作出操作层面的规定。[3]目前WIPO正在起草《实体专利法》，对上述实体问题进行更全面的规范。

随着上述专利实体法、程序法的形成及签约国的增加，专利法在全球范围内的趋同不可避免。从专利侵权救济角度来看，禁令救济的全球化即是表现之一。禁令是专利侵权救济的措施之一，指法院发出的要求当事人为或不为某一特定行为的命令。[4]根据禁令持续效力期间，其可以分为临时禁令和永久禁令，前者指在裁判作出之前由原告申请、法院审查后颁发的，到判决作出或经一定日期即失效的暂时性禁令；后者是在双方当事人都有听审机会的诉讼之中，其权利已经确定后作出的。[5]我国为了加入世界贸易组织，在2000年修订《专利法》过程中增加"诉前停止侵权行为"的规定，即是与国际接轨的具体体现。

---

〔1〕 陶锋、邢会歌："专利权国际保护的异化：棘轮效应"，载《特区经济》2008年1月。

〔2〕 张玉敏：《知识产权法学》，法律出版社2016年版，第510页。

〔3〕 崔国斌：《专利法：原理与案例》，北京大学出版社2016年版，第43页。

〔4〕 Bean David, *Injunctions*, 9th edition, Sweet & Maxwell, 2007, p. 3. 转引自施高翔：《中国知识产权禁令制度研究》，厦门大学出版社2011年版，第19页。

〔5〕 施高翔：《中国知识产权禁令制度研究》，厦门大学出版社2011年版，第19页。

经典案例

世界知名设计师申请 A 公司等诉前停止侵害专利权案[1]

一、基本案情

申请人系世界知名设计师，其设计的鞋履、化妆品、女士手包等产品在全球范围内享有极高知名度，以红色鞋底的女士高跟鞋最为知名，相关公众均以"红底鞋"指代申请人的产品。申请人系专利号为 ZL201430483611.7、ZL201430484500.8、ZL201430484638.8 的外观设计专利权人，上述专利均于 2014 年 11 月 28 日提出申请，分别于 2015 年 6 月 10 日、2015 年 5 月 27 日、2015 年 7 月 1 日取得授权，目前均处于合法有效的状态。申请人于 2015 年 9 月推出了涉案专利产品，拟于 2016 年在中国境内销售。申请人已经就该产品的研发和宣传进行了大量的投入，并做好了销售的准备。国家知识产权局于 2016 年 4 月 15 日出具外观设计专利权评价报告，初步结论是涉案三项专利全部外观设计未发现存在不符合授予专利权条件的缺陷。申请人就与涉案专利相同的外观设计向印度、韩国等国家申请了外观设计专利。

申请人称：①被申请人 A 公司、B 公司、C 公司未经申请人许可，制造、销售以及许诺销售被诉侵权产品，且被诉侵权产品完全落入涉案专利权的保护范围，被申请人的行为构成对涉案专利权的侵犯。2016 年 2 月 18 日，申请人经公证购买了被诉侵权产品 VT1、VT2、VT3、VT5 型号口红各一个，被诉侵权产品的外包装上印有"监制公司：A 公司""制造分装：B 公司"等字样。2016 年 3 月 16 日，申请人经公证在被申请人 C 公司处取得被诉侵权产品口红样品三支。被诉侵权产品销售单价约为人民币 270 元，涉案专利产品的海外销售单价约合人民币 600 元。②被申请人正在大量制造被诉侵权产品，并计划近期在市场中大量销售，如不及时对其行为加以制止，将对申请人的合法权益造成难以弥补的损害。综上，申请人已有确凿的证据证明被申请人制造、销售、许诺销售被诉侵权产品的行为侵犯了申请人对于涉案专利所享有的权利，如对被申请人的行为不加以及时制止，将导致对申请人的合法权

---

[1] 参见：广州知识产权法院（2016）粤 73 行保 1、2、3 号民事裁定书。

益难以弥补的损害。为保障申请人的合法权利，根据中国《专利法》第 66 条的规定，申请人愿意提供必要的担保，请求责令被申请人立即停止侵犯申请人三项外观设计专利权的行为，具体包括：责令被申请人立即停止制造、销售、许诺销售侵犯申请人涉案专利的口红产品。

被申请人 A 公司辩称：①A 公司不知被诉侵权产品有专利。在设计和制造这个款式产品时，A 公司也申请了专利，国家知识产权局也已批准 A 公司的外观设计专利权。被申请人 A 公司的法定代表人也就被诉侵权产品向国家知识产权局提交了四份外观设计专利申请，其中三份专利申请日是 2015 年 12 月 18 日，另一份专利申请日是 2016 年 1 月 29 日。②收到本案诉前禁令听证材料，A 公司在可以控制范围，网站、公众号已完全停止了同款产品的销售和发布。③申请人主张生产量庞大，不符合事实，实际上 A 公司生产量小。④A 公司销售被诉侵权产品的销量比重非常低，对申请人影响不大。

被申请人 B 公司、C 公司辩称：①B 公司与 A 公司签订了《OEM 简易加工合同》，约定为 A 公司加工歌剧粉、优雅粉等口红制品的原料，并进行灌装，签订合同后，B 公司将其中部分订单交由欧慕公司代为加工生产。其中涉及申请人认为侵犯其外观设计专利的唇膏管由 A 公司提供，与 B 公司、C 公司无关。②B 公司与 A 公司签订合同时，查看了 A 公司提供的关于其唇膏外观设计专利初步审查相关资料。公司尽到了相应的审核义务，不存在任何过错。③B 公司、C 公司为 A 公司加工的口红原料，现已全部交货，B 公司、C 公司没有任何存货。综上，B 公司、C 公司没有侵犯申请人的外观设计专利权，在加工生产口红原料的过程中不存在任何过错，请求驳回申请人对 B 公司、C 公司的禁令申请。

本案听证中，申请人明确其主张：被申请人 A 公司制造、销售、许诺销售了 VT1、VT2、VT3、VT4、VT5、VT6、VT7、VT8、VT9 九款被诉侵权产品口红，被申请人 B 公司、C 公司制造了上述九款被诉侵权产品口红，没有主张被申请人 B 公司、C 公司销售、许诺销售了上述九款被诉侵权产品口红。被申请人 A 公司承认制造、销售、许诺销售了 VT1、VT2、VT3、VT4、VT5、VT6、VT7、VT8、VT9 九款被诉侵权产品口红。被申请人 B 公司、C 公司否认制造了被诉侵权产品口红的容器唇膏管，仅承认其为 A 公司加工歌剧粉、优雅粉等涉案口红制品的原料，并进行灌装。

经技术比对，本案 VT1、VT2、VT3、VT4、VT5、VT6、VT7、VT8、VT9 九款被诉侵权产品口红的盖子与 ZL201430483611.7 号外观设计专利的相应设计相同；就瓶体及盖子与瓶体的组合而言，除被诉侵权产品 VT7 型号产品外，其余产品与 ZL201430484500.8 号外观设计专利和 ZL201430484638.8 号外观设计专利的相应设计相同，而 VT7 型号产品仅主体表面花纹与对应设计有细微差别，与 ZL201430484500.8 号外观设计专利和 ZL201430484638.8 号外观设计专利近似。

在听证过程中，经组织双方当事人就担保金额进行协商，被申请人当庭表示，不要求申请人提供担保。申请人根据本院要求，就三份禁令申请共提交了人民币 100 万元的现金担保。

法院经审理认为，基于申请人涉案专利稳定有效，被申请人正在实施的行为具有侵害申请人专利权的可能性，如若不采取相关措施，可能会给申请人的权益造成难以弥补的损害，并且颁发禁令给被申请人带来的损失小于不颁发禁令给申请人带来的损失，而且并不会影响公共利益。申请人对被申请人 A 公司、B 公司的诉前禁令申请，符合法律规定，本院予以支持。

二、法律问题

申请人的申请是否满足颁发诉前禁令的条件？

三、法理分析

根据我国《专利法》第 66 条的规定，专利权人或者利害关系人有证据证明他人正在实施或者即将实施侵犯专利权的行为，如不及时制止将会使其合法权益受到难以弥补的损害的，可以在起诉前向人民法院申请采取责令停止有关行为的措施。申请人提出申请时，应当提供担保；不提供担保的，驳回申请。根据我国《民事诉讼法》第 101 条的规定，利害关系人因情况紧急，不立即申请保全将会使其合法权益受到难以弥补的损害的，可以在提起诉讼或者申请仲裁前向被保全财产所在地、被申请人住所地或者对案件有管辖权的人民法院申请采取保全措施。申请人应当提供担保，不提供担保的，裁定驳回申请。根据《最高人民法院关于对诉前停止侵犯专利权行为适用法律问题的若干规定》第 4 条的规定，专利权人提出申请时，应当提交证明其专利权真实有效的文件，包括专利证书、权利要求书、说明书、专利年费交纳凭证。根据该司法解释第 11 条的规定，人民法院对当事人提出的复议申请应当从以下方面进行审查：①被申请人正在实施或即将实施的行为是否构成侵犯专利权；②不采取有关措施，是否会给申请人的合法权益造成难以弥补的损害；③申请人提供担保的情况；④责令被申请人停止有关行为是否损害社会公共利益。

根据以上法律规定，法院认为应当从以下六个方面对本案诉前禁令申请进行审查，以决定是否颁发诉前禁令。

（一）申请人涉案专利是否稳定有效

申请人涉案专利稳定有效是请求颁发禁令的基础。我国《专利法》现行规定在授予外观设计专利权时仅经初步审查程序，并未进行实质性审查，致使其稳定性不高，故申请人除了提交《最高人民法院关于对诉前停止侵犯专利权行为适用法律问题的若干规定》第 4 条规定的授权证书和相应文件外，还应当提供其外观设计专利权评价报告、外观设计专利权经专利复审委员会无效宣告审查程序被维持有效、生效民事判决认定针对其外观设计专利权侵权的指控能够成立或者其他类似的证据，以证明其外观设计专利权的稳定性。

本案申请人提交了涉案外观设计专利授权公告文件、专利登记簿副本及外观设计专利权评价报告，证明了申请人为涉案专利的专利权人时，有权提起诉前禁令申请，涉案专利目前有效，且未发现存在不符合授予专利权条件的缺陷；申请人还提交了其与涉案专利相同的外观设计向印度、韩国等国家申请了外观设计专利的证据。此外，被申请人 A 公司的法定代表人虽就被诉侵权产品申请了外观设计专利，但其申请日不但晚于申请人涉案专利的申请日，而且也晚于申请人涉案专利的授权公告日，故不会损害申请人涉案专利的稳定性。同时，涉案专利从获得授权至今，包括本案被申请人在内，未曾有人向国家知识产权局申请宣告其无效。因此，涉案专利目前有效，其稳定性也较高。

（二）被申请人正在实施的行为是否存在侵犯专利权的可能性

在处理诉前禁令申请时，法院只有在判定被诉侵权行为存在侵权可能性时，才有权要求被申请人停止被诉侵权行为。因此，法院在进行诉前禁令的审查时必须判断被诉侵权行为是否存在侵权的可能性。需要指出的是，在审查被申请人正在实施或即将实施的被诉侵权行为时，法院只要能认定其存在侵权的可能即可。经技术比对，本案被诉侵权产品与涉案专利产品均为化妆品的盖子、容器，属于相同种类产品，两者的相应外观设计构成相同或者近似，九款被诉侵权产品均落入涉案专利权的保护范围。

根据我国《专利法》第 11 条第 2 款的规定，外观设计专利权被授予后，任何单位或者个人未经专利权人许可，都不得实施其专利，即不得为生产经营目的制造、许诺销售、销售、进口其外观设计专利产品。本案被诉侵权产品上仅标明 A 公司、B 公司制造，未有证据表明 C 公司制造了被诉侵权产品口红的盖子、容器。根据现有证据，被申请人 A 公司未经专利权人许可，为生产经营目的制造、许诺销售、销售落入涉案专利权的保护范围的产品，构成专利侵权的可能性很高；B 公司未经专利权人许可，为生产经营目的制造落入涉案专利权的保护范围的产品，构成专利侵权的可能性也很高。综上，被申请人 A 公司、B 公司的上述行为均存在侵权的可能性。

（三）不采取有关措施，是否会给申请人的合法权益造成难以弥补的损害

诉前禁令作为一种严厉的提前介入的救济措施，若权利人的声誉没有被侵害，或者损害赔偿可被准确计算，且被申请人有足够的能力支付赔偿时，因权利人所遭受的侵权损失可待判决生效后按判赔数额进行赔偿，也就没有颁发的必要。在专利侵权诉讼中，若出现如下情形之一，如不颁发禁令，将会给申请人的合法权益造成难以弥补的损害：①权利人声誉被损害；②侵权人没有足够的经济能力支付赔偿；③损害赔偿无法计算。损害赔偿将无法计算的情形包括：一是产品价格被侵蚀和市场份额的丧失所共同造成的损失难以计算；二是若市场上有数名侵权者，则难以准确计算出每名侵权者应承担的赔偿数额；三是权利人难以将由于与侵权者竞争而降下来的产品价格重新提升到原来的水平。

就本案而言，首先，一般来讲，权利人胜诉以后，其合法权益会得到法律保障，但实际上由于侵权人没有足够的赔偿能力或者居无定所等原因，权利人的经济损失也许根本得不到物质上的足额赔偿。如果放任侵权人的行为继续下去，将使本可避免的损害成为必然。侵权人执行判决的能力越差，越有可能受到禁令的限制。本案被申请人 A 公司、B 公司未提交证据，表明其财产状况及盈利能力对申请人所遭受的损失能进行充足的赔偿。

其次，专利权人通常会在产品价格中收回研究与开发费用，因此专利权人会以较高价格销售其产品，侵权人以较低价格销售其产品（不包含研究与开发费用），专利权人将因此而丧失其应有的市场份额。本案被申请人 A 公司、B 公司以不到专利产品售价的一半来销售与申请人专利产品具有竞争关系的被诉侵权产品，无疑会抢占部分市场份额，如不颁发禁令，计划将专利产品推广到中国市场的申请人将会因此而丧失其应有的市场份额。而产品价格被侵蚀和市场份额的丧失所共同造成的损失难以计算。

而且，涉案专利产品属于化妆品的外观设计，具有新颖性、流行性的特点，一旦被诉侵权产品在市场上大量出售将会降低相关公众的购买欲望，缩短专利产品的生命周期，制止可能的侵权行为具有紧迫性。综上，如不颁发禁令，将会给申请人的合法权益造成难以弥补的损害。

（四）颁发禁令给被申请人带来的损失是否小于或相当于不颁发禁令给申请人带来的损失

诉前禁令作为责令被申请人诉前停止被诉侵权行为的一种救济措施，必然会影响申请人和被申请人双方的重大经济利益。在决定是否颁发禁令前，不但需要考虑未发出诉前禁令对申请人的影响，还需要考虑发出诉前禁令对被申请人的影响，即需要对双方因禁令的颁发与否所影响的利益进行衡量，以避免禁令救济因为保护一方较小利益，而造成更大损失，浪费巨大的社会成本。如果颁发诉前禁令给被申请人带来的损失，将小于不颁发诉前禁令给申请人带来的损失，应支持申请人的禁令申请；相反，如果颁发诉前禁令给被申请人带来的损失，将大于不颁发诉前禁令给申请人带来的损失，应不支持申请人的禁令申请；当然，如果颁发诉前禁令给被申请人带来的损失与不颁发诉前禁令给申请人带来的损失相当，应优先保护申请人的权利，支持申请人的禁令申请。

就本案而言，如果颁发禁令，被申请人 A 公司、B 公司将会损失开发模具费、宣传费、已制造出来的被诉侵权产品的其他生产成本，以及禁令期间不能制造、销售被诉侵权产品的盈利；而如果不颁发禁令，申请人不但会损失显而易见的开发设计费、宣传费，还会为竞争而降低产品价格，减少市场份额，失去竞争优势，这些损失显然要比被申请人所遭受的损失要大得多。因此，不颁发禁令给申请人带来的损失将明显大于颁发禁令给被申请人带来的损失。

（五）责令被申请人停止有关行为是否会损害社会公共利益

社会公共利益是公民利益的集中体现，维护社会公共利益也是司法机构的重要职责。无论法院作出任何决定，都不能有违社会公共利益，禁令制度亦是如此。如果涉案专利对社会公众的生命、健康、安全、环保以及其他重大社会公共利益有着不容忽视的影响，那么此时社会公共利益将会直接影响到禁令的发布与否。就本案而言，一方面，涉案专利产品和被诉侵权产品均属于化妆品类，颁发禁令仅涉及被申请人的经济利益，不会损害社会公共利益；另一方面，本案专利的外观设计的新颖性具备一定的识别功能，颁发禁令将有助于避免市场混淆，非但不会损害公共利益，反而会因维护了市场秩序而保障公共利益。

（六）申请人是否提供了有效、适当的担保

根据我国《专利法》第66条的规定，专利权人在起诉前向人民法院申请采取责令停止有关行为的措施时，应当提供担保，不提供担保的，驳回申请。诉前禁令的作用是迅速制止侵权行为，具有很强的时效性，所以法院对此审查时间往往很短。法院根据申请人的申请所采取的禁令措施既可能与判决结果相符，也可能与判决结果相悖。正是由于法律充分地考虑到了这一风险，所以要求申请人在申请诉前禁令的同时也要提供相应的财产担保。一方面，对申请人来讲，可以促使其在申请时考虑胜诉的把握，谨慎提出禁令申请，避免申请人滥用诉前禁令的申请权；另一方面，在禁令申请有错误的情况下，该担保财产可用来赔偿被申请人因停止有关行为所遭受的损失。本案中，法院初步确定申请人提供人民币100万元作为三份禁令申请的担保，申请人已按法院要求，提供了人民币100万元的现金担保，该担保有效且适当。

四、参考意见

（一）诉前禁令制度及其意义

诉前禁令是指在起诉前，权利人可以向法院提出申请，请求法院采取责令停止有关侵权行为的措施。在大陆法系国家，此种行为被归入民事诉讼行为保全制度中的"假处分"，英美法系国家多称为"临时性禁令"，《TRIPS协议》第50条称为"临时措施"。[1]我国《专利法》第66条规定"诉前停止

---

[1] 孙彩虹："我国诉前禁令制度：问题与展开"，载《河北法学》2014年第8期。

侵犯专利权"内容，《民事诉讼法》第100条、第101条规定为"诉前行为保全"。我国诉前禁令制度借鉴英美法中的临时禁令制度，2000年修改《专利法》时初次引入，后在《商标法》和《著作权法》的修订中也陆续增加了诉前禁令，并发布了一系列相关的司法解释，如《最高人民法院关于对诉前停止侵犯专利权行为适用法律问题的若干规定》《最高人民法院关于诉前停止侵犯商标专用权行为及保全证据适用法律问题的解释》《最高人民法院关于审理著作权民事纠纷案件适用法律若干问题的解释》中确立了该制度的具体操作标准和规范。诉前禁令作为一项救济权，在保障权利人合法利益，及时制止侵权行为的发生或继续，在有效避免对权利人造成难以弥补的损失等方面发挥着重要的作用。[1]

（二）专利诉前禁令的适用条件

根据《最高人民法院关于对诉前停止侵犯专利权行为适用法律问题的若干规定》第11条规定："人民法院对当事人提出的复议申请应当从以下方面进行审查：①被申请人正在实施或即将实施的行为是否构成侵犯专利权；②不采取有关措施，是否会给申请人的合法权益造成难以弥补的损害；③申请人提供担保的情况；④责令被申请人停止有关行为是否损害社会公共利益。"除上述四个审查标准外，有学者认为应增加"申请人与被控侵权人的损害权衡"[2]，此标准在本案的审理分析过程中已经运用。

综上，专利诉前禁令的适用条件包括：①专利侵权的可能性，包括证明专利权的权利基础是否稳定及被申请人行为的侵权可能性。②难以弥补的损害，即事后难以用损害赔偿的方式弥补侵权损害，而必须用发放临时禁令的方式加以制止。[3]③对双方损害的衡量，即需要对双方因禁令的颁发与否所影响的利益进行衡量，以避免禁令救济因为保护一方较小利益，而造成更大损失。④申请人的担保情况，关于担保是否为必要条件，诉前保全与诉中保全存在差别。《最高人民法院关于对诉前停止侵犯专利权行为适用法律问题的若干规定》第6条规定："申请人提出申请时应当提供担保，申请人不提供担保的，驳回申请。"《民事诉讼法》第100条规定了诉中保全，其中第2款规

---

〔1〕孙彩虹："我国诉前禁令制度：问题与展开"，载《河北法学》2014年第8期。
〔2〕崔国斌：《专利法：原理与案例》，北京大学出版社2016年版，第806页。
〔3〕崔国斌：《专利法：原理与案例》，北京大学出版社2016年版，第808页。

定:"人民法院采取保全措施,可以责令申请人提供担保,申请人不提供担保的,裁定驳回申请。"⑤公共利益考量。

拓展案例

A 公司申请 B 公司侵害专利权诉前证据保全案[1]

一、基本案情

本案申请人为 A 公司,被申请人为 B 公司。2007 年 9 月 19 日,国家知识产权局授予 A 公司"接触构造"发明专利权,专利号为 ZL03813573.6,专利申请日 2003 年 7 月 24 日,专利权人为 A 公司。2010 年 1 月 20 日国家知识产权局授予 A 公司"脉冲流反应"发明专利权,专利号为 ZL03813341.5,专利申请日为 2003 年 8 月 11 日,专利权人为 A 公司。

2016 年 7 月 25 日,申请人 A 公司向法院提出诉前保全证据申请。称 B 公司制造的烷基化垂直反应塔,其整体结构与涉案专利"接触构造"基本相同。该烷基化垂直反应塔内部必然布置有多个垂直排列的横向垫子组成的分散器,且特定的烷基化垂直反应塔所实现的催化反应也是特定的,该烷基化垂直反应器内部的反应工艺也已经落入涉案专利"脉冲流反应"权利要求的保护范围。A 公司认为 B 公司未经专利权人许可,实施了其产品发明专利及方法专利,构成侵权行为。因烷基化垂直反应塔系涉嫌侵犯涉案专利权的侵权产品,该侵权产品的结构庞大,A 公司提供了烷基化垂直反应塔的局部照片,但烷基化垂直反应塔的完整结构位于 B 公司内并由 B 公司控制,其客观上难以获得,故根据法律规定,申请对 B 公司的烷基化项目(20 万吨/年碳四改制技术升级项目)装置的整体结构进行拍照;对烷基化项目(20 万吨/年碳四改制技术升级项目)的相关委托设计、施工合同复制保全证据,以期证明 B 公司侵权事实成立。

法院经审查认为,判定侵害专利权的基本方法是将专利权利要求书中记载的技术方案与被控侵权技术方案进行比较,如被控侵权技术方案具备了专利权利要求记载的技术方案,则专利权人指控侵权人侵害其专利权成立。市

---

[1] 参见:陕西省西安市中级人民法院(2016)陕 01 证保 2 号民事裁定书。

场经济环境下，由于侵害专利权的隐蔽性，侵权证据由侵权人掌握，权利人难以取得是众所周知的事实。为此，我国《专利法》第67条规定：为了制止专利侵权行为，在证据可能灭失或者以后难以取得的情况下，专利权人或者利害关系人可以在起诉前向人民法院申请保全证据。由此规定说明，专利权人在起诉前向人民法院申请诉前保全证据是法律赋予的权利，但任何权利的行使必然有一定的边界。

A公司以被控侵权产品位于B公司内并由B公司控制，其客观上难以取得为由，申请对B公司烷基化项目（20万吨/年碳四改制技术升级项目）的装置整体结构进行拍照保全证据，符合《民事诉讼法》第81条"因情况紧急，在证据可能灭失或者以后难以取得的情况下，利害关系人可以在提起诉讼或者申请仲裁前向证据所在地、被申请人住所地或者对案件有管辖权的人民法院申请保全证据"及《最高人民法院关于民事诉讼证据的若干规定》第24条"人民法院进行证据保全，可以根据具体情况，采取查封、扣押、拍照、录音、录像、复制、鉴定、勘验、制作笔录等方法"之规定，法院依法予以支持。

A公司请求对烷基化项目（20万吨/年碳四改制技术升级项目）的相关委托设计、施工合同进行复制保全证据，考虑到烷基化项目（20万吨/年碳四改制技术升级项目）的相关委托设计、施工合同等证据，因在相关部门存有备案，该证据不存在难以取得的情形，且A公司没有提供证据证明委托设计、施工合同与判定被控侵权人是否构成侵权行为之间有直接的因果关系，故其此项申请不符合证据保全的条件，法院依法不予支持。遂裁定对B公司的烷基化项目装置的整体结构进行拍照；驳回A公司申请对B公司烷基化项目的委托设计、施工合同进行复制的证据保全申请。

二、法律问题

A公司要求对涉案装备及合同进行证据保全是否满足诉前证据保全条件？

三、重点提示

1. 行为保全、财产保全与证据保全。这三个概念是在民事诉讼法中确立的，其中行为保全与财产保全相对。行为保全是指法院"责令其作出一定行为或者禁止其作出一定行为"的命令。[1]目的在于避免权利人遭受不可弥补的损害。行为保全的确定，是立法者在参考知识产权相关经验基础上，于2012年《民事诉讼法》修订过程中引入的措施，行为保全在专利法体系范围内，被称之为"诉前停止侵犯专利权"。财产保全与行为保全不同之处在于财产保全措施指向财产，目的在于保证将来的生效判决能够得以执行。[2]证据保全的目的主要是防止证据的灭失或以后难以取得。[3]

关于三者的关系，学者有不同的观点。有学者认为保全包括了财产保全、行为保全和证据保全。[4]也有学者认为，保全仅包括财产保全和行为保全，证据保全的程序是参照适用保全的有关规定。[5]本书同意后者观点，从制度设计的功能上看，行为保全与财产保全的功能在于维持本案程序的意义并最终确保个体权利之实现，证据保全的功能是服务于准备、简化和加快未来之程序的目的，以便申请人能够对未来本案程序的结果作出更好的预测。[6]从法律规定来看，《民事诉讼法》未将其规定在第九章"保全和先予执行"中，我国《专利法》也将证据保全与诉前停止侵权专利权分条规定。[7]

2. 诉前证据保全的适用条件。证据保全包括诉前证据保全和诉中证据保全。诉前证据保全的主要功能是保证发现本案真实而保全证据，以避免举证的困难；收集证据、确定事实及促进和解和调解。[8]专利诉讼中的诉前证据保全规定于《专利法》第67条，诉前证据保全必须符合一定的法律条件，否则容易被当事人滥用。

根据《民事诉讼法》第81条、《专利法》第67条规定，因情况紧急，在

---

[1] 参见《民事诉讼法》第100条第1款。

[2] 周翠："行为保全问题研究——对《民事诉讼法》第100~105条的解释"，载《法律科学（西北政法大学学报）》2015年第4期。

[3] 参见《民事诉讼法》第81条。

[4] 赵钢："回避制度之改良与保全机制之完善——以《民事诉讼法》修改为背景的思考"，载《法律科学（西北政法大学学报）》2012年第6期。

[5] 参见周翠："行为保全问题研究——对《民事诉讼法》第100~105条的解释"，载《法律科学（西北政法大学学报）》2015年第4期。

[6] Weber. Die Verdrängung des Hauptsacheverfahrens durch den einstweiligen Rechtsschutz in Deutschland und Frankreich. 1993: 104. 转引自周翠："行为保全问题研究——对《民事诉讼法》第100~105条的解释"，载《法律科学（西北政法大学学报）》2015年第4期。

[7] 参见《专利法》第66条、第67条。

[8] 许少波："诉前证据保全之适用"，载《江海学刊》2015年第3期。

证据可能灭失或者以后难以取得的情况下，利害关系人可以在提起诉讼或者申请仲裁前向证据所在地、被申请人住所地或者对案件有管辖权的人民法院申请保全证据。由此可见，诉前证据保全的适用条件主要是证据可能灭失或以后难以取得。证据可能灭失，既可能是客观原因造成的，如作为证据的物品由于自身原因腐烂、变质等，也可能是主观原因造成的，如被申请人可能故意损坏证据等。[1]证据以后难以取得，是指证据虽不至于灭失，但若不采取保全措施，将来获取它会遇到相当大的困难或者成本过高，如证人即将出国定居或者证据是唯一的侵权设备，证据持有人有可能通过技术手段使得以后无法获取设备原貌。[2]在诉前证据保全申请审查时，需严格遵照法律规定，一方面避免权利人权利滥用，另一方面在合乎法律规定情况下支持申请人的合法请求。

拓展资料

7-3【拓展阅读资料】

---

[1] 姚建军：" 专利侵权纠纷诉前证据保全法律要件分析——评催化蒸馏技术公司申请华浩轩公司侵犯专利权诉前证据保全案"，载《中国知识产权报》2017年9月13日。

[2] 姚建军：" 专利侵权纠纷诉前证据保全法律要件分析——评催化蒸馏技术公司申请华浩轩公司侵犯专利权诉前证据保全案"，载《中国知识产权报》2017年9月13日。

声　　明　　1. 版权所有，侵权必究。

　　　　　　2. 如有缺页、倒装问题，由出版社负责退换。

图书在版编目（CIP）数据

知识产权法学案例研究指导/来小鹏主编.—北京：中国政法大学出版社，2019.4
ISBN 978-7-5620-8981-0

Ⅰ.①知…　Ⅱ.①来…　Ⅲ.①知识产权法学—案例—世界　Ⅳ.①D913.405

中国版本图书馆CIP数据核字(2019)第071695号

出 版 者	中国政法大学出版社	
地　　址	北京市海淀区西土城路 25 号	
邮　　箱	fadapress@163.com	
网　　址	http://www.cuplpress.com （网络实名：中国政法大学出版社）	
电　　话	010-58908435（第一编辑部） 58908334（邮购部）	
承　　印	北京中科印刷有限公司	
开　　本	720mm×960mm　1/16	
印　　张	28.25	
字　　数	447 千字	
版　　次	2019 年 4 月第 1 版	
印　　次	2019 年 4 月第 1 次印刷	
印　　数	1～5000 册	
定　　价	66.00 元